Hella von Sinnen verlässt die Wohnung nicht ohne eine «Pulla» und graust sich vor Haaren.
Cornelia Scheel liebt Essen, das Krach macht, und steht morgens stets mit dem rechten Fuß zuerst auf. Doch nicht nur die beiden haben «einen Sprung in der Schüssel». Prominente Zeitgenossinnen und -genossen berichten in Gesprächen witzig, erstaunlich und sehr offen vom Ekel vor Senf in schlurchenden Plastikbehältern, dem Schaudern vor verschrumpelten Luftballons und der Klapperpanik im eigenen PKW.

Hella von Sinnen ist eine vielfach ausgezeichnete Fernsehschaffende und Cornelia Scheel seit fast zwei Jahrzehnten ihre Managerin. Seit Januar 1991 leben die beiden zusammen in Köln, sind ein Liebespaar und engagieren sich für die Gleichberechtigung von Lesben und Schwulen. Dafür wurde ihnen 2009 der ROSA COURAGE PREIS verliehen.

Hella von Sinnen   Cornelia Scheel

Des Wahnsinns fette Beute

Macken und Marotten auf der Spur

Rowohlt Taschenbuch Verlag

3. Auflage Dezember 2011

Originalausgabe
Veröffentlicht im Rowohlt Taschenbuch Verlag,
Reinbek bei Hamburg, November 2011
Copyright © 2011 by Rowohlt Verlag GmbH,
Reinbek bei Hamburg
Umschlaggestaltung ZERO Werbeagentur, München
(Foto: Martin Langhorst)
Satz bei KCS GmbH, Buchholz bei Hamburg
Druck und Bindung CPI – Clausen & Bosse, Leck
Printed in Germany
ISBN 978 3 499 62763 7

«**Die können uns alle mal an der Hose riechen.**»
Helmut Kemper

«**Adel kommt mir nicht ins Haus.**»
Mildred Scheel

Inhalt

Vorwort – 11

Prolog – 12

Dr. Manfred Lütz – 15
Scheitel im Wind

Katrin Bauerfeind – 33
Bei Hühnern wird weitergezappt

Ralph Morgenstern – 45
«Es gibt Tage, an denen meine Initialen gar nicht auftauchen.»

Gayle Tufts – 58
«Open that fucking window!»

Rosa von Praunheim und Oliver Sechting – 73
Hypochondrie und Numerophobie

Howard Carpendale – 96
«Ich habe am meisten Angst vor Dummheit.»

Gaby Köster – 103
«Liebe Eisbären, sucht euch anderes Futter.»

Jens Riewa – 119
Mein Auto muss die Klappe halten

Dirk Bach – 137
    Don't put your keys on the table

Mary Roos – 158
    Roos is a Roos is a Roos is a Roos

Martin Reinl – 169
    Puppenkomisch

Barbara Schöneberger – 184
    Kreislaufbeschwerden

Ralf König – 192
    König Fusselbart

Olivia Jones – 210
    Sockenschuss

Hannes Jaenicke – 227
    Planet der Affen

Werner Schneyder – 244
    «E-Mail ist für mich ein feuerfestes Geschirr.»

Peter Plate und Ulf Sommer – 250
    Drei Stinknasen tanken SUPER

Bastian Pastewka – 264
    «Ich bin Seplophobiker.»

Senta Berger – 288
    Kein unbehütchentes Silvester

Jürgen Domian – 295
    Mit Schlafsack im Ritz

Gabi Decker – 313
    Käfer-Körperwelten

Alfred Biolek – 337
    «Nichts! Nichts! Ist mein ‹Lieblings›!»

David Imper – 354
    «Ich mache tatsächlich ein Handyfoto.»

Herbert Feuerstein – 366
    «Ich bin die Macke an sich.»

Bettina Böttinger – 384
    Ein Hauch von Messie

Tommy Engel – 399
    «Bei ‹Deutschlands schönste Bahnstrecken› fahre ich schon mal mit.»

Wigald Boning – 414
    Nasenhaartrimmer und Einkaufszettel

Jürgen von der Lippe – 433
    «JA KLAR! Aprosdokese …»

Cornelia Scheel und Hella von Sinnen – 461
    Wir hamm's erfunden

Bildnachweis – 489

Vorwort

Oder sollen wir es nicht doch besser Prolog nennen? Prolog ist ein Fremdwort (liebe Grüße an Jürgen von der Lippe), klingt irgendwie wichtiger und hat durch das «Pro» am Wortanfang so was Positives. Vielleicht bringt das ja Glück! Also nochmal von vorne.

Prolog

Liebe Lesenation!
Zuallererst möchten wir Sie ganz herzlich begrüßen und Ihnen beim Lesen der gebundenen AusBEUTE viel Vergnügen wünschen. Wir hatten bei der Jagd nach geeigneten und bereitwilligen Interviewpartnerinnen und -partnern viel Spaß, den wir jetzt endlich mit Ihnen teilen können. Noch heute sind wir völlig aus dem Häuschen darüber, wie viele prominente Zeitgenossen uns einen Einblick in ihr kleines, geheimes Reich der Marotten, Macken, Klatschen, Zillen, skurrilen Phobien und Rituale gewährt haben. Nur ein Kollege hat auf unsere Anfrage mit den Worten «Sorry, das behalte ich dann doch lieber für mich» reagiert, und ein Musiker kam schlicht nicht aus dem Quark. Ein ehemaliger Leistungssportler zog den Schwanz ein – und unser FC ließ uns im Regen stehen. Schade. So werden wir nie hinter das Rätsel des Rasenrotzens kommen.
Mit Aberglauben hat die Spuckerei sicherlich nix zu tun, denn mit Aberglauben kennen wir beide uns bestens aus. Jede von uns hat vor 20 Jahren ihr eigenes Bündel mit in die Ehe gebracht und das Zusammenleben dadurch «bereichert».
Meine (Connys) Mitgift war unter anderem, dass man nicht unter einem Baugerüst langgehen darf.
Deshalb wähle ich (Hella) den weitaus gefährlicheren Umweg über teilweise stark befahrene Straßen, um drohendes Unheil abzuwenden. Ich habe mich allerdings prompt mit zwei grotesken Theorien meiner Freundin Dada gerächt: Erstens: Salz darf niemals von Hand zu Hand weitergereicht werden, wenn man die Streuer nicht

abstellt, gibt's Streit. Zweitens: Spitze oder scharfe Geschenke zerstechen beziehungsweise zerschneiden die Freundschaft und müssen mit mindestens einem Cent käuflich erworben werden. Wir halten uns beide sklavisch daran.
Die Verspannung über den unglücklich in geschlossenen Räumen aufgespannten Regenschirm ist ein gemeinsames Kulturgut aus Kindertagen.
Zusätzlich gibt es im Hause Sinnen/Scheel zwei putzige Reiserituale: Wir können gar nicht oft genug erwähnen, wie anstrengend wir Reisen finden. Spätestens beim Griff zum Koffer überfällt uns flammendes Heimweh. Wir winken bei der Fahrt über die Rheinbrücken dem Kölner Dom tieftraurig hinterher. Bei der Rückkehr in die heißgeliebte Heimatstadt wird das Erahnen der Domspitzen dann untermalt mit den Rufen: «Der Dom!!! Der Dom!!!» Und er wird heftig winkend begrüßt.

Wir sind uns sicher, dass uns, wenn wir nicht in unseren eigenen Autos sitzen, spätestens ab diesem Moment der Taxi- oder Mietwagenfahrer für komplett durchgeknallt hält.

Das andere Reiseritual haben wir meiner (Connys) Mutter zu verdanken. Sie war mal Zeugin, als sich bei einer sehr harten Landung des Fliegers eine Mitreisende die Zunge durchgebissen hat. Aus diesem Grund können Passagiere, die mit uns fliegen, unmittelbar vor der Landung ein aufforderndes «Zunge!!!» aus unserer Sitzreihe vernehmen. Das ist das Kommando, selbige, so gut es geht, vor den Beißwerkzeugen in Sicherheit zu bringen.
Kinder! Wir könnten ein Buch drüber schreiben! Zum Glück hat Süffel-Susi (Susanne Frank) vom Rowohlt Verlag uns darum ge-

beten. BEDANKT! Du bist eine wunderbare Geburtshelferin und unsere Lieblings-Lektöse!

Unsere größte Aufregung im vergangenen Jahr war, dass die Technik unseres in die Jahre gekommenen Aufnahmegerätes versagen könnte.

Zum Glück hielt es fast so tapfer durch wie Jutta Pachnicke, die Stund um Stund unsre Begegnungen abtippte und uns mit köstlichen Pointen des Verhörens das Redigieren versüßte. So wurde aus Ulla Meineke «Uwe Mallicke», und ich (Hella) mutierte von der «dicken Tante» zur «dicken Schlampe». Danke! Jutta! Sie sind Gold!

Danke auch Barbara Laugwitz vom Rowohlt Verlag für deinen Support.

Danke an Stefanie Lauck fürs Layouten.

Dank an Frau Funck und Fernsehn für die Öffentlichkeitsarbeit.

Danke an Tobias Schumacher-Hernández für die fleißige Finalisierung des Lippe'schen Anhangs.

Danke an Birte Masuch.

Danke an die Damen von Lotto Günther fürs Verschicken der Kassetten.

Unser privater Dank gilt:
Karin Jansen, Engel der Emanzen
Franziska Richter, Amazone der Autobahn

Und last not least nochmal TAUSEND DANK an unsre Freundinnen, Freunde, Kolleginnen, Kollegen und die andren Stars, die an diesem Buch mitgewirkt haben. Ohne euch wäre «Des Wahnsinns fette Beute» nur ein magerer Fang.

Dr. Manfred Lütz
Scheitel im Wind

Dr. Manfred Lütz wurde am 18. März 1954 in der damaligen Bundeshauptstadt Bonn geboren. Er studierte Medizin, Philosophie und katholische Theologie in Bonn und Rom. Heute leitet er als Chefarzt das Alexianer-Krankenhaus in Köln und schreibt so ganz nebenbei den einen oder anderen Bestseller.
Wir hatten ihn vor der ersten Begegnung schon in zahlreichen Talkshows erleben dürfen und fanden Spaß an seiner rheinisch entspannten, humorvollen Art. Mit ihm wollten wir dringend unser erstes Gespräch über das Thema dieses Büchleins führen. Zügig bekamen wir einen Termin in seinem Sprechzimmer in Köln-Porz. Wir machten uns an einem Junitag – nervlich ein wenig angespannt – auf in die 9,8 Kilometer entfernte Klinik auf der anderen Rheinseite und verfuhren uns prompt wie die Geisteskranken, da ich (Conny) vor lauter Aufregung kaum geradeaus denken, geschweige denn fahren konnte. Ich (Hella) möchte an dieser Stelle erwähnen, dass ich als Beifahrerin vor lauter Ungeduld gerne mal aus dem Overall zu springen drohe. Als wir vor der imponierenden Eingangspforte der Psychiatrie schnell noch süchtig wie die Bescheuerten Nikotin inhalierten, lagen unsere Nerven blank. Wir hatten beide einen leichten Tremor, da wir uns nicht sicher waren, ob wir uns in zwei Stunden in den unbequemen weißen Jacken in der Geschlossenen wiederfinden würden.
Nachdem Dr. Lütz uns freundlich und aufgeräumt in seinen Räumen willkommen hieß, fiel sämtliche Anspannung spontan von uns ab. Wir führten mit unserem kompetenten Gegenüber ein sehr anregendes Gespräch, und Dr. Lütz machte keine Anstalten,

uns zu einem längeren Aufenthalt in seinen heiligen Hallen überreden zu wollen. Wahnsinnig erleichtert und glücklich über unsere erste Beute traten wir anschließend ohne einen Umweg unsere Heimreise an.

ML: Wie lange brauchen wir?

HvS: Hängt von Ihnen ab.

Der Rheinländer redet immer viel. Sie sind auch Rheinländerin, das kann ein Problem werden. Frau Scheel, Sie sind keine Rheinländerin?

CS: Ich komme aus München, ich halte mich zurück.

München. Gut. Kulturell linksrheinisch immerhin, denn der Römer war da!

Herr Doktor, wir wollen unsere Zeitgenossen befragen, was die so alles für Macken, Marotten und Besonderheiten haben und würden gerne direkt mit der Tür ins Haus fallen: Was können Sie uns denn bieten als Leiter der Psychiatrie?

Na ja, ich habe dieses Buch geschrieben «Irre. Wir behandeln die Falschen, unser Problem sind die Normalen», weil ich der Meinung bin, dass die Leute heute viel zu normal sind. Das heißt, es gibt heute viel zu viele Normopathen, also Leute, die so normal sind, dass es weh tut. Und die political correctness sorgt dafür, dass das auch inhaltlich so läuft: Meinungsuniformen, wo man nur hinhört. Eigentlich ist ja jeder Mensch, jeder psychisch Kranke, aber auch jeder sogenannte Normale, außergewöhnlich. Nur die sogenannten Normalen verstecken das hinter all diesen

Uniformen. Und diese Uniformiererei, das machen die psychisch Kranken nun mal nicht mit. Die zeigen ihre Außergewöhnlichkeit ganz unmittelbar, und damit sorgen sie aus meiner Sicht dafür, dass die humane Temperatur in unserer Gesellschaft nicht unter den Gefrierpunkt sinkt.

Jetzt glaube ich persönlich aber, dass viele Normopathen einen KNALL haben und den ganzen Tag auch gerne mal groteske Dinge machen. Und nun frage ich mich, wo ist denn da bei euch in der Psychiatrie die Grenze zwischen «Jetzt müsstest du aber mal die eine oder andere Tablette einwerfen» oder «Das ist alles noch im grünen Bereich»?

Die psychische Krankheit beginnt da, wo Menschen unter ihrer Außergewöhnlichkeit leiden. Als ich anfing in der Psychiatrie, habe ich mit einem katholischen Psychiater gesprochen, der fachlich einen hervorragenden Ruf hatte, und der sagte so beiläufig: «Wissen Sie, was ich am Heiligen Franz von Assisi so schätze? Dass der mit seiner Schizophrenie so gut klargekommen ist.» Da war ich ziemlich geschockt und habe gedacht: Wo bin ich denn hier gelandet? Die Jungs machen hier offensichtlich aus allen beeindruckenden Leuten irgendwelche Psycho-Fälle. Da werde ich doch lieber Chirurg oder Schlimmeres. Ich habe mir dann aber ausführlich Gedanken darüber gemacht, ob der Kollege nicht vielleicht doch recht hat. Denn müsste man das nach den Kriterien der Psychiatrie nicht eigentlich so sehen? Franz von Assisi hat in der Kapelle von San Damiano eine Stimme vom Kreuz gehört, die ihm gesagt hat: «Bau meine Kirche wieder auf!» Das hat der junge Mann nicht abstrakt auf die Kirche an und für sich bezogen, sondern

ganz konkret, geradezu konkretistisch, wie die Psychiater sagen, verstanden. Und er hat die kleine verfallene Kapelle wieder aufgebaut. Hand aufs Herz! Wenn hier in der Nähe meines Krankenhauses morgen ein junger Mann, der in letzter Zeit immer wieder Krach mit seinem Vater gekriegt hat, Stein für Stein eine alte Kapelle wieder aufbauen würde, die ihm gar nicht gehört, Polizei würde kommen und fragen, was er denn da so mache, und er würde den Beamten mit strahlendem Lächeln erzählen, dass er gerade eine Stimme vom Kreuz gehört habe, die ihm das befohlen habe, dann hätten wir wahrscheinlich bald wieder ein belegtes Bett – oder auch nicht. Denn ich persönlich finde, dass Franz von Assisi nicht die Bohne schizophren war. Die Psychiatrie wäre nie erfunden worden, wenn es nur Leute wie Franz von Assisi gegeben hätte. Der Mann hat gewiss außergewöhnliche Erlebnisse gehabt, aber das ist lange noch nicht krank. Denn er hat darunter nicht gelitten und war auch nicht in seiner Kommunikation mit anderen Menschen gestört, wie das bei Kranken eher die Regel ist. Ganz im Gegenteil! Franz von Assisi hat Tausende von jungen Leuten begeistert bis in unsere Tage hinein. Er war hochkompetent und verfügte über außergewöhnliche kommunikative Fähigkeiten. Unsere psychiatrischen Begriffe sind erfunden worden, weil Menschen gelitten haben. Menschen, die gelitten haben, sind zu uns gekommen, und wir haben diese Worte erfunden, «Schizophrenie», «Depression», «Manie» und was weiß ich alles, um Therapien für diese leidenden Menschen zu organisieren. Diagnosen haben nur den Sinn, Therapien zu organisieren. Daran muss man manchmal auch junge Kollegen erinnern, weil es unter Psychos leider üblich ist, Diagnosen auch auf Leute anzuwenden, die bei einem gar keinen Krankenschein abgegeben haben, insbesondere auf Kollegen. Das ist natürlich ein

Missbrauch von Diagnosen. Diagnosen sind nur für leidende Menschen erfunden worden. Wenn man also auf alle möglichen farbigen und schrillen Typen, auf Sie, auf mich, auf jeden irgendwelche Diagnosen anwendet, um die alle sozusagen fein säuberlich in eine Schublade zu stecken, dann ist das ein Missbrauch der Psychiatrie! Ich finde, dass Menschen natürlicherweise außergewöhnlich sind. Aber die Tyrannei der Normalität, von der ich in meinem Buch spreche, führt tatsächlich dazu, dass jeder seine kleinen Macken versteckt, weil er denkt, da kommt irgend so ein Psycho um die Ecke und macht da schnell noch eine Diagnose draus. Doch so etwas wäre inkompetente Psychiatrie. Ich laufe auch nicht durch mein Privatleben und diagnostiziere in der Gegend rum. Wer das als Psychiater tut, der hat – mit Recht – bald keine Freunde mehr.

Jaja, jetzt gibt es ja begriffliche Unterschiede. Wenn wir jetzt mal von Marotten sprechen: Wir haben gestern gegoogelt: Marotte ist die französische Verniedlichung von MARIA und die Bezeichnung für eine auf einem Stab angebrachte Puppe. Früher hat der Narr, der hat so einen kleinen Stab vor sich rumgetragen, und heute sagt man: «Der hat eine Marotte!» Also eine Marotte ist ja nichts zum Diagnostizieren, sondern eine lustige Angewohnheit.

Ja, eine eigenartige Eigenart.

Ja, oder Eigenart, die aber eben manchmal dann auch kippen kann, sag ich mal. Bei Menschen, die überhaupt nichts wegschmeißen können, haste plötzlich ein Messie-Problem. Wann weiß ich, wenn wir jetzt 20, 30 Leute interviewen, oha, der Kollege hat aber ein ernstes Problem, den schicke ich mal zum Dr. Lütz? Woran erkenne ich, ach, das ist noch eine nette Marotte? Ist das nur mit dem Leidensbegriff zu unterscheiden?

> **Ich glaube ja. Ich glaube, das Leiden ist das Entscheidende. Und wenn man anfängt, das zu vergessen, dann beginnt man die ganze Gesellschaft in Schubladen zu sperren. Das ist in totalitären Diktaturen zum Beispiel der Fall. Also Leute, die nicht passen, die werden dann passend gemacht. In der Sowjetunion zum Beispiel. Die haben eigentlich gar nicht gelitten, die litten dann höchstens unter der Behandlung, aber nicht unter ihrer Eigenart.**

Aber was ist denn, wenn ich eine Marotte habe, und ich fühle mich pudelwohl, aber mein Umfeld, also meine engeren Menschen, leiden darunter?

> **Das kann noch ganz im grünen Bereich sein, wenn Sie ein merkwürdiges Umfeld haben. Dann kann es eine gute Idee sein, mal das Umfeld zu wechseln. Aber wenn Sie merken, es gibt gar kein Umfeld mehr, das mich erträgt, dann beginnen Sie wahrscheinlich zu leiden. Und dann werden Sie, weil der Mensch ein soziales Wesen ist, unter der Vereinsamung leiden. In einem solchen Fall kann eine Behandlung sinnvoll sein. Es gibt allerdings eine Erkrankung, da haben die Leute selber gar keinen Leidensdruck, aber das Umfeld geht am Krückstock, das ist die Manie. Das sind ganz normale Menschen, die haben ab und zu mal eine Phase, da sind sie übertrieben heiter, gehen über Tische und Bänke, was übrigens bei uns im Rheinland gar nicht besonders auffällt, aber in Westfalen sofort stationär behandelt wird. Aber, Scherz beiseite, Maniker leiden vor allem nach ihren Phasen an dem Unsinn, den sie in der Phase so angestellt haben. Deswegen ist es wichtig, sie zeitig zu behandeln.**

Wir hatten mal eine Bekannte, die hat in ihrer manischen Phase fünf BMWs gekauft.

Oder man fährt mal gerade eben zum Kaffeetrinken nach Hamburg, weil das ja so schön ist, mit dem Taxi natürlich, denn man wird ja nächste Woche sowieso im Lotto gewinnen.

Das ist natürlich bei Superstars wie beispielsweise Boris Becker in seiner großen Besamerphase dann sehr schwierig einzuordnen. War er vielleicht zu der Zeit manisch?

Schön wärs! Maniker sind oft sehr geistreich und witzig, ziemlich flott im Kopf. Das kann man von unser aller Bobbele leider nicht unbedingt sagen. Keiner meiner Maniker wäre wohl so sehr von allen guten Geistern verlassen, dass er sein ganzes Leben öffentlich abfilmen lassen würde, einschließlich der eigenen Hochzeit. Und sich als Handwerker, denn das ist Boris Becker ja höchstens, dauernd öffentlich zu Fragen nach dem Sinn des Lebens zu äußern, das brächten meine Maniker höchstens in ihrer manischen Phase. Danach wäre ihnen das alles peinlich. Das ist bei unserem Boris ganz anders. Bei Boris gibt es kein Danach. Der Boris ist so, und dagegen kann man gar nichts machen, denn der Boris ist leider normal, unbehandelbar normal.

Darf ich Sie denn nochmal fragen: Wenn wir jetzt mal aus der Psychiatrie rausgehen und wir bei Stinos sind, also bei den Stinknormalen.

Das ist aber eine schöne Formulierung!

Ich glaube, da haben viele Leute kleinere oder größere

Macken. Die gehen nicht aus dem Haus ohne irgendein Ritual. Wo ist da der Grenzbereich, beziehungsweise, wie würden Sie das einordnen? Warum braucht der Mensch so viele Hilfsmittel, um durch den Alltag zu kommen?

Der Soziologe Arnold Gehlen hat mal gesagt, der Mensch ist ein Mängelwesen. Wir werden ja auf die Welt geworfen und sind erst mal total hilflos. Das ist bei den Tieren nicht der Fall. Fohlen rappeln sich nach der Geburt sofort auf, und dann schaffen es die ganz eigenständig zur Milchquelle der Mutterstute. Wir Menschen sind von vornherein und auch später auf Hilfe angewiesen, wir sind soziale Wesen. Ich finde diesen Satz «Ich möchte eines Tages nicht auf Hilfe anderer angewiesen sein» total zynisch. Er diskriminiert letztlich hilfsbedürftige Menschen, und in Wahrheit sind wir ja alle immer auf Hilfe anderer angewiesen. Wir wären nicht bekleidet, wenn es keine Textilindustrie gäbe, die uns das alles zur Verfügung stellen würde, oder jemanden, der uns das alles kauft. Mir muss man zum Beispiel solche Sachen kaufen, ich kann das nicht selber. Meine Töchter können das erstaunlicherweise völlig eigenständig. Wir sind alle auf Hilfen angewiesen, aber jeder unterschiedlich. Und ich finde diese Unterschiedlichkeit eben schön und weigere mich, die unter diagnostische Begriffe zu bringen.

Können Sie uns das an einem Beispiel verdeutlichen?

Es gibt Leute, die sind besonders ordentlich, Frau von Sinnen wahrscheinlich nicht und ich auch nicht, aber das können ganz liebenswürdige Zeitgenossen sein, die alles gerne unter Kontrolle halten und im Stadtarchiv eine steile Karriere machen. So etwas ist nicht krank. Wenn aber

jemand tatsächlich einen Kontrollzwang hat, das heißt, wenn der zum Beispiel dauernd kontrollieren muss, ob die Tür abgeschlossen ist, dann kann dieser Kontrollzwang Stunden in Anspruch nehmen und zunehmend ein normales Leben unmöglich machen. Oder wenn jemand einen Waschzwang hat, dann kann allein das morgendliche Waschen sechs Stunden dauern. Das ist dann eindeutig eine Krankheit. Natürlich gibt es da aber ein breites Spektrum. Es gibt auch abgemilderte Formen, die aber auch schon das normale Leben stören können. Dann kann Therapie angesagt sein.

Also, wenn ich zum Beispiel auf eine Autobahnraststättentoilette gehe, dann muss ich danach, wenn ich mir die Hände gewaschen habe, mit dem Papierhandtuch die Klinke runterdrücken. Ich möchte, nachdem ich mir die Hände gewaschen habe, nicht mehr mit der «Siffklinke» in Berührung kommen. Bis ich am Auto bin, habe ich es auch schon wieder vergessen, und diese Klinke kann ich dann wieder normal anfassen. Aber wo fängt es denn an, haarig zu werden? Das ist doch eigentlich schon eine Macke, oder?

Eine leichte Macke, würde ich sagen, aber nichts Diagnostisches. Man kann versuchen, solche Dinge, wenn sie einen sehr stören, verhaltenstherapeutisch wegzubekommen. Für Laien ist das *Flooding* eine besonders überraschende Methode. Wenn Sie zum Beispiel Angst vor dreckigen Sachen haben, dann müssen Sie therapeutisch mal richtig in Mist reinpacken. Wenn Sie da eine gewisse Zeit lang die Hände drin haben, dann merken Sie, dass diese Angst, die Ihnen das in Ihrer Vorstellung eigentlich macht, in der konkreten Situation zurückgeht. Sie wird physiologisch zurückreguliert. Ähnlich ist es, wenn

Sie Höhenangst haben und dann mit einem Verhaltenstherapeuten einen Fernsehturm besteigen. Dann haben Sie erst große Angst, merken aber, dass die erstaunlicherweise zurückgeht. Auf diese Weise kann man sich Ängste abgewöhnen.

Was muss ich denn machen? Ich habe Angst vor Rolltreppen. Ich habe keine Angst vor Höhe und keine Angst vor Bewegung. Aber vor Rolltreppen.

Wahrscheinlich sollten Sie mit einer vertrauten Person oder einem Therapeuten mal ganz viele Rolltreppen hochfahren.

Furchtbarer Gedanke!

Das ist es ja gerade! Der Gedanke ist furchtbar, aber die Wirklichkeit, die Sie ja gar nicht mehr kennen, ist dann mit der Zeit überraschenderweise ganz anders. Ich gehe jetzt mal davon aus, dass Sie die Benutzung der Rolltreppe schon längere Zeit meiden. Das heißt, Sie wissen gar nicht mehr, wie das wirklich ist, und das steigert die Angst natürlich. Wenn man das dann aber mit einem Therapeuten oder einer vertrauten Person zusammen mehrfach macht, dann geht zwar anfangs erwartungsgemäß der Blutdruck hoch, und Panik kommt auf. Irgendwann spürt man aber, dass der Körper das nicht lange durchhält. Das heißt, der Körper reguliert von selber runter. Und das vergisst man nicht mehr.

Funktioniert das auch bei Flugangst?

Ja.

Sie sagten ja, wir sind alle Mängelwesen. Warum glauben Sie, muss fast jeder Schauspieler dreimal vorher auf Holz klopfen? Oder ein Toi-toi-toichen dabeihaben? Oder warum muss ein Fußballer vor einem Spiel ein Stück Rasen rauszupfen? Das ist ja so eine Mischzone zwischen Ritual und Aberglaube. Hat das was mit Angstbekämpfung zu tun?

Na ja, krank ist das sicher nicht. Es gibt katholische Fußballspieler, die bekreuzigen sich vor dem Spiel. Das ist zum einen ein Glaubensbekenntnis, andererseits rufen sie Gott um Hilfe an. Erst wenn die ohne ein solches Ritual die Panik bekämen, wäre das bedenklich.

Gut, aber wie fängt es denn überhaupt an? Warum sind denn so viele Menschen abergläubisch? Müssen dem Schornsteinfeger über die Schulter schubbern, weil das Glück bringt? Wo kommt das her, und warum brauchen so viele Leute das?

Der Philosoph Martin Heidegger hat darauf hingewiesen, dass der Mensch das einzige Wesen ist, das weiß, dass es stirbt, die anderen Wesen wissen das nicht. Das ist unheimlich und macht Angst. Uns ist dadurch bewusst, dass jeder Moment unwiederholbar ist und dass der Tod jederzeit eintreten kann. Tag für Tag hört man vom Tod anderer Menschen. Man versucht das natürlich zu verdrängen, aber diese Angst prägt nach Heidegger jeden Menschen. Das hat selbstverständlich mit Angsterkrankungen gar nichts zu tun. Man kann diese existenzielle Angst natürlich mit künstlicher Fröhlichkeit übertönen, damit wird man sie aber nicht los. Die Antwort auf diese Angst ist aus meiner christlichen Sicht der Glaube. Wenn einem aber aus welchen Gründen auch immer diese Antwort abhandengekommen ist, dann gilt oft: «Wer nichts mehr glaubt, der

glaubt alles.» Das heißt, man geht in einer anderen Form dem Bedürfnis nach Orientierung nach. So klammert man sich an alle möglichen Plastikreligionen, also an allen möglichen Aberglauben, was sehr mühsam ist auf die Dauer. Eines Tages rief bei mir die Redaktion von «Arabella» an. Es ging um Talismane. Da habe ich spontan gesagt: «Talismane? Über so einen Quatsch rede ich nicht.» Dann habe ich mir aber überlegt, das ist ja eigentlich Blödsinn. Im Grunde kann man da mal über das wirklich Wesentliche des christlichen Glaubens reden und nicht dauernd nur über Zölibat, Frauenpriestertum und die üblich verdächtigen Themen. Ich bin also doch hin, und dann stand da so ein Bär von Mann, zwei Meter lang sicher, der hatte eine Bärentatze umhängen und erzählte ganz rührend, er könne ohne die Bärentatze das Haus nicht mehr verlassen. Die Bärentatze würde ihn stark machen. Er könne auch ohne die Bärentatze nicht mit seiner Freundin schlafen, die müsste also immer bei ihm sein. Ganz wichtig! Mir tat der ängstliche Bär leid, und als ich gefragt wurde, was ich von solchen Tatzen halten würde, da konnte ich darüber sprechen, dass das Christentum von dieser «Heiden-Angst» – daher kommt der Begriff – befreit. Als Christ ist man befreit von solchem rührenden Unsinn.**

Sie haben wirklich kein Toi-toi-toichen?

Nee, habe ich nicht.

Es gibt auch in Ihrem Leben nicht ein, wie soll ich mich ausdrücken, Ritual oder eine Angewohnheit?

Ich gehe sonntags in die Kirche. Das ist ein Ritual!

Und was passiert, wenn Sie zum Beispiel krank sind? Und Sie können nicht in die Messe gehen?

Dann gehe ich eben nicht.

Und das beunruhigt Sie dann auch nicht?

Wenn der liebe Gott mir Bakterien schickt, dann ist er selber schuld, dann komme ich halt nicht. Ich bin da nicht zwanghaft.

Also ich zum Beispiel gehe nicht ohne meine Pulla aus dem Haus. «Pulla» ist meine kleine Wasserflasche. Auch wenn ich aus der Wohnung runter in den Keller gehe, habe ich immer eine Flasche Wasser dabei.

Seit wann?

Seit wann? Ja, 20 Jahre bestimmt. Ich glaube, das fing mal mit meiner Diabeteserkrankung an, weil ich wirklich immer so viel Durst habe. Ist aber auch eine orale Klatsche. Ich muss auch in der Garderobe, bevor ich in eine Show gehe und auch in der Show immer mein Wasser haben, sonst kriege ich Schweißausbrüche.

Kriegen Sie wirklich Schweißausbrüche, oder ist das nur metaphorisch gemeint? Das ist nämlich genau der Unterschied. Wenn ich auf Dauer wirklich Schweißausbrüche kriegen würde, wenn ich so eine Flasche nicht hätte, wenn die mich wirklich bindet, dann müsste man sich überlegen, ob man das nicht mal therapeutisch angeht.

Also, ich – als völliger Laie – glaube, dass das auch mit der oralen Befriedigung zu tun hat. Ich bin ja auch Raucherin, ich würde gerne immer überall rauchen, was mir ja auch immer mehr verwehrt wird.

Ich bin der einzige lebende Deutsche, der Raucher noch verteidigt.

Aber Sie rauchen doch selber nicht.

Nein, ich bin Nichtraucher. Raucher tun mir aber leid. Sie können doch über Raucher heutzutage Dinge sagen, wenn Sie das über Tiere sagen, kommt der Tierschutzverein. Aber gegen Raucher können Sie jede sadistische Quälerei inszenieren. Da mache ich nicht mit.

Vielen Dank!

Wir hören jede Nacht DOMIAN, da rufen ja viele Leute an, die richtige Probleme haben. Einen gab es, der immer so einen unsichtbaren roten Faden hinter sich herzog. Das bedeutete für ihn, dass er durch die ganze Stadt lief und dieselbe Strecke wieder zurücklaufen musste, um den Faden wieder zu entwirren. Und dann rief auch jemand mit einem Zählzwang an. Der musste alles, alles durchzählen. Oder was man auch aus der Fernsehserie «Monk» kennt: Alles muss symmetrisch sein, es müssen zwei, vier, acht oder sechzehn Dinge sein. Es muss eine gerade Zahl sein. Das mag im Kindesalter lustig anfangen, mit einem spielerischen Gedanken. Wenn ich mit 35 aber immer noch so drauf bin – ist dann im Leben eines Menschen etwas Traumatisches passiert, oder kann aus einer Marotte eine Automatisierung werden?

Zwangserkrankungen, die mit 50 beginnen, gibt es fast

gar nicht. Es gibt Zwangsstörungen als vorübergehendes Phänomen, sie können aber auch in der Jugend langsam beginnen und sich immer weiter steigern. Wenn sie stark ausgeprägt sind, sind sie schwer behandelbar. Manchmal muss man sich damit zufriedengeben, den Zustand so zu verbessern, dass ein mehr oder weniger normales Leben wieder möglich ist. Neben der Psychotherapie gibt es bestimmte Medikamente, mit denen Sie das behandeln können. Ich habe eine Lehrerin behandelt, eine sehr nette und gescheite ältere Dame, die hatte immer wieder Angst, sie hätte jemanden überfahren oder jemandem etwas Böses getan. Deshalb musste sie immer wieder zurücklaufen, um zu sehen, ob da jemand im Straßengraben lag. Sie wusste natürlich, dass das in Wirklichkeit nicht der Fall war, aber sie musste das zwanghaft tun. Psychotherapien waren kaum wirksam gewesen, aber eine Medikation hat sie später entlastet. Es gibt im Übrigen nicht nur Zwangshandlungen, sondern auch Zwangsgedanken. Beim Zwang weiß man im Gegensatz zum Wahn, dass das alles eigentlich Quatsch ist. Also diese Menschen müssen immer wieder irgendetwas denken und wissen doch: «Das ist eigentlich völliger Quatsch, was ich da denke!» Der mit dem roten Faden, den Sie da beschrieben haben, hat wahrscheinlich einen Wahn und ist schizophren. Solche Menschen sind manchmal subjektiv mit ihrem Wahn ganz glücklich. Der sagt sich vielleicht: «Den roten Faden gibt es wirklich. Alle, die das nicht wissen, sind wahrscheinlich zu doof dazu. Ich erkläre dem Domian das jetzt mal, damit endlich mehr Leute Bescheid wissen, wo der rote Faden ist.»

Nochmal zu Ihnen, Herr Dr. Lütz. Es muss doch auch irgendwas bei Ihnen geben! Vielleicht denken Sie zum Beispiel: «Ich kann nicht ohne geputzte Schuhe aus dem Haus gehen.»

Oder vielleicht machen Sie ja etwas Eigenwilliges, bei dem Sie denken, da soll mich mal bitte niemand dabei sehen?

Geschlechtsverkehr! Aber das reicht Ihnen jetzt bestimmt auch wieder nicht.

Nein, denn ich würde nichtöffentlichen Geschlechtsverkehr nicht unbedingt unter Macken abbuchen wollen.

Da bin ich aber froh! Meine Frisur ist am Ende eine Macke. Eigentlich ist diese Frisur völlig absurd, ich habe mir irgendwann mal die Haare so frisiert, zur Seite, und dann ist der Scheitel immer weiter auf die Seite gerutscht, als es dünner wurde.

Darf ich mal sehen? Tatsächlich, das ist die Filbingers Hans Frisur.

Könnten Sie nicht vielleicht ein anderes «Vorbild» nennen?

Nein. Doch, Ernst Huberty könnte ich noch sagen. Ich meine, diese Art von Maximalseitenscheitel ist schon ziemlich speziell.

Finden Sie? Wenn man damit mal angefangen hat, kommt man aus der Kiste kaum mehr raus. Wenn man einfach alles abschneidet, erkennt einen keiner mehr, und man braucht einen neuen Personalausweis.

Wie ist das denn, wenn Sie einen Sonntag planen, einen Ruhetag und sagen, heute bleiben wir nur zu Hause unter uns. Machen Sie sich dann auch die Frisur?

Ja, immer!

Richten Sie Ihre Haare auch vorm Schlafengehen nochmal?

Nee, nee.

Also, Ihre Gattin kennt Sie schon verwuschelt.

Ja. Wenn allerdings draußen ein Sturm ist, dann muss ich gegen die Windrichtung gehen. Das sieht dann sicher etwas merkwürdig aus, aber ich sehe das ja nicht, und als Psychiater können Sie sich so was leisten, da Sie ja so schnell nicht irgendwo eingeliefert werden.

Ist das jetzt Ihr Ernst?

Der Rheinländer meint immer alles ernst.

So! Jetzt haben wir ja doch noch eine feine «Beute» gemacht! Sie behaupten also, dass Sie Ihre Gangrichtung nach dem Wind richten müssen, damit die Frisur nicht aus den Fugen

gerät? Liebe Lesenation, Sie müssten jetzt sehen, wie Herr Lütz hier durch sein Sprechzimmer geht. Er spielt Sturm, hält den Kopf schief und bewegt sich im Seitwärtsgang auf uns zu. Ein Traum!

Den Scheitel immer in Windrichtung. Jetzt haben wir endlich einen Titel für das Buch: «Scheitel im Wind».

Herr Dr. Lütz, wir sind froh, dass Sie sich Zeit für uns genommen haben.

Hat Spaß gemacht.

Katrin Bauerfeind
Bei Hühnern wird weitergezappt

Katrin Bauerfeind wurde am 21. Juli 1982 in Aalen geboren. Bei Wikipedia wird sie als deutsche Moderatorin betitelt, was ihrem Talent in keinster Weise gerecht wird. Das «Kattrinngsche», wie wir sie liebevoll nennen, hat weitaus mehr zu bieten!
Wir lernten sie kurz im Anschluss an den «Kölner Treff» kennen, wo sie und ich (Hella) zu Gast waren. In der nicht wirklich einladenden WDR-Kantine des Senders waren wir beide gleichermaßen angetan von Katrins natürlicher und erfrischend unverkrampfter Art.
Zufällig trafen wir sie Jahre später auf dem Kölner Flughafen wieder. Spontan erklärte sie sich bereit, an diesem Buch mitzuwirken, unter der Bedingung, dass ausreichend kaltes Kölsch vorhanden sei. Das mit dem kalten Bier ist eine unserer leichtesten Übungen, da zwei niedrig temperierte Getränkekühlschränke einen nicht enden wollenden Vorrat bieten. Kurze Zeit später besuchte sie uns zu Hause, und es herrschte von Anfang an eine vertraut-fröhliche Stimmung im Wohnzimmer. Das laute, ständig neu aufbrausende Lachen war an diesem Abend mit Sicherheit bis weit hinter Wuppertal zu hören. Das «geordete» kalte Kölsch und kleine orientalische Hors d'œuvres waren lecker, und so bauten wir satt und umgeben von einer Wolke aus Knoblauch und Bier das Mikrophon auf, um unsere jüngste Beute zu befragen. An dieser Stelle hätten wir gerne «unser Beuteküken» geschrieben. Aber das wäre unverantwortlich gewesen. Warum? Bitte, lesen Sie selbst.

HvS: Liebes Kattrinngsche. Du hast dich ganz lieb auf unser Gespräch vorbereitet. Weil du dir sicher warst, du hättest nicht eine Macke, hast du deine Freunde gebeten ...

CS: Lass sie doch erzählen ...

... dir zu helfen. Und du hast dein iPhone vor dir liegen ...

KB: Hier ist schon mal die erste Mail ...

Die Freunde haben dich mit Mails geflutet ...

Als du deine Nachrichten gelesen hast – hast du gedacht: «Ja, stimmt!» Oder eher: «Nein, das denken die sich ja nur aus!»

Es war so: «Wie konnte ich das bloß vergessen? Stimmt, das ist eine Macke!»

Wir sind gespannt.

Also, eine absolute Wahnsinnsmacke – dass ich das vergessen habe, ist krass – Ketchup, Mayonnaise und Senf in Plastik kann ich nicht anfassen! *(Ihre Stimme wird etwas höher.)* **Weil ich das so ekelhaft finde.**

In den Imbissstuben? Diese Riesen-Portionierer?

Egal. Wenn es Plastik ist, bin ich raus. Dieses Plastik, gerne auch in Senffarbe. Oder Mayonnaise! Mayonnaise hat dieses ganz dünne, billige Plastik! Ich kann das nicht anfassen!

Moment, du meinst nicht die Tuben?

Nein! Tuben sind super, Tuben sind gut! Nur dieses Plastik! Zum Drücken! Dieses Prrrrffft, dieses ...

(Liebe Lesenation, Katrin Bauerfeind schüttelt sich angewidert.)

Das Geräusch kannst du auch nicht gut hören?

Das Geräusch kann ich gar nicht haben! Wenn die fast leer sind und man aber nichts verkommen lassen will und es so durchsaugt, wenn die Luft wieder zurück in dieses Gespratz schlurcht, das da am Rand so rangetrocknet ist. *(Sie schreit jetzt fast.)* **Ich kann das nicht! Das hat auch zur Folge, dass ich an Imbissbuden – da ist das ja noch fieser! Da gibt's das ja mit diesen ... Zitzen, und ich weiß nicht, mit diesem Eimer, wo sich dann tausend ... und das ist immer ... UUUUUAAAAHHHH!**

(Liebe Lesenation, Sie müssen es Frau Bauerfeind nachsehen, dass sie nicht in ganzen, verständlichen Sätzen sprechen kann. Vor lauter Ekel stehen ihr die Nackenhaare zu Berge. Mit ihrem vor Panik entstelltem Gesichtsausdruck könnte sie sich mühelos bei «NIGHTMARE ON ELM STREET 7» bewerben ...)

Ich muss immer jemand fragen, ob mir jemand Senf auf die Wurst macht. *(Jetzt brechen alle in Gelächter aus ...)* **Ich bin auf der Kirmes und sage: «Entschuldigung, könnten Sie mir mal Senf auf die Wurst machen?»**

Das finde ich entzückend! Glaubst du mir, dass ich das verstehe? Also, es geht nicht nur um dieses ekelhafte Schlurchgeräusch, es geht auch um die Unhygiene? Dass da so viele dran rumgemanscht haben?

Wie ist es bei Zahnpasta?

Das ist kein Problem. Tuben sind ja kein Problem. Es geht um Flaschen mit diesem Rücksaug-Effekt.

Es gibt doch auch Plakafarben in diesen großen Plastikflaschen, wenn man da draufdrückt, da hat man ja auch pfffrrrrrfffft – das Geräusch.

Aber da geht es, vielleicht weil ich es nicht essen muss. Farben sind kein Problem.

Also kannst du kein pfffrrrfffft essen?! Und wieso hattest du das nicht selber auf dem Schirm? Wieso musste deine Freundin dich daran erinnern?

Ich merke das immer nur, wenn die Situation wieder da ist, dass ich denke: «Ach, verdammt! Jetzt werde ich wieder den Leberkäse ohne Senf essen, wenn mir den niemand draufmacht!»

Und das machst du dann auch? Du isst lieber Leberkäse ohne Senf, bevor du mit pfffffrrrrfffft konfrontiert bist?

Ja, immer.

Und diese kleinen Tütchen, die man aufreißt?

Das ist gut. Also, da ist auch ein bisschen Ekel, weil sich im Senf vor allem auch dieses Wasser oben ansammelt. Boooooööööäääähhh!

Das kann ich auch hassen! Das finde ich so ekelhaft. Wenn erst das Wasser kommt! Da könnte ich das Essen wegschmeißen! Inzwischen habe ich extra eine Tissue Box am Bett! Damit ich das erste Pffrrtt-Senfwasser aus der Tube ins Papiertuch prökeln kann, damit ich den guten Senf habe. Wenn erst Wasser rauskommt, kann ich den «Strammen Max» auch entsorgen.

Iiih, das ist furchtbar!

Da bin ich bei dir!

Furchtbar!

War das denn schon alles?

Nein. Hühnerphobie.

Danke, lieber Gott, dass du uns dieses Mädchen an den Tisch gekehrt hast! Eine Hühnerphobie!

Ich habe Angst vor Hühnern. Wenn ich nur daran denke, muss ich gerade mal die Füße vom Boden nehmen.

Hör mal, in unserem Gästeklo stehen drei Hühner aus Plastik!

Die müssen aussehen wie echte Hühner.

Aber da steht ein Huhn, was aussieht wie ein echtes Huhn! Dann tue ich das schnell mal raus, bevor du Pipi machst. Geht die Panik denn beim Ei schon los?

Nein. Ei kann ich super essen. Ich kann kein Hühnchen essen, das aussieht wie ein Hühnchen. Ich kann aber super Chicken McNuggets essen, allerdings nur so lange bis jemand, der um meine Phobie weiß, Hühnergeräusche imitiert: «Gackgackgackgackgack.» Dann kann ich es nicht mehr essen.

Kattrinngsche, jetzt sagst du uns, wo das herkommt! Da muss es irgendein Initialerlebnis mit Huhn gegeben haben!

Da so ziemlich alle Enkelkinder der Oma mehr oder weniger Angst vor Hühnern kennen, vermuten wir, dass folgende Geschichte dahintersteckt: Meine Oma – Entschuldigung, Oma! –, die hat früher, wenn wir frech waren, immer gesagt, dass die Polizei kommen würde, wenn wir nicht brav sind. Irgendwann haben wir aber kapiert, dass nie die Polizei kommt, auch wenn wir überhaupt nicht brav sind. Dann ist die Oma eines Tages in den Hühnerstall, mit einem Huhn rausgekommen und sagte: «Wenn ihr jetzt nicht brav seid, dann lege ich euch das Huhn ins Bett!» Und in diesem Moment kriegt das Huhn einen Herzinfarkt und stirbt der Oma in der Hand. Vielleicht kommt es daher.

Mit Sicherheit!

Ich bin keine Psychologin, aber da könnte was dran sein. Haben alle eine Hühnerphobie?

Also vier von fünf auf jeden Fall. Ich kann Hühner noch

nicht mal im Fernsehen sehen. Muss ich umschalten, kann ich nicht gucken. Kriege ich einen Weinkrampf auf der Couch.

Und andere Vögel?

Kleine Vögelchen sind ja ganz süß. Aber alles, was größer als kleine Vögelchen ist, finde ich alles schlimm. Wirkliche Angst habe ich nur vor Hühnern. Als Kind schon: Ausflug auf den Bauernhof – da musste ich durchgetragen werden. Auf den Prinzeninseln haben wir mal eine Radtour gemacht, und kurz vor dem Ziel rennen Hühner über die Straße. Da sind die anderen mittagessen gegangen, und ich bin vor dem Restaurant auf dem Fahrrad zwei Stunden im Kreis gefahren. Absteigen war nicht.

Gänse? Schwäne?

Ja. Mag ich alles nicht, aber Hühner ... also, wenn ich nur diese Glubschaugen ... und dieses unkontrollierte Gestakse ... das ist schon ganz furchtbar, ganz ekelhaft. Also, ich hatte ja auch mal so eine Pubertätsangst vor Spinnen. Die ist komplett überwunden. Aber bei Hühnern, keine Chance. Da sehe ich keine Heilungsoption.

Schade eigentlich. Es gibt doch so nette Hühnchen mit Beatlesfrisuren und puscheligen Beinchen. Die find ich total süß.

Ehrlich? Aber warum denn? Das ist doch total fies.

Jeder Jeck is anders. Was gibt's noch?

Gerüchten zufolge sollte ich niemals den DJ auf Partys machen. Weil ich mich selbst mit meiner Liedauswahl dermaßen begeistere, dass jedes Lied nur eine Minute angespielt wird: «Warte, warte, ich habe noch ein geiles!» Und dann kommt das Nächste: «Das ist super ... und das auch!» Ich bin ein ganz aufgeregter DJ.

Und wie machst du das, wenn du bei dir zu Hause Mucke hörst? Wenn Leute da sind?

Ja, ganz schlimm ist natürlich, wenn du mit mir irgendwo hinfährst, und ich hab den iPod. Ich bin dann wie im Rausch: «Ah! Das ist mein Lieblingslied! Das ist mein Lieblingslied!» Dann kommt eine Liste von 50 Lieblingsliedern.

Bist du auch in anderen Dingen ein eher ungeduldiger Mensch?

Total ungeduldig. Total.

Also auch in anderen Lebenssituationen?

Beruflich zum Beispiel. Ich bin schnell von etwas gelangweilt und habe das Gefühl: «So, jetzt haben wir das gemacht, wir haben es kapiert, wo ist hier jetzt die Entwicklung?» Ich habe ganz fix dieses: «Jetzt geht es nicht weiter, jetzt stehe ich auf der Stelle, jetzt muss irgendwas passieren!»

Liebst du Menschen, die gerne Kreuzworträtsel lösen?

Nein.

Das kann ich mir auch nicht vorstellen.

Kannst du Gesellschaftsspiele spielen?

Ja, ich liebe Gesellschaftsspiele, das Problem ist nur, mit mir will niemand spielen. *(Kattrinngsche schmeißt sich weg vor Lachen.)*

Warum?

Noch eine Macke, die ich vergessen habe. Weil ich da unkontrollierte Wutanfälle kriege. Es gibt ein paar Spiele, die kann ich nicht spielen. «Trivial Pursuit» gehört dazu und «Scrabble». Da könnte ich Mord im Affekt begehen. Da werde ich so sauer.

Aber worüber? Über die anderen?

Ja, über die anderen.

Wenn die gewinnen?

Natürlich bin ich eine total gute Verliererin, alles andere muss man abstreiten, weil es ja so wahnsinnig unsympathisch ist. Ich ärgere mich über die Ungerechtigkeit des Spiels: «Ah, ich habe eine schwere Frage! Die Fragen der anderen hätte ich alle beantworten können!» Stimmt wirklich. Na ja, fängt eigentlich immer ganz lustig an, und irgendwann raste ich aus.

Dann fegst du alles vom Tisch?

Nein, aber man muss dann mit dem Satz rechnen: «Ich

glaube, es ist besser, ihr geht jetzt!» Vor meinem geistigen Auge sehe ich mich in die Küche gehen und ein sehr großes Messer holen ...

Jetzt schätze ich dich ja sowohl für deine Ehrlichkeit als auch für deine Reflektiertheit. Glaubst du, es hat etwas damit zu tun, dass du ein Einzelkind bist und nicht gelernt hast, mit Geschwisterchen ein Spiel am Tisch zu spielen?

Das weiß ich nicht. Es gibt auch Spiele, die liebe ich. Und da werde ich auch nicht sauer. Da kann ich auch wirklich sehr gut verlieren. Zum Beispiel «Time's up» – kennt ihr das?

Nein.

(Im Folgenden erklärt uns Katrin das Spiel und ist sehr enthusiasmiert. Wir laden uns ein, es mit ihr und der netten Freundin, die ihr all die Macken gemailt hat, zu spielen.)

Das kann ich total gut spielen.

Trotzdem behaupte ich jetzt an dieser Stelle, liebe Lesenation, dass wir ein verwöhntes Einzelkind interviewen.

Ich bin überhaupt nicht verwöhnt!

Das geht uns doch genauso. Meine Frau ist eine ganz schlechte Verliererin. Ich bin groß geworden mit einem dreieinhalb Jahre älteren Bruder, gegen den habe ich in allem verloren, wenn ich nicht Glück hatte oder beim «Monopoly» das Geld unterm Spielbrett versteckt habe, damit er nicht mehr wusste, wie groß mein Vermögen war. Ich habe in allem verloren. Ich musste lernen zu verlieren. Aber ich bin eigentlich auch ehrgeizig und verliere nicht gerne. Anders: Ich gewinne lieber.

Das sind wirklich nur diese paar Spiele ...

Ich mag kein «Schach».

Das kann ich noch nicht mal. Oder «Mühle». Das sieht schon so langweilig aus.

Was bist du denn für eine Autofahrerin?

(Mit tiefer, sonorer, sehr wichtiger Stimme, süffisant und überbetont:) **Eine s e h r gute Autofahrerin.**

Aber im Stau kriegst du doch einen Affen?

Nein, nicht im Stau. Ich rege mich eher auf über Leute, die immer auf der Mittelspur fahren. Der Holländer fährt immer nur auf der Mittelspur.

Und Hella. Der Holländer und Hella.

Du bist der jüngste Mensch, mit dem wir sprechen – von allen bisherigen Interviewpartnern. Gibt es Dinge, die du in deiner Kindheit besonders gerne hattest oder die dir ein besonderes Wohlfühlgefühl vermittelt haben? Ich sage jetzt mal, die heiße Tasse Kakao, die du heute auch noch für dich machst, um so eine kindliche Geborgenheit oder Frieden zu finden?

Gerüche – die frischgemähte Wiese, das ist für mich Heimat. Und wenn ich das rieche, dann habe ich Seelenfrieden. Das ist so ein Glücksmoment.

Wie ist es mit deiner Ordnung? Hast du Ordnungsrituale?

Nein, und geputzt wird eigentlich immer nur, wenn ich es ganz eilig habe. Ich bin schon in der Jacke und will los und dann: «Ah, da ist ein Fleck, putz ich nochmal schnell.» Bis dahin war ich gut in der Zeit und wäre pünktlich gewesen. Und dann finde ich immer etwas, was ich jetzt nochmal ganz dringend machen wollte ... und bin immer unpünktlich!

Und ich habe eine Theorie dazu. Willst du die hören? Wenn du weißt, du musst losgehen oder hast um acht Uhr einen Termin, dann musst du noch einen Fleck wegputzen, damit das Ganze deinen eigenen Stempel bekommt. Hauptsache, es geht nach deinem Timing.

Ich bin vielleicht doch ein verwöhntes Einzelkind.

Ralph Morgenstern

«Es gibt Tage, an denen meine Initialen gar nicht auftauchen.»

Ralph Morgenstern wurde am 3. Oktober 1956 in Mülheim an der Ruhr geboren.
Er ist Moderator, Schauspieler, Popstar und Gastronom.
Für uns ist er ein guter, treuer Freund, mit dem ich (Hella) auch schon diverse Bühnen- und TV-Schlachten gewinnen durfte. Wir spielten mit Dada Stievermann zusammen in der *Filmdose* «Kaiserschmarrn», saßen gemeinsam bei «Blond am Freitag» (schon, als es noch «Blond am Sonntag» hieß ... meiner Meinung nach eine Fehlentscheidung des **Z**entrums **D**er **F**insternis, die Sendung damals nicht weiter als Alternative zu «Christiansen» laufen zu lassen ...) und moderieren immer wieder gerne das eine oder andere schwullesbische-bi-transgender Event zusammen.
Da ich ja die Macke hab, Menschen grundsätzlich neu zu taufen, würde ich ihn wahrscheinlich nur dann «Ralph» rufen, wenn ich ihn vor etwas warnen wollte ... Er heißt «Rapaaaala» oder auch «Rappalla», manchmal auch «Rohrfunzel» und seit neustem «Ralle», da er letztens feststellte, dass auf Ibiza die Vogelart «Ibiza-Ralle» ausgestorben ist, sodass er jetzt in seinem Feriendomizil die Erinnerung an den bunten Vogel allein bewässern muss.
Sein hinreißender Freund Oliver muss auch nicht nur mit einem Namen auskommen. Im Freundeskreis wird er neben «Oli» auch «Olive» gerufen und wir nennen ihn zudem «Winnie Puh». Wir haben keine Ahnung, warum. Wenn einer unserer Freunde aussieht wie Winnie Puh, ist es Dicki. Na, vielleicht, weil Oli so süß und lieb ist ... oder mal erschöpft «Puuuuh ...» gehaucht hat.
Unvergessen ein Karnevalsbesäufnis in der inzwischen renovierten

und leider nicht mehr in ihrem Ursprung erhaltenen «Centrumsstuben», in der sowohl der schwule Wirt Hans als auch die sanitären Anlagen aus den 50er Jahren unverändert erhalten geblieben waren. Oli kam irgendwann ol(i)faktorisch gebeutelt an den Tisch zurück und jubelte: «Ich habe das lange verschollene Harnsteinzimmer gefunden!»

Ich (Conny) habe bei Oliver die feste Gewissheit, dass wir bei der Geburt getrennt worden sind. Die Beweisführung geschieht gerne ab dem 15. Bier, wenn wir unsere Hände ineinanderfalten und den anwesenden Kumpanen damit auf die Nerven gehen, welche Finger zu welchem Zwilling gehören. Hat noch niemand rausbekommen. Wie Sie lesen, hamm wir 'ne Püngel Freud miteinander und sollten wirklich mal nach all den Jahren gemeinsam Urlaub machen. Einen weiteren Grund erfuhren wir am Dreikönigsnachmittag, der ab jetzt Vierkönigsnachmittag heißt, da Twiggy, die kleine schwarze Möpsin der beiden, mit an unsrem Tisch saß.

HvS: Lieber Rappalla, du bist für mich heimlich der Pate dieses Projekts! Weil du mir vor vielen Jahren mal erzählt hast, dass du – wenn du im Auto sitzt oder auch über die Straße gehst – auf die Nummernschilder der vorbeifahrenden Autos guckst. Und wenn deine Initialen auf einem Nummernschild sind, dann ist das ein gutes Omen für den Tag.

> **RM:** Ja, genau. Da gibt es allerdings verschiedene Variationen, sogenannte Joker! Das sind zwei XX, wie zum Beispiel K – XX 123. Wenn man die sieht, dann hat man für den Tag einen Joker, der Dinge oder Vorhaben zum Guten wendet. Wenn ich ein RM sehe, dann ist das für den beruflichen Bereich sehr gut. Und wenn ich ein RN sehe, weil ich ja ein geborener Morgenstern-Nolting bin, dann ist das im privaten Bereich ein gutes Omen.

Wie pfiffig.

> **Und dann gibt es die ganze Nummer natürlich noch mit XM oder XR.**
> **Aber der höchste Joker ist natürlich XX.**

CS: Der ist also mehr wert als deine Initialen?

> **Ja. XX das ist der ABSOLUTE. Deswegen sorge ich immer dafür, dass alle meine Autos XX auf 'm Nummernschild haben. Und dann bringt mir persönlich die «9» am Auto immer sehr viel Glück. Also habe ich immer XX 999 oder RM 9 oder Ähnliches.**

Wie praktisch! Wenn du selber das XX-Nummernschild hast, dann brauchst du ja nur einmal um dein Auto rumlaufen und hast gleich einen Joker für den Tag!

> **Sooooo einfach ist das nicht! Ich muss so ein Joker-Nummernschild im Vorbeifahren entdecken!**

Was sind das denn für Joker? Sind das «nur» Glücksjoker oder bekommst du, wenn was verpatzt ist, nochmal eine neue Chance?

> **Nein, das sind eigentlich nur «Glücksjoker». Nach dem Motto «Alles wird gut» oder es geht jetzt «positiv weiter». Was ich aber auch noch mache: Wenn ich ein Auto zum Beispiel mit euren Initialen, also HS oder CS, sehe, kann ich diese «Joker» an euch «weitergeben». Dann denke ich an euch und schicke positive Gedanken in eure Richtung.**

Wie schön ist das denn?!

Ja. Ich muss allerdings auf Zack sein. Auf der Autobahn zum Beispiel muss ich flott die Initialen zuordnen, denn wenn das Auto außer Sichtweite ist, ist auch die Wirkung des Jokers verflogen. Und vor allen Dingen gelten keine stehenden Fahrzeuge. Die Motoren müssen laufen. Also: Die an der Ampel funktionieren. Aber geparkte Nummernschilder gelten nicht.

Okeee ...

Und so habe ich immer zu tun, wenn ich unterwegs bin.

Wie bist du darauf gekommen?

Ich weiß nicht, irgendwann ... War das Langeweile? Oder Erfahrung? Wenn ich so ein XX gesehen habe, dann dachte ich: «Ach, guck mal! So viele X'e müssen ja Glück bringen ...»

Jetzt drängt sich mir aber eine Frage auf: Gibt es irgendein Negativ-Kennzeichen, wo du denkst: «Ach, du grüne Neune! Den Termin verschiebe ich mal besser?»

Nein, gibt es eigentlich nicht. Aber es gibt Tage, an denen meine Initialen überhaupt nicht auftauchen ...

Was hast du denn so für Toi-toi-toichen und Rituale, bevor du auftrittst?

Ja, das musste ich irgendwann sehr einschränken ... ich wurde ja wahnsinnig! Das ging so weit, dass ich Angst hatte, eine Bühne zu betreten, wenn ich mich nicht 1000-mal bekreuzigt oder irgendetwas bespuckt hatte. Diese ganzen

Rituale! Und dann im Fernsehen auch noch. Eines Tages hab ich mir gesagt: «Du musst das mal reduzieren! Du versklavst dich ja!»

Erzähl!

Aaaalso, was ich heute immer noch mache: Unter uns Kollegen schenken wir uns ja meistens zur Premiere die Toi-toi-toichen: kleine Püppchen, Anhänger, Kärtchen und so weiter. Die stehen natürlich alle auf meinem Garderobentisch. Und nach der Vorstellung werden die eingepackt. Wenn ich in einem Theater en suite spiele, kann alles stehen bleiben – und das bleiben sie dann auch bis zur letzten Vorstellung. Oder ich baue alles vor jeder Vorstellung wieder auf. Als ich damals hier am Schauspielhaus sechs, sieben Stücke gleichzeitig gespielt hab, hatte ich sechs, sieben Plastiktüten, wo immer alles drin war. Je nachdem, was abends gegeben wurde, wurde das wieder aufgebaut. Das mache ich heute noch. Also, die Toi-toi-toichen bleiben bis zur letzten Vorstellung bei mir.

Toi-toi-toichen sind ja eher putzig. Das machen ja viele, mich eingeschlossen. Was waren denn die rinderwahnsinnigen Aktionen, wo du sagst: «Das war inzwischen so schlimm geworden, ich konnte schon fast nicht mehr auftreten?»

Ich konnte auf der Hinterbühne unter keinem Gerüst durchgehen – unter keiner Leiter. Dann haben Theater ja manchmal verschiedene Ein- oder Ausgänge. Bühnen-Eingänge, Bühnen-Ausgänge, die nebeneinander liegen. Da gibt es eine rote Tür und eine grüne Tür. Oder eine rote und eine blaue Tür. Und ich musste immer die eine Tür, die ich als Erste benutzt habe, auch weiterhin benutzen. Meine

Wasserflasche musste immer an der gleichen Stelle stehen – bis das Stück abgespielt war, da ich mir einbildete, nur dann wird der Abend ein Erfolg. Früher konnte ich nicht anfangen, bevor ich nicht sämtliche Kollegen bespuckt hatte. Und es gibt viele Kollegen, die finden das überhaupt nicht toll. Die sagen: «Lass mich bloß in Ruhe!» Ich musste viele Sachen in die Hand nehmen und bespucken. Die «extra» Toi-toi-toichen, die «besonderen», die wollten nicht nur bespuckt, sondern auch geknuddelt werden. Und zwar mit der rechten Hand und nicht mit der linken Hand. Und da habe ich mich weitgehend von freigemacht. Ich sage heutzutage: «Jetzt machen wir mal das Stück, und dann ist gut!» Der Rinderwahn behinderte mich. Der machte mich ja nicht ruhiger, sondern hysterischer. Mich davon zu befreien hat richtig Überwindung gekostet. Und manchmal wird die Vorstellung dann auch nicht so schön, da muss ich ganz tapfer sein und sagen: «Es lag nicht unbedingt an der Madonna, die ich jetzt nicht in der Hand hatte!» Wobei ... die Madonna ... ich habe von einer meiner Kaffeeklatschfrauen eine handgeschnitzte, kleine Madonna aus der Ukraine geschenkt bekommen, die muss immer dabei sein. Ich dachte, irgendetwas muss es ja sein. Du musst dich jetzt konzentrieren auf ein Teil. Und die Madonna ist es geworden. Ich hatte ja 5000 Püppchen, Eulen, Schweinchen ... ich weiß nicht was alles. Damit musste einfach mal Feierabend sein. Und da habe ich einiges entsorgt.

Die Gerüste-Zille haben wir ja auch. Von Connys Mama Mildred geerbt ... da kommen wir manchmal aus der Nummer raus, indem wir vorher dreimal spucken. Dann gehen wir drunter her, und nach dem Gerüst müssen wir erneut dreimal spucken.

Wir sind dankbar, dass wir nicht noch drei Flickflacks schlagen müssen.

> **Ich habe auch mal versucht, mir das abzugewöhnen. Aber wenn irgendwas Wichtiges bevorsteht, gehe ich da lieber nicht drunter her! Weil: Ein Gerüst ist ja nicht nur eine Leiter – da sind ja Tonnen von Leitern oben drauf. Nein, das geht nicht. Oder schwarze Katzen. Früher bin ich ja Kilometer Umwege wegen einer schwarzen Katze gefahren! Das mache ich jetzt nicht mehr. Heute denke ich: «Die Tiere wollen mir ja nichts Böses!»**

Ja, so abergläubische, magische Rituale. Wir Künstler haben ja alle einen Spleen. Aber du hast da, glaube ich, nochmal ein Brikett mehr im Ofen als unsereiner.

> **Ja, aber wie gesagt, diverse Briketts sind ja jetzt schon verbrannt. Ich weiß nicht, von wem ich das habe. Ich bin da sehr anfällig für.**

Wie sieht es aus mit Freitag, dem 13.?

> **Die 13 war immer eine gute Nummer. Aber ich würde nicht im 13. Stock wohnen wollen. Es gibt neumodische Flieger, die haben die Reihe 13 – das gab's früher nicht. Da möchte ich nicht sitzen.**

Gibt es denn richtig schlechte Omen? Was weiß ich, eine tote Krähe?

> **Nein. Das habe ich komischerweise nicht. Also so schlechte Omen ... Omi ... Omä ... gibt's da einen Plural?**

Wie wär's mit Omen?

Okay. Nein, das habe ich nicht. Das muss ich ehrlich sagen. Wiewohl: Unken! Das kann ich nicht gut haben. Wenn jemand immer alles schlechtspricht: «Ach, das geht so und so schief! Ach, das weiß ich schon, das wird nix!» Dann sage ich: «Bitte hör auf!» Ich glaube, da ist was dran, Sachen schlechtzureden. Ich glaube, das funktioniert, wenn man Sachen schlechtreden möchte.

Deshalb bist du auch so positiv.

Ja. Negativ zu sein und immer schlecht drauf zu sein, ist mir auch zu anstrengend. Ich bin ungern schlecht gelaunt. Auch weil ich meine, ich ertrage «Unglück» besser, wenn ich gut drauf bin. Wenn ich das nicht so verinnerliche. Ich lasse mir ungern etwas schlechtreden. Ich will es positiv sehen. Das ist wohl wahr.

Hast du eigentlich beim Essen Angewohnheiten, die du eher originell findest, oder die andere Menschen nicht mit dir teilen?

Nein. Abgesehen davon, dass mein Mann Oliver oft sagt, ich kaue zu laut, und dann den Tisch verlässt. Er mag es zum Beispiel überhaupt nicht, wenn ich zu Hause Äpfel esse. Das macht er aber nicht an mir fest, sondern er hasst dieses knackende Geräusch. Ich liebe auch frischgeknackte Nüsse. Da könnte Oli durchdrehen, das ist ihm auch zu laut, er dreht dann meist den Fernseher lauter.

Äpfel und Nüsse?

Nein, ist nicht dran zu denken. Ich darf auch kein Eis mit Schokostückchen drin essen, weil das knackt. Aber wir ergänzen uns da immer ganz gut, weil ich sage: «Ich rauche nicht mehr und muss deinen Zigarettenqualm einatmen, zum Ausgleich darf ich dabei 'ne Tafel Schokolade ‹knacken›.» Ich liebe natürlich Schokolade aus dem Kühlschrank. Und die knackt.

(Lacht.) Das ist so lustig! Die Conny macht auch so einen Krach beim Essen. Die Conny isst überhaupt nichts, was leise ist. Und ich liege im Bett und verstehe mein eigenes Wort nicht, weil so ein Höllenlärm ist. Möhren!

Darf ich auch nicht!

Wenn die Conny eine Möhre schreddert! Da habe ich eine Stunde was von!

Ja, wie bei uns.

Gestern löffelte sie eine Papaya. Dieses Geräusch! Wenn der Löffel in diesem harten Fruchtfleisch stochert ...

Die war etwas unreif, die Papaya ...

Ich habe mir den Ohrhörer vom Fernseher über die Ohren
gezogen, weil ich dachte, ich kriege einen über mich. Das
Geräusch! Als würde sie ein Wildschwein ausweiden.

Ich lach mich kaputt!

Ich verstehe Oli sehr gut! Wir sollten gemeinsam in Urlaub
fahren! Oli und ich, wir lutschen nur Päppchen und Pudding.
Und Conny und du – ihr macht Krach.

Ach, wie lustig. Ja, genau so!

Gibt es was von «früher»? Speisen, Situationen, Feiern, Feste?
Wo du heute als großer Mann noch ein Kinder-Glücksgefühl
verspürst?

> **Muss ich überlegen. Ich bin zwar Einzelkind, aber ich bin in
> einer Riesenfamilie groß geworden. In den 50er Jahren ging
> man ja nicht essen, es wurde zu Hause gekocht, und alle
> Familienfeste waren immer riesig. Wir waren immer ganz
> viele Leute. Es wurde von morgens bis abends gekocht und
> gegessen und getrunken und gebacken. Ich bin in Küchen
> groß geworden. Das hat mich sehr geprägt. Ich koche auch
> gerne. Ich fühle mich in Küchen immer wohl, wenn
> gekocht, wenn lamentiert wird, wenn Sachen geschnitzelt,
> Fleisch gebrutzelt oder irgendwelche Eintöpfe gekocht
> werden. Das bereitet mir ein wohliges Gefühl.**

Du bist ja nun auch Caféhaus-Besitzer. Und auch bei dir zu
Hause ist alles immer sehr, sehr schön dekoriert. Du legst
sehr viel Wert auf schöne Gegenstände, die dich umgeben.
Hast du da so Angewohnheiten: «Also, die Lampe, die darf
da einfach nicht stehen, sonst kriege ich die Krise!»

Ja, das gibt es. Wir haben uns zu Hause auf ein Zimmer, das Wohnzimmer, geeinigt, wo ich die Flasche da stehen habe, das Glas da, die Tasse hier. Und so soll das bitte auch bis in alle Ewigkeit stehen, bis dann neu dekoriert oder neu eingerichtet wird.

Du hättest das wie Annie Wilkes in «Misery» sofort bemerkt, wenn der Pinguin 15 Grad in die andere Richtung geguckt hätte?

Sofort! Meine Tochter und Oli, die hassen mich dafür. Ich merke sofort, wenn jemand im Zimmer war. Ich bin aber auch ein sehr visueller Typ. Ich merke mir auch jetzt wieder, wo alles bei euch im Regal steht. Ich habe sofort gesehen, dass die Krone, als ich das letzte Mal da war, nicht da war.

Na gut, die ist ja auch nicht wirklich zu übersehen. Liebe Lesenation, wir sprechen von einem 1,20 Meter mal 1,20 Meter großen Bild.

(*Lacht.*) Ja, gut, nicht gerade dezent, aber, ich meine, diese ganze Wand ist nicht gerade dezent ... Nein, aber wenn ich nach Hause komme, dann ist mein Kopf meistens so voll. Ich brauche dann Luft. Ich will mich hinsetzen und nicht darüber nachdenken: «Ich muss da noch aufräumen. Und da auch. Und da müsste ich das noch wegbringen. Und das Kissen muss genäht oder gereinigt werden!» Das hasse ich. Ich will mich hinsetzen und Frieden haben. Und wenn dann meine Augen über die Einrichtung wandern und ich denke: «Ach, guck mal, wie schön alles ist!», dann habe ich meine Ruhe.

Bist du jemand, der sich schnell vor etwas ekelt?

Nein, mir ist nichts Menschliches fremd.

Du bist ja viel auf Reisen und musst die Koffer dafür packen. Gibt es da irgendwas Originelles?

Ja, ich hatte früher die Lutschmunda, meine alte Stoff-Ente. Die musste immer obendrauf in den Koffer und hat auf den Koffer und alle Sachen darin aufgepasst. Die wurde aber auch irgendwann mal abgeschafft.

Was hat sie in Rente geschickt?

Die ist auch der «Brikettreduktion» zum Opfer gefallen, als ich sagte: «Nein, jetzt ist aber mal gut mit all den abergläubischen Ritualen!» Wenn ich früher Lutschmunda nicht im Koffer hatte, war ich auf der ganzen Reise verspannt. Wenn die nicht unten im Flieger mitflog, habe ich gedacht: «Boa, der Koffer springt auf! Oh Gott, der Koffer! Wenn der mal gut ankommt!» Lutschmunda fristet jetzt ihr Dasein auf dem Kleiderschrank und wird auch öfter mal gewaschen, aber sie hat keinen Kofferdienst mehr.

Ich finde das süß!

Lutschmunda ist eine platte Ente?

So eine platte Stoff-Ente, die hat so einen platten Schnabel. Wenn ihr sie seht, wisst ihr, warum die so heißt.

Da könnte ich jetzt vielleicht zum Abschluss auch eine Klatsche von mir zum Besten geben: Ich könnte meinen Bär

PETZI nicht im Koffer transportieren, weil ich glaube, er erstickt. Ich muss ihn mit bei mir haben. Und das habe ich dann auch irgendwann nicht mehr getan, weil ich Angst hatte, im Flieger kippt der Tomatensaft über PETZI. Und dann ist PETZI am Ende. Den kann ich nämlich nicht mehr in die Waschmaschine stecken und das NASA-Programm machen. Er hat schon zu viele Haare verloren. Das war allen Ernstes der Grund dafür, warum PETZI nicht mit nach Hawaii durfte. Unter anderem dachte ich, wenn wir mit dem Flieger abstürzen, ich im Meer strample, und der PETZI dümpelt auf 'ner Welle an mir vorbei, würde ich eher versuchen, PETZIS Leben zu retten als mein eigenes.

Und warum werde ich nicht gerettet?

Wahrscheinlich, weil du wieder so laut Wasser geschluckt hast!

Gayle Tufts
«Open that fucking window!»

Gayle Tufts kam am 17. Juni 1960 in Brockton, Massachusetts, zur Welt. Im zarten Alter von 18 Jahren begann sie ihre vierjährige Ausbildung am «New York University's Experimental Theater Wing». Apropos «Wing»: Wir haben nicht die leiseste Ahnung, in welchen Fächern Gayle dort unterrichtet wurde. Wir sind uns allerdings beide darin einig, dass ihr dort unter anderem gelehrt wurde, ihre talentierten Flügel zu spreizen und zu einer großartigen Karriere als Entertainerin abzuheben. Danke, dass sie ihre Flügel bereits 1984 über Deutschland hat kreisen lassen und nochmals danke, dass ihre Flügel sie im Jahr 1991 in Berlin haben landen lassen, wo sie ihr Nest gebaut hat.

Gayle Tufts ist uns in beruflichen Zusammenhängen schon häufiger über den Weg gelaufen, aber auf privater Ebene fieberten wir einer Premiere entgegen. An einem milden Mittwochabend hatten wir uns um 22:30 Uhr für das Interview in unserem Wohnzimmer verabredet. Bereits zwei Stunden vorher waren alle Vorbereitungen erledigt, und wir saßen aufgeräumt vor diversen Tapas und Fladenbroträdern. Schweigend betrachteten wir den Sekundenzeiger der Uhr bei seinen ruckartigen Spaziergängen ums Zifferblatt. In die Stille fragte eine von uns: Champagner? Und sie war noch nicht bei der letzten Silbe angekommen, da ließ die andere in der Küche bereits den Korken ploppen. Diese Idee stellte sich als perfekt heraus, da Gayle nach einer erfolgreichen Fernsehaufzeichnung, in der sie ihren Song «I want to be Michelle Obama! I want to have her Oberarma!» performt hatte, bester Laune war. Sie kam uns lachend und winkend auf dem Flur entgegengetanzt. Und obwohl wir, den

Schaumwein betreffend, ein bis zwei Gläschen Vorsprung hatten, stellte sie uns mit ihrer guten Laune und ihrem Temperament in den Schatten. Sie kam, saß und siegte mit ihrer fröhlichen und direkten Art.

CS: Wie schön, dass du zu vorgerückter Stunde bei uns zu Gast bist.

HvS: Gibt es in deinem Leben ein Ritual, wo du sagst: «Das muss ich immer vor einem Auftritt oder in meinem Privatleben machen!?»

> GT: Ja. Seit ich in Berlin bin, gehe ich vor einer Premiere immer mittags um 13 Uhr zum KaDeWe und esse ein Stück Fisch. Ich glaube, ich gönne mir dieses Ritual, da ich lange Zeit in meinem Leben kein Geld gehabt habe. Als ich nach Berlin kam, symbolisierte das KaDeWe für mich das Nonplusultra an Luxus. Dass ich mir dort ein Stück Fisch leisten kann, ist noch immer keine Selbstverständlichkeit für mich. Es bedeutet: «Sei gut zu dir», vor einer Premiere. Das Protein vom Fisch ist gesund und gibt mir die nötige Kraft für den Abend. Das ganze Ambiente dort füttert meine Seele. Ich denke jedes Mal happy: «Oh my God. Was ist das für ein Leben?!»

Ist das immer derselbe Fisch?

> Nein, es sind verschiedene Fische. Es sind ja auch verschiedene Shows. Ich habe das einmal nicht gemacht, und das war nicht so gut.

Das heißt, dieses Ritual und dieser Aberglaube sind schon sehr wichtig für dich?

Ist Aberglaube Aberglaube? Oder ist Aberglaube Glaube?

Das fragen wir dich.

Ich finde, es ist Glaube. Ich glaube dran. Es gibt ein großes Stück Gott da drin, Spiritualität. Das ist etwas, das ich habe. Ich respektiere Theater wahnsinnig. Ich habe dieses Privileg, im Theater zu arbeiten. Das war mein Traum, seit ich ein Kind war. Dabei ging es mir nicht darum, ein Star zu sein. Ich wollte einfach im Theater arbeiten. Theater ist ein soziales Feld. Man darf mit anderen Leuten etwas machen, um die Welt zu verändern. Oder mindestens den Moment zu verändern. Ich finde, das ist ein großes Geschenk. Um am Premierenabend körperlich und seelisch in Topform zu sein, halte ich an diesem KaDeWe-Ritual fest.

Macht Seezunge bessere Premieren als Forelle?

Ich glaube, ein netter Rotbarsch ist vielleicht das Beste. Der freundliche Mann da hinter dem Tresen sieht zudem immer sehr unterstützend aus. Das gibt mir zusätzlich noch ein gutes Gefühl für den Abend.

Wenn du dann im Theater bist und alle Vorbereitungen abgeschlossen hast, gibt es dann noch etwas, was du tun musst, bevor der Vorhang aufgeht?

Ja, klar. Ich huste sehr gerne. Was für eine Sängerin eigentlich total bescheuert ist. Aber ich muss mindestens dreimal husten, bevor ich auf die Bühne gehe. Wirklich nicht nur hüsteln,

(Gayle demonstriert dieses zarte Hüsteln mit abgespreiztem Finger an der Hand, die sie sich artig vor den Mund hält.)

sondern bellen.

(Wir kommen leider auch in den Genuss dieser lauten Demonstration und fangen im letzten Moment die auf dem Tisch tanzenden Champagnergläser auf.)

Lautes Husten ist für eine Frau wirklich sehr unschicklich. Aber ich huste wie ein Fußballspieler.

(Keine von uns möchte ihr jetzt widersprechen.)

Du musst dabei aber bitte nicht ausspucken? Ich hasse das, wenn Fußballspieler dauernd auf den Rasen spucken.

Nein, das mache ich überhaupt nicht. Das finde ich auch grauenvoll.

Danke.

Ein wichtiger Glücksbringer ist mein Handtuch, das ich immer dabeihabe. Das ist ein Geschenk von meinem ersten großen Choreographen, David Gordon, mit dem ich in New York gearbeitet habe. Er hat mir das damals als Premierengeschenk gegeben. Was ich von einem Choreographen ein sehr praktisches und tolles Geschenk finde.

Wie lange ist das her?

20, 25 Jahre. Ich habe es immer dabei.

Welche Farbe hat es? Steht etwas drauf?

Rot mit weißen Punkten.

Ist es inzwischen blassrosa, oder ist es noch rot?

Ist vielleicht ein bisschen orange geworden. Aber ich habe das immer dabei. Ich komme ja gerade von einer Fernsehaufzeichnung zu euch und habe es selbstverständlich dabeigehabt.

Du darfst es schon zwischendurch waschen?

Ja, es ist nicht so wie: Paul McCartney hat mich geküsst, ich mache meine Wangen nie wieder sauber.

Ich bin überrascht, dass es nicht mittlerweile weiß gewaschen ist?

Nein, ich wasche es mit 30 Grad.

Gibt es David Gordon noch?

Ja, er ist einer der besten Choreographen in New York. Er war in den späten Siebzigern nach der konzeptionellen Kunst in der Phase des postmodernen Tanzes sehr erfolgreich mit Künstlern wie Trisha Brown und Douglas Dunne.

Ich kenne leider nur Pina Bausch.

Er ist unser Pendant. David Gordon und sein Ensemble waren wirklich die Creme de la Creme vom postmodernen Tanz. Ich hatte die große Ehre, in seiner Company aufgenommen zu werden.

Weiß er, wie wichtig dieses Handtuch nach 25 Jahren noch für dich ist?

Ach, ich kenne seinen Sohn sehr gut. Ich glaube, er weiß, wie wichtig er für mich war.

Gibt es nach der Show für dich festgelegte Rituale?

Ja. Ich esse immer einen Apfel. Ich habe das vor Jahren von BJÖRK übernommen.

Die isländische Sängerin?

Genau, sie war früher bei den «Sugarcubes». Als die das erste Mal nach New York gekommen sind, war ich mit einer Freundin dort und war begeistert. Wir haben sie gehört, waren baff. Nachher haben wir gefragt: «How do you do that? How do you sing like that?» Und sie hat auf sehr gebrochenem Englisch gesagt: «Eat apple!» Da habe ich mir gesagt: «Okay. Dann mache ich das auch.» Und seitdem esse ich immer einen Apfel.

Nachher?

Nachher. Ich finde das erfrischend. Ich habe immer Hunger nach einer Show. Ich könnte wirklich eine halbe

Kuh essen. Aber bevor ich das mache, esse ich gerne einen Apfel.

Was ist mit der privaten Gayle? Gibt es da auch Rituale?

Ja, abends lese ich gerne. Meine Mutter war eine große Leserin. Sie war Supermarkt-Kassiererin, mein Vater war Barkeeper. Ich komme aus einer ganz normalen Familie. Aber am Dienstag und Samstag habe ich immer ein Ritual mit meiner Mutter gehabt. Wir beide sind zusammen in die Bibliothek gegangen. Dabei haben sich für mich Welten eröffnet. Als man mir später meinen ersten Bibliotheksausweis gegeben hat, musste ich vor Freude weinen. Ich habe gedacht, jetzt ich bin ein großes Mädchen.

Wie alt warst du, als du den Ausweis bekommen hast?

Sechs. Ich habe drei Jahre gewartet. Man musste in der ersten Klasse sein. Das war für mich wichtiger als die Einschulung. In Amerika ist die Einschulung nicht so schön wie hier. Das finde ich schade.

Du meinst die Schultüten?

Die Schultüten, das ganze Drumherum bei der Einschulung. Bei uns gehst du einfach in die Schule. Ich war nervös, und ich war ein bisschen enttäuscht, weil ich schon lesen konnte und die anderen nicht. Aber ich hatte ja gleichzeitig diesen Ausweis bekommen, und so konnte ich in die Welt der Bücher flüchten. Ich glaube, ich wäre nie nach Europa gekommen, wenn ich nicht Bücher wie das «Dschungelbuch» von Kipling oder «Tale of Two Cities» von Dickens gelesen hätte. Das war für mich ein großes Privileg. Ich

muss bis heute eine Stunde am Tag lesen. Manchmal, wenn ich spiele, ist das ein bisschen problematisch. Dann lese ich nur die «Gala». Ich möchte sagen, den «New Yorker», das klingt besser. Aber ich lese tatsächlich nur die «Gala» und löse das Puzzle.

In der «Gala» kann man ein Puzzle lösen?

Ich weiß nur von einem Kreuzworträtsel.

Himmel, ich meine natürlich das Kreuzworträtsel. Dadurch habe ich früher Deutsch gelernt.

Wenn du so viel liest, hast du einen Lieblingsautor oder eine Lieblingsautorin?

Ich kann sehr intellektuell, aber auch nicht intellektuell sein. John Updike ist für mich ein wichtiger Autor. Ich liebe ihn, weil ich finde, er erzählt Amerika – God bless John Updike! Jeffrey Eugenides entstammt der nächsten Generation. Er hat «Middlesex» geschrieben. Das ist für mich das bedeutendste Buch für meine Generation. Aber wenn ich wirklich etwas Kuscheliges brauche, muss es die irische Autorin Maeve Binchy sein. Sie schreibt über Familien, über Frauen, über Irland. Das ist einfach so wunderschön entspannend, und es gibt immer ein Happy End.

Das verstehe ich. Hast du als junger Mensch denn auch deutsche Autoren kennengelernt?

Nein. Das war etwas ganz Neues für mich, als ich hierhergekommen bin. Schiller und Goethe haben wir überhaupt

nicht gelesen in meiner Heimat. Als ich das erste Mal hierherkam und Ulla Meinecke, Ideal oder Rio Reiser gehört habe, hatte ich zwar keine Ahnung, was die gesungen haben. Aber ich war fertig. Ich habe gedacht: «Das ist so schön!» Und jetzt, 20 Jahre später, wenn ich Rio Reiser höre und verstehe, fange ich an zu heulen.

Wir werden ihn gleich nach dem Interview auflegen. Was war denn das erste Buch, was du von einem deutschen Autor gelesen hast? Erinnerst du dich daran?

Das war von Matthias Frings. Er ist ein sehr, sehr guter Freund von mir und hat ein Buch geschrieben, «Der letzte Kommunist».

Haben Amerikaner einen anderen Aberglauben als die Deutschen? Wir haben hier in Deutschland: «Regenschirme soll man nicht im Zimmer aufspannen», wir haben hier: «Nicht unter der Leiter hergehen», wir haben: «Schwarze Katzen von links nach rechts, bringt's was Schlechts.»

Ich kenne das vom Theater natürlich. Man spricht hinter der Bühne nicht das «scottische Play» aus.

Das «schottische Stück»? Was ist das denn?

(Gayle kommt ganz dicht an uns ran und flüstert.)

Sage nie «Macbeth» hinter der Bühne, niemals.

(Flüstert zurück:) Warum?

Das bringt Unglück.

Wir sind ja zum Glück nicht hinter einer Bühne. Man darf hinter einer Bühne nicht «Macbeth» sagen?

Nein, darf man nicht.

Ist das nur bei Amerikanern so?

Nein, in England, in Amerika, anybody with English speech. Die dürfen das nicht hinter der Bühne sagen. Man darf auch nicht pfeifen hinter der Bühne.

Okay, das kennen wir auch. Aberglaube heißt auf Englisch «Superstition», oder?

Ja.

Stevie Wonder, ich danke dir.

(Jetzt wird es laut, denn drei Weiber trällern:)

«Very superstitious ...»
    «Very superstitious ...»
«Very superstitious ...»

Du bist so lange in Deutschland und schreibst ganze Programme und Bücher über Deutschland und Amerika. Gibt es etwas, wo du sagst: «Da bin ich inzwischen sehr deutsch geworden?»

Ja. Lüften. Ich war in New York vor zwei Wochen, ich habe gedacht: «Open that fucking window!» Überall gibt es diese grauenvollen Klimaanlagen und die Fenster bleiben verschlossen. Ich war in einem Sportstudio, das war so

> **klein wie ein Schuhkarton. Der Fußboden war mit einem dicken Teppichboden ausgelegt, und es roch im Raum muffig nach Schweiß. Die Klimaanlage lief auf Hochtouren, und ich habe gedacht, dass ist so hammerhart, das ist Hardcore. Meine Haare flogen wild umher, und ich schrie plötzlich los: «Es zieht, es zieht! Guckt mal, ich muss einen Rollkragenpullover anziehen.»**

Wir Mädels in den Wechseljahren brauchen eh noch mehr frische Luft als vor zehn Jahren!

> **Ja, aber hallo! Mache im Sommer morgens die Fenster zu, öffne sie abends, statt einer Klimaanlage, die viel Energie benötigt und viel umweltunfreundlicher ist. Es ist natürlich. Es funktioniert. Gehe spazieren, wenn du deprimiert bist. Das kennt der Amerikaner nicht.**

Was vermisst du als Amerikanerin am meisten in Deutschland?

> **Spontanität, Optimismus und ab und zu ein Eis.**

Habt ihr etwa besseres Eis als wir? Wir haben doch so wunderbares italienisches Eis in Deutschland.

> **Bei uns gibt es so übersüßtes, sahniges Eis. Das ist Kiffer-Eis und der Wahnsinn. Außerdem fehlt mir meine Schwester. Ich vermisse, egal, wo ich bin, meine Schwester und meine beste Freundin.**

Wie sehen bei dir Weihnachten, Silvester und Geburtstage aus? Bist du da ein durchritualisierter Mensch, oder feierst du jedes Jahr anders?

Ich spiele oft an Weihnachten und Silvester, denn das ist eine Zeit, wo man auf der Bühne viel Geld verdienen kann. Ich lebe hier in Deutschland ohne Familie. Diese Tage mit meiner Theaterfamilie zu verbringen, finde ich toll.

Du spielst aber doch nicht am Heiligabend?

Nein, natürlich nicht.

Hast du denn an dem Abend Rituale? Muss es ein Baum sein?

Wir wohnen in der vierten Etage ohne Aufzug, und ich bestehe jedes Jahr auf einer Riesentanne. Der Baum muss mindestens drei Meter hoch sein.

Und den schmückst du auch selber?

Ja.

Und hast du da traditionellen Schmuck von deiner Familie?

Wir haben ein bisschen Schmuck von meiner Familie in New York, und ich mache, so oft ich kann, eine Party in der Vorweihnachtszeit, wo ich sage: «Bitte bringt alle etwas Baumschmuck mit!» Wenn du das jedes Jahr machst, hast du mit der Zeit die schönsten Kugeln und Erinnerungen an Freunde in deinem Baum hängen.

Schön. Das übernehmen wir sofort!

Das können wir nicht übernehmen. Unsere Tanne ist voll.

Ihr müsst eine größere Tanne haben.

Wir machen es genau umgekehrt. Am Geburtstag meiner Mutter – sie hatte am 26. Dezember Geburtstag und ist einen Tag vor ihrem 60. Geburtstag bei einem Wohnungsbrand ums Leben gekommen –, treffen wir uns jedes Jahr mit den Familienangehörigen und den engsten Freunden. Jeder Gast bekommt von uns eine Weihnachtskugel. Da wir das seit 20 Jahren machen, glaube ich, dass viele unserer Freunde jetzt üppige Bäume haben und sagen: «Alles Hannes Geburtstagsschmuck!»

Schön.

Aber das ist natürlich genial zu sagen: «Kommt nach Hause und bringt mir Schmuck mit!»

Und wie sieht es mit deinem eigenen Geburtstag aus?

Ich feiere meinen Geburtstag sehr gerne. In Amerika wird der Geburtstag übrigens anders gefeiert. In Amerika musst du nichts planen und nichts zahlen. Das übernehmen alles deine Freunde für dich. «We take you out!» Du bist von deinen Freunden eingeladen. Hier musst du alles selbst machen. Das finde ich auch fein. Ich habe allerdings schon eine Reihe Amerikaner hier erlebt, die nicht schlecht gestaunt haben, als ihnen an ihrem Geburtstag nach einer ausschweifenden Party die Rechnung präsentiert wurde.

Freust du dich auch über Geschenke?

Ja, ja. Geschenke müssen auch sein.

Bist du auch jemand, der gerne Geschenke macht?

Ja, sehr gerne sogar. Ich habe einmal Andy Warhol gelesen, und er schrieb, seine Mutter, sie stammte aus der Tschechoslowakei, hat immer zu ihm gesagt: «Wenn du zu Leuten gehst, bring was mit.» Als ich nach Deutschland kam, war ich Warhol sehr dankbar, dass er mich mit diesem europäischen Brauch bereits vertraut gemacht hatte. Mir gefällt diese Sitte, und ich finde, da können die Amerikaner noch etwas lernen.

Fällt dir irgendwas ein, wo du sagst: «Boah, da habe ich 'ne Schraube locker! Das mache nur ich, das macht kein Mensch auf der Welt, nur Gayle Tufts!»

Ich besitze Unmengen von klarem Nagellack. Ich vergesse ständig ihn auf Reisen mitzunehmen und kaufe ihn überall nach. Wenn ich wollte, könnte ich 24 klare Nagellacke auf meinen Schminktisch stellen.

Warum? Ich sehe gerade roten Nagellack auf deinen Fingernägeln?

Ich muss als Dame immer ein paar Nagellacke dabeihaben. Frag mich nicht, warum. Ich weiß es nicht.

Und warum ist jetzt roter Lack auf deinen Nägeln?

Weil ich gerade Fernsehen gemacht habe.

Aber morgen machst du rot ab und machst klar drauf?

Ja. Das ist wirklich eine Marotte von mir. Ich kaufe mir ständig die teuersten Nagellacke und bilde mir ein, dass man mit gelackten Nägeln sofort wie eine Lady aussieht.

Ist das typisch amerikanisch?

Keine Ahnung. Ich habe es mir bei Jackie Kennedy abgeschaut.

Moment. Hatte Jackie Kennedy immer klaren Nagellack?

Ja, und sie war eine richtige Lady.

Jackie Kennedy war die Frau von John F. Kennedy. Richtig?

Völlig richtig.

Der hat sich aber öfter nach Marilyn Monroe umgedreht. So perfekt kann Jackie nicht gewesen sein.

Sie war perfekt. Er war es nicht.

Rosa von Praunheim und Oliver Sechting
Hypochondrie und Numerophobie

Rosa von Praunheim wurde am 25. November 1942 in Riga geboren. Er ist Filmregisseur und war vor allem mit seinem Dokumentarfilm «Nicht der Homosexuelle ist pervers, sondern die Situation, in der er lebt» öffentlicher Wegbereiter und Mitbegründer der politischen Schwulen- und Lesbenbewegung in der Bundesrepublik Deutschland. So steht's in Wikipedia, und so kann ich (Hella) es nicht nur abschreiben, sondern auch bestätigen.
Ich saß an meinem 12. Geburtstag, am 2. Februar 1971 um 23 Uhr, in meinem Fernsehzelt und sah fassungslos fasziniert die «Bettwurst».
Muss ich beides erklären: Mein Fernsehzelt war eine ebenso dufte wie alberne «Bude», die ich mir baute, um heimlich fernzusehen. Unsere Mutti hatte nach der Scheidung meinem Bruder Hattu und mir jeweils einen kleinen, transportablen Schwarzweißfernseher geschenkt. Damit das unter meiner Zimmertüre rauswabernde, weiß flimmernde Licht unseren Vater nicht beim Zubettgehen alarmieren konnte, saß ich, mit einem Hörpümpel im aufgeregten Ohr, 20 Zentimeter vor dem Schirm der Miniglotze unter einer Decke. Ich glaube, ich hatte erst mit 17 die mensamäßige Idee, die Decke vor die Türritze zu legen, um bequemer das «Kleine Fernsehspiel» zu verfolgen.
Tja. Und die «Bettwurst». Was war die «Bettwurst»? Ein Film. Aber was für einer.
Luzi Kryn und Dietmar Kracht improvisieren sich Wölfe vor Rosas Kamera. Unvergessen die Dialoge, die ich später mit meiner Kameradin Würstchen auf'm Schulhof nachspielte: Luzi mit Miss-Piggy-

Intonation: «Oooh Dittmar, ich liebe dich!» Dietmar mit allem Charme des Mannheimer Dialekts, 40 Jahre, bevor Bülent Ceylan selbigen hoffähig machte, gepaart mit tuntiger Theatralik und Colliergriff: «Oh Luuuuzi ... isch libbe disch auch so unglaublisch ... mehr als isch jemals eine andere Frau gelibbt hab!» Kult.
So! Und jetzt kommt's: Ich wollte eigentlich noch von Dietmars anderer großer Szene erzählen – aus M... Und jetzt darf ich den Namen nicht schreiben! Weil Gayle Tufts uns erzählt hat, man darf M... hinter der Bühne nur «das schottische Stück» nennen! Man darf M... nicht aussprechen, weil's Unglück bringt! Ich fasse es nicht! Der Fluch des eigenen Büchleins ! Ein Aberglaube, von dem ich NOCH NIE hörte, hindert mich daran, M... zu schreiben. Also dann umschreib ich's: Stück von Shakespeare, erster Teil wie die Vorsilbe einer Burgerkette – zweiter Teil der Vorname von Frau Ditto! WIMMER.
Jedenfalls gab er uns eben auch Lady M. «Ist es ein Dolch, den isch erblicken tu? Oder nur ein Trukbild meiner Phantasie?» Unvergessen.
Doch zurück zum Stück.
Anfang der 80er saß ich dann FAMEtechnisch in Rosas Bärliner Altbauwohnung vor seiner Videokamera und machte eine Art «Casting», welches mir immerhin 1985 eine Rolle in seinem Film «Ein Virus kennt keine Moral» einbrachte. Den Film fand ich mittel. Aber die Tatsache, dass ich im handgemalten Abspann unter CRAIG RUSSELL stand, thrillte mich ähnlich wie mein Kinodebüt zwei Jahre zuvor in Walter Bockmayers «Kiez».
Ich (Conny) schüttelte Rosa im Februar 2010 auf der Berlinale zum ersten Mal die Hand. Wir sahen uns beim «Teddy Award». Werner Schröter bekam den «TEDDY» für sein Lebenswerk. Neben Ingrid Caven laudatierte auch Rosa. Wir hatten alle Tränen in den Augen, da Schröter schon schwer von seiner Krankheit gezeichnet war. Im April 2010 verstarb er.
Vor allem Praunheims Dokumentarfilme hinterlassen bei uns in

schöner Regelmäßigkeit tiefen Eindruck. Jüngst sahen wir «Rosas Höllenfahrt», und die Jungs brannten uns nach ihrem Besuch «Die Jungs vom Bahnhof Zoo» – der Film, bei dem Rosa und Oli sich auch näher kennenlernten.

Oliver Sechting ist am 5.10.1975 in Göttingen geboren. Er ist diplomierter Sozialpädagoge und arbeitet bei der Schwulenberatung Berlin. Inzwischen ist er auch Mitarbeiter der «Rosa von Praunheim Filmproduktion». In dieser Funktion befand er sich mit am Drehort, als wir an einem Samstagnachmittag vorm «Café Morgenstern» aufschlugen. Ich (Hella) sollte was über Ralf König erzählen, und danach wollten wir Rosa vor Ort interviewen. Dies wurde von Höllenlärm verhindert. Just um die Zeit nämlich tauchte ein großes, gelbes Gefährt auf, aus dem nicht nur 'ne Handvoll «Brokeback Mountain»-Schwuppen sprangen, sondern auch düsenjetlaute Beats wummerten, um für irgendein sexy Event am Abend zu reklamieren.

Wir sprangen also in den schnell gerufenen Mietwagen, um keinem Taxifahrer ausgeliefert zu sein, und fuhren zu uns, wo wir erst mal auf starken Widerstand stießen, als wir Rosa etwas zu trinken anbieten wollten. Als er sich vom rechtmäßigen Zustand eines verschweißten Wasserfläschchens überzeugt hatte, gab er danach umso offenherziger ehrliche Auskunft aus dem Leben eines getriebenen, genialen Filmemachers. Der entzückende Oli gab uns das Sahnehäubchen im Gespräch.

HvS: Lieber Rosa. Nach langem Hin und Her durften wir dir jetzt doch eine vorher nicht geöffnete Flasche Wasser anbieten.

Du sagst, du hast Vergiftungsängste. Du glaubst, was du von fremden Menschen bekommst, könnte vergiftet sein! Ist das noch eine schrullige Angewohnheit oder schon Paranoia?

RvP: Es fing damit an, dass ich in den frühen 60ern ein paar Monate «Romilar» genommen habe. Das sind Hustentabletten, die mit Codein gespickt sind. Ich habe das ausprobiert und davon Herzrasen bekommen. Irgendwann war ich auf einer Party, da war eine Ärztin, die fühlte meinen Puls und sagte, das knallt durch. Das scheint davon gekommen zu sein. Ich hatte das gar nicht gemerkt, weil ich da so ekstatisch unterwegs war. Dann kriegte ich wahnsinnige Panik. Hoher Puls – ich dachte, jetzt sterbe ich. Musste mich flachlegen, durchatmen. Ich hörte dann auf mit den Pillen, aber die Angst blieb. Und das Herzrasen. Ich hab mich in der U-Bahn flach hingelegt und durchgeatmet. Das war in der Zeit, wo alle Drogen nahmen. Und durch diese Angst zog ich Drogenleute an. Ich hatte einen Kameramann, der lief mit LSD-Stückchen hinter mir her und sagte: «Du machst jetzt zwei Filme mit LSD!» Ich hatte aber noch diese panische Angst. Ich dachte, wenn ich das nehme, kriege ich Herzrasen, und dann muss ich sterben. Ich konnte dann auch nicht mehr bei Fremden essen. Ich habe immer die offenen Getränke zugehalten. In Speisen hätte man mir ja auch was mischen können. Nur wenn Kinder da waren, dann ging das. Dann dachte ich: «Gut, die Leute sind nicht bösartig. Wenn das die Kinder essen, kann ich das auch essen.» Ich kriegte immer Panik, wenn ich irgendwo gegessen und nicht aufgepasst hatte. In Budapest hatte ich so einen Hunger, habe mir irgendwas geholt, und nachts im Hotel kriegte ich plötzlich Panikanfälle und dachte: «Was mache ich jetzt? Ist da ein Arzt? Wo kann

ich mich hinwenden? Muss ich jetzt einsam sterben?» Das Ganze wurde wirklich schlimm. Das Interessante ist: Meine Mutter sagte mir in der Jahrtausendwende, dass ich nicht ihr Sohn bin. Sie saß seit 15 Jahren in meiner Wohnung und sagte 2000: «Du bist nicht mein Sohn. Ich habe dich in Riga während der deutschen Besatzung im Kinderheim gefunden.» Da wusste ich, dass ich in Riga geboren worden bin. Sie hat nichts weiter gesagt und starb dann 2003 mit 98 Jahren. Ich machte mich auf die Suche nach meiner leiblichen Mutter und habe 2007 den Film gemacht: «Meine Mütter». Ich fand unter vielen Schwierigkeiten heraus, dass ich im Knast geboren bin. Im Zentralgefängnis in Riga. Ich bin 1942 geboren, und meine leibliche Mutter ist ein Jahr später in der Psychiatrie in Berlin-Wittenau gestorben. Ermordet worden von denselben Ärzten, die die Euthanasie gemacht haben. Wir konnten das im Krankenprotokoll nachlesen. Eine Frau Silberschmidt hat sie ein Jahr lang praktisch verhungern lassen und sie beinah jeden Tag mit Elektroschocks gequält. Die Diagnose war Schizophrenie. Im Nachhinein kann man nicht sagen, ob diese Diagnose stimmte. Es kann sein, dass sie während der Schwangerschaft vielleicht eine psychotische Geschichte gekriegt hat. Dass das zum Knast führte.

Jedenfalls habe ich mir im Nachhinein überlegt: Hätte ich LSD genommen, wie das alle meine Freunde gemacht haben, wäre ich vielleicht nicht mehr runtergekommen. Vielleicht wäre ich psychotisch geworden. Zurückblickend denke ich, dass meine panische Angst vor Drogen mich geschützt hat, auf eine ganz eigenartige Weise. Dass ich gerettet worden bin vor einer vielleicht sehr heftigen psychischen Störung, die durch das LSD hätte ausgelöst werden können. Denn vom Bewusstsein fand ich das gut, Drogen zu nehmen.

Du glaubst, es könnte ein unterbewusstes Wissen über das Drama deiner leiblichen Mutter gewesen sein?

Das ist ja jetzt alles konstruiert, weil ich das nicht beweisen kann, aber eine genetische Veranlagung hätte durchaus sein können. Man sagt ja, dass das bis zum 35. Lebensjahr ausbrechen kann. Ich habe sozusagen meine Verrücktheit in meine Kreativität, in meine Filme gesteckt. Das hat mich gerettet.

CS: Du hast auch nie gekifft?

Kiffen hat mir überhaupt nichts gesagt. Ich hätte gerne LSD genommen. Die Berichte von anderen, dass man da die tollsten Welten erlebt, das hätte mich gereizt. Kiffen im Altersheim sollte erlaubt sein, weil das eine zusätzliche Lebensfreude ist. Aber ich hätte zu viel Angst.

Wie bist du denn in deinem Leben mit Alkohol umgegangen?

Alle näheren Bekannten sind Alkoholiker. Mein Vater war vielleicht nicht Alkoholiker, aber er hat sehr viel getrunken. Und wie das dann so ist: Er kam besoffen heim, fuhr betrunken Auto, und meine Mutter hat sich aufgeregt. In der Pubertät habe ich das sehr stark mitgekriegt und war auf der Seite meiner Mutter. Mein Vater war ein fröhlicher Alkoholiker, der war sehr lieb, der wurde nicht aggressiv. Man verzieh ihm auch immer. Er hatte so einen Charme und Humor, man konnte ihm nie böse sein. Aber das waren Momente, in denen mich Alkohol abgestoßen hat. Mike, mit dem ich seit 33 Jahren zusammenlebe und -arbeite, wir waren fünf Jahre ein Liebespaar, hat auch eine starke Tendenz zum Alkohol. In meiner Umgebung waren immer

Trinker, und dadurch war ich abstinent. Anfangs habe ich ein bisschen getrunken, aber irgendwann kriegte ich Kopfschmerzen, mir ist immer sehr schnell übel geworden, und ich habe es dann ganz sein gelassen. Oliver, seit drei Jahren an meiner Seite, Gott sei Dank, ist schon nach dem kleinsten Cocktail völlig betrunken.

Du meidest Alkohol auch?

OS: Ja. In den meisten Fällen ja.

Rosa, du bist ja ein sehr kreativer Mensch, hast viele Filme gemacht, kannst du aus dem Kopf sagen, wie viele?

Ich habe 70 Filme gemacht bis dato. 2012, im Winter, werde ich 70, und bis dahin werde ich noch 70 Filme machen. Ich habe schon ein paar, die aus dem Archiv sind, Kuriositäten, die ich zusammenschneide, aber es werden 70 neue Filme. Ich werde im Kino dann zwölf Stunden diese Filme zeigen und im Fernsehen wird der RBB, mein Haussender in Berlin, mehrere Nächte meine Filmen senden.

Wenn du Drogen und Alk meidest, empfindest du denn den Prozess, einen Film zu schreiben, zu drehen, zu schneiden oder am End die Premiere auf dem roten Teppich als ein rauschähnliches Erlebnis?

Nein, für mich war bislang Sex der große Rausch. Bis Oliver zu mir die bedeutenden Worte sagte: «Ich möchte gerne, dass wir eine monogame Beziehung haben.» Das war sehr schockierend für mich, auch erst mal sehr schwierig.

Du warst ja auch mit Werner Schröter zusammen. Was war

das für eine Beziehung, Sex und Arbeit? Und hatte er mit Drogen Probleme?

Werner Schröter zitierte gerne aus dem Film «Tante Jutta aus Kalkutta»: «Das wärmste Jäckchen ist das Cognäckchen.»

Mit dem Spruch bin ich auch groß geworden.

Dem sprach Werner Schröter damals schon sehr, sehr gerne zu. Wir hatten uns verliebt beim Filmfestival in Knokke. Yoko Ono hatte in einem Zelt ihren Film gezeigt über 400 Ärsche. Hat sich da zum ersten Mal in Europa vorgestellt. Der Film hat uns unheimlich angeregt.

Oliver, was fällt dir ein, wenn wir dich fragen, wo dein Mann nicht alle Latten am Zaun hat?

Tja. Ich hab mich ja in Rosa verguckt und die Initiative ergriffen. Wir haben uns zum Essen verabredet und in seiner Wohnung gefüßelt. Zwei Tage später rief er mich an und lud mich für eine Woche nach New York ein. Und in New York angekommen, habe ich auch gleich seine erste Macke sehr intensiv mitbekommen, nämlich seine Vergiftungsängste. Überall, wenn wir auswärts gegessen haben, musste ich vorkosten. Ich musste sein Essen vorkosten und auch seine Getränke, und wenn ich das zu mir genommen hatte, wartete er erst mal so fünf Minuten und beobachtete mich ...

... ob du kollabierst?

Ob ich vielleicht grün im Gesicht werde oder ob ich anfange zu spucken.

Ist das heute auch noch so?

Nein, das hat sich gebessert, aber damals fand ich das sehr komisch. Warum hat er mich denn mitgenommen, als Vorkoster?

Bestellt Rosa denn immer Dinge, die du auch magst? Oder musst du auch Sachen vorkosten, die dir überhaupt nicht schmecken?

Nein. Aber er isst immer bei mir mit! Ich bestelle mir inzwischen scharfes Essen, weil Rosa scharfes Essen meidet. Er isst immer von meinem Teller mit. Er isst auch unwahrscheinlich schnell, dann ist sein Teller leer, und ihm wird langweilig, und obwohl er eigentlich schon satt ist, fängt er an, von meinem Teller mitzuessen. Deshalb habe ich mir irgendwann angewöhnt, zumindest dann, wenn ich Hunger habe, nur scharfes Essen zu bestellen, weil das meidet er wie die Pest.

Ich finde es sehr schön, von anderen zu essen. Auch fürs Gemeinschaftsgefühl. Ich habe es mit Mike auch immer so gemacht. Der hat mir mal so eine verlängerte Gabel geschenkt, dass ich besser an alle Teller rankomme.

Warum isst du kein scharfes Essen? Weil du denkst, Gift lässt sich besser unter scharfen Gewürzen tarnen?

Ich habe was an der Prostata. Männer haben eine vergrößerte Prostata, und da darf man kein scharfes Essen essen.

Ich frage mich gerade, ob diese Klatsche mit dem Vergiftetwerden größer ist, oder der Wunsch, mit allen von einem Teller zu essen?

Aber ich bin zweimal vergiftet worden.

Bist du wirklich?

Ja. Das erste Mal hatte mich ein Religionslehrer zu sich eingeladen. Der hatte in dem Topf, in dem er immer Haschisch aufkochte, Spinat gekocht und mir den angeboten. Daraufhin hatte ich drei Nächte Schwitzanfälle. Das zweite Mal bin ich in Hongkong vergiftet worden. Bei einer Party von interessanten asiatischen jungen Männern wusste ich nicht, dass die Kekse mit Haschisch gefüllt waren. Ich hatte zwölf Stunden kein Bewusstsein mehr. Ich weiß nicht, ob ich missbraucht wurde in dieser Zeit. Jedenfalls war das traumatisch.

Du bist doch nicht vergiftet worden. Vergiftet werden ist doch aktiv: «Ich will den vergiften!» Du hast zweimal eine unglückliche Situation erlebt.

Genau, richtig. Aber ich habe ja auch sehr viele provozierende Filme gemacht. Insofern gab es natürlich auch viele, die mich wirklich vergiften wollten. Nach meinem Promi-Outing, '91, gab es die «Super-Illu». Die fing eine große Serie mit mir an und schrieb, viele wollen den «Verräter der Nation» umbringen und haben meine Straße und Hausnummer abgedruckt.

Ich fasse es nicht!

Daraufhin hat der Drucker in der Zeitung die Hausnummer umgedreht, sodass potenzielle Mörder das falsche Haus aufsuchen würden.

Ein schwuler Drucker in der «Super-Illu». Danke.

Insofern gab es natürlich immer Leute, die mich nicht mochten, aus schwulenpolitischen Gründen oder aus schwulenhasserischen Gründen.

Das ist ja nun etwas sehr Konkretes, was ich nachvollziehen kann. Ich bekam auch mal Post vom BKA, das mich warnte, weil 'ne rechtsradikale Kapelle singt: «Die nächste Kugel ist für dich, Hella von Sinnen!» Hast du Verfolgungsangst?

Nein, das kann man so nicht sagen.

Bist du schon Opfer von tätlichen Übergriffen geworden?

Ja, das war am Anfang, als ich meinen Schwulen-Film machte. Da gab es schwule, rechtslastige Wirte, die dann Hunde auf mich gehetzt haben.

Bist du ein abergläubischer Mensch?

Wenn ich glaube: «Das geht ganz bestimmt gut, ich habe ein ganz positives Gefühl», wird es immer negativ. Deswegen habe ich mir angewöhnt, immer negativ zu denken. «Dass wird überhaupt nicht klappen!» Damit es positiv wird.

Aber sonst? So dreimal Holz klopfen, bespucken, solche Sachen?

Zeitungen zurückblättern!

Oh. Das stimmt. Wenn ich eine Zeitung lese, umblättere und das Gefühl habe, da war etwas, was ich nicht richtig gelesen habe, eine Zeitungsunterschrift oder irgendein Bild, dann muss ich zurückblättern und das genauer angucken, weil sonst irgendwas Schreckliches passiert.

Als wir gerade aus dem Auto stiegen, hast du gesagt, Hypochondrie sei ein Stichwort. Bezieht sich das ausschließlich auf diese Vergiftungsangst?

Nein, ich bin Hypochonder, und ich plane auch einen Film über Heiler, über medizinische Berufe, Heilberufe. Ich nehme mich da als Beispiel. Ich habe sehr viele Krankheiten. Ich habe Arthrose im großen Zeh. Ich habe Polypen in der Nase, ich habe leicht eine Ohrenentzündung. Ich habe es an den Bronchien, ich röchele schnell und bekomme asthmatische Geschichten. Wie gesagt, die vergrößerte Prostata. Ich muss in der Nacht alle ein oder zwei Stunden aufs Klo. Es kann sein, dass es damit zu tun hat, dass ich in meinem Leben, glaube ich, 30-mal Tripper gehabt habe.

Moment, du hast doch die Krankheiten? Die bildest du dir ja nicht ein?

Die Krankheiten habe ich, und dadurch entwickele ich natürlich Ängste. Beim kleinsten Anzeichen. Ich hatte hier eine Alterswarze, die ich mir habe weglasern lassen, deswegen muss ich immer Sonnencreme draufmachen. Das ist natürlich sofort Hautkrebs. Zurzeit diese Hysterie mit Tomaten und Gurken ... ich esse ja unheimlich gerne Salat ... da habe ich sofort Fieberanfälle.

Du hast in einem früheren Gespräch mal gesagt, du kannst deinen Studenten helfen, mit Hypnose, Tiefmeditation und psychologischen Spielen. «Träume dich in deine Wünsche!» war das Stichwort. Wieso klappt es denn nicht bei dir mit selbstheilenden Gedanken?

> Das ist sehr schwer. Ich versuche das auch. Mit autogenem Training. Aber die Hysterie und die Panikanfälle sind zu stark. Für mich ist es sehr schwer, Wochenenden und Feiertage zu ertragen. Wenn die Ärzte am Freitag um 14 Uhr zumachen, dann ist es sehr schwer. Es gibt Leute, die viel schwerer betroffen sind. Die sich nur in der Nähe eines Krankenhauses aufhalten können. Bei mir ist es noch nicht so weit. Besonders schlimm ist es natürlich Weihnachten. Weihnachten, Ostern, wenn mehrere Feiertage sind. Das ist ganz schrecklich, weil ich weiß, die Ärzte, die Praxen machen ja meist schon zwei, drei Tage vor den Festtagen zu. Danach sind auch noch Ferien. Deine Hausärzte, die dich kennen, sind dann nicht mehr da. Das ist eine besonders schwere Zeit. Ich habe zwar das Wissen, aber das ist immer für andere besser als für einen selbst. Wenn du in dieser Panik bist und versuchst autogenes Training, das ist dann schwer. Du kommst einfach nicht in diese Ruhe, sondern die Panik übermannt dich.

Bei Weihnachten denkst du nicht an «Jingle Bells» und Plätzchenduft, sondern: «Meine Ärzte sind alle nicht in der Praxis»?

> Genau. Das ist eine schwere Vorstellung.

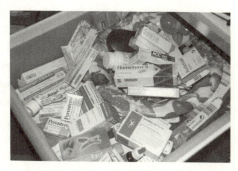

Wann hast du das letzte Weihnachten entspannt genossen?

Ich kann mich nicht erinnern, dass ich Weihnachten jemals entspannt war. Ich habe auch wahnsinnige Reise-Angst. Oliver kann das bestätigen. Vor jeder Reise, auch wenn ich von Berlin nach Magdeburg oder Brandenburg fahren muss, was vielleicht eine halbe, dreiviertel Stunde dauert, bin ich drei Tage vorher aufgeregt. Meine Adoptivmutter hat mir mal gesagt, dass ich schon als Baby total unruhig war, wenn ich merkte, dass meine Eltern mich auf eine Reise mitnehmen. Und das ist geblieben. Ich bin ja sehr viel gereist in meinem Leben und muss auch ständig reisen, aber ich bin total verzweifelt. Ich habe Selbstmordgedanken vor Reisen. Wenn ich woanders bin, und da sind nicht die vertrauten Ärzte.

Oliver, kannst du in diesen Situationen beruhigend auf ihn einwirken?

Schwer. Ich kann dann natürlich immer versuchen, ihn mit rationalen Argumenten zu beruhigen. Das funktioniert aber nicht, wenn man Angst hat. Ängste sind irrational. Die Hypochondrie ist schon die Macke, die unser gemeinsames Leben am stärksten beeinflusst. Das fing in der besagten New-York-Woche an, als wir wegen Ohrenschmerzen dreimal in der Notaufnahme waren. Rosa dachte, er kommt nie wieder zurück nach Berlin, weil er davon überzeugt war, dass man mit Ohrenschmerzen nicht fliegen darf. Obwohl ich auch an leichter Hypochondrie leide, war das schon eine andere Kategorie.

Das irritiert dich aber nicht in deiner Liebe zu ihm?

Nein, das irritiert mich nicht. Ich habe selber viele
Macken und Ängste. Unsere ergänzen sich und schließen sich gegenseitig aus. Die Macken, die Rosa hat,
habe ich nicht und umgekehrt.

Was hast du, was Rosa nicht hat?

Ach, ich habe ganz viele Zwänge. Aber um das mit
Rosa abzuschließen: Wenn ihn der linke Zeh kitzelt,
dann ist er morgen beim Arzt. Wenn er niest, dann
denkt er, er stirbt morgen und rennt sofort zum Arzt.
Da ist er ja gut versorgt. Aber das Problem ist, dass
er keine Medikamente nehmen kann, weil er glaubt,
er stirbt an den Nebenwirkungen. Das fängt schon
bei einer Baldrian-Tablette an. Vor einer Reise ist er
unwahrscheinlich nervös, aber wenn er eine Baldrian
nimmt, denkt er wiederum, er stirbt.

Rosa, du bist jetzt in Köln?

**Ich bin jetzt in Köln. Wenn ich viel zu tun habe, dann ver-
gesse ich das auch schnell. Aber vorher ist es immer ein
Problem. Ich sehe dann die Bilder vor mir, wie ich sterbens-
krank in der Fremde bin und verenden muss.**

Warum hast du nicht in jeder deutschen Großstadt – Köln,
Hamburg, Berlin, München – einen Vertrauensarzt, dessen
Handynummer du hast?

Warum habe ich nicht einen Leibarzt, der mit mir reist?

Mit all dieser Angst – und wenn du auch nachts immer
rausmusst und nie durchschlafen kannst, müsstest du doch

eigentlich ein nervöses Wrack sein? Ich empfinde dich aber als sehr in sich ruhend. Du machst auf mich einen ausgeglichenen Eindruck.

Ja, ich trenne das, was nach außen geht, und das, was innen passiert. Innen bin ich ein wahnsinnig unruhiger Mensch, deswegen 70 Filme jetzt bis zum nächsten Jahr. Ich habe ständig neue Ideen und bin hektisch-elektrisch. Ich hasse es, Urlaub zu machen. Urlaub ist das Schrecklichste für mich, wo ich mich entspannen muss. Am Meer liegen könnte ich nie.

Wir haben noch nie Urlaub gemacht.

Würdest du denn gerne Urlaub machen, Oliver?

Also nicht mit Rosa.

Heißt das, Rosa, dass dein wundervolles, kreatives Schaffen all die letzten Jahre letztendlich nur Ablenkung von deiner tiefen Unruhe und deinen tiefen Ängsten war?

Ja. Es ist ein absoluter Zwang. Das ist der Motor der Kreativität. Und es muss alles schnell gehen. Ich weiß noch, als wir die ersten Filme mit der wunderbaren Kamerafrau Elfi Mikesch gedreht haben, die alles sehr präzise vorbereitete. Wir waren im Atelier, bei «Horror Vacui», und Elfi bastelte stundenlang am Licht. Ich sah mich an der Atelierdecke aufgehängt. Ich sagte: «Das ertrag ich nicht! Das ist für mich das Schlimmste, zu warten, dass Sie endlich fertig werden.» Ich brauche Spontaneität, ich will einen Film in drei Tagen machen, die Schauspieler erfinden alles selbst, ich rase mit der Kamera hinterher, und es wird großartig.

Gab es irgendeinen Moment, wo du dachtest: «Wow, jetzt bin ich tiefenentspannt. Jetzt geht es mir gut. Jetzt habe ich keine Ängste, keine Sorgen. Ich bin einfach nur entspannt»?

Ich bin in Hollywood entspannt, im Hotel «Highland Gardens». Das ist ein Motel im 60er-Jahre-Stil. Das ist direkt hinterm «Chinese Theatre», wo die Handabdrücke der Stars sind. Wenn ich dort bin und sehe auf diesen wunderbaren Pool, vor mir die großen Bananenpflanzen und Palmen, kann ich zum ersten Mal durchatmen. Ich kann durchatmen und bin entspannt. Dann fahre ich mit meinem kleinen, roten Fahrrad den Hollywood Boulevard entlang und kaufe mir Kitschanzüge. Ich gehe in diese Buchhandlung mit diesen wunderbaren Fotos der alten Stars, vorbei an Junkies und Räubern und Mördern und bin so was von entspannt.

Aber da könntet ihr dann doch auch Urlaub machen? Du suchst nach Autogrammen von Mae West, und Oliver könnte parallel schön chillen.

Das wäre eine Supersache. Aber die Reise dahin ist natürlich ein Problem.

Sachma, Rosa, wenn du einen Orgasmus hast, hast du doch auch Entspannung, oder? In dem Moment, in dem du abspritzt, musst du doch an nichts Böses denken?

Das ist ja genau das Problem. Arbeit und Sex sind ja ähnlich hektisch. Auch das Essen. Das ist ja alles bei mir unruhig. Ich genieße ja nichts.

Du genießt wirklich nichts?

Oliver ausgenommen. Er hat mich in eine andere Phase des Lebens gebracht. Vorher hatte ich Sex aus Unruhe, wie viele schwule Männer. Man hat nichts Besseres zu tun. Das ist wie eine Droge. Ich war arg sexsüchtig. Ich habe auch gefressen. Fressen ist kein Genuss. Ich bin Kriegskind. Ich bin mit Ziegenmilch groß geworden, mit Kuheuter. Ich habe ja in diesem wunderbaren Promi-Dinner Kuheuter serviert, was alle furchtbar finden. Ich esse alles, und ich esse es ganz schnell. Ich könnte mich genauso gut von Raumfahrt-Pillen ernähren. Ich habe da keinen Genuss. Sex, Essen, Arbeit ist von dieser Unruhe geprägt. Es ist sehr schwer, dass ich das genießen kann. Das sind wirklich seltene Momente.

Kannst du baden?

Nein, um Gottes willen!

Ich frage ja nur.

Nein, das kann ich nicht. Nein, da bin ich viel zu nervös.

Es gibt einen Fixpunkt, wo wir beide entspannt sind. Das ist der klassische Sonntagabend-Krimi auf der ARD, «Polizeiruf» und «Tatort». Da kann man supergut bei entspannen. Und es gibt es ja auch Macken, die positiv besetzt sind. Wir halten uns beide für unentdeckte Schlagerstars und geben abends unseren Kuscheltieren immer Konzerte. Von Howard Carpendale bis Trude Herr. Und die Stofftiere – es sind so um die 70 – müssen dann bewerten, wer besser gesungen hat. Und darüber streiten wir dann den Rest des Abends.

(Wir jubeln vor Vergnügen!)

Vor allem, weil er Seemannslieder singt! Neuerdings hat er Peter Alexander und Mireille Mathieu entdeckt. Ich singe ja nur Chinesisch, Französisch und DDR-Schlager.

Du kannst Chinesisch?

Ja, natürlich.

Wie? Natürlich? Du verarschst uns!

Nein!

(Rosa intoniert spontan einige rollige-Katze-ähnliche Laute: «Muuahhh Hing Tuaaan Schiii Huuua ...»)

Das heißt: «Ich liebe dich so sehr, wie die Maus den Reis liebt.»

Nee, is klar.

Haben eure 70 Stofftiere alle Namen? Und kennt ihr sie alle mit Namen?

Ja.

Ja. Ich habe eine dicke Kuh aus der Schweiz mitgebracht, die hat er «3IQ» genannt. Was ich eine Beleidigung finde, weil die unheimlich klug ist. Und Frau Dr. Elchi hat er zu einem Kissen umfunktioniert! Das ist ein großes Problem bei meinem Freund Oliver, dass der grausam gegen Stofftiere ist. Er schmeißt sie auch gegen die Wand. Ich ver-

suche, eine Psychotherapie zu finden, wo Grausamkeit gegen Stofftiere behandelt wird.

Oliver. Ich bin erschüttert. Warum machst du das?

Das stimmt gar nicht. Das ist gelogen.

Ich war kurz davor, dass du diesen bunten Kirmes-Drachen adoptieren darfst, der neben dir sitzt.

Au ja!

Aber wenn du Stofftiere schlecht behandelst, bekommst du ihn nicht!

Ich bin ganz süß zu Stofftieren.

(Wir haben ihm geglaubt. Er durfte den Drachen mit nach Bärlin nehmen, taufte ihn Elli J. Und wie wir dem Doku-Foto entnehmen können, versteht Elli J. sich wie Bolle mit 3IQ und Frau Dr. Elchi …)

Ich möchte unbedingt noch wissen, wie ihr euch mit euren Macken ergänzt. Du sagtest ja eben, du hast Zwänge?

Genau. Ich habe Zwänge, die in Richtung magische Zwangsgedanken gehen. Ich habe bestimmte Zahlenordnungen und Farbordnungen im Kopf, so wie sie idealerweise sein sollten. Das klingt jetzt ein biss-

chen abstrakt. Aber wenn sich das so in der Realität nicht widerspiegelt, macht mir das ungute Gefühle.

Wenn Oliver zum Beispiel in einem Buch Zeilen liest, muss er die zusammenzählen, und wenn es keine gute Zahl ist ...

Um es einfach zu machen, es gibt negativ besetzte Zahlen und positiv besetzte Zahlen. Wenn ich in ein Haus gehe mit einer negativ besetzten Hausnummer, dann muss ich danach in ein Haus gehen mit einer positiv besetzten Hausnummer, um es zu neutralisieren.

Du gehst dann in den Hauseingang?

Es reicht schon, wenn ich das Haus antippe. Das kann natürlich sehr zeitfressend sein, und das ist eine Macke, die ganz weit weg ist von Rosas Macken. Vergiftungsängste sind mir wiederum völlig fremd. So können wir immer beruhigend aufeinander einwirken, auch wenn das in dem Moment manchmal nicht hilft, aber man weiß: «Okay, ich habe jemanden an meiner Seite, der hat das irgendwie im Griff und dem kann ich dann vertrauen.» Schlimm wäre es, wenn wir dieselben Macken hätten und dann eine Dynamik entwickeln würden, die uns ins Irrenhaus bringen würde.

Kann es sein, dass es in eurem Leben nicht langweilig ist?

Ja, wir sind voll beschäftigt mit unseren Macken und unserer Arbeit.

Aber Oli behelligt dich nicht so mit seinen Macken?

Doch! Nicht weniger als er mich. Wir rechnen das nicht miteinander auf. Ich belaste ihn insofern schon, dass ich es ständig zum Thema mache. Aber ich habe in Rosa einen Partner, der extrem geduldig und verständnisvoll damit umgeht. Rosa bringt mir so viel Liebe, Verständnis und Geduld entgegen. Vor allem die Fürsorglichkeit, fast schon Mütterlichkeit, gibt mir Ruhe.

Ich muss sagen, dass ich das auch attraktiv finde, deine Macken. Ich finde es sexy, für jemanden da zu sein, zu sorgen. Das nervt mich überhaupt nicht. Er hat oft die Angst, dass ich dann genervt bin. Ganz im Gegenteil. Wenn wir uns streiten, und er hat wieder irgend so eine Macke, dann liebe ich ihn umso mehr.

Glaubst du denn, Rosa, dass du deine Macken vielleicht zum Thema machst, um Aufmerksamkeit von deinem Partner darüber zu bekommen?

Nein, so denke ich erst mal nicht.

Da ist der Leidensdruck zu groß.

Habt ihr schon mal überlegt, eine Psychotherapie zu machen?

Eine Paartherapie? Also, ich war in einigen und hatte mal ein interessantes Erlebnis mit einem Psychiater, als ich in der Therapie war. Er hatte gebeten, dass ich meine Träume aufschreibe. Dann habe ich geträumt, dass ich in die Toilette gehe, und da sind mehrere Klos nebeneinander. Ich höre aus dem Nebenklo ein Geräusch, steige auf den Klodeckel und gucke rüber. Da sehe ich einen Zwerg, der mit einem

Lasso versucht, mich zu fangen. Dann hat er gefragt: «Was bedeutet das?» Da habe ich gesagt: «Das sind Sie!» Es war ein Oberarzt in der Psychiatrie, der sich selbständig machen wollte. Und er war so beleidigt – der hat die Therapie abgebrochen.

Howard Carpendale
«Ich habe am meisten Angst vor Dummheit.»

Wenn ich Howard Carpendale sehe, muss ich (Conny) immer ein wenig schmunzeln, da Walter Scheel stets behauptet hat: «Der Howard ist 'ne echte kölsche Jung und stammt aus Köln-Nippes. Den Akzent hat er sich auf Anraten seines Managements mühsam antrainiert.» Ich weiß wirklich nicht, warum mein Vater davon so felsenfest überzeugt war, erinnere mich aber noch deutlich daran, dass jeder Auftritt von Howard mit dieser Bemerkung kommentiert wurde.

Tatsache ist: Howard Carpendale wurde am 14. Januar 1946 in Durban, Südafrika, geboren. Er ist ein überaus beliebter und erfolgreicher Schlagersänger und Komponist, der bisher über 25 Millionen Tonträger verkauft hat. Seine Fangemeinde ist gigantisch groß. Allein auf Facebook feiern (während wir das hier niederschreiben) 16 523 Fans sein neues Album mit einem «Gefällt-mir-Daumen».

Ich (Hella) möchte an dieser Stelle erwähnen, dass niemandem Anfang der 70er Jahre diese dünn gewickelten Halstüchlein so gut standen wie ihm. Na ja. Vielleicht noch Michael Holm. Hmm. Oder Jürgen Markus. Tja. Ricky Shayne. Vielleicht noch Gunter Gabriel. Aber hat sich einer von denen so gut gehalten wie er? Nö.

Als wir Howie, wie er nicht nur von seinen zahlreichen Verehrerinnen genannt wird, gegenüberstanden, wäre ein «Hello again» völlig deplatziert gewesen, da wir dem ehemaligen südafrikanischen Jugendmeister im Kugelstoßen von 1963 an diesem Tag zum ersten Mal begegnet sind. Beeindruckt von seinem Charme und seinem Charisma führten wir folgendes Gespräch mit dem Star aus (Papa, face it!) Südafrika.

HvS: Lieber Herr Carpendale, vielen Dank, dass Sie uns
15 Minuten Ihrer Zeit schenken.

(Wir setzen uns ehrfurchtsvoll mit aufs Sofa und halten das kleine Aufnahmegerät abwechselnd in unseren schwitzigen Händchen. Ich [Conny], um die kleine Kassette und frische Batterien reinzuzittern, und ich [Hella], um es ihm unter sein bärtiges Kinn zu halten. Im Folgenden muss sich die liebe Lesenation natürlich seinen unnachahmlichen, charmanten Akzent vorstellen ...)

HC: Oh. Wir machen doch ein Radiointerview?

Nein, nein. Wir nehmen das Gespräch nur auf. Die tapfere Jutta vom Verlag tippt es dann ab.

Ah. Okay. Ich sagte ja eben schon, ich möchte meine Anekdote nicht unbedingt in einer Familien-Show erzählen, weil ein paar Dinge, die wir gemacht haben, sogar ein bisschen gefährlich und dumm waren. Ich meine, ich war ein bisschen ein Kindskopf, auch wenn mein Image das vielleicht nicht bestätigt. Ich bin derjenige, der beim Golf die anderen meistens durch Witze und durch Unsinn zum Lachen bringt. Ich habe auch mal ein paar groteske Dinge gemacht, es ist schon etliche Jahre her. Ich fuhr mit Detlef ... er fährt mich und macht seit 33 Jahren alles Mögliche für mich, wenn ich auf Tournee bin ... ich fuhr also mit Detlef durch die Gegend und wollte unbedingt ein Stück Schokolade haben. Er sagte: «Geht jetzt nicht, die ist im Handschuhfach!» Das Handschuhfach war abgeschlossen. Dann habe ich bei laufender Fahrt den Schlüssel von seinem Lenkrad entfernt und habe das Handschuhfach aufgemacht. Er saß da und sagte nur: «Gott sei Dank geht die Straße geradeaus!» Da war auch keiner.

(Wir giggeln.)

Jetzt einige Macken, die ich täglich habe. Ich bin, was Kleidung angeht, ähnlich wie Sie, Hella. Ich ziehe mich nicht unbedingt modisch an, sondern das, was mir gefällt. Deswegen ziehe ich, wenn Sie hier weggehen, meine Bollerhose an und fliege damit nach München, weil enge Jeans, die nerven mich ein bisschen. Sonnenbrillen behalte ich höchstens eine Woche. Die gehen immer verloren, oder ich setze mich drauf. Ich sitze so gerne auf Sonnenbrillen, wenn die in der Nähe sind …

(Lacht.) Darf ich noch was zu der «Schokoladen-Auto-Situation» fragen? Unabhängig davon, dass ich das sehr keck finde, bei laufender Fahrt jemandem den Schlüssel aus dem Zündschloss zu ziehen – würden Sie denn sagen, dass Sie eine besondere Vorliebe für Schokolade haben, dass Sie Ihre Sucht nicht länger zügeln konnten?

So in etwa war das, ja. Ich versuche, es heute zu unterdrücken. Aber was ich damit sagen wollte, war: Ich bin ein Typ, der sich nicht wahnsinnig ernst nimmt. Ich mache gerne, und ich habe sehr, sehr gerne Spaß. Weil ich gerne lache, vor allen Dingen über mich.

CS: War das denn in der Kindheit schon so, dass Sie Zahnpasta auf Türklinken geschmiert haben?

Ich kann mich schon erinnern, dass meine Mutter mich einmal sehr geärgert hat. Ich habe mich dann auf den Boden

gelegt, habe ein Messer genommen, habe das an meine Brust gelehnt, mich auf den Boden gelegt und dann Ketchup drübergeschmiert. Nur um ihr zu sagen: «Das kannst du mit mir nicht machen!»

Das ist aber schon für Fortgeschrittene. Haben Sie vor einem Auftritt Rituale?

Mein Ritual ist, so spät wie möglich vom Hotel loszufahren. Wir haben auch schon erlebt, dass mein Detlef in Münster eine falsche Ausfahrt genommen hat. Also waren wir um 8 Uhr statt in der vollen Münsterland-Halle noch irgendwo im Auto. Dann habe ich in der Halle angerufen, habe gesagt: «Schickt die Musiker auf die Bühne. Ich ziehe mich hier im Auto um und komme vom Auto direkt auf die Bühne und singe das erste Lied!» Ich hasse nichts mehr, als drei Stunden vorher in einem Saal zu sein. Ich verliere die Motivation. Ich möchte gerne ganz kurzfristig davor reinrennen und arbeiten.

Das hat aber nichts mit Lampenfieber zu tun?

Ich habe überhaupt kein Lampenfieber.

Noch nie gehabt?

Sicherlich als Junge schon. Aber ich will mich nicht so wahnsinnig ernst nehmen. Meinen Beruf übe ich mit Leidenschaft aus. Und ich liebe es. Aber wenn ich von der Bühne runterkomme, bin ich innerhalb von fünf Minuten ein Typ, der mit seinen Musikern sitzt und Karten spielt und so was. Ich habe kein Problem, in ein einsames Hotelzimmer zu gehen. Ich denke nicht: «Mein Gott, vor

fünf Minuten haben sie dir zugejubelt, und jetzt bin ich alleine da!» Das ist nicht mein Ding.

Sind Sie auch ein rationaler Mensch? Hat Aberglauben keinen Platz in Ihrem Leben?

Nein, hat er nicht. Ich würde lügen, wenn ich sage, ich habe das nicht als Sportler praktiziert. Man zieht den linken Handschuh zuerst an und solche Dinge ... aber nein, jetzt vor meinen Shows habe ich keine Macken, die mir selber auffallen.

Waren Sie Golf-Profi? Oder was war das mit dem linken Handschuh?

Ich wollte Kricket-Profi werden, als ich nach Europa kam.

Und jetzt als Sänger nicht mehr der linke Schuh zuerst vor dem rechten?

Nein, in dieser Beziehung nicht. Da sind keine Marotten übrig geblieben gerade in den letzten 20, 30 Jahren, was die Bühne angeht. Ich will meine Ruhe haben vor einer Show. Einen Tag zu haben, der immer gleich abläuft, mag ich sonst nicht. Aber auf der Tournee möchte ich schon gerne um eine gewisse Zeit aufstehen, meistens im Zimmer frühstücken und dann on the road bis zum nächsten Ort. Einmal schlafen, eine Massage, dann ein kleiner Soundcheck, wobei ich meistens beim Soundcheck nicht dabei bin, ich habe sehr gute Sound-Männer, die wissen, wie meine Stimme klingt. Dann gehe ich so spät wie möglich in die Halle. Das ist meine Macke, was das angeht.

Gibt es irgendwelche Phobien? Gibt es irgendwas, wovor Sie Angst haben, Höhenangst, Platzangst? Tiere, denen Sie nicht begegnen möchten?

Nachdem ich einen Löwen im Arm hatte, und das war auch kein zahmer Löwe, würde ich sagen, Tiere sind willkommen. In Südafrika hat irgendein Fotograf zu mir gesagt: «Geh bitte rein in den Käfig!» Und ich weiß bis heute nicht, warum ich es getan habe. Da standen zwei Löwen, die waren beide drei, vier Jahre alt. Der Besitzer von diesem großen Gehege auf dem Land, der sagte: «Sie müssen nur aufpassen, wenn Sie reingehen, Sie müssen den Löwen in die Augen gucken! Das ist ganz wichtig!» Aus irgendeiner Fotogeilheit bin ich reingegangen, und ein Löwe ging nach links, und der andere ging nach rechts. Und ich stand da und sagte: «Ich kann nicht beiden gleichzeitig ...»

(Prustet los:) ... in die Augen gucken!

Zum Schluss endete es damit, dass ich mich ganz vorsichtig neben einem liegenden Löwen hingekniet habe und einen Arm um seine Schulter gelegt habe, und dann sagte der Fotograf: «Scheiße, ich habe keinen Film!», und rannte los und holte sich einen Film. Das Foto existiert irgendwo.

Und Sie hatten keine Angst?

Nein, es gibt nicht viel, wovor ich Angst habe. Wenn ich ernsthaft antworten darf – ich habe am meisten Angst vor Dummheit. Gerade in unserer heutigen Welt etwas, was wir mehr und mehr sehen. Gerade bei Politikern. Ich mache mir darüber sehr viele Gedanken. Es passieren Dinge, bei denen ich sage: «Wo sind wir hingekommen? Das

kann nicht wahr sein!» Das ist wirklich meine größte Phobie.

Das können wir sehr gut nachvollziehen. Gibt es denn Rituale zu Weihnachten oder zu Silvester oder zu Geburtstagen, wo Sie sagen: «Das möchte ich einfach jedes Jahr so feiern, das macht mich froh und glücklich»?

Mein Lieblingsritual, was Weihnachten angeht, ist schnell abzuhauen. Ich bin aber durch meine Patchwork-Familie gezwungen, Weihnachten zu zelebrieren. Die treffen sich irgendwo in Florida oder in letzter Zeit in München, und ich versuche, den Frieden zu wahren zwischen meiner ehemaligen und meiner jetzigen Frau und den beiden Brüdern, die verschiedene Mütter haben. Also, da stehe ich schon mittendrin, wenn es um Weihnachten geht. Ich bin nicht böse, wenn die Woche vorbei ist.

(Wir haben uns sehr herzlich für seine Offenheit bedankt und vor lauter Aufregung vergessen, ihn um ein Autogramm zu bitten. Wimmer.)

Gaby Köster
«Liebe Eisbären, sucht euch anderes Futter.»

Gaby Köster kam am 2. Dezember 1961 in Köln-Nippes zur Welt. Bei einer WDR-Ausstrahlung der legendären Stunksitzung sahen wir das lecker kölsche Mädsche als «Nikkel» zum ersten Mal. Wir beide verknallten uns auf Anhieb in die kaugummikauende «Herrschaft des Proletariats» und beobachteten voller Begeisterung den Beginn ihrer steilen TV-Karriere. Als Schauspielerin und Komikerin blies sie mit ihrer frechen Schnauze und bunten Blumen im Haar frischen Wind durch die Mattscheibe direkt in die heimischen Wohnzimmer.

Persönlich begegneten wir uns zum ersten Mal 1995 bei den Proben zu der spektakulären «Trude Herr Revue». Wie nicht anders zu erwarten, sprang der Funke sofort über. Egal ob bei gemeinsamen Dreharbeiten für «Ritas Welt» oder bei einer munteren Weihnachts-Show am Arsch der Welt – mit Gaby zusammen kam immer Stimmung in die Bude. Bei einer Show, die kein Mensch brauchte (wir sagen nur «Bowling for Lotterie»), morphten sogar die ebenfalls geladenen Klitschkobrüder zu possierlichen, kleinen Schoßhündchen.

Auf Reisen wurde sie öfter unfreiwillig zu meiner (Connys) Begleitung, da Hella gerne auf Flughäfen mit den Worten «Sie sind doch die Blonde aus ‹7 Tage 7 Köpfe›? Watt haben Sie et dem Rudi Carrell mal wieder ordentlich gezeigt!» um ein Autogramm gebeten wurde. Wahrscheinlich haben sich nicht wenige gewundert, dass die Köster so vertraut mit einer Frau turtelt.

Im Jahr 2008 sollte unsere Freundschaft schlagartig eine neue Qualität erfahren. Wir besuchten sie, so oft wir konnten und es für

Gaby okay war, in der Klinik und später auch in der Reha. Wir sind auch im Nachhinein noch immer tief beeindruckt von ihrer Kraft und ihrem Mut, diesem Schicksalsschlag die Stirn zu bieten. Der Heilungsprozess forderte ihr ein schier übermenschliches Maß an Geduld und Überlebenswillen ab, doch sie kämpfte wie eine Löwin um jeden Zentimeter selbstbestimmtes Leben. Ihren wunderbaren Humor hat sie selbst in dieser bitteren Zeit nie verloren, und wir haben mit ihr einfach weiter gelacht. Ihr Zimmer wurde dem Anlass entsprechend mit bunten Girlanden und Lichterketten geschmückt. Charismatische Kuscheltiere wurden aus der Tankstelle um die Ecke befreit und fanden auf ihrem Bett ein neues Zuhause. Gemeinsam haben wir den Schmierfinken von der Yellowpress nässende Hautausschläge an die empfindlichsten Körperstellen gewünscht. Nach dem Klinikaufenthalt erlebten wir mit Gaby und der einzigartigen Maria Hubertine, die wir an dieser Stelle fest umarmen möchten, fesselnde Bundesliganachmittage in unserem Wohnzimmer. Wir zitterten gemeinsam mit dem FC Köln um den Abstieg und feierten zusammen Gabys Aufstieg vom Rollstuhl zur einseitigen Gehhilfe.
Liebste Gabriele Wilhelmine, uns wirst du so schnell nicht mehr los!

HvS: Es ist Sonntag, und wir sitzen hier mit Gabriele Wilhelmine Köster.

GK: Röööööschtööööschch.

Gibt es irgendetwas, was du aus Kindertagen gerettet hast? Weißt du, so etwas, wo man als Erwachsene noch immer Wohlfühlgefühle hat. Bei mir zum Beispiel sind das Nutellabrötchen!

CS: Bei mir auch.

Wenn ich Nutellabrötchen esse, bin ich glücklich und denke: Wiesenstraße 10, Enid-Blyton-Buch, und draußen schneit's.

> **Genau. Oder eine Tüte leckere Bonbons.**

Welche?

> **Das ist ejaal. Alles watt kütt.**

Bist du 'ne Lutscherin? Lutschst du gerne?

> **Sehr.**

Bonbons machen dich froh?

> **Bonbons machen mich froh. Weingummi, Lakritz. Macht mich alles froh. Ich bin ziemlich leicht mit diesen Dingen zufriedenzustellen.**

Glaubst du, das hat was mit der Kindheit zu tun?

> **Ja.**

Sind das schöne Kindheitserinnerungen?

> **Ja.**

Die Tütchen gab's doch immer. Am Büdchen, diese kleinen Tütchen.

> **Die fand ich immer super.**

Die weißen, spitz zulaufenden Papiertütchen!

Zum Büdchen hab ich mein komplettes Taschengeld getragen ...

Rööööschtööööösch.

Salinos! Colafläschchen!

Brausebonbons! Aaaah, der janze Kram! Und was ich auch super fand, waren Glanzbilder!

Die man ins Poesiealbum klebte?

Ja. Die man sammelte. Mit und ohne Glitzer. Später gab es dann zu Karneval Glitzernagellack. Da hab ich immer die billigen Bildchen gekauft – ohne – und habe die selber beglitzert.

Das machst du heute noch, oder?

Heimlich.

Gibt es bei dir Rituale? Wenn du morgens aufwachst zum Beispiel? Wo du sagst: Ohne das muss der Tag gar nicht anfangen? Meine liebe Gattin zum Beispiel muss immer mit dem rechten Fuß zuerst aufstehen.

So etwas hab ich nicht. Aber wenn der Tag scheiße anfängt, wenn ich gerade mal auf bin und der Kaffee fällt mir hin, kommt es vor, dass ich nochmal ins Bett gehe und einfach nochmal von vorne anfange.

Wunderbar. Ja. Super Trick.

Ja, so ist das im Leben. Man muss sich selber so ... wie sagt man ...

Motivieren?

Foppen!

Und gibt es denn morgens noch was, was du tun musst? Egal ob du bei Tante Lisbeth oder einem Liebhaber schläfst oder in einem Hotel aufwachst.

Ich muss morgens eine Tageskarte ziehen. Aus meinen zahlreichen Kartensets, die ich habe. Was die Glanzbilder praktisch von früher ersetzt. Schöne bunte Bilder angucken, und dann steht da immer 'ne Botschaft drauf. Da freu ich mich morgens schon drauf.

Was sind das für Karten? Sind das so Engelskarten?

Ja. So was.

Hast du heute eine gezogen?

Ja.

Und weißt du denn am Abend noch, was da morgens draufstand?

Ja klar, es ist doch für den Tag.

Ach. Und dürfen wir fragen, was die Message heute war, oder ist das top secret?

Nee, überhaupt nicht. Das war sehr schön. «Gesellig» und «liebe Menschen» war heute.

Na bitte!

Und da hab ich gesagt: «Guckt, ihr Engels, da habt ihr wohl mal recht, weil heute ist nämlich ein Ausflug angesagt.»

Das kommt nicht vor, dass du das morgens vergisst?

Nee. Die sind direkt am Bett wie früher der Tabak. Da hatte ich die Augen noch zu und im Halbschlaf 'ne Zigarette gedreht. Und direkt ins Maul gestopft und angezündet.

Warum machst du das nicht mehr?

Mit einer Hand geht datt nich mehr, datt Drehen.

Verstehe. Also ist das ein Ritual, das du jetzt nach dem Schlaganfall nicht mehr machen kannst. Gibt's noch andere Gewohnheiten, die nicht mehr gehen?

Ja. Mit allen Hunden rausgehn und so.

Bist du eigentlich eine Ordnungsfanatikerin?

Da muss ich euch leider enttäuschen. Ich bin eine Riesenschlampe.

Ach nein.

Also, genetisch bedingt ist bei mir der Ordnungssinn nicht vorgesehen. Mein Ex-Mann hat mal gewagt – sich erfrecht – mein Zimmer aufzuräumen. Ich habe nämlich in meinem Chaos sehr wohl eine Ordnung. Und ich weiß ungefähr, wo sich – ich sage mal himmelsrichtungsmäßig – vieles befindet. Und wenn diese Ordnung durcheinandergetrieben wird, dann bin ich wie ein Blinder. Dann weiß ich nicht mehr weiter. Und deshalb krieg ich da regelmäßig zu viel. Und ich liebe das Chaos auch. Ich kann klinische Wohnungen nicht ausstehen.

Du bist aber kein Messie?

Aber ich sammle gerne.

Ist denn so ein Chaos ein Spiegel der inneren Situation? Oder würdest du sagen, du bist eigentlich im Kopf ein sehr geordneter Mensch?

Ich hab mal gehört, dass Menschen, die chaotisch sind, im Kopf aufgeräumt sind. Eigentlich.

Ach was?

Dass es eher umgekehrt ist. Also, ich habe eine Bekannte, wenn du bei der nach Hause kommst, da kannst du überall mit der Wasserwaage hingehen. Das macht mich sehr skeptisch.

Stell dir mal vor, du verreist. In deinem Koffer ist alles, was du brauchst. Und der Koffer ist am Reiseziel verschollen.

Da wäre ich aufgeschmissen. Deshalb hab ich immer alles, was ich brauche, in der Handtasche.

Die Handtasche wurde am Flughafen geklaut.

Oha.

Was musst du sofort kaufen?

Die Engelskarten.

Ist das schon Aberglaube?

Das ist einfach Spaß.

Aber es ist auch beruhigend für dich.

Mhm.

Kriegst du ein Gefühl der Unruhe, wenn sie weg wären?

Ja.

Gerade fällt mir ein: Als wir das erste Mal zusammen «Ritas Welt» gedreht haben, hast du mir von einem Satz erzählt, den du dir immer sagst ... ich glaube, der war aus 'm buddhistischen Umfeld? Juringe ... Jurange ... Jurenge?

Nam Myoho Renge Kyo.

Oder so. Singst oder sagst du den noch?

Ja, den sag ich noch.

Und hilf mir nochmal: Wofür war der?

Zum Meditieren ist das.

Ah, okay. Meditierst du jetzt noch?

Ja.

Oft? Wie viel Zeit nimmst du dir dafür?

Nicht viel. Ich habe als Kind schon immer gesagt: Ich besitze die Fähigkeit, mich selber wegzubringen. Wenn ich mich mittags hinlege, donn nämm isch mir die Deck übber der Ärpel und bring mich selber weg.

Aha. Ohne zu schlafen.

Ja.

Also Entspannungszustand.

Mhm.

Und gibt's denn da Orte, wo du «hingehst»?

Ja.

Sind das dann Landschaften? Wie hat sich der Laie das vorzustellen?

Ich denke mir irgendwas aus. Was Schönes. Schatzkammern und so was.

Echt wahr?

Ja.

Darum beneide ich dich.

Ali Baba sein? Wie Dagobert Duck goldene Taler über dich prasseln lassen?

Ja. Oder schöne Kristalle un esu jett all.

Aha. Also Steine sind auch wichtig für dich.

Ja.

Sammelst du auch Steine?

Ja.

Was sammelst du noch? Hunde?

Nee, Hunde sammle ich nicht. Die sind ja praktisch zu mir gekommen. Auf irgendeine Art und Weise. Schuhe sammle ich noch.

Ah! Hast du 'nen Schuhtick?

Ja, der ist genetisch vererbt von meiner Mutter.

Ich würd dich gern nochmal wegen der Karten fragen: Wenn die Karten jetzt weg wären – würde dir das Angst machen?

Nee.

So schlimm ist es nicht?

Nee. Ich würde vielleicht sogar, wenn ich keine Karten finden würde – es kann ja auch mal sein, dass man in die Antarktis fährt –, dann würde ich mir welche selber machen.

Und was würdest du dann draufschreiben? «Heute wird es ein kalter Tag mit viel Schnee um dich herum»?

Richtig. Und: «Liebe Eisbären, sucht euch anderes Futter!»

(Alle lachen.)

Ich sehe es vor mir: «Heute wirst du dir ein Eisloch schlagen, um ein Frühstück zu fischen!»

Und würdest du auch Sätze aus deiner Erinnerung schreiben, von den Engelskarten, die du kennst?

Ich würde mir einfach neue ausdenken.

Noch schönere.

So watt wie «Am Arsch ett Trööötsche».

Liebe Lesenation: «Am Popo ein kleines Blasinstrument!»

Sag mal, bei den originalen Engelskarten, gibt's denn da auch negative Sprüche?

Da gibt es auch Sachen, die sind nicht so schön.

Und ist was Unschönes mal wahr geworden?

Ja, aber wenn ich so Engelskarten ziehe, die nicht so schön sind, dann denke ich mir manchmal ...

... da ziehe ich doch gleich nochmal.

Genau. So mach ich es dann. Ich sage ja: Man muss sich selber auch verarschen. Sonst geht es nicht. Es sich selber schön machen. Sonst macht es ja keiner.

Hast du im Job abergläubische Rituale?

Au ja. Bei meinem ersten Soloprogramm, da hatte ich immer nur zwei Unterhosen, die ich anziehen konnte.

Die Glücksschlüpper.

Ja, richtig. Die wurden immer gewaschen, sahen dann dementsprechend aus und waren durchlöchert. Und ich habe immer gedacht: Hoffentlich küsste nitt ens in ett Krankehuss.

Liebe Lesenation: «Hoffentlich komme ich nicht mal ins Krankenhaus.»

Hast du die beiden Glücksschlüpper noch?

Ja, die fliegen irgendwo rum.

Und wenn du jetzt ein neues Solo machst, werden dann neue Glückschlüpper eingeweiht?

Das war nur beim ersten Programm so. Ich habe nachher gedacht: Das kann so nicht weitergehen. Wenn die mal kaputtgehen, was machst du dann? Du musst ja irgendwie aus dem Haus. Und dann hab ich mir den Tick mit den Unterhosen abgewöhnt und hab nachher überhaupt gar keine mehr angezogen.

Ach, guck mal. Sexy. Wie Michael Landon. Und so ging es auch.

Und so ging es auch.

Gab's noch was?

Ja. Alle Tiere beim Auftritt mussten geküsst werden. Waren nachher auch alle voller Lippenstift. Von der Knutscherei.

Moment: Die waren nicht in der Garderobe?!

Doch.

Du hast ... du hast ... du bist doch auch auf Tournee gegangen!?

Ja. Mitgenommen.

Du hast alle Hunde mit in die Garderobe genommen?

Nicht die Hunde! Die Glücksbringer-Stofftiere!

(Lacht.) Ach so!!!

Aber wenn ich mit Übernachtung unterwegs war, was nicht

so oft der Fall war, da hatte ich immer einen Hund dabei von den fünf. Den Taxi.

Und Taxi kam dann aber auch mit in die Garderobe?

Ja, sicher.

Und war immer ein lieber Hund? Hat nie gebellt?

Nee. Er ist einmal aus der Garderobe abgehauen und ist zu mir auf die Bühne gekommen. Und dann ist der alte Macho, er ist Spanier, immer am Bühnenrand auf und ab gelaufen, so lange, bis die Leute geklatscht haben. Und dann setzte er sich hin und hat sich erst mal beklatschen lassen. Und dann habe ich gesagt: «Du kleines Mistvieh, leider stiehlst du mir hier die Show. Ich red mir hier einen Wolf. Das kann so nicht gehen. Du musst jetzt schön in dein Bettchen in der Garderobe und warten, bis Muttern mit der Arbeit fertig ist.»

So. Und alle Leute müssen bespuckt werden?

Die ganze Crew. Und dann haben wir vorher immer angestoßen, damit es 'ne gute Show wird.

Mit Wasser?

Mit Sekt.

Doch mit Sekt.

Ja.

Und auch, so wie Madonna, mit 'nem Spruch?

> **Ja, das war sehr witzig. Einmal knallte die Sektflasche so, und ich wollte irgendwie was anderes sagen, und heraus kam: «Fotz! Fotz!» Und seitdem musste immer beim Anstoßen «Fotz! Fotz!» gebrüllt werden. Über nun sechs Jahre hinweg. Es war mir äußerst unangenehm, aber es war mir herausgerutscht.**

Und sonst? Salz verstreuen? Spiegel kaputt?

> **Hinter der Bühne pfeifen soll man nicht.**

Ja. Das ist ein altes Ritual. Wegen der Gaslampen ...

> **Ach so?**

Früher wurden die Theater mit Gaslampen beleuchtet. Und wenn der Sauerstoffgehalt der Luft sank, dann begannen die Lampen zu pfeifen. Da wusste man, es brennt. Das ist ein Aberglaube, der früher 'ne Sicherheitsverordnung war. Apropos früher! Hast du als Kind versucht, die Spalten auf den Straßen zu überhopsen?

> **Ja, und mein Sohn hat das auch gemacht. Und das war schlimm, weil das Kind natürlich, als es klein war, wesentlich kleinere Füße hatte. Ich habe Schuhgröße 41, und bei manchen Kacheln passte mein Fuß halt nicht innerhalb der Fugen.**

Oje!

> **Was also dazu führte, dass ich durch manche Geschäfte**

auf Zehenspitzen oder auf den Fersen laufen musste, damit mein Sohn keinen mordsmäßigen Anfall bekommen hat.

Das heißt, der Donald hat nicht nur selber die Fugen vermieden, die Mutter durfte auch nicht.

Ich durfte auch nicht. Und er hat ganze Kaufhäuser zusammengebrüllt, wenn es nicht so klappte: «DAS GEHT SO NICHT, GABY!»

Oh weia, oh weia, oh weia. Gibt es etwas bei Menschen – wenn die irgendwas haben oder tun, dass du denkst: Okay, mit dem Menschen möchte ich nichts zu tun haben?

Ich habe manchmal Angst bei Katholen und Nichtraucher.

Amen!

Amen!

Jens Riewa
Mein Auto muss die Klappe halten

Jens Riewa wurde am 2. Juli 1963 in Lübbenau geboren. Er ist Moderator und sicherlich der bekannteste Nachrichtensprecher bei der ARD-TAGESSCHAU. Jens gehört zu den Kollegen, die wir nur so «Mua ... Mua» kennen. Soll heißen: Küsschen links, Küsschen rechts. Man sieht sich auf Preisverleihungen, begegnet sich hie und da mal in 'ner Sendung. Umso erfreuter waren wir, dass wir in folgendem Gespräch auf einen offenen, charmanten und humorvollen Zeitgenossen trafen, dem der TV-Ruhm keinerlei Starallüren eingebrockt hat.
Jens erklärte sich wie Howie auf dem Sofa der «Ultimativen Chartshow» bereit, bei unsrem Büchlein mitzumachen. Als wir nach der Show auf dem Weg in seine Garderobe waren, kam er uns auf dem Gang entgegen und rief: «Wir haben etwas falsch gemacht! Wir haben etwas falsch gemacht! Kommt bitte und kuckt euch NENAS Garderobe an!» Wir folgten ihm also in zwei Garderoben, in denen Nena und Band den Mittag verbracht hatten. In der Tat bestaunten wir blass vor Neid die Reste eines opulenten Caterings, von denen sich halb Hürth noch 'ne Woche hätte ernähren können. Das Beeindruckendste war jedoch die Tatsache, dass sämtliche Möbel mit weißen Tüchern bedeckt waren. Es sah aus wie in diesen Filmen, wenn reiche Engländer zur Sommerfrische ihr Landhaus nach einem Jahr wieder aufsuchen. Allerdings, nachdem eine Bande Jugendlicher unbefugt 'ne Party gefeiert hat ... die weißen Lappen waren etwas verrutscht. Na, immerhin war nicht extra ein Holzfußboden verlegt worden – wie Oliver Geissen es in der Show über einen amerikanischen Superstar andeutete ... Wir trollten uns

dann zum Interview zurück in seine Standardgarderobe, die – wie unsere – mit fünf innenschenkelwarmen Fläschchen Wasser, Cola light und dem obligaten Teller mit legosteingroßen Schokoriegeln, zwei Mandarinen und 'ner halben Kiwi mit Drachenzähnenrand unterm Zellophanmützchen ausgestattet war.

HvS: Lieber Jens, du bist unser erster Interviewpartner, der in der DDR sozialisiert worden ist. Gibt es etwas, was du wirklich schmerzlich vermisst, Speisen oder Getränke, die es in deiner Kindheit gab und an die jetzt nicht mehr ranzukommen ist?

JR: Es ist vor allem das Brot, aber noch mehr sind es die DDR-Brötchen, die ich vermisse. Die Adressen von Bäckern, die diese Brötchen, so wie sie damals geschmeckt haben, noch heute zustande bekommen, werden in Berlin gehandelt wie Gold. Es ist wirklich ganz schwer, da ranzukommen. Dieser typische Geschmack. Dazu muss man erklären, dass wir ja keinerlei Konservierungsstoffe hatten.

Stimmt. Ihr hattet ja nüscht.

Eine Salami, abgeschnitten vom Stück oder irgendein Bierschinken, der rollte sich nach zwei Tagen. Der wurde grün, der wurde blau, da war null Chemie drin. Das reinste Naturprodukt. Genau genommen waren wir eigentlich schon viel früher grün, als die heutigen Grünen es je sein können. Brot wurde halt gammelig nach zwei Tagen, das konntest du wegschmeißen, damit konntest du im besten Fall jemanden erschlagen. All das, diesen natürlichen Geschmack, den vermisse ich sehr. Ich werde nie vergessen, damals die ersten Tage nach der Wende in Westberlin ... mit den 100 D-Mark Begrüßungsgeld bin ich in den erst-

besten Supermarkt und wollte unbedingt einen bestimmten Pudding haben. Viele Kindheitsjahre lang hatte ich im bundesdeutschen Werbefernsehen einen Schichtpudding bewundert, bestehend aus einer Lage Schoko, einer Schicht Vanillepudding und obendrüber eine Sahnehaube. Ich bin natürlich groß geworden mit Ommas Schokoladenpudding, der richtig in einem doppelwandigen Aluminiumtopf mit Wasser drin aufgekocht wurde ... und dann pfiff der irgendwann so lustig. Du musstest ständig rühren, damit dir das ganze Zeug nicht anbrannte, dann kam so dieses klassische Schokoladenpulver rein, aufkochen – fertig! Also fast, denn dann musste man noch sechs Stunden warten, bis der kalt und sturzfähig war, und erst dann konnte man sich ein Stück wie ein Tortenstück rausschneiden. Ein Geschmack, den ich mein Leben lang nicht vergessen werde. Aber um auf den Puddingkauf in den ersten Wendetagen zurückzukommen: Ich also mit dieser Erwartungshaltung rein in den Supermarkt und hol mir aus dem Kühlregal diesen Schichtpudding von Firma XYZ ... ich habe keine Ahnung ...

CS: ... war das «Dany plus Sahne»?

Nein, irgendwas aus dem No-Name-Regal. Ich riss sofort nach der Kasse diesen Aludeckel ab. Und natürlich hatte ich keinen Löffel dabei. Also kurz den Finger eingetaucht, in Erwartung des königlich besten Geschmacks, den man sich vorstellen kann ... ich dachte, alles, was aus dem Westen kam, MUSS gut sein ... und spuckte das eine Zehntelsekunde später wieder aus. Eine Welt brach in mir zusammen. Aus der Sicht von heute ein tiefgreifendes Schlüsselerlebnis: Auch im Westen wird nur mit Wasser gekocht, manchmal ist es auch nur lauwarm ...

Oh, ich kenne diesen Chemiegeschmack, weil ich auch mit selbstgemachten Puddings großgezogen wurde. Das ist ein Unterschied wie Tag und Nacht. Das geht gar nicht. Jetzt habe ich eben in der Chartshow festgestellt, dass du ein großer Musikkenner bist, fast ein Musik-Freak. Du hast zu Hause die Computer voll mit Mucke.

Zwei Terabyte, um genau zu sein ...

War das immer so?

Nein, ich habe überhaupt erst irgendeine Art Bezug zu Musik entwickelt, als in der vierten Klasse zwei Lehrer vom örtlichen Musikkonservatorium unsere Schule besuchten. Wer Interesse hatte, ein Instrument zu lernen, der konnte sich melden, was ich auch neugierig tat. Da habe ich überhaupt erst einmal mitbekommen, dass es Musik gibt, dass man sich mit ihr beschäftigen kann, Musik lernen und begreifen kann, so blöd das jetzt klingen mag. Ich bin, wie soll ich sagen, in einem Stadtpark groß geworden. Ich habe meine Kindheit draußen verbracht, im Freien, im Wald meiner Heimatstadt, in der Natur. Ich habe nicht stundenlang Fernsehen geschaut, ich war ein Natur-, ein Straßenkind. Wir haben uns mit uns selbst beschäftigt. Ich wusste nicht, dass es so verrückte Trompeten gab, dass es Blechblasinstrumente gab, irgendwelche Gitarren oder so, das ging wirklich an mir vorbei bis zur vierten Klasse. Dann hatten wir gute Lehrer, und die sagten: «Guck mal, das ist ein Orchester. So ist es aufgebaut. Es gibt Streichinstrumente, es gibt Blechblasinstrumente.» Gut, ein Klavier hatte ich schon mal gesehen. Lange Rede: Ich wollte eigentlich irgendwas Schickes lernen. Trompete gefiel mir. Doch der damalige Musiklehrer meinte, meine Unterlippe

wäre dazu zu dick. Deshalb kam nur ein größeres Blechblasinstrument in Frage. Schließlich wurden es dann sieben Jahre Musikkonservatorium im Fach Bariton. 96 DDR-Mark Jahresgebühr, erinnere ich mich noch. Und damit ich nicht ständig die Nachbarn im Plattenbau nervte, trötete ich zu Hause immer in den Kleiderschrank. Liebe Nachbarn, ich kann nur ahnen, was ihr damals ertragen habt, verzeiht bitte.

Bariton-Gesang?

Nicht Bariton-Gesang, sondern das Bariton-Blechblasinstrument. Liegt der Größe nach zwischen Tenor-Horn und Tuba. Vier Ventile und wird nach dem Bass-Schlüssel gespielt. Das habe ich dann am Musikkonservatorium gelernt. Das prägte sehr mein erstes Verhältnis zur Musik. Jahre später ging ich nach Berlin, hatte meine erste eigene Wohnung und fing bei Deutschlands ältestem Radiosender, dem Berliner Rundfunk, an. Da gab es noch eine Ausbildungsform, die gibt es im Westen eigentlich gar nicht. Man hat wirklich Radiomacher, professionelle Sprecher, ausgebildet. Der Begriff «Moderator» war uns immer zu hoch. Als Allererstes hast du ganz verschärft Nachrichten lesen gelernt. Das sollte die Richtung sein, in die ich dann gegangen bin. Wenn's drauf ankommt, kann ich sehr offiziell klingen.

(Spricht mit professionellster Nachrichtentonlage:)

«Der Vorsitzende des Staatsrates der Deutschen Demokratischen Republik und Erster Sekretär des Zentralkomitees der Sozialistischen Einheitspartei Deutschlands ...»
(Bricht angestrengt ab.)

... **ich habe es heute immer noch drauf.**

Allerdings.

Man könnte mich nachts wecken ...

Es gab ja nun doch Volksempfänger in der DDR. Es gab aber keine Kassettenrecorder? Viele von uns Wessikids hatten ja Kassettenrecorder und haben mit Mikrophönchen vorm Radio gesessen und sich ihre eigenen Kassetten aufgenommen. Diese «Aufnahme-Kultur» war dir als Kind fremd?

Diese Kultur hätte ich gerne gepflegt. Aber meine Eltern waren keine reichen Leute, sondern hart arbeitende Menschen, die sich so was gar nicht hätten leisten können. Oder wollten.

Ah. Okee.

Es gab zu Haus ein Gerät, so ein Kassettengerät mit Aufnahmefunktion, das nur mein Vater bedienen durfte. Der hat das gehütet wie seinen Augapfel. Das war aber nur ein Kassettenabspielgerät. Erst viel später hatten wir dann eines mit 'ner Aufnahmefunktion. Und noch viel später, fast schon in den Endzügen der DDR, kam der erste Stereo-Recorder. Das war ein komplizierter technologischer Prozess für unsere Wirtschaft. *(Hebt die Augenbrauen.)* **Mikrophone gab es bis dato in diesen Geräten ja nicht. Die hatte höchstens die Stasi. Für die ging wahrscheinlich eine Jahresproduktion Mikrophone drauf. Ich hatte keine Ahnung von Karaoke oder integrierten Mikrophonen. Gab es doch nicht in den Läden. Das war alles bei Horch und Lausch.**

HiHi. Das trifft mein Komikzentrum: Karaoke und Mikrophone bei Horch und Lausch. Da saßen sie dann in ihren abgedunkelten Autos und sangen: «I did it my way ...»

Was würdest du sagen, wie wichtig ist Musik in deinem Leben? Komplett unverzichtbar? Bei der Frage nach der einsamen Insel – würde Musik dazugehören?

Oh Gott, ich glaube, ich würde eher auf Essen verzichten und dafür ein paar iPods mehr einpacken, um nicht auf Musik verzichten zu müssen. Wisst ihr, Musik ist dein Begleiter in einsamen Stunden und in den schönsten Momenten. Musik ist das, was du mit Mitmenschen verbindest, was dich an deine Eltern, deine Geschwister erinnert, was immer dabei ist. In dem Moment, als der Mensch anfing zu musizieren, hat er sich, glaube ich, vom Tierreich abgehoben.

Du sagtest, der Schichtpudding, das Erste, was du damals für Westgeld zuerst gekauft hast, war die größte Enttäuschung des Jahrtausends. Gibt es dennoch irgendetwas «Westliches», wo du dich nach gesehnt hast? Und das deine Erwartungen übertroffen hat?

Essenstechnisch?

Egaltechnisch. Gab es nichts, wo du gesagt hast: «Wow! Das ist einfach geiler, als es bei uns war!»

Das ist wirklich eine sehr gute Frage, zumal jetzt dieser Abstand von über 20 Jahren dazukommt. Vielleicht klingt das jetzt ein bisschen zu philosophisch – aber zu sehen, was Menschen, die man NICHT gängelt, die man NICHT an

der kurzen Leine hat, die sich im besten Sinne frei entfalten können, zu produzieren vermögen, zu schaffen, das war mehr als beeindruckend. Ich erinnere mich an Momente, als ich in den ersten Wendetagen durch Westberliner Warenhäuser ging und wirklich jede Einzelheit bestaunt habe. Türklinken, Rolltreppen, Regale, Schlösser! Wie ist das gemacht? Ich habe alles, was mein Auge erfassen konnte, angeguckt. Wirklich alles! Weil es anders war, als ich es in meinem Land erlebt habe. Das war ein Gefühl, als hätte man mich auf dem Mars ausgesetzt. Als würde ich eine völlig neue Zivilisation kennenlernen. Wie wird das hergestellt? Welche Farbe haben sie sich ausgedacht? Welches Muster für dieses T-Shirt, für diesen Pullover? All dieses zu begreifen, was im Nachhinein auch bei uns möglich gewesen wäre, hätte man uns nicht so klein gehalten. Ich ertappe mich auch heute noch dabei, wie ich mich manchmal förmlich zur Phantasie zwingen muss. Denk dich frei, Alter, im Kopf gibt's keine Grenzen.

Wenn ich dich hier in deinem fliederfarbenen Hemd sitzen sehe, bist du ja auch ein farbenfroher Mensch. Du liebst Farben. Und wenn ich das richtig in Erinnerung habe, war deine Heimat, waren Autos, Tapeten, Häuserfassaden, Fernsehstudios beige, braun, hellbeige, dunkelbraun, ocker, creme, hellblau oder wenn's hochkam, vielleicht noch blassorange angepinselt. Ich glaube, farbliche Eintönigkeit war eine der ganz großen visuellen Beutelungen, oder?

Wo sollte sie herkommen, die Farbigkeit? Farbzusätze waren ja nur für Devisen zu haben. Schau mal, unsere Jeans hatten zum Beispiel nicht dieses unglaublich satte Indigoblau, wie man es von amerikanischen Jeans kennt. Unsere waren irgendwie ganz anders hergestellt. Ich weiß nicht

wie, aus Erdfarben oder Tonschichten vielleicht.
(Schmunzelt.)

War das denn dann eine komplette Reizüberflutung im Westen – die Farbigkeit?

Ich bin regelmäßig mit Kopfschmerzen aus Supermärkten, aus Kaufhäusern geflüchtet, weil ich nicht mehr konnte. Es war ein Input, den kein Mensch ausgehalten hat. Und das hielt, glaube ich, zwei, drei Jahre an. Selbst heute habe ich noch manchmal Probleme damit. Dass es mir zu viel wird, zu viel Optik, zu viel Akustik.

Bist du jemand, der mit Ängsten zu tun hat?

Nein, ich bin eher ein sehr neugieriger, ein wissbegieriger Mensch. Und ich gehe gern an meine Grenzen. Einer meiner besten Freunde, Niki, schenkte mir zum Geburtstag mal 'ne Vogelspinne. Sie ist wunderbar pflegeleicht. Verbraucht monatlich eine Grille oder einen Grashüpfer.

Sie bekommt nur einmal im Monat einen Grashüpfer?

Ja. Sie heißt Emilia und wird acht.

Wie alt werden denn Vogelspinnen?

Ich glaube, über 30 Jahre alt.

Ist das süß – Emilia!

Abgeleitet von ihrem lateinischen Namen Brachypelma emilia.

Und die streichelst du auch und spielst mit ihr?

Nein, um Gottes willen. Das würde ihren Kosmos gewaltig durcheinanderbringen, den sie ja über ihre sogenannten Brennhaare wahrnimmt. Man muss sie nur mal anpusten, und sie wird massiv nervös.

Wie groß ist denn ihr Käfig?

Es ist ein Terrarium, denn bei einem Käfig könnte sie durch die Stäbe krabbeln. Und dann wäre Polen offen.

Emiliaphobie in Hamburg!

Sie lebt in einem 30 mal 30 Zentimeter großen Glasterrarium, weil die nicht wandern. Die verrücken einmal alle acht Stunden ein Bein, und das ist dann schon eine immense Bewegung.

Machen die denn auch Pipi und Kacka? Muss man da das Terrarium säubern?

Einmal im Jahr bekommt sie frische Tropenerde. Und was sie machen, ähnelt der Größe nach einer Stecknadel. Irgendein weißes Gebilde. Und das geht in die Erde und dort verloren, ein Nichts.

Und der Grashüpfer, den musst du lebendig in der Zoohandlung kaufen? Oder fressen die auch tote?

Nein, sie will ihn fangen, das ist völlig klar.

Und hast du kein Mitleid mit dem Grashüpfer?

Doch natürlich, ich spreche ja vorher mit dem. Man könnte auch sagen, er kriegt 'ne 1a Anmoderation. Verpackt sind die Grashüpfer in kleinen Plastikboxen, immer zehn Stück. Am Füttertag lüpfe ich den Deckel und der erste, der den Kopf raussteckt, hat die A-Karte gezogen. Anmoderation Riewa: «Du hast nicht umsonst gelebt, du lebst jetzt in der Spinni weiter.» Und die restlichen werden vorbildlichst und unter Beachtung aller zoologischen Regeln an der Hamburger Außenalster ausgesetzt. Früher handhabe ich das etwas anders. Da wohnte ich im Seitenflügel eines beschaulichen Hinterhofs in der Langen Reihe und setzte sie in unmittelbarer Nachbarschaft eines Restaurants aus, in den Blumenrabatten. Im Laufe der Zeit entwickelte sich – akustisch gesehen – süditalienisches Flair auf diesem Hinterhof. Ein Gegrille und Gezirpe, wunderbar in lauen Sommernächten. Bis die Inhaber vom Restaurant meinten: «Du, Jens, nichts gegen deine Tierliebe, aber wir haben Angst, dass uns die Viecher in die Küche krabbeln ...» Seitdem kommen Emilias Überlebende an die Alster.

Gibt es noch andere putzige Haustiere?

Nein, das ist das einzige. In meinem Job ist man viel unterwegs. Und Spinni Emilia braucht keine große Pflege, wie gesagt. Sie hat auch richtige Diätphasen. Vogelspinnen sind Weltmeister in Sachen Energieverwertung. Das ist unglaublich. Anderthalbjährige Ruhepausen legt sie hin und wieder ein, in der Literatur spricht man von bis zu drei Jahren, die eine Vogelspinne völlig ohne Nahrung auskommen kann. Sie braucht nur ein wenig Wasser.

Und was ist mit ihrem Geschlechtstrieb? Emilia möchte vielleicht ja auch mal Sex haben?

Möchte sie, und man sieht es ihr mittlerweile auch an. Also, sie ist ...

Wuschig?

Ja, zurzeit würde sie jedes Männchen ohne Nachfrage und ohne Anlauf kirre machen.

Bist du abergläubisch?

Teils, teils. Kommt auf die Situation an. Weiß ich nicht. Ich würde jetzt wirklich nicht unter so einer Malerleiter herlaufen, wenn da irgendjemand eine Birne rausschraubt aus der Decke. Nicht übertrieben, aber wenn mir eine schwarze Katze begegnet, wenn ich mit dem Auto fahre, dann bin ich schon mal umgekehrt.

Gibt es Rituale, bevor du die Nachrichten liest?

Ich gurgele.

Womit?

Vor der 20-Uhr-Tagesschau mit stillem Wasser. Derart befeuchtet muss ich keine Angst haben, das «Guten Abend» zu versauen. (*Lacht.*)
Ich habe mich mal im «Guten Abend» versprochen, Kollege Stefan Raab und neuerdings ja auch wieder Zapping freuen sich seeehr darüber: «G'n Abend, meine Damen und Herren.» Und das auch noch mit einer krächzenden Stimme. Deshalb habe ich mir irgendwann angewöhnt, sehr zum Leidwesen der Sekretärinnen, die am Prompter sitzen, zu gurgeln. Das finden die einfach nur eklig. Ich sage: «Da ist

**doch nichts Ekliges dran, andere ziehen so ihren ganzen Euf
durch die Nasengänge!»**

Und wie kurz vorher ist der Gurgler?

**Ich muss schon aufpassen, dass ich nicht im Bild gurgle, in
der Anfangstotalen, wie der Fachmann sagen würde.**

Ich muss nochmal nachfragen. Euf?

**E – U – F. Wahrscheinlich so ein typisches DDR-Wort,
glaub ich. Manchmal kommt eben immer wieder der Zoni
durch.** *(Lacht.)*

Euf für Rotz?

**Schnodder, ich weiß nicht, wie man das in Bundesdeutsch
nennt.**

Okay. Und wenn die Nachrichten vorbei sind, gibt es da ein
Ritual?

Nein, nur schnell raus.

Also – es gibt nicht irgendwelche Blätter, die man noch
zusammenlegt?

**Ach so, oh ja! Da wollte ich mir immer mal eine andere
Präsentation angewöhnen. Achtet mal drauf, es gibt wirklich
sehr unterschiedliche Typen von Blätter-Zusammenlegern.
Da sind vorbildliche, die hochgeschätzte Kollegin Rakers
gehört zum Beispiel dazu. Sie legt alle Blätter während
der Sendung ganz ordentlich ab. Nun gut, sie ist ja auch**

Journalistin. *(Schmunzelt.)* **Ich dagegen bin Sprecher, habe während der ganzen Sendung Kuddelmuddel auf dem Tisch und muss ab und zu mal zwischen den MAZen Ordnung reinbringen, aber zum Schluss stauche ich die nochmal so richtig zusammen. Die Sendung muss hören, dass sie vorbei ist. Am liebsten würde ich zum Ende noch einen Stempel draufdrücken. Wir Deutschen lieben das ja. Deshalb war die «Tagesschau» auch immer so erfolgreich. Man müsste eigentlich jedes Blatt ablegen zur Seite und noch einen Stempel draufmachen. Das hat so «Verlautbarungs-Charakter».**

Ich habe auch ganz viele Stempel zu Hause. Ich liebe Stempel.

Und die Blätter von deiner allerersten Nachrichtensendung, die hast du aber nicht verwahrt?

Nein.

Hast du denn Glücksbringer, die dabei sein müssen, wenn du liest?

Nein. Aber ich habe ein besonderes Blatt, gut verwahrt zu Hause. Vor Jahren hab ich mal den Beginn einer Sendung – nennen wir es ruhig versaut. Mir fehlte ein Blatt mit der Bezeichnung 3 A. Das Blatt war mir vor Beginn der Sendung unbemerkt runtergefallen und verursachte 36 Sekunden Schweigen und betretenes Lächeln von mir in die Kamera, bis mir jemand keuchend eine Kopie der Meldung ins Studio brachte, 'nen Teleprompter gab's damals noch nicht. Dass das meine Schuld war, merkte ich erst viel später, da war dann schon eine studentische Hilfskraft zusammengefaltet worden. Nun, und dieses Blatt habe

**ich mir aufgehoben, und ich werde es irgendwann dem
Redakteur schenken, der damals Dienst hatte. Mir ist das
bis heute schrecklich peinlich, und ich gestehe das hier, ihr
Lieben, auch zum ersten Mal.**

Wie lange ist das her?

Na, schon ein paar Jahre.

Na, drum. Also, der freut sich doch, wenn du dich jetzt noch
bei ihm entschuldigst, oder?

**Ja, es war ein Student, und ich glaube, der ist noch immer
in der Medienbranche tätig. Ich weiß gar nicht mehr, wer
das war.**

Kannst du den denn noch finden? Sonst machen wir das hier
über das Buch.

Wahrscheinlich ist der jetzt Unterhaltungschef von RTL…

**Weiß ich nicht, ich glaube, der ist nicht mehr auffindbar.
Aber es ist sehr schön, dass man sich das eingesteht: «Ja,
ich habe da gesündigt!» Ich fühle mich jetzt viel besser.
Wie ein Katholik.**

Das finde ich auch sehr, sehr tapfer von dir. Herzlichen Dank.

Zum Thema Rituale werden wir nicht müde, uns nach Weihnachten und Silvester zu erkundigen …

Na, ich hasse Weihnachten. Dazu habe ich ein ganz komisches Verhältnis. Also nicht Hass … ich weiß nicht. Und

Silvester? Mir ist es zweimal in meinem Leben passiert, dass ich Silvester mutterseelenalleine war. Hat sich einfach so ergeben. Und das war das Schlimmste, was ich mir vorstellen kann. Also, seitdem passe ich immer auf, dass das nicht nochmal passiert. Das muss ich nicht nochmal haben.

Hast du denn im Alltag noch drollige Angewohnheiten?

Lass mich überlegen. Ja, da gibt's was. Ich trage ja seit Jahren Kontaktlinsen. Wenn ich meinen Tag beginne und mir die Dinger da reinknalle, muss ich IMMER mit der linken Kontaktlinse beginnen. Passiert ab und zu mal, vielleicht dreimal im Jahr, dass ich mir aus Tranigkeit die rechte zuerst einsetze. Dann geht alles auf null, auf Anfang: die rechte raus, nochmal zurück in den Becher, nochmal durchschütteln und nochmal so tun, als würde der Tag erst jetzt beginnen. Das ist eine fürchterliche Macke von mir. Aber ich kann nicht in den Tag gehen, wenn ich die rechte Kontaktlinse zuerst ins Auge eingesetzt habe. Zum Totlachen eigentlich. Man muss wissen, ich habe links und rechts absolut identische Stärken, es ist schnurzpiepegal, in welcher Reihenfolge ich mir die reinknalle, aber so handhabe ich das halt.

Wir können dich beruhigen: Das machen viele!

Oder gestern ... Gott, was erzähle ich hier eigentlich alles ... Gestern war ich bei meinem Autohändler, da habe ich fast einen Fön bekommen. Ich habe Sommerreifen aufziehen lassen. Was ich bis dato nicht wusste: Dazu müssen die an diesen Werkzeugsatz, damit sie diese diebstahlhemmenden Radschrauben aufsetzen können. Dieser Rad-

schlüssel ist hinten im Kofferraum. Und mein Kofferraum ist wirklich etwas Besonderes für mich! Ich bin ja DDR-Kind und lebe in der ständigen Angst, dass unter und in meinem Auto etwas klappern könnte! Selbst fabrikneue Wagen werden nachträglich von mir ausgekleidet! Oder besser ausgestopft. Achtung, festhalten: Es kommt ein Handtuch ins Handtuchfach!
Ich sag schon «Handtuchfach». *(Er schmeißt sich weg vor Lachen.)*
Yeah, ein Freud'scher Versprecher. Live! Wenn eine Brille oder auch nur eine kleine Kreditkarte im Handschuhfach abgelegt wird, wickele ich die in ein Handtuch. Das Handtuch muss genauso groß sein wie das Fach. Das ganze Fach muss **vollständig** ausgefüllt sein, damit es nicht klappert! Genauso der Kofferraum! Das ist ja ein weites Feld für Handtücher. Da könnte ja was klappern. Ich drapiere dann um den Ersatzreifen ein Handtuch. Um den Werkzeugkasten ein Handtuch. Überall Handtücher! Alle Hohlräume werden mit Handtüchern ausgelegt. Und das hat mir gestern dieser freundliche Werkstattmensch völlig durcheinandergebracht.

Dein Kofferraum sah aus wie Nenas Garderobe.

Jetzt, wo ich nach dieser Sendung mal reinschauen durfte, würde ich sagen: Mein Kofferraum sah aus wie Nenas Garderobe. Ja, in der Tat. Nena, ich liebe dich auch ...

Das bezieht sich aber nur aufs Auto? Das hast du jetzt nicht zu Hause in deinen Schränken?

Meine Schränke zu Hause klappern nicht.

Warum darf nichts klappern im Auto?

Trabant. Wartburg. So hießen die Autos, die mich sozialisiert haben, um das Wort einer hochgeschätzten Comedienne zu gebrauchen. Etwas an diesen Autos klapperte jedoch immer. Und ich wollte einmal in meinem Leben ein Auto haben, das nicht klappert. Natürlich klappert auch an so einem fortschrittlichen Auto mal was, aber eigentlich darf es das nicht geben. Ich bin oft in die Werkstatt gefahren, habe gesagt: «Da klappert was!» Ich könnte wirklich Lieder darüber singen ...

Dirk Bach
Don't put your keys on the table

Dirk Bach wurde am 23. April 1961 in Köln geboren. Er ist Schauspieler, Entertainer, Komiker und Moderator. Der lieben Fernsehnation ist er in den letzten Jahren besonders präsent durch die RTL-Show «Ich bin ein Star, holt mich hier raus!», die er mit Kollegin Sonja Zietlow brüllkomisch aus dem australischen Dschungel serviert. Sein beeindruckendes soziales Engagement in vielen Bereichen, vor allem aber für die Kölner AIDS-Hilfe, könnt ihr euch selbst rausgoogeln. Für mich (Hella) ist nur wichtig, dass er seit Januar 1980 mein bester Freund und männlicher Lebensmensch ist. Und für mich (Conny) ist er seit 21 Jahren ein guter Freund, der mir gemeinsam mit seinem Schatz Thomas die schönsten Geschenke macht.
Seit einiger Zeit ist er nun auch noch unser «Mäusekönig», da uns Dicki (wie er nicht nur von uns genannt wird) am Telefon, in Hausfluren und vor Garderoben gerne mit dem markerschütternden, tenorisch geknödelten Ausruf «Meeeeineeee Mäuuuuuseeee!!» begrüßt. Dicki besuchte uns am Tag nach Connys Geburtstag. Natürlich nicht mit leeren Händen. Seine Glückwunschkarte mit Amy-Winehouse-Katze zierte noch lange unsere nikotinversaute Küchentapete (Brocki hat inzwischen gestrichen). Die CD von Rumer, «Seasons of my Soul», wurde sofort aufgelegt und mit seiner Solarqueen (Lisbeth II. winkt im rosa Kostümchen dank Handtäschchen, die Sonne in Energie umwandelt) feierten wir noch wochenlang Triumphe. Vor allem natürlich bei der Hochzeit von Kate und Willy.
Dicki bejubelte meinen (Connys) Gabentisch (das Motto war

«TATORT») und ließ sich ein Stück Kuchen schmecken. Die Torte sah übrigens aus wie eine Dartscheibe, da der Konditor irgendetwas an der Aufgabenstellung «Zielscheibe» nicht verstanden hatte.

HvS: Lieber Dicki, jetzt kenn ich dich doch schon soooo lange, könnte aber nicht sagen, ob du abergläubisch bist.

DB: Ich verweigere mich dem Aberglauben, bin aber natürlich abergläubisch. Ich glaube, das hast du mir eingeredet. Es dürfen keine Schlüssel auf den Tisch gelegt werden! Wenn das passiert, werde ich verrückt. Ich reiße alles runter. Oder mittlerweile, wenn es nicht anders geht, weil der Schlüssel auf den Tisch muss, lege ich ganz viel drunter, weil ich dann denke, der Schlüssel liegt ja nicht auf dem Tisch. Der Schlüssel liegt auf dem Buch, auf noch 'nem anderen Buch, auf 'ner Zeitung, auf Ichweißnichtwas – aber nicht auf dem Tisch.

Liebe Lesenation! Wir werden hier gerade Zeuginnen einer ganz großen Lebenslüge: ICH HAB IN MEINEM GANZEN LEBEN NOCH NIX DAVON GEHÖRT, DASS SCHLÜSSEL NICHT AUF DEM TISCH LIEGEN DÜRFEN! Von mir kommt nichts mit Schlüssel! Von mir kommen SCHUHE. Man darf SCHUHE nicht auf den Tisch stellen. Das bringt Unglück. Und das haben wir vor 25 Jahren gemeinsam in diesem Musical in London gelernt. Die sangen sich doch da Wölfe mit dem Leitmotiv: «Don't put your shoes on the table!»

Ach? Ich habe immer gedacht, das mit dem Schlüssel hättest du mir auch gesagt. Aber dann war das jemand anders.
(Kichert.)

Wimmer!

Schuhe habe ich seitdem auch nie mehr auf den Tisch gestellt. Aber Schuhe gehören ja eigentlich auch nicht auf den Tisch. Von daher ist es ja auch in Ordnung. Es sind viele solche Dinge. Ich sage immer «Nein!», und ich will mich dem verweigern, aber ich lebe, glaube ich, mit einigen Ticks. Ich habe ja auch das mit den Zahlen: Fernseher und Lautstärke – das darf auf 22 stehen und auf 24, auf 26 aber ungern, lieber auf 28. Es könnte wiederum auf 25 stehen, weil, ich kann's durch 5 teilen, bei 21, weil ich dann durch 7 teilen kann. Es ist sehr schwierig. Wenn Thomas den Ton leiser macht, lasse ich ihn, versuche dann aber schnell, eine hochzustellen oder eine runter. Solche Dinge.

CS: Moment, dann sind also Primzahlen tabu bei der Lautstärke?

So ...

Was sind denn Primzahlen?

Die sind nur durch sich selbst und durch eins teilbar.

Also die Zahl muss durch andere Zahlen teilbar sein?

Ja, irgendwie. Es ist eine reine Gefühlssache. Wobei ich ja auch immer denke, man darf dem nicht völlig verfallen. Man muss sich immer davon lösen können. Also, bei eurem schwarz-weißen PVC-Boden trete ich jetzt nicht nur auf die weißen Vierecke. Oder nur auf die schwarzen.

Das machst du nicht?

Nein, das mache ich nicht, obwohl ich das auch schon mal

überlegt habe. Aber das war mir dann doch zu anstrengend. Nein, das mache ich nicht. Das ist unschön. Ich denke, man muss sich auch selber immer wieder überraschen, dass man mal was einfach so stehen lässt. Durchaus auch mal die 23.

Wenn du Gäste hast und deckst den Tisch: Muss eine bestimmte Anzahl Gläser auf dem Tisch stehen?

Nein, wirklich nicht. Aber die Dinge haben ihre eigene Ordnung, die nur mein Auge sieht. Es gibt gerne diesen kleinen Kampf zwischen mir und Menschen, die meine Deko in die Hand nehmen, die Devotionalien woanders hinstellen und denken: «Das steht doch auch schön da!» Aber es muss woanders stehen. Ich muss es wieder umräumen, obwohl eine Ordnung nicht erkennbar ist. Das hat keinen mathematischen, klar erkennbaren Charakter. Es ist die Struktur, die man selber für sich empfindet. Ich habe ja auch einen schweren Kampf bei längeren Aufenthalten in Hotels. Weil ich Hotelzimmer umräume. Und da gibt es natürlich diesen Wettstreit zwischen den Zimmerdamen oder -herren, die das Zimmer machen und die auch einen klaren Plan haben. Den Plan kriegen sie von der Hausdame, was ja auch überprüft wird.

Da wird's manchmal schwierig mit meiner natürlichen Ordnung, weil ich die Lampe in die andere Ecke des Zimmers stelle, wenn's da 'ne Steckdose gibt. Stühle, Tisch, Sofa – alles wird neu drapiert. Bett ist meistens sehr schwierig. Habe ich auch schon umgebaut, mitsamt dem Fernseher. Das ist dann schwierig, dass das dann so bleibt. Das ist dann ein Kräftemessen, das dauert so drei bis vier Tage bei längerem Aufenthalt. Am fünften Tag resignieren die. Dann geben sie auf. Und dann bleibt das so. In Bern, im Grand Hotel Irgendwas, kam ich ja mal nach drei Monaten zurück, und sie hatten wirklich komplett resigniert. Das Zimmer war immer noch in meiner Ordnung. ... das war so gemütlich!

Der Schweizer eben!

> **Jaaa ... der Schweizer!**

Bei mir fängt das immer mit dem Papierkorb an. Ich muss einen Papierkorb am Bett haben, schnappe mir also den «Büro»-Papierkorb des Hotelzimmers, stelle den ans Bett und kann zehn benutzte Tempos drauf verwetten, dass der wieder unterm Schreibtisch steht, wenn wir zurück sind.

> **Du baust immer komplett um! Das habe ich doch schon gesehen. Habe ich gelacht, als wir in London waren, im «Waldorf». Da hattest du das Zimmer komplett auf den Kopf gestellt. Ich war begeistert.**

Wir nehmen auch gerne mal Bilder von der Wand.

> **Das finde ich auch nicht verkehrt. Das habe ich früher auch gemacht. Oder was drüberhängen.**

Genau. Oder verhängen. Lustige T-Shirts drüberwerfen, weil die Kunstdrucke so grausig sind.

Ja, weil sie so schrecklich sind.

Ja, so bin ich auch. Ich habe auch meine eigene Ordnung. Manchmal sind es nur Millimeter, die der Tweety verrückt werden muss. Aber es muss dann so sein. Von meinem Sessel aus muss ich alle Püppchen im Blick haben. Wenn dann Tom und Jerry im Schatten von Donald stehen, müssen sie verschoben werden.

Das stimmt, ja. Du baust dich ja auch im Wohnzimmer auf. Manche haben ja auch diese festen Sitzplätze; ich habe meinen, Thomas hat seinen. Da wird auch nicht gewechselt. Das wurde nie und wird nie gewechselt. Seit dem ersten Tag, an dem wir da reinkamen. Und dann sind Dinge auch so aufgebaut, dass er den Totenschädel sieht, mit den original Kunstblutspuren vom W.A.S.P.-Sänger, und ich wiederum Bart Simpson und all die schönen Sachen. Euer wunderbares Boy-George-Foto hab ich perfekt im Blick, weil er genau in der Einflugschneise zum Fernseher steht. Das ist alles perfekt ausgerichtet.

Ja, so muss es sein.

Da kann was dazukommen. Dann muss wieder was verschoben werden. Aber es muss so sein, dass es so ist.

Du besitzt ja Tausende DVDs, Bücher und CDs. Was bedeutet der Akt des Kaufens für dich? Bist du ein Shopaholic?

Glaube ich schon. Ist auch ein Sammeltick – ich kann es

nie genau sagen. Ich freue mich sehr an diesem Akt des Einkaufens. Ich freue mich schon, wenn ich los muss und muss nur ein Päckchen Hefe kaufen. Wenn ich nur den Supermarkt betrete und mir die schönen Angebote angucken kann. Das finde ich immer sehr, sehr hübsch.

Wir hatten ja als Twens damals beide nicht viel Geld. Glaubst du, dass das heutzutage auch was mit Kompensation zu tun hat? Weil du dir damals vielleicht gerne mehr gekauft hättest?

Nein, ich glaube, das ist eher ...

Lustgewinn?

Ja! Lustgewinn. Ich finde, es ist hoher Lustgewinn. Wenn es dann noch um Dinge geht, für die man sich interessiert, wie jetzt zum Beispiel die Püppchen aus den 90ern, die auch damit verbunden sind, was wir gerne gekuckt, gehört haben ... Memorabilien oder Merchandising von Musik oder Film oder Fernsehen oder Theater ... dann macht es natürlich noch mehr Spaß. Ob ich jetzt online bin und kann eine Reise buchen oder eine Theaterkarte für Charlie Sheen, um zu sehen, wie sein Solo floppt ... wie er mit seinem Tigerblut dann sein 1¼-Stunden-Solo versemmelt – wobei es gar nicht floppte, ein nüchterner, höflicher Mann war auf der Bühne zu sehen, und mit der Hilfe einiger Freunde war er auch sehr unterhaltsam – ich freue mich. Genauso freue ich mich über die Komplementierung von irgendeiner Sammlung. Oder als ich Conny das Gesamtwerk von Ludwig Hirsch bestellen konnte – große Freude! Letztens habe ich André Heller von 1967 bis 2007 gekauft, weil ich mich erinnerte, dass ich mit meinem Freund Werner als

Fünfzehnjähriger auf dem Teppichboden lag und wir diese herrlichen Lieder gehört haben: «Ich will, dass es das alles gibt, was es gibt!»

(Mit wienerischer Theatralik:) «Abschied ist ein kleiner Tod ... ein kleiner Tod ... ein kleiner Tod ... was heißt denn das?! Abschied ist was riiiieeeesengroßes ...»
Oh ja. Nenn mich André Heller. Ich hatte auch 'ne Doppel-LP.

Das höre ich heute Abend. Ist eben gekommen von Amazon.

Darf ich nochmal nachfragen, ob Einkaufen für den kleinen Jungen Dirk nicht auch eine besondere Bedeutung hatte?

Vielleicht irgendwie Mutterprägung. Ich glaube, meine Mutter ging auch immer gerne einkaufen. Vor allem, wenn wir dann zusammen gingen. Wobei, wir haben dann eigentlich mehr Stoffe gekauft, weil sie für sich alles selber genäht hat.

Kleidung ist dir ja auch sehr wichtig.

Wir nennen dich ja liebevoll «die kleine Label-Schlampe». Du kaufst ja nicht nur gerne Dinge, die origineller und bunter Natur sind. Es ist doch auch schön für dich, dann «Yamamoto» auf dem Papperle zu lesen?

Ja, das ist jetzt nicht mehr so wild. Designer-Klamotten kaufe ich nicht mehr so oft. Man ist ja wieder dicker geworden, dann ist in den Designer-Größen nicht mehr so viel verfügbar. Dafür habe ich mich jetzt auf T-Shirts konzentriert. Da nenne ich auch Tausend mein Eigen. Das

ist abstrusest ... aber dafür bekomme ich so viel Post! Alle mögen die T-Shirts und fragen, wo es die gibt. Das finde ich süß. Leider sind die meisten auf anderen Kontinenten gekauft worden ...

Gehst du lieber in Amerika, Australien und Asien einkaufen, weil dich hier die Leute erkennen und du das anstrengend findest?

Ja. Hier shoppe ich mehr im Internet. Das habe ich so verteilt.

Internetshopping befriedigt dich genauso?

Das befriedigt ungeheuer. Weil die Recherche auch so hübsch ist. Und das Angebot ist so riesig! So leid mir die Ladenbesitzer tun, aber geh mal, wenn du nach Platten und Büchern suchst, in einen Plattenladen oder in einen Buchladen. Die können sich diese Auswahl wie so ein Online-Unternehmen ja gar nicht leisten.
Und wenn du gerade ein Buch liest von irgendjemandem über irgendwas, und darin kommt etwas vor, was du spannend findest ... dann machst du «klick» ... und kannst das googeln und siehst: «Oh, darüber gibt es noch ein Buch! Oh, darüber gibt es sogar einen Tonträger! Oh, es gibt darüber einen Film!» Und am Ende eines Abends habe ich dann wieder drei CDs, zwei Filme und noch drei zusätzliche Bücher bestellt. Das ist so ein Klassiker.

Ist dir Kleidung bei anderen Menschen eigentlich wichtig? Ist das für dich so ein Entrée, ob dir jemand sympathisch ist?

Nein, ich freue mich daran, wenn ich was witzig und schön finde. Eben habe ich mich gefreut, als die Tür aufging und

> du das lustige Aristocats-T-Shirt anhattest. Das muss ich
> gleich mal googeln, vielleicht kann ich es auch bestellen.
> Nein, aber andere müssen nichts Spezielles haben. Das ist
> mir völlig gleich, was andere haben.

Ich finde deine Zahlenzille ja besonders putzig. Das war mir nicht klar. Gibt es denn da in deinem Leben andere Situationen mit Zahlen? Beim Herd? Dass du sagst: «Ich muss die Speise auf der 4 köcheln!?»

> Nein, das nicht. Aber es könnte sein, dass ich beim Brot
> schaue, wie ich das belege. Das könnte ich mir vorstellen.
> Nach Geschmack natürlich, aber auch: Wie viel tue ich da
> drauf?

Belegen unter Ausschluss der Primzahlen? Lieber vier Scheibchen Käse als drei? Damit die durch Tomätchen teilbar sind??

> Ich habe mir darüber wirklich noch keine Gedanken
> gemacht. Vielleicht ohne dass es mir bewusst ist – aber das
> Brot muss schön abgedeckt sein. Zuletzt waren die Schei-
> ben irgendwie nicht groß genug, um den Toast abzudecken,
> da musste dann noch eine dritte Scheibe halbiert werden,
> die ich dann auf die Ecke legte ... aber ich meine, das
> machen andere Leute auch.

(Lachen.)

Das Auge isst mit.

> Das Auge isst mit. Es muss irgendwie hübsch aussehen.

Warst du nicht auch ein Toi-toi-toichen-Fetischist?

Früher ja, bei meinem Soloprogramm «Edgar». Da habe ich mir in der Garderobe alle Karten und alles Gedöns aufgebaut. Das ist vorbei. Das kann inzwischen total simpel sein. Ich muss einfach nur spielen können, ohne dieses Brimborium. In Worms hatte ich mein Tier, den Reichsadler und eure Krone, und das war es dann auch.

Aber so ein kleines Toi-toi-toichen ist schon schön.

Ein Toi-toi-toichen ist schön und auch gut, aber ich muss nicht mehr mit so einem ganzen Koffer voll reisen. Jeden Tag die Vorbereitung, der Aufbau des Tisches, das ist einfach schrecklich. Das muss alles nicht mehr sein.

Hast du Einschlafrituale?

Ich lese nicht vorm Einschlafen, weil mich das wach hält. Wenn ich anfange zu lesen, kann es sein, dass ich nicht aufhöre. Das ist mir schon oft passiert, plötzlich war es helllichter Tag. Lesen bringt mich eher hoch. Wenn, dann wird noch Fernsehen geguckt und hin und her geschaltet, am besten die Sendungen, die ich nie richtig verfolgt habe, von denen ich dann mal fünf Minuten sehe, sodass ich auch mitreden kann, wer wieder was Neues gemacht hat. Seit ein paar Monaten wird jetzt dieses Gerät –

Dein Sauerstoffgerät?

Genau, ein Schlaf-, kein Atemgerät, aber Sauerstoff ist es auch nicht, es ist nur Luft. Aber ein Gerät, was irgendwie den Schlaf ermöglicht. Wenn das dann drauf ist, gibt es auch nicht mehr viel anderes zu tun. Dann schläfst du wirklich ein.

Ich habe eine Lieblingsfrage, die ich nicht müde werde zu fragen: Gibt es etwas, was du in deiner Kindheit gerne gemacht hast, was du als Erwachsener heute noch machst und was dir so Wohlfühlgefühle bereitet? Bei mir sind es gerne mal Comic-Heftchen und Nutella-Brötchen.

Nutella hatten wir nie.

Oh Gott, aber doch wohl nicht Käpt'n Nuss?

Wir sind mit dem Thema Diäten groß geworden, weil meine Mutter ja dasselbe, mit dem ich jetzt lebe, auch lebte. Mit dem ständigen Problem des Zu-dick-Seins.

Da musstet ihr Kinder Diät halten?

Nein. Aber unser Heim war nicht voll mit Süßem. Das ist ja auch erst viel später in mein Haus gekommen. Ich habe das alleine gar nicht gekauft. Jetzt ist viel da, weil ich mit einem dünnen Mann lebe, der gern Süßes isst und auch nebenher schnuppt.

Schokoriegel.

Auch. Aber immer wieder was anderes. Unser Freund und mein Manager Holzi erzählt ja heute noch gerne von den berühmten Erdbeeren in Kondensmilch, das muss ein großes Erlebnis für ihn in seiner Kindheit gewesen sein. Ich kann mich aber an so etwas gar nicht erinnern. Das Tollste, Größte, für mich – so mit zwölf, dreizehn Jahren – war Musik! Etwas von außen, was ganz neu, was ganz anders ist. Das waren für mich damals die Singles, die ich gekauft habe. Diese komplett andere Welt, die sich da auftat. Viel-

leicht war das schon dieser Vorbote dessen, was ich dann später selber machen durfte. Das waren ja auch alles Darsteller ... David Bowie! Die sahen alle so groß und besonders aus ... so glamourös.

Hattest du einen Walkman?

Ja, das gab es früh, weil mein Vater Techniker beim WDR war. Ich hatte einen Kassettenrecorder, da habe ich am Mikrophon gesessen. Dank meines Vaters hatte ich schnell ein Verbindungskabel zwischen Radio und Kassettenrecorder, das heißt, ich musste nicht wie die anderen «Psst!» rufen oder «Haltet die Schnauze, weil ihr dazwischenredet!». Ich konnte es einfach so aufnehmen, weil es direkt übers Kabel ging. Und der Walkman kam dann auch ganz schnell – ja, das war großartig.

Gibt es etwas, wovor du dich richtig ekelst? Wo du sagst: Das fasse ich nicht an, daneben möchte ich nicht sitzen, das möchte ich nicht riechen?

Eine «Bild»!

Googelst du denn die «Bild»?

Nein, die ist auch nicht auf meiner Start-Seite. Das geht nicht.

Das sind schöne Sätze, die ich in diesem Buch lesen möchte. Danke. Wir sind bei Ängsten.

Hast du Angst vor Menschen?

Was ich früher ja mal ganz doll fand, nach einer Vorstellung, dieses: «Komm! Wir gehen raus, und die Leute erkennen uns!» – das ist vorbei. Es haben mich so viele schon überall gesehen, dass ich finde: «Das musst du nicht mehr haben.» Das strengt mich eher an. Da bin ich viel entspannter irgendwo, wo sich kein Mensch für mich interessiert.

Ich erinnere mich, dass Fliegen auch nicht gerade deine Kernkompetenz war? Also ist Höhenangst ein Thema für dich?

Ach ja ... ich kann einiges abtrainieren. Ich habe diese Ängste ja bei vielen Theaterinszenierungen besiegen müssen, weswegen man mich wahrscheinlich immer wieder nach hoch oben schickt ...

Und du auch in dem Film «Oben» mitsynchronisieren musstest ...

(Lachen.)

... das habe ich meistens auch ganz gut hinbekommen. Dann raube ich mir dazu ein bisschen Zeit. Im Dschungel sind die Brücken ziemlich hoch und nun auch nicht gerade blickdicht, aber das ging dieses Jahr ganz großartig. Ich glaube, das ist wirklich auch eine Trainingssache oder wie es einem geht. Das mit dem Fliegen ist allerdings so eine Geschichte. Das kommt und geht, ist auch nicht steuerbar, kommt dann aus dem Bauch. Gerade bei kurzen Flügen ... das Schlimmste ist ja das Starten und das Landen, dazwischen ist ja nicht viel Zeit, wo man sich ausruhen kann, und wenn's rappelt, sowieso nicht. Früher dachte ich: «Na! Da muss ich mindestens drei Wodka trinken!» Das ist irgendwie besser geworden – ich kann jetzt nüchtern fliegen.

Hast du die Hoffnung, dass nach dem Tod eine andere Form von Leben für dich bereitsteht?

> **Ich habe nicht die Hoffnung. Ich könnte mir vorstellen, dass das so ist. Aber was soll da für Hoffnung sein? Da ich das nicht weiß und mir da auch nichts ausmalen kann oder will, wäre das nur eine hübsche Überraschung. Wenn die Seele irgendwo anders platziert wird, hätte ich nichts dagegen, das wäre eine sehr schöne Aussicht. Mir reicht es schon, als Blume wiedergeboren zu werden. Obwohl ich ja eigentlich eine lesbische schwarze Soul-Sängerin werden wollte. Ich setze da drauf.**

Auf die Blume?

> **Nein, auf die lesbische schwarze Soul-Sängerin. Aretha Franklin wird ihren Körper ja auch irgendwann mal verlassen, vielleicht –**

Dass du da, hopp, schnell reinsteigen kannst?

> **Nicht in den Körper. Der ist ja dann abgelaufen. Nein, vielleicht treffen wir uns irgendwo.**

Ich dachte gerade, dass da oben im Himmelreich ein riesiges Einkaufsparadies ist.

Hast du Angst vor Tieren?

> **Respekt, aber nicht wirklich Angst. Das hat auch vielleicht was mit Australien zu tun, weil du da anders auf Natur guckst. Als ich in Südafrika in Richard Bransons Ulusaba Lodge ...**

NEID.

... auf dem Jeep saß, bei der Safari, Foto-Safari natürlich, und diese Gruppe von zehn jungen Löwen, die sich zusammengeschlossen hatten, an uns vorbeizogen – doch, da war ich schon sehr ängstlich. Ich gebe es zu. Ich konnte da dem Ranger, so stattlich er auch war mit seinem Betäubungsgewehr, nicht richtig vertrauen. Was machst du mit zehn Löwen, wenn die sich alle über uns hermachen? Der Ranger hat mir versichert, das machen die nicht, weil Autos nicht in ihr Beuteschema fallen. Aber ich hatte die Vision: Das Auto war wie eine Torte, die man nicht essen will, aber die leckere Marzipanrose obendrauf, in Form eines kleinen, dicken, deutschen Komikers, die will man doch gern naschen. Da hatte ich irgendwie Angst. Aber ich habe sonst keine Angst vor dem Getier, mit dem ich in Australien zusammengekommen bin. Wenn man dahin geht, wo Tiere leben und wir eigentlich nicht hingehören, dann bin ich schon ein bisschen ängstlich.

Aber du hast keine übertriebenen Ängste?

Nein, das wirklich nicht. Nur die üblichen. Wenn es dunkel ist. Obwohl ich auch nicht mehr weiß, ob ich die noch wirklich so habe. Plankton, Thomas und ich sind mal zusammen von Florida bis New York gefahren. Einmal an der Ostküste hoch, und ich hatte, um den beiden eine Freude zu machen, ein kleines Häuschen irgendwo in den Tennessee-Wäldern gemietet. Ganz schön. So ein Blockhaus mit allem Drum und Dran. Erst als wir da waren, bemerkte ich, wie weit es doch von der Zivilisation weg ist. Du musst lange fahren, um etwas zu kaufen. Es ist außerdem ein trockener County gewesen, das bedeutet,

es gab keinen Alkohol. Als wir vom Einkauf zurückkamen, war dann auch schon Nacht, und es war sehr, sehr dunkel. Wir fanden die Hütte mit großer Mühe und Fähnlein-Fieselschweif-Intuition wieder und hatten eben keinen Alkohol dabei in diesem sehr, sehr trockenen County. Und dann haben wir auch sehr schön gegessen, die beiden sind ins Bettchen, und ich bin auch schlafen gegangen, war aber natürlich wach und blieb auch wach, bin wieder aufgestanden und saß im Wohnzimmer. Und es gab genau ... lass es anderthalb Fernsehsender gewesen sein. Über Antenne, völlig verschneit. Den einen Sender konnte ich schemenhaft erahnen, da waren Nachrichten. Und ungelogen: In einem zehn Meilen entfernten Ort war ein Mörder aus dem Gefängnis ausgebrochen. Ich habe den Rest der Nacht in diesem Blockhaus gesessen und aus dem dunklen Fenster gestarrt ...

Haaaach, du Armer! Dieses schwere Wildnistrauma wirft natürlich die Inselfrage auf: Ohne was möchtest du dein Leben nicht fristen?

Heute glaube ich, ich könnte mich immer arrangieren, was Essen und Trinken angeht. Wobei ich sofort an Robinson Crusoe denke und mich frage: «Wie mache ich mir meinen Alkohol selber?» Das soll ja möglich sein.

Am End die eine oder andere Frucht vergären lassen ...

Genau. Also, das soll ja gehen. Aber was wirklich ein Problem wäre: Ich fange nicht an, selber Musik zu machen oder zu schreiben. Da würde ich bekloppt. Wenn für mich nicht so etwas wie Literatur und Musik präsentiert wird, das wäre furchtbar, unerträglich. Das ist zum Verrückt-

werden. Wie in dem Film «Cast away»: Tom Hanks und sein Ball. Das, was ihn verrückt machte, war, dass da ein Mensch fehlt.

Was haben wir geweint, als Wilson auf dem Meer weggeschwemmt wird, der einzige Freund, der Volleyball.

Das haben die sich wahrscheinlich sowieso wieder nur einfallen lassen, damit der nicht mit dem schwarzen Mann pimpern musste.

Tom Hanks hat den schwarzen Mann rausstreichen lassen und gesagt: «Gebt mir einen Ball!»

«Gebt mir einen Ball, ich habe ‹Philadelphia› gedreht! Gut ist! Man kann es auch übertreiben in einer Karriere!!»

(Gelächter.)

Wo wir gerade beim Leguanegrillen auf der einsamen Insel sind: Du warst ja konsequenter Vegetarier und variierst deinen Speiseplan jetzt wieder. Hat das auch was mit diesem «Nicht-versklavt-sein-Wollen» zu tun?

An meiner Haltung hat sich nicht viel geändert, ich bin immer noch alberner Sicht-Vegetarier. Ich kann nach wie vor nichts essen, was wie ein Tier aussieht, kann aber bei anderen Sachen gut verdrängen, dass es so ist ... nach dem Motto: Würstchen wachsen an Bäumen. Und habe prompt wieder ein schlechtes Gewissen, weil ich eigentlich kein Tier essen möchte. Also, da bin ich wieder in dieser alten Bredouille.

Wolltest du deinem Körper aus gesundheitlichen Gründen wieder tierische Eiweiße zuführen?

Nein, der Körper wollte das komischerweise haben! Ich kannte das auch von Freundinnen, die in der Schwangerschaft auf einmal wieder Bock auf Fleisch hatten. Ich glaube, Anke hat das bei ihrer zweiten Schwangerschaft erzählt. Oder Luci van Org, die war eine ganz, ganz vehemente, ganz, ganz strenge Vegetarierin, und der ist es auch während der Schwangerschaft passiert. Ich weiß nicht, was es bei mir war. Aber es ist irgendwas in meinem Körper passiert.

Wir wissen ja inzwischen, dass Männer auch Wechseljahre haben. Vielleicht war es ja eine hormonelle Reaktion in deinem Körper?

Da gab es jedenfalls irgendwie so was, dem habe ich mich dann auch erst mal wieder hingegeben.

Ich werde unsere liebe Lesenation und vor allem m i c h nicht aus diesem Gespräch herauslassen, ohne dass du mir noch erklärst, wieso man denn keinen Schlüssel auf den Tisch legen darf? Was ist denn da der Aberglaube?

Was weiß denn ich?

Man muss doch wenigstens wissen, warum man so verschissene Aberglaubenfaxen macht?

Ich weiß es nicht.

Unfassbar. Und vor allem, dass die Legende weitertransportiert wird, ich hätte es dir gesagt.

> **Ist das nicht sehr komisch, wenn es schon immer ein Missverständnis war? Und ich mich jetzt seit über 30 Jahren abmühe, Schlüssel zwar auf Tische zu legen, aber nur auf hochgestapelte Bücher oder sonstige Dinge? Niemals auf eine Tischplatte? Am End wurde es mir ja auch nur gesagt, weil es den Tisch verkratzt?**

Manchmal bin ich so müde.

> **Ich habe es als Aberglaube gespeichert. Vielleicht sollte ich denn auch nochmal über Vaters Worte reflektieren: «Dirk, lass den Kühlschrank nicht so lange offen!» Oder: «Nimm nicht so viel Butter!» Am End war das ja alter, kölscher Aberglaube?**

(Gelächter.)

Was geht dir bei Menschen am meisten auf den Sack? Wo sagst du: «Mit dem möchte ich einfach nichts zu tun haben!»

Du bist ja sehr tolerant ...

> **Oh Gott, ich bin nicht so tolerant bei der Arbeit.**

Bei Vierteltalenten?

> **Ja. Unprofessionalität. Talentfreiheit bringt mich auch um den Verstand. Es gibt welche, die bringen einen an den Rand des Wahnsinns mit dem, was sie tun. Aber das ist lange nicht mehr geschehen, Gott sei Dank. Und dann gibt**

es so Menschen, die haben keinen Respekt. Diese fehlende Distanz, das ist manchmal nur eine spontane Begegnung, bei der man denkt: «Das kann alles nicht wahr sein!»

Die den Sicherheitsabstand nicht einhalten?

Ja. Ohne Ende in unserem Geschäft. Wobei ich jetzt das pure Fernsehgeschäft meine. Da ohne Ende.

Die Schwätzer, Behaupter und Indiskreten?

Alles das. Es wundert mich, dass nicht viel mehr Amok gelaufen wird bei uns. Also, dass man das immer nur aus amerikanischen Büros hört und nicht aus deutschen ...

Aus Hürth–Kalscheuren, Studio 8.

Oder aus Deutz! Vor allem aus Deutz!

Mary Roos
Roos is a Roos is a Roos is a Roos

Mary Roos wurde am 9. Januar 1949 in Bingen geboren. Sie ist Sängerin, Schauspielerin und ein Schatz. Wir haben neulich mal versucht, uns zu erinnern, seit wann wir drei uns «kennen», kamen aber nur auf die gemeinsame Station «Blond am Freitag». Da ich (Hella) nun mal vier, knapp zwei Monate im Jahr auch fünf Jahre älter bin als Conny, bin ich auch länger Fan von Mary. Das kann nicht daran liegen, dass Mary 1958 schon sang: «Ja, die Dicken sind so gemütlich», da war ich ja erst in Planung. Aber bei «Arizona Man» 1970 war ich dabei!
Ich (Conny) bin spätestens 1984 zum Fan geworden. «Aufrecht gehen» hat mir viel Kraft gegeben, als meine Mutter schon sehr krank war.
Wann immer wir Mary Roos also zum ersten Mal persönlich begegnet sind – wir beide waren richtige FANS. Mich (Hella) würde es nicht wundern, wenn ich vor ihr auf die Knie gefallen bin – immerhin war sie die erste Deutsche, die Gast in der Muppet Show war.
So. Jetzt habe ich ja eine komplette Sternzeichenklatsche und will nicht unerwähnt lassen, dass meine fünf deutsch singenden Lieblingsstars alle Steinbock im Sternzeichen sind: Mary Roos, Hildegard Knef, Caterina Valente, Inga Humpe und AnNa R. Alles Steinziegen. Und jetzt sind Sie dran! Gunter Sachs selig hätte an dieser empirischen Erhebung hundertprozentig seine Freude gehabt.
Mary sollte also bei «Lafer! Lichter! Lecker!» kochen und wünschte sich mich als zweiten Gast. Na bravo.

Ich (Conny) hatte als Hellas Managerin bisher alle Einladungen zu Kochsendungen standhaft weggebissen. Aber diesmal blieb keine Wahl. Wenn Mary ruft, kommen wir! Zum Glück. Es wurde eine sehr unterhaltsame Show. Nach der Aufzeichnung interviewten wir Mary in einer Barderobe. (War ein Raum, in dem die dicke Tante [also ich, Hella] sich umziehen konnte, der aber auch 'ne Bar beherbergte.)

HvS: Meine liebe Mary, wir sind sehr interessiert daran, ob du irgendwo 'ne Schraube locker hast?

MR: Das trifft den Nagel auf den Kopf! Ich gehe gerne in Baumärkte und kaufe Akku-Schrauber und alle möglichen Geräte. Gerade hab ich meinen Teppichboden verlegt. Ich mache alles selbst, was ich mit Händen machen kann. Wenn ich da reinkomme, rufen die schon: «Aaaah, Frau Roos, was machen wir denn heute? Was brauchen wir denn? Farbe? Kleinen Bohrer? Oder was darf's sein?» Das ist eine Macke von mir. Ich habe jetzt vier Bohrer. Ich brauche eigentlich nur einen. Aber ich habe vier Bohrer,

die immer griffbereit sind, egal, ob ich etwas mit Steinen mache oder mit Holz. Jetzt habe ich mir noch einen kleinen Akku-Schrauber gekauft. Damit ich schrauben kann. Alles liegt griffbereit. Ich bin ja nicht so ordentlich, aber mein Werkzeug liegt sofort zack-zack!

CS: Hast du eine Wand, wo du die Umrisse vorgezeichnet hast? Bohrer, Hammer, Säge – so wie bei Leichenfunden?

(Lacht.) **Nein, aber ich habe ein großes Regal, und da steht alles drauf, von Terpentin über Farbe über meine Bohrmaschinen, Marmeladengläser voller Nägel und Schrauben – alles da!**

Ist das denn wirklich 'ne Zille? Erst mal sagt mir das ja, dass du extrem patent bist.

Wenn ich vier Bohrmaschinen habe und nur eine brauche, ist das schon 'ne Macke. Wahrscheinlich werde ich mir auch noch 'ne fünfte kaufen, wenn sie schön aussieht.

Das Design fixt dich an?

Ja, und ich finde auch immer wieder, wenn ich eine neue sehe, dass die vielleicht handlicher ist. Schneller geht. Dass sie leiser ist, nicht so 'ne lange Aufladezeit hat, falls ich mal den Akku brauche. Alles das sind so Sachen, bei denen ich schon gedacht habe: «Die hat sie doch nicht mehr alle, die Alte! Das kann doch nicht normal sein?!»

Zu den Bohrmaschinen hast du also eine besondere Affinität. Und hast du nur *einen* Hammer?

Nein, nein. Ich habe auch verschiedene Hämmer.

In allen Größen?

Na ja, in vier Größen. Vier Hämmer, in normalen Größen. Die man so braucht.

Und Schraubenzieher sind es dann aber 25, oder was?

Schraubenzieher habe ich ein ganzes Set. Schraubenzieher braucht man. Man braucht 'n Kreuzschraubenzieher. Man braucht 'n Schlitzschraubenzieher. Man braucht das.

Für welche Arbeiten muss denn ein Handwerker kommen?

Von elektrischen Sachen lass ich die Finger. Und ich habe jetzt was gemacht, was ich nie wieder selbst machen würde! Ich habe unter dem Waschbecken in der Küche den Siphon rausgedreht!

(Wir heulen auf.)

Das Rausdrehen war einfach! Aber das Reinkriegen! Ich glaube, ich habe drei Stunden gebraucht. Das werde ich nie wieder tun!

Aber was für ein Ehrgeiz!

Ja! Ich dachte: «Ich kapituliere nicht!» Wisst ihr, ich bin nicht so die typische Frau, die dann sagt: «Ach, dann geh ich mal zum Nachbarn, der hilft mir ...» Ich dachte: «Nö! Jetzt hast du's rausgeschraubt, jetzt mach mal!» Drei Stunden hat das gedauert! Aber zum Schluss ...

... hat's nicht getropft?

Nein. Ich habe heißes Öl reingegossen.

Respekt!

Das heißt, Freunde von dir wissen schon, womit sie dir zu Weihnachten oder zum Geburtstag 'ne Freude machen können?

Langsam ist der Keller zu klein. Aber meine Nachbarn kommen immer und sagen: «Kannst du mir mal deinen Kreuzschlüssel geben?»

Und bringen sie ihn zurück?

Ja, darauf lege ich Wert. Wie mit Büchern. Die dürfen nicht verloren gehen.

Aber wenn du in solch einer intimen Beziehung zu deinem Werkzeug stehst ... dann finde ich es bemerkenswert, dass du das überhaupt verleihen kannst!

Ja, das verleihe ich. Ich verleihe überhaupt alles. Aber ich finde, dieses Wiederbringen, das ist was ganz Wichtiges. Ich gebe alles ab, aber ich möchte es bitte wiederhaben. Ich habe jetzt zum Beispiel jemandem Geld geliehen und komme mir jetzt vor, als ob es umgekehrt gewesen ist. Dieser Mensch sagt nicht: «Kann ich das mit 20,- € abzahlen oder so?» Nein, da kommt gar nichts.

Oh, das kennen wir! Haben auch Tausende Taler verliehen und haben das Gefühl, wir schulden denen was ...

Du schuldest denen was. Ja, ganz genau. Und das sage ich auch meinem Sohn Julian: «Julian, es gibt zwei Sachen, bei denen ich ein bisschen zickig reagiere: Wenn du mir nicht sagst, dass du eine Bahn verpasst hast. Weil ich mir dann Sorgen mache. Ich will dich nicht kontrollieren, sondern denke: ‹Oh Gott! Julian ist nicht da!› Das ist nur, weil ich Angst habe.» Das habe ich ihm begreifbar machen können. Und das Zweite war: «Wenn du dir was geliehen hast, bitte gib es wieder zurück!» Das finde ich wichtig. Es gibt ein paar Sachen, die wichtig sind im Leben.

Ja, finde ich auch. Da könnte also durchaus eine Freundschaft dran zerschellen, wenn du eine Bohrmaschine nicht zurückbekommst.

Bei 'ner Bohrmaschine vielleicht nicht, aber wenn ich zinslos Geld verleihe, und dann höre ich von denen ein Jahr nichts mehr – das finde ich scheiße.

Du trägst Eulen nach Athen.

Also, ich bin in anderen Sachen nicht nachtragend. Wenn ich mit jemandem Streit habe und er sagt: «Du blöde Kuh!» – ist bald vergessen.

Hast du noch 'ne Macke?

Die zweite Macke ist, dass ich alles liegen lasse.

Oh ... *(singt:)* «Niemals geht sie so ganz ...»

Es ist mir jetzt zum dritten Mal passiert, dass ich mit verschiedenfarbigen Schuhen auf die Bühne gehe! Das ist mir

**gerade gestern in Bonn passiert. Ich hatte das gaaaaanz
große Kleid an, guck an mir runter und sehe: «Hilfe, meine
Schuhe!» Und ich hatte nur Stiefel dabei. Ich habe unter
diesem Abendkleid meine Stiefel angelassen. Bin auf die
Bühne, sage: «Leute, so ist es! Wenn ihr mal wirklich eine
Chaotin sehen wollt: hier!» Ich habe mein Kleid hochgehoben und habe die Stiefel gezeigt.**

Wenn du verreist, vergisst du dann auch deinen Pass?

Komischerweise nicht.

Und wenn du aus dem Haus gehst, vergisst du dann deinen Schlüssel?

**Ja, der Schlüsseldienst wird reich an mir. Weil ich ja auch
noch eine Dreifachverriegelung habe, das kostet dann noch
mal Extrageld.**

Und Handys bleiben auch liegen?

**Nein, es gibt so ein paar Sachen, die sind immer dabei.
Handy, Pass, Portemonnaie.**

Na, wenigstens das. Wenn du jetzt zwei Wochen in Urlaub fährst: Was würdest du am meisten vermissen, wenn du es vergisst? Was ist wichtig?

**Ich glaube, mein Glätteisen. Ich habe so 'ne Naturkrause.
Ich brauche die ja fast nie zu waschen, die sind total trocken. Aber wehe, ich gehe einmal raus, und es ist feucht,
dann habe ich eine Matte wie ... wie heißt die aus Hair?**

Marsha Hunt.

> **Genau! So sehe ich aus ohne Glätteisen. Ich habe in fast jeder Handtasche ein Glätteisen.**

Hihi! Wie lustig! Glätteisen! Ich dachte zuerst, ihr sprecht von Bügeleisen!!

> **Nein. Glätteisen. Ja, das ist mir ganz wichtig.**

Gibt es Ängste in deinem Leben?

> **Ich habe so viel mitgemacht. Ich glaube, ich bin ziemlich angstfrei. Ich lebe ja auch alleine. Ich habe auch keine Angst vorm Tod. Hast du Angst, Hella?**

Vorm Tod? Ich habe auf keinen Fall Angst vor der anderen Seite. Da bin ich eher neugierig drauf.

> **Weißt du, was ich mir denke? Wenn ich dahin komme, da sind alle da, die ich mag.**

Und genauso visioniere ich das auch. Das gibt mir auch Trost und nimmt mir auch die Angst.

> **Ja, total! Und die, die ich nicht mag, sind ganz woanders.**

Ich weiß auch nicht, wie es gehen soll, aber ich denke genauso.

> **Und dann sagen die anderen: «Ach, schön, dass du da bist!» Ist eine ganz wunderbare Sache.**

Und hast auch keine Höhenangst? Keine Platzangst?

Nein, ich habe gar keine Angst.

Super. Hast du Lampenfieber?

Ja, Lampenfieber habe ich. Aber ich denke, das muss sein.

Das hat Hilde Knef schon gesagt.

Wenn du das nicht mehr hast ... ich kenne Kollegen, die sagen: «Ach, ich habe schon zwei Mucken gemacht, ich mache jetzt noch eine.» Das ist so wie Prostitution. Das ist respektlos. Ich habe vor diesem Metier so viel Respekt.

Aber was machst du, um das Lampenfieber in den Griff zu bekommen?

Gar nichts. Ich warte ab.

Ist es beim ersten Ton weg?

Ach, noch nicht mal. Bis zur Mitte der Bühne. Dann ist es weg.

Und gibt es was, wovor du dich ekelst?

Ich würde nie ins Dschungel-Camp gehen. Im Leben nicht. Ich würde nie solche Tiere essen, nur um ein paar Euro zu verdienen. Da würde ich putzen gehen. Das sage ich euch ganz ehrlich. Die haben schon so viel Geld geboten.

Die haben dich schon dafür angefragt?

Ja. Für die Tanz-Show auch und fürs Promi-Dinner auch.

Würdest du das alles nicht machen? Promi-Dinner auch nicht?

Nein.

Wir sind ja alle so ein bisschen abergläubisch. Wie ist es bei dir? Muss ein Glücksbringer mit auf der Reise sein?

Nein. Also, meistens finde ich mich gut. Ich denke immer: «Ach, wenn die das nicht mögen, dann kann ich auch nichts machen.»

Klopfst du auf Holz?

Nein, gar nicht.

Du gehst auch unter Leitern durch? Jetzt wo du's sagst: Du hast mich eben vor der Aufzeichnung auch nicht zurück bespuckt! Ich habe dich bespuckt, und du hast nicht zurückgespuckt.

Hast du rechts gespuckt?

Nein, ich habe links gespuckt.

Links darf man nie spucken. Im Leben nicht. Du darfst nur rechts spucken. Nie links. Das musst du ignorieren.

Mooooment! Bei **dir** links! Überm Herzen! Ich habe da gespuckt!

Ach so, dann habe ich das nicht mitgekriegt. Da war ich vielleicht ein bisschen nervös.

Und ich hab gedacht, du hättest extra nicht zurückgespuckt. Wimmer.

Nee, nee! Kannste mir glauben, dass ich das gerne mache! Manchmal denke ich, dass ich vielleicht auch ein bisschen zu unnormal bin für solche Jobs.

Du meinst, zu normal? Ich finde, diese Bodenständigkeit, die macht auch deinen langjährigen Erfolg aus. Dass du keine Zicke bist, keine Diven-Allüren hast, dass du so kumpelhaft und herzlich bist. Ist doch toll, dass du so bist!

Meine Geschwister sind genauso. Einfach ein gutes Zuhause, wo immer jemand zu dir sagt: «Du machst das schon!» Oder: «Ich vertraue dir!» Da kannst du auch groß werden. Aber wenn ständig einer sagt: «Kannst du eh nicht!» – das wird nichts.

Was für ein schönes Schlusswort.

Wir danken dir von Herzen.

Martin Reinl
Puppenkomisch

Martin Reinl wurde am 15. Oktober 1975 in Mainz geboren. Er ist Stand-up-Comedian, Autor, Regisseur, Synchronsprecher ... vor allem aber Puppenspieler. Und mit dieser Profession treibt er mir (Hella) seit Jahren Tränen des Glücks in die Augen.
Wuchs ich doch mit Telemekel und Teleminchen auf, dem Spatz vom Wallrafplatz, Peter René Körner und Hund Wuschel, Arno Görke und dem Hasen Cäsar! Nicht zu vergessen die AUGSBURGER PUPPENKISTE.
Als Teenie gab's dann SESAME STREET und als Twen die MUPPET SHOW ... von putzigen Marionetten oder Handpuppen bin ich schlicht und ergreifend ein Riesenfan. Nur Ratz und Rübe fand ich eklig.
Oh! Die elenden Klugscheißerpuppen fand ich (Conny) auch sehr anstrengend. Mich hat das Cookie Monster immer sehr beeindruckt. Mit seinen zotteligen Pranken. Ich liebe laute Kekse doch so sehr. Und niemand hat Kekse so lecker gegessen wie das Krümelmonster.
Sooooo... zurück zu Martin. Er hat uns mit seiner Arbeit bei «Zimmer frei» so begeistert, dass ich (Hella) bei der Pilotierung von zwei «Hella von Sinnen Shows» darauf bestand, ihn als Side- Kick haben zu wollen. Bei einem ersten Treffen entstand dann die Idee einer zickigen Puderquaste, die bereits Marlene Dietrich abgepudert hat. Der Name wurde auch an dem Tag gefunden: CLARA SIL. Die zwei Shows mit Clara und ihm haben einen Riesenspaß gemacht, und ich wünsche mir sehr, dass es irgendwann eine erneute Zusammenarbeit gibt, weil Martin so ein

außergewöhnliches Talent hat. TV-GÖTTIN! Hast du diese Wörter gelesen!?!
Na, jedenfalls: Wir machten uns an einem sonnigen Winternachmittag auf den Weg und besuchten ihn in seiner Firma BigSmile-Entertainment bei uns um die Ecke hier in Köln.

HvS: Du bist ja nicht nur ein wunderbarer Puppenspieler, sondern auch ein geschickter Handwerker und Künstler, denn du baust alle deine Puppen selber. Dank der gemeinsamen Arbeit mit «unserer» Puderquaste Clara Sil weiß ich, dass du ein sehr privates Verhältnis zu deinen Puppen hast.
- Moment! Liebe Lesenation, das können Sie jetzt nicht sehen, da auf dem Tisch wird gerade eine Kleidermotte gebastelt – wie praktisch. Ich wollte nämlich wissen, ob's etwas gibt, womit du beim Bau startest. Gibt's da so eine Art Ritual? Fängst du mal mit dem Flügel an, mal mit ...

MR: Erst mal fange ich mit einer Zeichnung an. Wenn es dann an den Bau geht, beginne ich grundsätzlich mit dem Kopf. Also mit der Kopfform. Dann kommt der Bauch, dann die Arme und ganz zum Schluss dann wiederum erst das Gesicht auf den Kopf. Das ist der letzte Schliff.

Mit dem Gesicht hast du dann eine Persönlichkeit geformt?

Ja. Da kommt die Seele rein. Ich denke oft: «Ach, heute muss ich nur noch das Gesicht machen. Das habe ich in einer halben Stunde!» Und dann brauche ich den kompletten Tag, um zwei Augen anzukleben. Weil die dann nicht richtig sitzen oder weil ... weil es eben nicht stimmt. Die Puppe muss mich irgendwann angucken und sagen: «Da bin ich!» Das dauert manchmal länger, als Arme und Füße zu nähen.

Und es ist das Gesicht, was die Seele macht? Du würdest nicht sagen, es ist deine Hand in der Puppe? Oder deine Stimme?

Ja, schon auch. Aber erst mal muss die Puppe mir «Guten Tag» sagen, bevor ich durch sie dann wiederum «Guten Tag» sagen kann.

Wenn die Puppe fertig ist und vor dir steht, und du hast ihr die Äugelchen und Näschen und Öhrchen drangepappt, gibt's da ein Ritual, wie du die Puppe dann entjungferst? Oder besser: zum ersten Mal bespielst?

Die entjungfert sich während des Bauens schon. Wenn ich den Kopf baue, stecke ich immer wieder die Hand rein und gucke: Kann der richtig plappern? Was kann der? Was kann ich schon alles mit dem Gesicht machen? Dann merke ich schon, was das für eine Figur wird und was sie kann.

CS: Wenn die Puppen fertig sind, sind das dann Freunde von dir? Kollegen? Kinder?

Bei Foto-Shootings bin ich zum Beispiel sehr pingelig. Ich sage aus Spaß immer: «Ich bin wie eine Mutti, die möchte, dass ihr Kind ordentlich auf dem Foto aussieht.» Da kann ich auch sehr zickig werden, wenn es sein muss.

Was dürfen Fremde nicht, wenn sie so wie ich zutraulich auf das Puppenensemble zulatschen?

Darauf zuzulatschen ist ja eigentlich gewollt, das ist ja der Sinn der Sache. Ich bin natürlich ein bisschen empfindlicher, wenn die Leute sie selber auf den Arm, also auf die Hand nehmen wollen. Gerade Figuren, die ich sehr intensiv

spiele, wie den WIWALDI oder das HASELHÖRNCHEN, die sehr eng mit mir zu tun haben, gebe ich ungern in fremde Hände. Es gibt Ausnahmen. Wenn man mich nett fragt, dann darf man auch mal die Hand in eine Figur reinstecken. Aber nicht in jede.

Hast du Angst, dass die etwas falsch machen? Oder hat es etwas mit Intimität zu tun?

Es ist eher eine Sache der Intimität. Ich gebe dir ja auch nicht meine Unterwäsche zum Anziehen.

Glaubst du, dass deine Puppen unterschiedlich schüchtern oder zutraulich sind? Gibt es Puppen, die von Fremden auch mal auf den Arm genommen werden wollen?

(Lacht.) Darüber habe ich noch nicht nachgedacht.

Hast du mit einigen eine offene Beziehung?

Ja, tatsächlich. Ich spiele nicht alle Figuren alleine. Wir haben ein paar Kollegen, mit denen ich auch sehr eng zusammenarbeite. Umgekehrt gibt es auch Figuren, die ich selbst kaum oder ungern auf die Hand nehme, weil sie für mich mit einem Kollegen belegt sind. Ein Kollege ist Carsten; seine Figuren will ich nie auf den Arm nehmen.

Also, das ist gar keine Zille von dir persönlich? Ist das eher ein Code unter Puppenspielern?

Ja, mein Kollege Carsten stand mal vor dem Regal und sagte: «Den Affen da, den traue ich mich nie zu nehmen!»

**Den verbindet er zu sehr mit mir. Und andererseits gibt es
Figuren, bei denen haben wir quasi eine «offene Beziehung». Die sind neutral oder noch nicht so geprägt. Die
spiele mal ich, mal er oder mal jemand anderes.**

Was ist denn der Prozess, in dem du zu einer Puppe eine
besonders intime Beziehung entwickelst? Liegt das vor allen
Dingen an der Dauer des Spiels, wie jetzt bei Wiwaldi, der
regelmäßig bei «Zimmer frei» auftritt, oder hat es auch mit
etwas anderem zu tun?

**Die Dauer ist nicht unbedingt ausschlaggebend. Es gibt
Figuren, da hängt vielleicht noch ein Stück mehr Persönlichkeit drin. Manche Puppen sind mir so ein Anliegen,
die wollte ich immer schon machen.**

Wann kriegen die eigentlich ihren Namen?

Gibt es ein Taufritual?

**Nein, Namen sind zum Kotzen, muss ich sagen. Ich tue
mich sehr schwer mit Namen. Die meisten meiner Figuren
heißen ja im Grunde genommen so wie das, was sie sind.
Der Jammerlappen. Der blaue Hai ...**

Also, die Kleidermotte wird KLEIDERMOTTE heißen?

**Keine Ahnung. Ich habe ja noch nicht mit ihr gearbeitet. Es
gibt manchmal Figuren, da ist schon der Name vorgegeben.
Da weiß ich, jetzt mache ich eine Figur, die heißt Uschi und
hat Lockenwickler am Kopf. Oder eben Clara Sil, und die
ist eine richtige Puderquaste – also Figuren, die speziell
für einen Sketch oder für eine Show erarbeitet wurden.**

Und manchmal gibt es nur eine Idee: «Ich mach mal einen Schießbuden-Teddy, der völlig angeschossen ist!»

Haben die Puppen denn Rituale? Gibt es etwas, was die Puppen nicht machen?

Die treten nicht ohne mich auf!

Die sind abergläubisch!

Ja, genau. Die lassen sich während der Arbeit immer nur hochheben.

(Gelächter.)

Wenn du die Puppen transportierst: Haben die immer frischen Wind um die Nase, oder kommen die auch in Kisten?

Das ist interessant. Das finden andere irgendwie brutaler als ich. Wenn ich zu «Zimmer frei» gehe, kommt Wiwaldi in eine große Reisetasche. Und wenn dann zwei, drei andere Figuren dabei sind, dann stopfe ich die auch noch dazu. Die sind ja alle aus Schaumstoff. Das kann man auch mal für eine halbe Stunde zusammendrücken.

Bist du denn mit denen auch schon mal geflogen?

Ja.

Und müssen sie dann unten beim Gepäck mitreisen?

Nein, das mache ich nicht. Aber das ist mehr aus Angst, dass da was verloren gehen könnte. Wenn ich fliege, kom-

men die Puppen immer ins Handgepäck. Neulich musste ich zu einer Tagung in München und hatte drei Figuren dabei, das Haselhörnchen, Wiwaldi und den Jammerlappen. Das Haselhörnchen musste ich auspacken, und es wurde auf Sprengstoff untersucht.

(Großes Gelächter.)

Komischerweise haben sie nur das Haselhörnchen untersucht. Ich sagte: «Ich habe auch noch die anderen Puppen!» Da sagten sie: «Nein, nein, die wollen wir nicht.» Da kam ein Mann mit Maschinenpistole auf mich zu und sagte: «Spielen Sie diese Puppe?» – «Ja!» – «Sprechen Sie mal wie die!» Ich dachte: «Okay, da steht ein Mann mit Maschinenpistole. Ich sollte tun, was er sagt.» Und dann stand ich auf dem Flughafen und rief in der passenden Stimme: «Hallo! Ich bin das Haselhörnchen, und ich habe keinen Sprengstoff dabei!» Und dann sagte dieser Mann furztrocken: «Witzig!»

Gibt es denn Puppen, die sich untereinander nicht verstehen, die du gar nicht zusammen in eine Tasche tun könntest?

Also, so beknackt bin ich dann doch nicht.

Okay, liebe Lesenation. Ich merke gerade, dass ich hier am Tisch die Bekloppte bin. Wir sprechen mit einem sehr rationalen Puppenspieler.

Es gibt vielleicht Figuren, die sich vor der Kamera nicht verstehen, aber nein, in der Tasche, das ist wie beim «Tetris», da wird es so zusammengepackt, wie es am kompaktesten ist.

Freuen sie sich denn auf den Auftritt? Oder haben die den starren Blick aufs Geld?

Nein, die freuen sich schon. Wenn wir jetzt bei Macken sind – oder beim Thema Rituale: Ich gucke den Puppen immer kurz vorher nochmal in die Augen. Wenn ich zum Beispiel bei «Zimmer frei» hinter dem Sofa liege – ich muss mich ja erst mal verstecken, bevor der Auftritt kommt –, habe ich den Hund meistens auf dem Bauch. Die Schnauze guckt in meine Richtung. Und dann ist es tatsächlich so, dass ich mir – ich muss dann auch ein bisschen kichern – weil ich mir dann quasi selber zunicke. Also, Wiwaldi nickt mir zu.

Aber ihr bespuckt euch nicht?

Nein, das machen wir nicht.

Wie schön, ein tiefer Blick in die Augen.

Gibt es eigentlich Menschen, die am Telefon sagen: «Mennooo, ich bin traurig. Du musst jetzt sprechen wie Wiwaldi, damit es mir besser geht!» Verlangen Menschen von dir, dass du die Stimmen der Tiere machst?

Freunde weniger, wenn, dann eher ...

Menschen mit Maschinenpistolen ...

(Ganz großes Gelächter.)

Und der Mensch Martin Reinl ohne die Puppen? Da gibt es doch bestimmt irgendwas, was dich von anderen Leuten unterscheidet? Oder auch nicht unterscheidet? Fällt dir spontan etwas ein, was du als Privatmensch machen musst, wobei du denkst: «Na, ich habe den Schuss nicht gehört!»

Ich gerate immer in Panik, dass ich irgendein Gerät habe laufen lassen, wenn ich das Haus verlasse.

Wie oft musst du nachgucken? Reicht ein Mal?

Ich habe mir jetzt eine Kaffeemaschine gekauft, die geht nach zwei Stunden von alleine aus. Das finde ich ganz toll. Früher bin ich manchmal zwei Stationen mit der U-Bahn zurückgefahren, weil ich dachte, die Kaffeemaschine läuft noch. Ich glaube, da passiert überhaupt nichts, wenn die Kaffeemaschine den ganzen Tag läuft. Trotzdem – diese Angst, die Kaffeemaschine läuft, oder der Herd ist noch an, die habe ich immer wieder.

Ja, guck mal!

Ha! Ha! Das interessiert euch.

Jepp! Da sind wir nämlich beim Thema Kontrollzwang.

Es gibt ein wunderbares Mittel dagegen.

Nicht mehr kochen!

Nein, wenn du etwas kochst, machst du den Herd aus und dann mit dem Handy ein Foto davon. Mit der Tageszeitung daneben. Und dann guckst du, wenn du dir nicht sicher bist, auf dein Handyfoto.

Hast du überhaupt ein Handy, was Fotos macht?

Das habe ich wohl. Aber keine Tageszeitung.

Aber dieser Kontrollzwang beutelt natürlich oft Menschen, die auch Perfektionisten sind. Und ich denke schon, dass du ein sehr perfektionistischer Mensch bist.

Ja, würde ich auch sagen. Gebt ihr denn noch andere Lösungsansätze außer Handyfotos?

Das war doch ein toller Lösungsansatz.

Hoffentlich ergibt sich daraus nicht ein neuer Kontrollzwang: «Habe ich ein Handyfoto gemacht?»

Na gut! Vielleicht hilft dir ein Reim, den ich an einem Sonntagmorgen gelernt habe: «Und am Ende fragt die Maus: ‹Sind auch alle Platten aus?›»

Bist du jemand, der sich schnell ekelt?

Ja. Vor allem, was krabbelt und mehr als vier Beine hat. Damit komme ich nicht klar.

Und woran machst du das fest?

Also, ich zähle nicht vorher die Beine durch, bevor ich mich ekle.

Machst du die tot, oder schmeißt du die raus?

Oder springst du auf 'nen Stuhl?

Viele sagen: «Ja, dann setz sie doch in ein Glas.» Aber dann kann ich das Glas nicht mehr benutzen, da war die Spinne dran!

Ich bin auch ein bisschen fies vor allem, was krabbelt. Dennoch versuche ich, das Getier irgendwie einzufangen oder auf Pappen zu setzen. Wir haben spezielle Becher, die für Insekten sind, ich möchte nämlich auch nicht mehr aus dem Glas trinken müssen. Aber ich habe da so 'ne Karma-Klatsche ... ich denke immer, reinkarnationstechnisch könnte es ja meine Urgroßmutter sein.

Ach so. Okay.

Wirf das nächste Marmeladenglas mal nicht weg. Behalte das für Spinnen und Käfer ...

Ja, aber es geht ja noch weiter. Wenn ich die einfange und

**nach draußen bringe, dann kommt die doch wieder rein!
Die weiß doch, wie schön es hier drinnen ist!**

Gibt es denn Speisen, vor denen du dich ekelst?

Fisch. Ich mag keinen Fisch.

Und wenn du im Meer schwimmst ...

Ich schwimme nicht im Meer.

Wie jetzt?

Nächste Macke.

Warum nicht?

**Alles, was im Wasser so vor sich hin schwimmt, kommt
gleich nach Insekten. Es gibt ja auch Insekten im Wasser.
Ich kann auch nicht wirklich gut schwimmen. Ich bin ein
idealer Reisepartner, wenn man jemanden braucht, der am
Strand bleibt und auf die Sachen aufpasst.**

Oder Eis holt ...

Das ist aber putzig. Kannst du denn Bötchen fahren?

Nein, mache ich auch nicht: Da wird mir schlecht!

Ich würde gerne noch wissen: Wenn du mit den Puppen in
einer fremden Stadt in ein Hotelzimmer einziehst, werden die
dann schön hingesetzt, oder bleiben sie in der Tasche, bis du
am nächsten Tag zu deinem Auftritt fährst?

Sag das nicht in einem so strengen Ton. Hier wird nach einer anderen Antwort verlangt, als ich sie gebe.

Ich will dich zu überhaupt nichts verleiten! Ich will nur sagen, dass ich es nicht könnte. Ich könnte meine Puppen nicht bis zum nächsten Tag in der Tasche lassen. Ich würde die nett drapieren.

Nein, das mache ich nicht. Aber ich kann da noch eine andere verrückte Geschichte erzählen: Wenn ich allein in den Urlaub fahre, nehme ich den Jammerlappen mit, als Reisebegleitung. Der ist schön handlich, den kann ich in die Tasche stecken. Der ist schon sechsmal in New York gewesen.

Und machst du Fotodokumentationen? Das ist doch Kult! Warum kennt man das Buch noch nicht? «Jammerlappen in New York». Wieso habe ich das noch nicht?

Ja, ich mache das wirklich so. Im Urlaub finde ich es immer so blöd, anderen Leuten meinen Apparat in die Hand zu geben und zu sagen: «Machen Sie mal ein Foto von mir, wie ich da vor der Freiheitsstatue stehe!» Dann ist immer die Statue so groß und ich so klein, oder irgendwie ist das Foto nicht so, wie ich das möchte. Also macht man das Foto allein von sich, das geht

ja auch noch. Aber wenn ich keine Fotos von mir mache, mache ich eben welche von der Puppe. Die ist ja ein Teil von mir. Ich stand mal am Times Square und hatte ein Bild im Kopf: Jammerlappen sitzt am Bordstein, man sieht im Hintergrund die ganzen Leuchtreklamen – und er sollte von einem New-York-Taxi überfahren werden ...

Du nun wieder!

Da war ich so vertieft, habe ihn hin und her platziert auf dem Boden, lag da auf der Erde herum und habe bestimmt eine Viertelstunde immer nur Fotos geschossen und gewartet, bis ein Auto kommt. Irgendwann war ich mit ihm fertig, stehe auf, packe den in die Tasche, drehe mich um, da stand hinter mir eine kleine philippinische Omi mit einem Quietsche-Entchen auf der Hand und sagt nur (*mit hoher Stimme*)**: «What a good idea!» – schmeißt sich an derselben Stelle auf den Asphalt! Die hat mich die ganze Zeit beobachtet und fand das sehr inspirierend.**

Wahrscheinlich eine philippinische Puppenspielerin.

Oder eine Quietsche-Entchen-Sammlerin.

Und wo schläft Jammerlappen im Hotelzimmer?

Entweder im Koffer oder ...

... oder in der Jackentasche?

Mal sitzt er auch auf dem Nachttisch, aber da komme ich mir so bescheuert vor, wenn ich mir vorstelle, dass jemand zum Zimmerputzen kommt und den da sitzen

sieht. Das ist meine Intimsphäre. Das brauchen die nicht mitkriegen!

Da kommst du dir bescheuert vor? Also, ich bin wirklich erschüttert. Wenn wir unseren Petzi mitgenommen haben, dann saß der aber so was von prominent auf dem Bett. Und manchmal machen die Zimmermädchen auch schöne Dinge mit dem Petzi.

Was machen die denn für Dinge?

Na ja, sie freuen sich offensichtlich, wenn sie einen Petzi sehen, setzen ihn auf ein Kissen, geben ihm ein Schokolädchen in die Pfote ...

Nun sieht ein Bär ja auch noch ein bisschen anders aus als mein Lappen. Nicht, dass die anfangen, mit dem zu putzen.

Ja! Wenn du reinkommst ...

... steht das Zimmermädchen putzend da, strahlt mich an und ruft: «What a good idea!»

(Ganz, ganz großes Gelächter.)

Barbara Schöneberger
Kreislaufbeschwerden

Barbara Schöneberger kam am 5. März 1974 in München zur Welt und ist die Erfinderin der talentierten Leichtigkeit. Wir könnten zehn Pampers darauf verwetten, dass sie schon bei der Geburt die umstehenden Ärzte und Krankenschwestern mit einem strahlenden Lächeln begrüßt hat. Der Papa war ein Soloklarinettist und das ebenfalls musikbegabte Mädchen erlebte geschwisterlos, sozusagen als Solistin, die Kindheit und Jugend im elterlichen Haus. Über ein paar Umwege landete La Schöneberger beim Fernsehen und begeistert seitdem die Zuschauer mit ihrer erfrischend unkapriziösen Art. Sie singt, tanzt und moderiert sich quer durch die deutsche Fernsehlandschaft, und ihre Fröhlichkeit, gepaart mit grenzenloser Neugierde, wirkt dabei ansteckend.
Barbara ist die personifizierte Sinnlichkeit und besonders den kulinarischen Genüssen ausgesprochen zugetan. Mit anderen Worten: Barbara liebt es zu essen. Ich (Conny) hatte häufig das ungeteilte Vergnügen, während Hella bei der ersten von zwei Aufzeichnungen «Genial daneben» bereits im Studio war, diesem, ich möchte sagen, erotischen Schauspiel beizuwohnen. Keine verdrückt eine Portion Pasta dermaßen lasziv wie dieses Menschenkind. In ihrer Hand mutieren selbst schnöde Salzstangen zu etwas Unzüchtigem. Kein Wunder, dass die Werbebranche sich die Finger nach ihr leckt.
Für uns unvergessen ist ein Abend im Hotel Savoy. Wir saßen zunächst zu dritt nach der Arbeit in der Hotelbar und plauderten vergnügt Belanglosigkeiten. Uns schmeckte der Alkohol, Barbara die Nüsschen. Zu vorgerückter Stunde stellten wir fest, dass es in

unserer Sprache kein schönes Wort für das weibliche Geschlechtsorgan gibt. Fieberhaft suchten wir nach einem neuen, wohlklingenden Namen und kamen auf keinen grünen Zweig. Wir diskutierten uns die Lippen wund (honi soit qui mal y pense) und fanden keine Befriedigung. (Honi soit qui mal y pense aussi.) Später gesellte sich noch Kollege Kalkofe zu uns, der das Problem schnell erfasste, dessen NEUtaufbemühungen aber ebenfalls keine überzeugenden Blüten trugen. (Und jetzt kommen Sie uns nicht mit MUMU um die Ecke!)
Nach der «NDR Talkshow» krallten wir uns Barbara für das Interview. Wir hockten in einem katzenkloähnlichen Zimmerchen, tranken afterwarmes Wasser (kommt daher eigentlich der Begriff After-Show-Party?) und legten los. Kauend, in ihr atemberaubendes Dekolleté krümelnd, stand sie uns Rede und Antwort für dieses Buch.

HvS: Liebe Barbararella, wir wollen wissen, ob du eine Erbse am Wandern hast. Ich fürchte ja, du bist stinknormal.

BS: Ja, das stimmt ein bisschen. Ich habe mir auch schon überlegt, was mich zur Verrückten machen könnte ... Ich fürchte, ich bin viel, viel spießiger, als man es sich so vorstellt. Ich neige nicht zu Extremen. Allerdings ist mir eine Sache eingefallen, die ich schon mache: Mich fliegt manchmal so eine Art von «Umweltschutz-Euphorie» an. Die kommt ganz plötzlich. Sprungweise sozusagen. Und oft in Form einer kleinen Glasflasche – nein! Nicht Glasflasche. Einer PET-Flasche! Eine, die Pfand hat. Und dann denke ich mir: «Barbara, du hast ein so schönes Leben! Lebst in einer großen Wohnung. Hast keine Sorgen. Es ist doch das Mindeste, dass du jetzt mit deinem Porsche zu ‹Getränke Hanse› fährst und diese Flasche zurückbringst! Damit sie wieder in den Kreislauf zurückgeführt wird, aus der Flasche

etwas Neues werden kann ...» Damit ich ein gutes Gewissen haben kann.
Das schlechte Gewissen, was zu mir hochguckt: «Bring mich weg! Mit meinen 15 Cent kannst du viel Gutes bei ‹Ein Platz für Kinder› tun!»
Also habe ich dann diese Flasche. Die trage ich dann mit mir rum. Habe sie in meinem Auto. Vergesse, sie an der Tankstelle abzugeben. Dann tue ich sie in meine Tasche. Dann habe ich sie vier Tage in meiner Tasche und vergesse, sie abzugeben. Dann lege ich sie wieder ins Auto, weil ich denke: Morgen fahre ich zu irgend so einem Getränkemarkt, da nehme ich sie mit! Das klappt wieder nicht. Dann nehme ich sie mit hoch in die Wohnung. Stelle sie in den Flur. Dann steht sie im Flur. Dann nehme ich sie irgendwann wieder mit ins Auto.
Und dann ... überfällt mich, während ich im Auto sitze, eine ganz, ganz schreckliche Art von «Jetzt muss – muss – alles muss raus!»-Attacke.
Ich möchte mich befreit fühlen. Ich ordne, während ich an der Ampel stehe, die Hüllen mit den CDs – dass wieder alles stimmt. NORAH JONES liegt dann nicht mehr in der SUPERTRAMP-Hülle, sondern Norah Jones liegt in der Norah-Jones-Hülle. Und Supertramp in der Supertramp-Hülle. Und alles stimmt. Alles ist super. Und dann fällt mir ein – das Einzige, was mich in dem Auto noch stört, ist diese Scheiß-PET-Flasche! Und die werfe ich dann, während ich übers Land fahre, aus dem Fenster. Dann denke ich mir: «Du Scheiß-Flasche! Von dir lass ich mir doch nicht mein Leben ruinieren! Wurscht! Ich schmeiß dich jetzt in den Wald!»

**Andererseits denke ich mir auch: «Ich bin so schlecht!»
Und dann geißele ich mich selbst und fühle mich schlecht.
Und dann trinke ich für mehrere Wochen nur noch aus
Glasflaschen.**

Uns würde dieser gar köstliche Monolog reichen. Dennoch tun
wir unsere Pflicht und fragen, ob's noch andre Lustigkeiten
gibt. Du bist ja jetzt zum ersten Mal junge Mutter? Da muss
frau doch bestimmt durchstrukturiert sein?

**Ja, ich glaube nicht, dass man sagt: «Unser Baby ist
besonders. Unser Baby möchte gerne jeden Tag einen
anderen Ablauf.» Ich glaube, Babys brauchen Gewohnheiten.
Er findet das toll, wenn er weiß, morgens wird er ins Bett
geholt, und dann gibt's das Fläschchen. Für mich ist es der
totale Horror. Ich habe mein Leben lang versucht, alles zu
vermeiden, was mit Ritualen zu tun hat. Ich habe immer
am wichtigsten gefunden, jedes Jahr anders Weihnachten
zu feiern. Jedes Jahr alles anders zu machen. Um nicht den
Satz sagen zu müssen: «Also, wir machen das immer so.»
Mit dem Kind fange ich jetzt an, auch für mich selber sogar
Weihnachten in immer gleicher Form zu feiern.**

Und macht dir das Angst? Beklemmung?

Nein, ich finde es jetzt super!

Das kam mit dem Muttergefühl?

**Ja, und mit der Liebe zu meinem Mann. Davor habe ich
das so nicht gehabt. Ich dachte mir immer: «Ach, komm!
Bloß nichts Gleiches!» Aber jetzt finde ich es schön, sich so
eigene Traditionen, Rituale zu bauen.**

CS: Gibt's Aberglauben in deinem Leben?

Das ist mir eigentlich relativ fremd. Wobei, in meiner Arbeit gibt es ein Vorbereitungs-nicht!-ritual. Aber da habe ich immer die gleiche Technik. Ich würde nie im Leben Moderationskarten benutzen, die mir jemand bedruckt hat und wo dann meine Texte und Aktionen draufstehen. Ich muss immer alles selber schreiben. Mit meinem eigenen Kugelschreiber. Mit meiner Handschrift. Es muss einmal durch mich durchgegangen sein. Moderationsmäßig. Ich könnte niemals etwas moderieren, was mir jemand anderes mit der Schreibmaschine auf so 'ne Karte draufgeschrieben hat. Da würde ich überhaupt nicht wissen, was zu tun ist.

So geht's mir auch.

Und wenn's beim Filmpreis 40 Seiten sind! Stichpunktartig. Schreibe ich mir alles mit der Hand auf.

Und gehörst du zur Fraktion der Kontroll-Freaks?

Nein, überhaupt nicht. Ich habe totales Gottvertrauen, lustigerweise. Manchmal hat man so eine kurze Vorahnung: «Oh Gott! Was wäre eigentlich, wenn ich doch so 'n Freak wäre oder so?» Vielleicht passiert es ja irgendwann, dass man so wird. Als Kind hab ich immer an diesen Leitplanken die Pfosten gezählt, die ja im Abstand von 50 Metern sind. Dann habe ich dazu gesungen. Das mache ich manchmal heute noch. Ich singe eine Melodie, und der Rhythmus, also der Gesang – die Noten – müssen auf diese weißen Abgrenzungspfosten passen. Immer, wenn ich einen Ton singe, muss der Pfosten kommen. Nun ist aber

das Problem: Die Pfosten sind immer im gleichen Abstand. Die Melodie besteht aber aus punktierten Noten, halben Noten, ganzen Noten, Viertelnoten. Das bedeutet, ich muss, was die Geschwindigkeit angeht, mal schneller, mal langsamer fahren, um das einigermaßen hinzubekommen.

Und singst du immer dasselbe Lied?

Nein. Immer ein anderes Lied. Als Kind habe ich eine tiefe Manie gehabt, diese Dinger – immer deding-deding-deding –, also diesen Rhythmus zu haben. Und: Wenn ich bei meinen Eltern bin, muss ich mitzählen, wenn ich die Treppen hochgehe.

Musst du?

Muss ich.

Nur bei deinen Eltern?

Nur bei meinen Eltern. Ich würde sonst nie auf die Idee kommen.

Das ist auch das Haus, wo du groß geworden bist?

Ja. Ach! Was ich noch mache! Das macht mein Vater auch! Das ist lustig. Das fällt mir jetzt gerade ein. Mein Vater macht das, wenn man mit ihm diskutiert. Mein Vater diskutiert nie, mein Vater hört zu, wenn ich mit meiner Mutter diskutiere. Und ist am Rande betroffen. Und dann macht er so ...

Liebe Lesenation: Barbara lehnt sich im Stuhl entspannt

zurück, schließt ein Auge und fixiert mit dem offenen Auge das Fensterkreuz.

Der knipscht ein Auge zu und verschiebt so den Kopf.

Liebe Lesenation: Barbara bewegt ihren Kopf auf dem Hals wie ihre Namensvetterin Barbara Eden als «Bezaubernde Jeannie»!

Alle denken: Was macht er? Und er bringt das Fensterkreuz mit irgendwelchen Ästen oder anderen Hausmauern in Einklang. Das heißt, er stellt Symmetrie her.
Ich finde es psychologisch so lustig! Es herrscht Chaos, oder zwei Leute diskutieren – und mein Vater versucht, das Lot zu fällen, nach dem Motto: Also, hier ist es gerade. Okay, das ist gerade. Und das ist gerade. Und er denkt: «Boah, echt, die Mauer gegenüber ist genauso gerade wie das Fenster. Wie haben die das hingekriegt, dass es genau gerade ist?» Und das habe ich geerbt! Wenn ich telefoniere, verschiebe ich immer Sachen übereinander! Ich setze mich hin, gucke dann genau und denke mir: «Irre, die Wand ist genau so gerade wie da drüben das Fenster. In Deutschland ist alles gerade.»

Jetzt bist du ja ein extrem sinnliches Weib. Du isst gerne und mit Genuss; bist du irritiert, wenn andere mit dir essen und die etwas Komisches machen? Kann dir passieren, dass du sagst: «Oh, ich glaube, wir werden keine Freunde?»

Ich habe eine Freundin, die hat ein Kind, das isst nur weiße Sachen. Und ich glaube, das Kind isst nur deswegen weiße Sachen, weil das zu Hause am besten zu den Möbeln passt. Das Kind isst nur Käse, Butter, Blumenkohl, Joghurt, Reis.

Die Mutter ist noch eine Freundin von dir?

    Ja, sie ist eine Freundin von mir.

Du bist ein sehr toleranter Mensch.

    Ja.

Ralf König
König Fusselbart

Ralf König ist am 8. August 1960 in Soest geboren. Er ist Comiczeichner und Autor.
Wir dachten seit über einem Jahrzehnt, dass er Waage im Sternzeichen ist, da er seine Geburtstagsorgien immer im Oktober feiert. Seit kurzem wissen wir, dass er's nach hinten verschiebt, weil im Sommer zu viele Schwuppen im Urlaub sind.
In unserem Bücherregal stehen ca. 80 Prozent seines Gesamtwerks, da ich (Hella) Comics liebe. König gehört neben Barks und Uderzo zu meinen Lieblingsschöpfern.
Als ich in der 80ern den ersten Schwulen-Comic von ihm in den Händen hielt, bin ich gehüpft vor Begeisterung. Mein Lieblingsmedium und dann auch noch mein Lieblingsthema! Ich wohnte zu der Zeit in meiner Wohngemeinschaft, und es gab härtere Schlachten um den neuesten Ralf König als um das Herzstück der Pizza Tonno.
Ich finde, Ralf wird von Jahr zu Jahr besser. «Prototyp» und «Archetyp» sind einfach nur göttlich – nicht zuletzt deshalb, weil sie sich genau mit dieser Thematik klug, sarkastisch und umwerfend komisch auseinandersetzen.
Wir dürfen sogar damit angeben, dass wir einen echten Ölschinken von Herrn König unser Eigen nennen. Wir kauften das Bild in einer Ausstellung im «Vampire». Ralf malte damals lustige Horrormotive. Ohne es zu wissen, bannte er eine Situation auf Leinwand, unter der wir damals litten: Ich (Hella) renne schattenhaft schlaflos durch die Bude, und ich (Conny) sitze aufrecht im Bett.

Er lud uns zum Gespräch in seine Privatgemächer ein und kredenzte uns den leckersten Tee, den wir seit 20 Jahren schlürften.

HvS: Wir würden dich gerne zuerst mal als Künstler, als Zeichner fragen, ob du bei deiner Arbeit bestimmte Rituale hast? Was zeichnest du als Allererstes?

RK: Das sind immer die Augen!
Die Augen sind so wichtig für den Ausdruck und für das, was anschließend mit der Figur gemacht wird, da bin ich sehr penibel. Die Augen müssen aus einem Zufall heraus entstehen. Ich zeichne die Augen so schnell, dass sie mit einem einzigen geschwungenen Strich sitzen müssen. Wenn ich mit dem Stift langsam diese Rundungen machen würde, dann wäre der Strich zu stark. Ich zeichne die Augen immer mit einem ganz, ganz dünnen Stift, während ich das andere dann mit einem etwas dickeren Strich male, da sie sonst so aussehen, als hätten die Wimpern oder wären stark geschminkt. Sobald ich das Auge habe, ist der Rest kein Problem mehr.

Darf ich dich jetzt mal als alte Comic-Leserin fragen, was passiert, wenn du jetzt im fünften Panel bist und du dir dann ein Auge verhackst?
(Anmerkung für die geneigte Lesenation: Als Panel wird bei einem Comic ein einzelnes Bild auf einer Seite bezeichnet.)

Ich überklebe es.

Ah, das geht?

Ich arbeite ja überhaupt nicht am Computer, ich mache alles mit Stift und Papier und Uhu. Auch die Sprechblasen sind mehrmals überklebt, bis die mal so sind, wie sie sein müssen.

Du kannst auf einem Panel fünf, sechs überklebte Situationen haben?

Ja, das ist normal.

CS: «Dicke Augen» hat doch jeder mal.

Und du kannst es nicht mit einem Bleistift vorzeichnen, um es dann zu radieren?

Ich arbeite an einem Leuchttisch. Ich male zum Beispiel zwei Figuren auf dem Sofa sitzend. Die müssen jetzt während des ganzen Dialogs so sitzen. Dann mache ich einmal den Scribble mit dem Bleistift und wenn ich die Figuren einigermaßen so habe, dass sie vernünftig sitzen und die eine von mir aus die Teetasse in der Hand hat, dann setze ich die gleiche Zeichnung immer unter das Panel und habe damit diese Ausgangssituation. Dadurch wird die Nase nicht größer, nicht kleiner, sondern ist immer gleich. Es ändert sich wirklich nur das, was ich geändert haben will. Das führt dazu, dass ich ein bisschen steif bin in meiner Zeichnerei.

Du hast mir mal gesagt, dass du dich als Kind an dem Schnabel von Donald Duck ausprobiert hast und fast daran verzweifelt bist. Jetzt bist du ja jemand, der wunderbar köstliche Pointen

malt – ich bin ein großer Fan von dir, wie du weißt. Gibt es
Pointen, auf die du verzichten musstest, weil du gesagt hast:
«Ich kann es nicht malen!»

Ja, es gibt ganz viel, was ich nicht malen kann.

Versuchst du dann, die Pointe anders auszudrücken, weil du
unbedingt auf die Pointe hinauswillst?

**Nein! In so einem Fall arbeite ich dann mit Vorlagen, an
denen ich mich orientieren kann. Ich google mir dann beispielsweise ein Bild von dem Objekt und pause es durch
oder zeichne es ab. Wenn ich eine gute Idee habe, dann
setze ich diese auch im Bild um, obwohl ich mich eigentlich
als «faulen Zeichner» bezeichnen möchte.**

Wenn du in dein Atelier gehst, bist du aber doch ein diszip-
linierter Arbeiter? Sagst du: «Wenn ich jetzt an dem Comic
arbeite, ich gehe jeden Morgen um 10 Uhr in mein Atelier und
bin um 17 Uhr wieder zu Hause!» Working 9 to 5?

**Das ist im Moment so, weil ich großen Arbeitsdruck habe.
In meinen eigenen vier Wänden lasse ich mich nur zu gerne ablenken. Da ist die Pflanze, die mit Sicherheit nach
Wasser dürstet, oder das Bad, das jetzt unbedingt geputzt
werden will, und manchmal könnte ich Stunden damit verbringen, einfach nur aus dem Fenster zu starren.**

Gibt es einen bestimmten Tee, musst du fünf Stifte haben,
oder sind es immer zehn? Gibt es bestimmte Rituale zum
Arbeiten?

Ich habe ein totales Chaos auf dem Schreibtisch. Alle

anderen Schreibtische im Gemeinschaftsbüro sind total aufgeräumt, und bei mir türmt sich der Müll. Da muss ich dann irgendwann, wenn ich den Radiergummi nicht mehr finde, eine gewisse Ordnung herstellen. Das ist mir immer sehr lästig, aber dann muss ich aufräumen. Ich habe immer ganz viele Stifte da liegen, weil auch diese Stifte – so gut die Edding 1800 Profipens auch sind – schnell abnutzen. Das heißt, wenn ich hier einen 0,5-er habe, und der ist abgenutzt, dann hat der die Stärke eines 0,7-ers, weil er dann einfach breiter geworden ist. Dann habe ich bestimmte Stifte nur zum Schreiben. Das habe ich in letzter Zeit so sehr perfektioniert, dass ich immer die hervorgehobenen Wörter ein bisschen dicker schreibe als die anderen, damit sich das auch so liest, wie man es spricht. Das ist mir wichtig! Ich will ja einen gesprochenen Dialog. Mein Rowohlt-Lektor verzweifelt immer an mir, weil der mir das alles immer rot unterstrichen zurückschickt, da es grammatikalisch nicht korrekt ist.

Hast du irgendeinen Glücksbringer an deinem Arbeitsplatz?

Nein, ich bin in keiner Weise irgendwie abergläubisch.

Gar nicht?

Nein, oder? Lasst mich kurz nachdenken. Ja, doch, Moment. Nicht abergläubisch, aber ja, das ist ein Ritual: Das erste gedruckte Exemplar, das ich von dem neuen Buch in der Hand habe, das muss ich behalten. Das darf ich niemals abgeben. Wenn ich eine Kiste kriege, und da sind 20 Bücher drin, muss ich das erste, was ich sehe oder anfasse, behalten!

Okay. Was wäre denn, wenn du das vergessen würdest und die ersten vier Exemplare gutgelaunt der Verwandtschaft in der Walachei schicken würdest?

Es wäre nichts. So abergläubisch bin ich nicht, dass ich mir ernsthaft denke, da würde jetzt irgendwas schiefgehen oder Unglück bringen. Aber es ist einfach mein Ritual. Das ist mein Buch! Von all den Tausenden, die da rumschwirren, ist dieses eine doch meins.

Das ist ja zu und zu schön!

Jetzt hast du also dieses liebenswerte Ritual, dass das allererste Buch der Auflage in deinem Regal stehen muss. Hast du denn auch eine Art feierliches Schreibtischritual, wenn du eine Geschichte beendet hast? Wenn du beispielsweise mit dem letzten Schwung die finale Sprechblase gezeichnet hast?

Gönnst du dir dann eine teure Zigarre und eine Flasche Dom Pérignon?

Das Letzte, was ich tue, ist meinen Doktor darunterzusetzen. Also dieser letzte Kringel Ralf ist das Finale. Davor habe ich das Buch nach Fehlern durchsucht, habe es hundertzwanzigtausendmal in der Hand gehabt, nach Änderungsmöglichkeiten durchforstet, und wenn es dann wirklich eingepackt und zum Verlag geschickt werden kann, dann mache ich meinen letzten Kringel.

Jetzt bist du ja so ein berühmter Comic-Zeichner, dass dein Kringel, unter eine Originalzeichnung gesetzt, einem Picasso gleichkommt.

Na ja …

Weißt du noch, wie du damals darauf gekommen bist, dass du mit Ralf unterschreibst? Warum schreibst du nicht nur König oder RK?

Das war das Millennium! Damals beschloss ich: «Da muss irgendetwas anders sein!» Und ab 2000 habe ich Ralf daruntergeschrieben. Warum, kann ich nicht sagen. Ich fand, glaube ich, meinen Namen ausgeschrieben einfach zu unleserlich. Das war ein einziges Gekrakel mit tausend Kringelrunden. Ich finde nur leider, dass man dieses Ralf auch nicht lesen kann.

Stimmt!

Jetzt haben wir über den Künstler Ralf König etwas erfahren. Nun zu dir als Mensch: Hast du privat irgendeine lustige Klatsche?

Ja! Rote Fußgängerampeln. Vor allem in Gegenwart von kleinen Kindern, die an der Hand der Mutter auf Grün warten. Ich fühle mich dann in so eine Art Vorbildfunktion genötigt und kann dabei mehr als ungeduldig werden. Ich bleibe dann natürlich auch stehen, fluche dabei aber innerlich auf dieses Kind.

Du hast doch sicherlich nur Angst vor der Mutter, die dir den Schirm in die Nase rammen würde, wenn du es wagen würdest, die Straße bei Rot auch nur zu betreten.

Gibt es etwas, was du gerne tust, wobei du aber bitte auf keinen Fall beobachtet werden möchtest?

Ach, da gibt es so einiges.

(Zweideutiger Blick mit anschließendem Gelächter.)

Gibt es denn etwas, was du preisgeben möchtest, was nicht in irgendeine erotische Richtung geht?

Ich ziehe Fratzen beim Zeichnen. Wenn ich da richtig drin bin, dann führe ich die Dialoge auch innerlich mit, und dann kichert der Carsten, der mir gegenübersitzt, schon mal, weil ich mich gerade wieder irgendwie über mich aufrege, oder weil die Figur mich gerade aufregt. Das sieht wahrscheinlich sehr doof aus.

Finde ich lustig! Und wie sieht es mit Essen bei dir aus? Bist du ein ganz tapferer Esser?

Nö. Ich bin nur immer wieder am Hadern, dass ich es einfach nicht schaffe, Vegetarier zu werden. Das nervt mich.

Was ist mit deinen Klamotten? Gibt es bestimmte Kleidungsstücke, von denen du denkst, dass sie etwas Magisches haben oder dir einfach nur Glück bringen?

Nein, ich habe ein sehr entspanntes Verhältnis zu Anziehsachen. Ich kann wunderbar in Jacken rumlaufen, die vor zehn Jahren angeschafft wurden. Ich sehe noch nicht mal, dass die aus der Mode sind, weil mich das nicht interessiert. Ich würde gerne öfter Anzüge tragen. Das ist in Köln doof. Wenn man dauernd angelabert wird nach dem Motto: «Hast dich aber schick gemacht!»

Willst du sagen, du bist ein uneitler Mann?

Nein, ich bin total eitel. Ich leide sehr unter meinem Älterwerden. Es passiert ausgesprochen selten, dass ich ein Foto von mir schön finde. Falls mir dann doch mal eins gefällt, dann freue ich mich immer und denke: «Ah, das ist jetzt mal schön so!» Aber ich hadere dennoch sehr mit meinem Äußeren.

Ich weiß gar nicht, seit wann du den Bart trägst?

Schon sehr lange.

Hat das was damit zu tun, dass man so ein bisschen kaschieren kann, ein anderes Gesicht zu haben als vor zehn Jahren?

Das glaube ich nicht, zumal ich ja auch einen sehr fusseligen Bart habe. Das liegt daran, dass ich leider kreisrunden

Haarausfall im Bart habe. Bei Stresssituationen kann ich die Uhr danach stellen, dass mir zwei Monate später der Bart ausfällt. Ich hatte schon die unmöglichsten Bartmoden. Manchmal laufe ich mit einem halben Bart rum, anstatt ihn mir ganz abzurasieren.

Bitte? Und da sagst du, du bist ein eitler Mensch? Wenn ich kreisrunden Haarausfall im Bart habe, dann mache ich mir doch sofort alles ab?!

Ja, aber da finde ich es besser, ein bisschen Bart zu haben als gar keinen. Das ist meine eigene Wahrnehmung. Aber es gibt Fotos von mir, da denke ich mir: «Mein Gott!» Da habe ich so einen komischen Schnäuzer, und unten ist noch ein bisschen was, weil der Rest weg war.

Das verstehe ich nicht.

Das ist Geschmackssache. Ich mag mich lieber mit einem bisschen Bart als «völlig nackt». Ich finde mich wirklich unerträglich ohne Bart.

AH! König Fusselbart.

Das ist ein schöner Titel!

Gibt es irgendwas aus deiner Kindheit, bei dem du dich besonders wohl gefühlt hast und was du als erwachsener Mann auch noch gerne tust?

Ich esse immer noch gerne dieses Zuckerrübenkraut, was man sich damals aufs Graubrot schmierte, ganz dick. An die «Augsburger Puppenkiste» habe ich auch schöne Kind-

heitserinnerungen. Ich habe mir mal die «Der Löwe ist los»-DVD gekauft und musste feststellen, dass ich das heute nicht mehr durchhalte. Leider habe ich diese Kinderaugen nicht mehr.

Das höre ich jetzt nicht! Du schaffst es nicht, dir eine Folge «Augsburger Puppenkiste» anzusehen?

Liebe Lesenation, Sie sehen Hella tief erschüttert.

Ich finde es auch nicht schön, dass es so ist. Ich sehe mir das an und finde es auch putzig und schön, aber ich kann mich einfach nicht mehr auf diese Handlung einlassen.

Aber Comics liest du immer noch gerne, oder?

Nein.

Auch nicht? Ich habe doch neulich dein Vorwort zu den «Peanuts» gelesen, was mir gut gefallen hat. Was ist mit den Figuren von Carl Barks? Donald? Dagobert?

Sind auch nicht so mein Fall. Ich habe natürlich als Kind auch diese «Lustigen Taschenbücher» gelesen. Heute hält sich meine Begeisterung aber eher in Grenzen.

Aber es ist doch richtig, dass du eine Sammlung hast von Menschen, die dir Donald Ducks malen müssen? Ich musste dir einen Donald Duck malen, und du hast behauptet, alle müssten das tun. Du hast mich belogen?

Das war ein Witz. Ich fand den Donald Duck von dir so rührend.

Der war auch rührend, aber ich habe geglaubt, ich wäre eine von vielen. Da hast du mich beschummelt, damit ich dir einen Donald Duck male.

War mir jetzt auch entfallen.

Kann es sein, dass Lügen eine Marotte von dir ist?

Ja, Lügen! Ralf König ist ein Lügenbold, liebe Lesenation!

Das stimmt so nicht. Früher, so in der Pubertät, als ich erst mal meinen Weg finden musste im Leben und in der Gesellschaft, da habe ich vielleicht öfter mal ein wenig gelogen oder geflunkert. Aber eine richtige Lüge ist doch eine vorsätzliche, unwahre Behauptung.

Ja, ja! Wie zum Beispiel: «Ich sammele Donald Ducks!»

Das sehe ich jetzt als Geflunker. Aber ich war mal mit jemandem zusammen, der hat gelogen. Und das ging gar nicht.

Hast du dich schon mal beobachtet, wie stark du unter irgendwelchen Zwängen leidest?

(In diesem Moment fällt ihm der Profipen, mit dem er schon die ganze Zeit spielt, auf den Boden.)

Zum Beispiel bei unangenehmen Fragen den Stift unmotiviert runterzuwerfen?

Zwänge?

Kontrollzwänge. Musst du mehrfach kontrollieren, ob du die Haustür abgeschlossen hast oder die Herdplatte ausgeschaltet ist?

Das nicht so sehr. Die Handgriffe habe ich drauf. Ob mein Schlüssel in der Tasche ist, ob mein Portemonnaie in der Tasche ist, ob ich … den Herd mache ich immer aus, bevor das Ei aus dem Topf raus ist. Da kann ich mich auf mich verlassen. Aber ein wenig abergläubisch bin ich dann doch. Der hat allerdings nichts mit der Arbeit zu tun. Meistens bezieht es sich auf etwas Schicksalsschweres. Es könnte etwas richtig scheiße laufen oder richtig gut. Und wenn der Wasserhahn jetzt noch einmal tropft oder noch dreimal, dann ist es gut. So völlig doof!

Heißt das, die «Wasserhahntropfregel» legst du in dem Moment fest, in dem du dir selber die Schicksalsfrage stellst?

Ja, und wo das herkommt, weiß ich nicht. Ich finde es auch total sinnfrei, und in dem Moment, wo ich mir das denke, finde ich das auch richtig bekloppt.

Aber es ist so. Und hast du damit schon etwas verifizieren können? Klappt das?

Natürlich nicht! Wäre ja auch völliger Blödsinn.

(Alle lachen.)

Jetzt hatten wir ja das große Privileg, sowohl zu deinem 40. wie auch zu deinem 50. Geburtstag eingeladen worden zu sein. Das waren mit die opulentesten und schönsten Partys, die ich persönlich erleben durfte. Das heißt, ich kenne dich als einen sehr großzügigen Gastgeber. Bist du jemand, der bei geizigen Leuten Pickel kriegt?

Mmh, ja.

Danke.

Ich kenne Leute, die damit angeben, dass sie am Zeitungskasten die Zeitung nehmen und so tun, als würden sie die Münze reinschmeißen. Da kriege ich Pickel. Oder im Supermarkt die Eierschachtel nehmen und die Eier austauschen. So etwas finde ich schlicht doof.

Das ist ja auch schon Betrug.

Du sagtest über deinen Expartner, der gelogen hat, das ging gar nicht. Das heißt also, Olaf, dein Lebensgefährte, dürfte auch nicht so ein Geizkopf sein? Es gibt schon Dinge bei Männern, Menschen, Partnern, wo du sagst: «Das geht gar nicht!» Da funktioniert dann auch das Verliebtsein nicht mehr?

Ja, solche Sachen könnte ich nicht gut haben. Eine gesunde Sparsamkeit ist mir leider genauso fern. Ich befürchte, ich bin etwas zu großzügig.

Hattest du als Kind Haustiere?

Wir hatten immer Tiere und vor allem Hunde. Leider wohne ich zu zentral, sonst hätte ich mir schon längst einen angeschafft.

Du bist also ein richtiger Tierfreund. Das erkennt man auch sehr deutlich in deinem Paradies- und Arche Noah-Comic. Wie du die Tiere gemalt hast, da weine ich vor Glück, so schön finde ich die.

Ja, meine Eltern waren immer sehr, sehr tierlieb. Wir hatten die absurdesten Tiere. Schildkröten, zahme Raben. Ich bin zurzeit der Einzige, der kein Tier hat. In meiner Familie wird aber auch viel über Tiere kompensiert. Wenn ich jetzt zum Beispiel zu Hause bei denen am Mittagstisch sitze, finde ich das immer wieder sehr befremdlich, dass die nur über Tiere reden. Ich war vor einiger Zeit in Lucca beim Comic-Salon, komme zurück und sitze da bei meiner Familie und erzähle erst mal was darüber. Zunächst haben sie mir zwar zugehört, aber dann musste nur der Dackel mal kurz kläffen, und schon sitzen alle aufrecht und diskutieren über das Befinden des Dackels. Das ist ganz komisch.

Das hast du ja zum Glück nicht übernommen!

Leidest du unter einer Phobie? Gibt es etwas, was dir richtig Angst macht?

(Wie aus der Pistole geschossen:) **Todbringende Krankheiten. Ich hatte letzten Sommer gerade am CSD-Wochenende eine Routineuntersuchung beim Arzt. Der ging da ultraschallmäßig über meinen Bauch und stutzte plötzlich: «Oh, da ist ein kleiner Nierenstein!» Ich sollte erst mal geröntgt werden, ob es wirklich einer ist, und fand das nur doof und lästig. Also bin ich zur Röntgenanstalt gegangen, die Röntgendame hat geröntgt, und danach hieß es, also, einen Nierenstein hat sie in der linken Niere, da wo der vermutet wurde, überhaupt nicht sehen können. Aber in der rechten Niere sei eine kreisrunde Struktur. Da müsste man mal gucken, was das ist. «Sie sollten dringend Anfang nächster**

Woche mal zum Urologen gehen und die Röntgenbilder zeigen!» Sofort stieg nackte Panik in mir hoch, und ich war froh, dass so ein lebendiges Wochenende vor mir lag, damit ich mich da nicht noch mehr reinsteigern konnte. Ich hatte eine gute Freundin hier zu Gast und überhaupt die Bude voll. Zu allem Überfluss hatten wir dann noch einen Wasserrohrbruch im Haus bei 40 Grad Hitze. Keiner konnte duschen, keiner konnte irgendwas tun. Das Wochenende war also sehr aufregend, aber ich kriegte meine Gedanken nicht davon weg: Am Montag drauf war ich dann bei einem Urologen, habe diese Röntgenbilder bei der Sekretärin abgegeben und darauf gewartet, dass er mich reinruft. Und dann rief er mich rein und guckte mich so ernst an. Und ich setzte mich, war ein Nervenbündel und fragte nur: «Was ist das?» Und er: «Was ist was?» «Ja, dieses, was da in der Niere ist!» Und da hatte er die Röntgenbilder noch gar nicht gesehen. Aber für mich war dieser Blick: «Tut mir leid, ich muss Ihnen was sagen!»

Dürfen wir noch erfahren, was es war?

Gar nichts! Das hat mich total aufgeregt. Das war ein Rest vom Kontrastmittel. Das hatte sich noch nicht ausgebreitet. Da waren vier Bilder, das hätte die doch sehen müssen. Ich war total sauer.

Laien! Ich möchte an dieser Stelle sagen, dass, wenn ich an einem heißen CSD-Wochenende kein Wasser im sechsten Stock kriegen sollte, mich das definitiv mehr aufregen würde als jedes Röntgenbild.

Wirklich?

Ja, das ist für mich der Albtraum. Kein Wasser ist für mich der Albtraum.

Ja, nett war das nicht. Aber so eine drohende Krankheit ist für mich wirklich das Allerschlimmste.

Da muss aber doch dieser kreisrunde Haarausfall im Bart, der ja auch im Spiegel deutlich zu sehen ist, auch bedrohlich für dich sein?

Das sehe ich aber nicht als Krankheit, das sehe ich als Stressfolge.

Geht deine Panik auch so weit, dass du Angst vor Ansteckungen hast? Wenn jemand neben dir niest, denkst du dann: «Scheieieieiße!»

Das ist kein Problem.

Du hast also nur Angst vor schweren Erkrankungen?

Ja. Erkrankungen, die drohen, einem die Lebensfreude zu nehmen.

Schwere Grippe zum Beispiel mit richtig Fieber, mit Knochenschmerzen? Das steckst du gelassen weg?

Das alles ist irgendwann vorbei.

Verrate uns doch bitte noch, wobei du absolut entspannen kannst. Was löst ein garantiertes Glücksgefühl bei dir aus?

Wenn ich morgens den ersten Vogel im Jahr zwitschern

höre, und sei er noch so weit weg. Da habe ich solche Ohren, das finde ich total großartig. Das ist das schönste Geräusch, das man mir geben kann. Der erste Vogel im Jahr.

Die sind doch im Winter auch da, die Piepelchen, und suchen ihr Futter?

Ja, aber die zwitschern halt nicht so.

Die zwitschern später, weil die Sonne später aufgeht.

Die zwitschern gar nicht im Winter.

Aber hallo!

Ich meine, dass im Frühling erst das Balzritual losgeht und dass sie dann anfangen zu zwitschern und nicht schon im Winter. Das geht jetzt bald los, aber im Dezember, November und am Jahresanfang ist Stille.

Ich glaube, das ist bei dir selektive Wahrnehmung. Du willst einfach im Winter traurig sein, damit du im Frühling dieses Aufschwunggefühl hast.

Ja, Januar, Februar kann man sich wirklich stecken.

Warum sind wir im Februar zu Ralf König gegangen? Wären wir doch besser Ende März gekommen!

Olivia Jones
Sockenschuss

Olivia Jones ist am 21. November 1969 in Springe geboren und ein Naturereignis. Wir kennen keinen deutschen Travestiekünstler, der uns so begeistert wie Olivia Jones. Ihre stattliche Größe, ihre spektakulären Outfits und ihr perfektes Make-up sind schlicht und ergreifend atemberaubend. Völlig zu Recht setzte sie sich bereits 1997 gegen diverse internationale Mitbewerber/-innen in Miami durch und heimste sich den Titel «Miss Drag Queen Of The World» ein. Lustig war, als uns vor einigen Jahren auf dem CSD in Köln ein zwei Meter großer, attraktiver, freundlicher junger Mann ansprach, der sich als Oliver Knöbel entpuppte und genauso charmant, schlagfertig, witzig und liebenswürdig war wie die Kunstfigur. Oliver genoss es damals sichtlich, dass nur ich (Hella) von kreischenden Teenies aus der Provinz umringt wurde und er unbehelligt dem lustigen Treiben beiwohnen konnte. In seiner Wahlheimat Hamburg verwandelt er sich regelmäßig wie Clark Kent in sein Alter Ego. Und Superman-mäßig bereichern die beiden den Kiez.
Ob Olivia sich für das Amt des Bürgermeisters bewirbt, NPD-Wahlkampfveranstaltungen aufmischt, Hafenrundfahrten und Kiezführungen für Touristen organisiert, zwei Bars betreibt oder auf die geplante Schließung des Hamburger Frauenhauses aufmerksam macht: Wo Olivia ist, ist oben. Die beiden sind ein guter Mensch und eine Spitzenentertainerin.

(Wir riefen also um eine zivile Nachmittagszeit an):

OJ: Halloooo?

HvS: Juhuuu!

CS: Juhuuu!

Wie viele Leute seid ihr denn da?

Also, zu meiner Linken sitzt Cornelia Scheel, und ich bin das Helli. Mehr sind wir nicht.

Ach so, ich dachte, Ihr habt noch 20 Sekretärinnen da sitzen ...

Nein, nein. Wir sind zu zweit, und die Sekretärin im schönen Sachsenwaldstädtchen Aumühle tippt unser Telefonat dann später ab.

Und was ist mit dir? Sprechen wir mit Oliver Knöbel oder mit Olivia Jones?

Ihr sprecht eigentlich mit beiden, weil ich die kaum richtig auseinanderhalten kann. Aber im Moment eigentlich mehr mit Oliver. Das ist eine sehr positive Persönlichkeitsstörung, mit der ich sogar mein Geld verdienen darf.

Aber du bist nur zu zweit? Oder gibt es noch mehr Persönlichkeiten?

Nein, das reicht ja wohl.

Was hat denn Olivia für Macken, die Oliver nicht hat?

Olivia hat natürlich eine wesentlich größere Styling- und Outfit-Macke, die ich privat eigentlich nicht habe. Oliver ist mehr so Jeans-und-schwarzes-T-Shirt-mäßig unterwegs. Aber ansonsten hat Olivia dieselben Macken wie Oliver.

Als wir dich auf unser Projekt ansprachen, sagtest du: «Ja, prima! Mit meinen Macken kann ich allein ein ganzes Buch füllen.» Was hast du denn zu bieten, wo du sagst: «Okay, Kinder, ich bin die Klatschen-Queen of the world!»

In allen Hotels, wo ich bin, lasse ich im Vorfeld schon mal die Schokolade aus der Minibar entfernen. Und die Chips.

Weil du auf deine Figur achten musst?

Weil ich da nicht widerstehen kann. Aus Langeweile esse ich alles, a l l e s, was an Essbarem in diesem Zimmer zu finden ist. Und das geht einfach nicht. Ich bin so viel in Hotels ... da käme ich im Monat auf 30 Tafeln Schokolade, 150 Tütchen Gummibärchen und 'ne Schubkarre voll Chips.

Die Tatsache, dass das Zeug aus der Minibar auch schweineteuer ist, ist da nicht so wichtig?

Das schreckt mich überhaupt nicht ab. Die Gier ist wesentlich wilder als der Geiz.

Was machst du denn zu Hause? Musst du dich da auch vor Süßigkeiten und Chips schützen?

Da brauche ich es ja nicht. Im Supermarkt kann ich mich super zusammenreißen. Ich habe auch sämtlichen Leuten, die mich kennen, verboten, mit Naschwerk auf der Matte

**zu stehen! Meine Mutter hat mir immer Weihnachtspakete
gemacht. Riesenpakete voller Schokolade und Kekse, die
habe ich innerhalb von 'ner Viertelstunde leergefressen.
Danach war mir schlecht. Ich habe ihr dann gesagt: «Bitte
nix Leckeres mehr schicken!» Ich kann mich überhaupt
nicht zusammenreißen. Auch an Buffets nicht. Ich buche
auch keine All-inclusive-Urlaube. Das ist furchtbar. Ich
kann auch nicht auf ein Kreuzfahrtschiff gehen.**

Das würde irgendwann sinken, weil ein Passagier tonnenschwer geworden ist. Wenn wir dich besuchen kämen, würden wir keine Gummibärchen, keine Schokoriegel vorfinden? Nicht ein Nüsschen würde in deiner Wohnung wohnen? Nichts?

Mein Schatz ist von Sinnen vor Ungläubigkeit.

**Da müsst ihr auf eine Süßwarenmesse gehen. So etwas
gibt es bei mir nicht. Ich bin total schokoladesüchtig. Ich
kann es einfach nicht dosieren.**

Ist das schon ein Hauch pathologisch? Eine Fresssucht?

**Es ist so, dass ich sehr suchtgefährdet bin. Deswegen
nehme ich auch keine Drogen. Ich wäre sofort abhängig.
Das war beim Rauchen so, wo ich Schwierigkeiten hatte,
mir das abzugewöhnen. Das ist bei Süßigkeiten so. Alkohol
kann ich, Gott sei Dank, noch so einigermaßen bändigen.
Da muss ich wirklich aufpassen.**

Was ist mit Sex?

Ja, das ist ganz schön wild, aber das versuche ich auch einzudämmen. Apropos Sex! Ich kann ja nicht schlafen ohne

meine Schlafsocken. Das ist nicht gerade sehr erotisch. Ich ziehe die beim Sex aus, aber ohne meine Schlafsocken kann ich nicht schlafen.

Das heißt, nach dem Sex ziehst du sie wieder an?

Ganz unauffällig, damit die Lover das nicht mitkriegen.

Schatz, ich darf dir aber sagen, du bist nicht allein. Das Helli hat auch Schlafsocken.

Dir ist aber bestimmt noch nicht passiert, dass du deine Schlafsocken vergessen hast und nur eine Strumpfhose dabeihattest und dann nicht schlafen konntest?

Ich hätte auf keinen Fall nur 'ne Strumpfhose dabei, weil ich mich vor Nylonstrumpfhosen ekle. Aber im Hotel hätte ich auf jeden Fall Socken an, und die müsste ich dann auch anbehalten. Also, ohne Socken geht's bei mir gar nicht.

Da haben wir aber dieselbe Macke.

Wechseln denn die Schlafsocken?

Die wechseln, Gott sei Dank. Hauptsache irgendwelche Socken. Aber selbst auf den Malediven bei 45 Grad – nicht ohne Socken!

Ist es denn für dich das subjektive Gefühl von kalten Füßen, oder hat es einen anderen Grund?

Das ist das subjektive Gefühl von kalten Füßen, und es gehört bei mir zum Schlafritual.

Gehören zum Schlafritual noch andere Dinge? Ohropax? Schlafbrille?

Ohropax gehört auch dazu. Das kriege ich aber auch ohne einigermaßen hin.

Und gibt es auch Morgenrituale? Conny muss immer mit dem rechten Fuß zuerst aufstehen.

Nein, das habe ich nicht. Ich bin ja morgens immer so total im Delirium, ich weiß ja gar nicht, wo links oder rechts ist. Wenn ich da noch anfangen müsste, meine Füße zu sortieren bei diesen langen Beinen, nein, das kann ich nicht.

Du könntest dir auf die Schlafsocken ein großes «R» für rechts und ein «L» für links sticken.

So weit kommt's noch! Was ich noch habe, ist eine Geburtstagsphobie.

Ach?

Ich hasse Geburtstage! Ich habe schon «Happy Birthday to You»-Verfolgungswahn, weil ich ja zwei Läden habe, und da hat ja ständig irgendwer Geburtstag. Inzwischen gibt es auch ein Geburtstagsverbot. In meiner Gegenwart wird da weder gefeiert noch gratuliert, geschweige denn mir gratuliert.

Keine Süßigkeiten. Keine Geburtstage. Es wird ja immer dramatischer.

Ich kann dieses Geburtstagsritual nicht nachvollziehen! Ich weiß nicht, was es da zu feiern gibt.

War das denn als Kind schon so? Oder fandest du es da schön?

Das mochte ich nur wegen der Geschenke. Aber selbst da fand ich das schon immer ein bisschen seltsam. Ich glaube, es kommt auch daher, dass ich ein ziemlich unbeliebtes Kind war. Ich war nie auf den Geburtstagen eingeladen. Ich war ein dickes Kind, frech und ungezogen. Habe den Mädchen immer die Röcke hochgezogen. Macht man ja nicht. Jetzt habe ich Gott sei Dank meinen eigenen Rock, den ich hochziehen kann. Das ist ja ein Psychologengespräch! Endlich weiß ich, woher meine ganzen Phobien kommen.

Ja, das könnte sein, wenn du das schmerzhaft in Erinnerung hast, dass du jetzt als Erwachsener auch keine Feiern mehr willst.

Ansonsten bin ich ja partymäßig sehr gerne unterwegs.

Prinzipiell Geschenke hast du aber schon gerne?

Ja. Aber die ganzen Geburtstagsgeschenke für andere einzukaufen! Ich bin da auch total einfallslos und blöd. Gutscheine mache ich dann. Ist das okay?

Tja, Gutscheine. Das ist mittel. Gutscheine sind mittel, Olivia. Mittel.

Aber nicht ganz schlecht.

Nein, ist nicht ganz schlecht. Wir merken, du gibst dir Mühe.

Sag mal, du hast doch viele Freunde und Bekannte. Wenn du selbst eine Geburtstagsphobie hast, denkst du dennoch an deren Geburtstag? Rufst du an? Schickst 'ne SMS? Oder ignorierst du Geburtstage komplett?

Ich ignoriere die, weil ich das von denen ja auch erwarte. Es gibt nur ganz, ganz wenige Leute, wo ich weiß, da muss ich gratulieren. Meine Mutter. Und Udo Lindenberg. Bei Udo aus Spaß. Das ist so eine alte Tradition, dass wir uns zum Geburtstag eine SMS schicken. Aber sonst mache ich das nicht.

Au wei, da bist du aber streng.

Ja, da bin ich streng. Natürlich ist das alles mit einem Augenzwinkern. Freunde und Personal wissen das inzwischen und machen sich über mich lustig. Die wissen aber auch, dass sie mir keine Überraschungen mehr vorbereiten müssen, weil sie gemerkt haben, dass das nach hinten losgeht.

Da kriegt die Chefin ganz schlechte Laune. Das hat bei dir nichts mit dem Älterwerden zu tun?

Ich finde das Ritual einfach albern.

Tja, liebe Olivia, wir wissen jetzt schon, was wir am 21. November diesen Jahres machen.

Oh Gott! Eine Überraschung! Eine große Torte, wo jemand draufsitzt!

Genau, wir beide werden draufsitzen. Wo wir gerade bei Festen sind, wie sieht es denn dann so mit Weihnachten aus?

Ich verbringe Weihnachten immer irgendwo, wo die Sonne scheint. Ich nehme allerdings meine Mutter mit und besorge ihr dann so'n Weihnachtsgesteck, was ich ihr ins Hotelzimmer stelle. Aber das ist auch das Höchste der Gefühle.

Mama will doch bestimmt ein Bäumchen?

Ein Gesteck reicht ja nun wohl.

Oder du schmückst 'ne Palme.

Und eine Gamben-Phobie habe ich auch. Ich ekle mich total vor Scampis im Originalzustand.

Ach?

Jetzt esse ich die allerdings gerne. Also muss ich immer den Panzer entfernen lassen ... diese krüsseligen Beine, die toten Augen ... das finde ich total eklig.

Ich finde das auch eklig.

Der größte Albtraum war für mich mal auf so einem Event eine Scampi-Pyramide. Das war das Ekligste, was ich in meinem ganzen Leben gesehen habe. Das war für mich Gruselkabinett pur. Ich habe das erst gar nicht erkannt. Ich dachte, das wäre Salat.

Und wenn man sich dann auch noch den Darm unter die Nägel puhlt! E!kel!haft!

In einem Restaurant habe ich mal gefragt: «Was können Sie empfehlen?» Da sagt der Ober: «Wir haben Langus-

ten.» Und ich: «Ach, na ja.» Da sagte er: «Moment mal.» Der lief dann weg, und ich dachte: «Wo rennt der denn jetzt hin?» Da holte der so ein lebendiges Vieh, was ungefähr einen Meter groß war, und präsentierte mir das. Ich habe fluchtartig das Lokal verlassen und auch nie wieder betreten. Die denken heut noch, ich habe sie nicht alle.

Das finde ich nachvollziehbar. Du hast ja eine enge Beziehung zu deiner Mama. Bist du ein Einzelkind?

Ja, ich bin ein Einzelkind.

Wir haben ganz viele Interviewpartner, die Einzelkinder sind. Das ist wirklich lustig. Gibt es da auch noch einen Vater bei euch?

Der ist gestorben.

Wenn du sagst, du ekelst dich komplett vor Scampis, gibt es da noch andere Speisen, bei denen du sagst: «Geh mir weg!»

Austern finde ich auch eklig.

Aber Fisch kannst du essen?

Fisch ist super. Ich finde Fisch lecker. Aber der muss gehäutet sein. Filettiert. Die Augen müssen weg sein und wenn die irgendwelche behaarten Füße haben, müssen die auch weg sein.

Nimm doch direkt Fischstäbchen.

Ja, klar. Das ist super, Fischstäbchen sind super.

Kochst du eigentlich für dich selber?

Nein, ich kann nicht kochen. Das Einzige, was ich hier mache, ist morgens mein Müsli. Meine Haferflocken und ein bisschen Obst. Mehr habe ich nicht.

Das heißt, du musst jeden Abend rausgehen zum Essen?

Ja, ich gehe immer zum Essen raus. Oder ich lasse das Essen kommen. Ich habe alle Speisekarten der Stadt in einem Ordner hier und kann mir internationale Speisen nach Hause bringen lassen.

Bist du froh, dass du als Oliver rausgehen kannst und nicht diese Almauftriebe hast, die es gibt, wenn du als Olivia rumläufst?

Ja. Das ist der Reiz und Vorteil meines Jobs, dass ich das trennen kann. Privat kann ich mich frei, locker und flockig bewegen, ohne dass mich irgendjemand erkennt. Ich kann ja auch nach einem Auftritt ungeschminkt ins Publikum gehen, und die meisten erkennen mich nicht.

Wenn du dich als Olivia aufbrezelst, gibt es da Schmink-Rituale? Musst du mit dem rechten oder linken Auge zuerst anfangen?

Nein. Ich muss es aber gemütlich haben. Ich brauche Musik, meinen traditionellen Kaffee und meine Tageslichtlampe. Die Tageslichtlampe ist sowieso unverzichtbar, weil ich hier wie so eine Fledermaus lebe. Nachts arbeite und tagsüber im Bett liege. Meine Tageslichtdosis kriege ich quasi beim Schminken. Das ist doch praktisch. Schminken ist bei mir eine Art Meditation. Das läuft ja alles von selber, man kann

sich auf gewisse Dinge schon mal vorbereiten. Das ist Zeit, die sehr wichtig und sehr angenehm ist. Manchmal nervt die Rumpinselei. Aber wie andere Leute zur Beruhigung sticken, kann ich stundenlang an mir rumschminken.

Und deine Outfits?

Ich habe einen Kostümfimmel. Ich gebe ja auch nichts weg. Ich sammle das Ganze. Ich habe mittlerweile eine Zweitwohnung nur für Kostüme.

Weißt du noch von jedem Fummel, wo und wann du den getragen hast?

Ja, klar. Manchmal komme ich ein bisschen durcheinander, aber im Grunde genommen weiß ich das.

Und ist das wie bei Queen Lisbeth II.? Du darfst nicht zweimal dasselbe anziehen?

Nein, das geht nicht. Manchmal sind die Kostüme so alt, dass sie wieder neu kombiniert werden können.

Sammelst du noch andere Dinge außer Kostüme?

Kostüme und Köfferchen, das reicht mir.

Wie viele Köfferchen hast du?

Hundert.

Hundert?!

Ja, mindestens. Eher mehr.

Bist du in der Lage und gewillt, etwas zu verleihen?

Normalerweise wird so etwas nicht verliehen. Das mache ich nur bei ganz wenigen Leuten. Eigentlich gar nicht. Das ist zu intim. Das sind ja Heiligtümer für mich.

Wie ist denn dein Verhältnis zu Tieren?

Das ist super. Aber alles, was mehr als vier Beine hat, finde ich seltsam.

Du würdest aber selber keinen Hund haben wollen?

Einen Hund zu haben ist mein großer Traum! Aber kann ich ja nicht, weil ich keine Zeit habe für einen Hund. Wenn ihr mich nach meinem größten Traum fragen würdet, wäre das ein Hund! Im Schlaf träume ich sogar davon, dass ich einen Hund habe. Ich bin mit Hunden aufgewachsen. Ich hatte früher einen Yorkshire, den ich mal als Kind mit 'nem Barttrimmer gestutzt habe. Der hieß «Schnitzel».

Warum hast du Schnitzel rasiert?

Wir haben am Wald gewohnt. Wenn der aus dem Wald kam, hing alles Mögliche in den langen Haaren. Außerdem sah der so viel lustiger aus.

Die Kopfhaare hast du stehen lassen?

Ja, ich habe den auf Löwen gebrasselt. Der sah super aus.

Da hatten alle Spaß, und Schnitzel fühlte sich wohl. Der konnte überall rumrennen damit.

Und im Winter?

Ja, im Winter haben wir das Fell ein bisschen länger gelassen.

Ich dachte, er hätte Mäntelchen bekommen.

Nein, das ist mir zu blöd. Das mache ich nicht. Ich finde, die Mäntel sind Tierquälerei.

Sehe ich genauso. Hast du denn Stofftiere zu Hause?

Nein. Einen richtig großen Hund hätte ich gerne.

Was sollte es denn für eine Rasse sein?

Weiß ich nicht, so ein Dalmatiner, von der Größe her. Oder so einen Labrador finde ich auch süß, aber die sind schon wieder ein bisschen zu groß.

Wie groß bist du nochmal?

Zwei Meter, ohne Dekoration. Mit Deko ein bisschen größer.

Mit Pumps sind es 2 Meter 14?

Ja.

Hast du eigentlich Lampenfieber?

Lampenfieber habe ich extrem. Das ist für mich einerseits wichtig, dieser Adrenalinschub, aber manchmal geht's mir auch auf den Keks. Selbst bei Radio-Interviews bin ich vorher komplett nervös.

Willkommen im Club. Hast du irgendeinen Trick, wie du das in den Griff kriegst?

Ja, eine Atemtechnik habe ich. Langsam atmen, konzentrieren und die paar Rituale ... ich kriege das durch das Schminken schon in den Griff, dass da vorher so eine Ruhephase ist. Ich kann Barbra Streisand verstehen, dass die keine Konzerte mehr macht, weil sie so aufgeregt ist.

Ich sage seit 20 Jahren, dass ich Barbra Streisand verstehe! Wobei das bei der auch dieser Perfektionismus-Knebel ist. Die Angst vorm Blackout. Würdest du sagen, du bist ein Perfektionist?

Ja. Ich bin auch sehr selbstkritisch.

Bist du denn auch ein Kontrolletti?

Nein, das bin ich eigentlich nicht.

Du hast nicht diese Klatsche, dass du fünfmal hochrennen musst, um zu kucken, ob die Herdplatte aus ist?

Nein.

Der Herd ist ja bei ihm nie an.

Bist du abergläubisch?

Nein. Das Einzige, was ich früher nicht gemacht habe, ist eine Zigarette an der Kerze anzünden. Hier in Hamburg weiß man ja, da stirbt ein Seemann. Das habe ich natürlich nicht gemacht.

Du bist nicht in Hamburg geboren, aber du bist ein norddeutscher Junge?

Ich bin in der Nähe von Hannover geboren. Das ist ja hier quasi um die Ecke.

Du bist permanent mit so vielen Menschen in Kontakt, ob jetzt bei deinen Führungen oder in deinen beiden Läden oder auf Events, im TV ... hast du enge Freunde? Oder hast du zu viele Freunde?

Freunde sind mir wichtig. Erst mal habe ich ein Superverhältnis zu meiner Mama. Dann habe ich gute Freunde und ein gutes Team um mich herum. Ich brauche gute Leute um mich herum.

Wie muss ein Mensch beschaffen sein, dass der dir spontan sympathisch ist? Oder welche Art von Typen oder Menschen gehen dir so richtig auf den Sack?

**Mir geht Penetranz auf den Sack. Mit Humor kriegst du es bei mir natürlich immer irgendwie hin.
Humor und Ehrlichkeit.**

Hast du manchmal Zukunftsvisionen und denkst, irgendwann möchte ich nur noch Oliver sein?

Nein. Dazu macht es viel zu viel Spaß. Mir ist nicht wichtig,

groß Kohle zu machen, sondern es geht um Selbstverwirklichung. Jetzt ist Olivia auch so wandlungsfähig, dass es nie langweilig wird.

Apropos Langeweile! Zeit für die berühmte Inselfrage: Welche drei Sachen würde Oliver mit auf eine einsame Insel nehmen, und was würde Olivia einpacken?

Olivia würde auf jeden Fall eine Puderquaste, einen Mann und eine Kleiderstange mit einer Auswahl an Bikinis mitnehmen.

Hihi ... und Oliver?

Oliver würde gerne einen Hund mitnehmen, sein Müsli und dann wäre es wichtig, dass es eine ruhige Insel ist. Ich bin privat mit Regeneration beschäftigt. Ich mache Sport, viel, viel Yoga, meditiere und ernähre mich gesund. Gehe früh ins Bett und versuche viel zu schlafen, damit ich meine Energie fürs Wochenende habe.

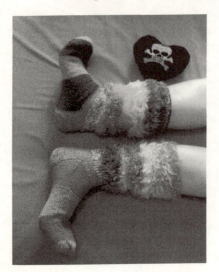

Wie? Und beide kommen ohne Schlafsocken aus?

Die setze ich voraus! Die Schlafsocken, die hätte ich beim Flug als Reisesocken an!

Hannes Jaenicke
Planet der Affen

Hannes Jaenicke wurde am 26. Februar 1960 in Frankfurt am Main geboren. Er ist ein deutscher Schauspieler, der seit 1984, als er gemeinsam mit Götz George, Wolfgang Kieling und Renée Soutendijk in dem Kinothriller «Abwärts» die Zuschauer an den Rand eines Nervenzusammenbruchs brachte, einen festen Platz in der ersten Liga der Schauspielriege einnimmt. Wer allein seine Filmographie ausdrucken möchte, sollte sich vorher vergewissern, dass er ausreichend Tinte im Drucker hat. Daneben findet er noch die Zeit, sich für verschiedene Themen aus dem Bereich Umwelt- und Tierschutz zu engagieren. Er drehte Dokumentationen über Orang-Utans, Eisbären, Haie, Gorillas, Vögel und alles, was nicht bei drei auf den Bäumen oder Schollen ist. Im September 2010 erschien sein Buch mit dem Titel «Wut allein reicht nicht».

Wir sind uns in den vergangenen Jahren bei offiziellen Anlässen ein paarmal begegnet, und es waren stets fröhliche Zusammenkünfte. Im Frühling 2010 trafen wir beide uns zum ersten Mal mit Barbara Laugwitz und Susanne Frank vom Rowohlt Verlag in einer Hotelbar, um dieses fröhliche Büchlein, was Sie gerade in den Händen halten, zu planen. Als plötzlich Hannes strahlend um die Ecke bog, sprachen wir ihn spontan an, und prompt hatten wir unsere erste Zusage für ein Interview. Die Rowohlt-Mädels waren begeistert. Die terminliche Koordination gestaltete sich in den folgenden Monaten als fast unmöglich, da unser «Hänschen klein» ständig in die weite Welt hineinging. Zum guten Schluss fand er doch noch die Zeit, mit uns ein telefonisches Interview zu führen, obwohl er auch da schon wieder mit einem Bein frohgemut in Malaysia weilte.

HvS: Du bist doch mit Orang-Utans auf Du und Du. Was muss man im Umgang mit den Menschenaffen bedenken?

HJ: Wir haben bei unserer Doku nur mit Orangs gedreht, die aus Privatbesitz, in Zoos oder Puffs konfisziert oder aus Palmölplantagen gerettet wurden. Die Orang-Utans, die in freier Wildbahn leben, hat man in Ruhe zu lassen, und wichtiger noch, ihren Lebensraum zu schützen. Wir haben auf einer sogenannten Auffangstation auf Borneo mit Waisenbabys gedreht, deren Mütter in Palmölplantagen erschossen wurden. Die hilflosen Jungen werden aufgesammelt und dann vier Jahre lang von Helfern trainiert, damit sie ausgewildert werden können. Und mit denen geht man im Prinzip um wie mit menschlichen Babys. Ein großer Teil von ihnen ist leider so krank, dass man sie nicht wieder auswildern kann. Viele haben Tbc, Diabetes, Herpes und zum Teil HIV, sodass sie lebenslang in dieser Auffangstation bleiben müssen. Die werden täglich gefüttert, gut behandelt, und ihnen wird ein halbwegs affenwürdiges Leben beschert. Bei ausgewachsenen Orangs sollte man sich nicht verschätzen. Die sind nicht ungefährlich, weil sie unglaubliche Kraft haben. Willie Smits, ein Holländer, der die Station betreibt, hat ein Männchen vor Jahren gerettet und großgezogen. Dieser Affe hat eine enge Beziehung zu Willie entwickelt. Eines Morgens, als der Holländer wieder gehen wollte, hat er durch die Gitterstäbe gelangt und ihm das Wadenbein komplett zerquetscht, weil er nicht wollte, dass er schon geht. Das war ein Akt der Liebe, die für Willie leider schmerzhaft endete. Ansonsten sind die viel zu gutmütig, um es mit den Menschen aufnehmen zu können.

Du bist ja sehr engagiert mit Tieren. War das bei dir als Kind schon so, dass du dich für Schwächere eingesetzt hast?

**Zuerst möchte ich sagen, dass ich die Tiere nur als Symbol dafür sehe, was wir Menschen mit Natur und Umwelt veranstalten. Ich bin nicht explizit Tierschützer, sondern habe in den ZDF-Dokus «Im Einsatz für Orang-Utans», «... Eisbären», «... Haie» und «... Gorillas» die Regenwaldvernichtung, Meeresüberfischung, Meeresverschmutzung, CO_2-Ausstoß und Polkappenschmelze etc., also jeweils klassische Umweltthemen beackert und diese mit aussterbenden Tierarten illustriert, weil es sonst zu abstrakt ist. Wenn ich einen Film über den verschwindenden Regenwald mache, kriege ich nicht mal einen Sender. Wenn ich einen Film mache über Orang-Utan-Waisenbabys, deren Lebensraum zerstört wird, bekomme ich einen Sendeplatz.
Den Deutschen interessiert es nicht, ob wir im indonesischen Dschungel viel zu viele Bäume abholzen. Der weiß ja nicht mal genau, wo das ist. Aber wenn ich dokumentiere, dass unser Teak-, Meranti-, Bankirai- und Palmöl-Konsum dazu führt, dass der letzte Lebensraum der Orang-Utans vernichtet wird, dann versteht man das. Mir geht es nicht nur um den Missbrauch dieser Tiere. Es ist einfach eine sehr emotionale Art und Weise zu erzählen, was der industrialisierte Mensch so mit Mutter Erde treibt. Ich bin seit meinen Teenager-Jahren Greenpeace-Mitglied, und wenn du alle drei Monate diesen Greenpeace-Newsletter kriegst, wirst du irgendwann wütend, einfach weil immer noch nichts gegen die Umweltzerstörung getan wird. Irgendwann hatte ich dann die Idee, meine Fernsehtätigkeit auch mal anders zu nutzen als nur zur Unterhaltung.**

Hattest du als Kind schon Tiere?

Oh ja. Hamster, Meerschweinchen, Katzen, wir hatten immer Tiere zu Hause.

Bist du ein Einzelkind?

Nein. Ich habe eine ältere Schwester, die ist Krankenschwester, und einen jüngeren Bruder, der ist Maler in Köln.

Deine Schwester ist Krankenschwester. Liegt «anderen zu helfen» bei euch in der Familie?

Ich bin sicherlich in diese Richtung erzogen worden. Meine Eltern sind beide ausgesprochen sozial und politisch engagiert. Das hat also viel mit unserem Elternhaus zu tun.

Du bist ja in Amerika groß geworden. Hast du eine spezielle amerikanische Macke? Oder 'ne spezielle deutsche?

Ich habe lustigerweise beide Pässe und auch zwei Wohnsitze, weil ich mich bis heute, selbst im fortgeschrittenen Alter von 51, noch immer nicht entscheiden kann, ob ich lieber in den USA leben möchte oder in Europa. Das ist bestimmt eine meiner Macken.

CS: Das klingt zumindest nach anstrengendem Pendeln.

Wenn ich drei Monate drüben bin, kriege ich Europa-Heimweh. Wenn ich lange genug hier bin, denke ich: «Mein Gott, möchte ich gerne wieder in die USA!» Das ist so eine Entscheidung, die ich seit über 20 Jahren vor mir herschiebe.

Ja, musst du denn eine Entscheidung treffen?

Sagen wir mal so, das würde mein Leben schon sehr vereinfachen. Vor allem das Privatleben.

Würdest du von dir sagen, dass du prinzipiell entscheidungsscheu bist?

Eigentlich gar nicht. Deswegen ist es eher untypisch für mich. Es gibt Dinge, die Amerikaner tun, die finde ich großartig.

Sag, was ist großartig?

Dass man grundsätzlich erst einmal positiv mit allem im Leben umgeht. Dass man glaubt, dass Dinge machbar sind. Was ich großartig finde bei den Amis, ist dieser unerschütterliche Glaube ans Happy End. Für die Deutschen geht die Welt immer unter. Diese deutsche Skepsis, das deutsche Gemecker, Gejammer, dieses «Das kriegst du nie hin», «Das hat noch keiner gemacht», «Das geht nicht, das wird nix», «Dafür bin ich nicht zuständig», dieses ständige im Negativen funktionieren, das finde ich in Deutschland anstrengend. Bei den Amis ist es genau umgekehrt. Das hat auch mit kindlicher Naivität zu tun, die einem auch auf den Keks gehen kann. Aber es hat eben auch positive Seiten. Dass einem im Supermarkt die amerikanische Kassiererin grundsätzlich unglaublich freundlich gegenübertritt und gutgelaunt ist, finde ich jetzt erst mal keine Strafe, auch wenn Deutsche immer sagen, das ist oberflächlich. Hallo? Ich muss mit denen ja nicht intimst befreundet sein.

Das kann ich bestätigen. Als ich 1980 das erste Mal in San

Francisco war, in den Supermarkt gegangen bin und die Kassiererin mir und meinen braunen Papiertüten nachgerufen hat: «Have a nice day! Enjoy yourself! Take care!», dachte ich: «Ich erlebe das jetzt nicht. Wie nett ist das denn?»

So geht mir das auch. Das mag jetzt nicht unbedingt tiefschürfende Anteilnahme sein ...

... nein, aber es ist einfach angenehm.

Unglaublich angenehm.

Gibt es Speisen, die du in Amerika besonders liebst und hier nicht bekommst? Oder umgekehrt? Wenn du in Amerika bist, denkst du «Boah, wenn ich jetzt nicht sofort ein vernünftiges Sauerkraut mit Würschtln bekomme, drehe ich durch»?

Ich bin seit 25 Jahren Vegetarier. Was die Ernährung angeht, gibt es zwei unterschiedliche Amerikas: Die beiden Küsten, und es gibt diesen merkwürdigen Kontinent dazwischen. Dort kann ich mich gar nicht ernähren. Die fressen tatsächlich nur Burger, Steaks, einen Riesenberg Fritten und drei Spiegeleier obendrauf. Andererseits kann man in L.A., San Francisco, Seattle, New York, Boston vegan und vegetarisch essen wie sonst nirgendwo auf der Welt. Ich finde dort für meinen persönlichen Geschmack sehr viel bessere Essmöglichkeiten als hier bei uns. Hier steht doch tatsächlich auf der Speisekarte eines bayerischen Gasthauses unter «Vegetarisch» dann kurz mal die Forelle und der Zander.

Fisch isst du noch?

Ganz selten. Weil auch die Meere mittlerweile hoffnungslos überfischt sind. Ich bin zu 99 Prozent Vegetarier.

Kochst du denn für dich alleine? Du bist doch momentan nicht verheiratet?

Ich war mal verheiratet. Bin glücklich geschieden, wie man so schön sagt. Ich bin der berühmteste Nicht-Koch Deutschlands. Ich koche grundsätzlich nicht.

Wenn du dich, wie zur Zeit, im tiefsten Bayern aufhältst, wovon ernährst du dich denn dann? Isst du ausschließlich Banänchen, Orangen und Äpfelchen?

Morgens mache ich mir mein Müsli und Pott Kaffee mit großer Begeisterung selber. Abends habe ich Gott sei Dank hier im Dorf einen großartigen Italiener. Der hat reichlich vegetarische Gerichte auf der Karte und ist genau 500 Meter von mir entfernt.

Hast du Frühstücksrituale?

Einen Liter Kaffee und Müsli mit reichlich Obst.

Gesund.

Und danach gleich eine Zigarette. Lecker.

Leider nicht so gesund.

Ach? Du rauchst noch?

Ich bin einer der Dinosaurier, die immer noch rauchen.

Willkommen im Club! Aber da hast du keine Bedenken, wegen dem CO_2-Ausstoß?

Also, ganz ehrlich, das, was ein Zigarettchen produziert, ist gemessen an dem, was beispielsweise von Autos produziert wird, doch eher zu vernachlässigen.

Gibt es etwas, wovor du dich ekelst? Würdest du sagen, du ekelst dich, wenn jemand einen Fleischlappen auf dem Teller liegen hat?

Ich bin da völlig unmissionarisch. Solange ich das nicht essen muss, ist es mir völlig egal, was andere Leute essen. Ich denke höchstens, Leute sollten nachdenken, wie viel Fleisch sie verzehren. Das ist nachweisbar eines der größten Umweltprobleme dieses Planeten. Es ist eine Tatsache, dass wir 1,6 Milliarden Rinder haben, die genau ein Viertel der Landfläche dieses Planeten für Futtermittel brauchen. Früher gab es nur den Sonntagsbraten, der ja medizinisch völlig ausreicht. Heute essen die Leute dreimal am Tag Fleisch. Die Frage ist: Muss das sein?

Ich bin über viele Fakten oft sehr erschöpft, und es macht mir auch Angst. Wenn ich mich aber so gut damit auskennen würde wie du, wenn ich mich so intensiv damit beschäftigen würde, würde es mir noch mehr Angst machen – das Wissen um diesen Notstand.

Jeder kann nur vor seiner eigenen Haustür kehren. Mein Haushalt ist weitestgehend plastikfrei. Ich versuche, in den eigenen vier Wänden so umweltverträglich wie möglich zu leben. Aber das kann ich nur für mich machen, ich bin der Letzte, der andere Leute missionieren möchte. Ich sage

auch nicht ständig zu Freunden mit dicken Autos: «Was fährst du denn da für eine Identitätsprothese?» Manche von denen fahren SUVs, Porsche, Maserati oder ich weiß nicht was. Ich mache mich darüber lustig, aber die sollen machen, was sie wollen. Das kann ich nur für mich selber klären.

Worauf ich hinauswollte, war die Angst vor dem endgültigen Kollaps auf unserm Planeten.

Wenn ich das Greenpeace-Magazin lese, da kriege ich es auch mit der Angst zu tun. Aber ich kann ja etwas dagegen tun. Das mache ich relativ konsequent und ganz ehrlich, mir macht es auch Spaß. Ich habe meine Stromrechnung mittlerweile auf 13 Euro runter im Monat, was super ist.

Ja, ich will dich aber hartnäckig weiter nach Ängsten befragen. Gibt es Ängste in deinem Leben?

Nein.

Gar nicht?

Höhenangst? Platzangst? Kleine Sozialphobie?

Nein, so was habe ich so gar nicht.

Bist du ein abergläubischer Mensch?

Nicht wirklich, nein.

Wenn du eine Rolle studierst und hast viel Text, gibt es da Rituale, wie du am besten Text lernen kannst?

Lesen, lesen, lesen. Ich lese den Text so lang und oft, bis ich ihn drauf habe. Das ist beim Film ja Gott sei Dank einfacher, weil man jeweils nur für ein oder zwei Drehtage lernt. Beim Theater ist es anders. Ich habe vor drei Jahren mal wieder Theater gespielt, das ist schon eine Tortur, sich zweieinhalb Stunden Text ins Hirn zu stoßen.

Du hast auch keine Glücksbringerchen, Amulette oder Toi-toi-toichen?

Nein, gar nicht.

Wie ist es mit dem Lampenfieber?

Entsetzlich. Selbst nach 30 Berufsjahren unverändert entsetzlich. Ich frage mich ohne Scheiß vor jeder Vorstellung auf der Theaterbühne: «Warum tust du dir das an?» Aber kaum bist du draußen auf den Brettern, ist alles in Ordnung.

Es gibt aber keine Rituale, mit denen du versuchst, das Lampenfieber in den Griff zu bekommen?

Die üblichen Zigaretten und Klogänge halt.

Ja, das kennen wir. Wenn du das so beschreibst, keine Amulettchen, kein Aberglaube – bist du ein rationaler Mensch?

Nein, aber ich lebe ja weitestgehend aus dem Koffer, und da ist so was nicht dabei. Wenn ich jetzt mit einem Teddybären reisen würde, wäre schon wieder Platz im Gepäck weg, den ich für andere Sachen brauche. Das ist bei mir eher pragmatisch als rational.

Du bist also auch ein Freund des Teddybären?

Ja, ich habe sogar noch einen aus meiner Kindheit.

Ah! Du hast Kuscheltiere?

Das Uralt-Teddybärchen eben.

Oh, das rührt mich jetzt.

Und wo wohnen die bei dir?

Die wohnen bei meiner Mutter, wo sonst? Die hebt so was ja lustigerweise auf. Das ist erstaunlich, was meine Eltern an Kinderbüchern und Kinderspielzeug aufheben.

Denkst du manchmal: «Ach, ein eigenes Kind wäre schon schön gewesen?»

Der Zug ist ja noch nicht restlos abgefahren.

Jetzt, wo du es sagst ...

Wenn dein Koffer auf dem Flug verloren geht, was ist das, was du sofort ersetzen musst? Was ist unverzichtbar?

Ich reise grundsätzlich mit einem Rucksack und einer Reisetasche. Die wirklich heiligen Dinge, also Laptop und so, die habe ich im Rucksack, im Handgepäck. Ganz ehrlich, mein Gepäck ist schon so oft verloren gegangen.

Ach?

Ja, klar. Jetzt zuletzt war ich in Uganda, da kam nichts von meinem Gepäck an. Manchmal kreist die Tasche leer auf dem Kofferband rum, weil irgendwelche Gepäckarbeiter alles rausgeklaut haben. Dann gehe ich mir eben eine neue Jeans und ein neues T-Shirt kaufen. Ich reise sparsam.

Reist du eigentlich gerne?

Komischerweise immer noch, ja.

Also Fliegen macht dir auch nichts aus?

Nein. Es geht ja nicht anders. Wir waren alleine für den Hai-Film auf Hawaii, in Costa Rica, in Südafrika und in Spanien. Ich war in den letzten fünf Jahren völlig irrwitzig unterwegs mit meiner kleinen Doku-Crew. Aber wir machen bei Flugreisen immer brav den CO_2- Ausgleich.

Was macht ihr denn für einen Ausgleich?

Da gibt es mehrere Möglichkeiten. Es gibt z. B. Atmosfair. de, oder My-Planet.de. Am Kölner Flughafen steht an den Gates ein kleiner Computer. Da kannst du deine Flugroute eingeben, dann erscheint eine entsprechende Summe, dann ziehst du die Kreditkarte durch und hast soeben ein Biomasse-Projekt in Indien unterstützt. Ich selber betreibe zusammen mit bayerischen Umweltschützern in Indonesien ein Wiederaufforstungsprojekt. Da wird versucht, den letzten bestehenden Regenwald zu schützen und den gerodeten Wald wieder aufzuforsten. Das unterstütze ich, so gut ich kann.

Wenn du mit Reisen und deinem Rucksäckchen so tapfer bist, welche drei Dinge würdest du auf eine Insel mitnehmen wollen?

Musik, Bücher, Espresso-Maschine.

Ein Kaffee-Junkie.

Ja.

Wenn du dauernd unterwegs bist, hast du liebgewonnene Rituale zu Weihnachten oder zu Silvester oder zu Geburtstagen?

Zu Geburtstagen gar nicht. Zu Silvester auch nicht. Weihnachten immer mit der Familie. Meine Eltern werden dieses Jahr 81, und ich weiß ja, dass sie nicht ewig da sind. Ich fahre hin, so oft ich irgendwie kann. Meine Geschwister kommen eigentlich auch immer. Wir machen Weihnachten Familientreffen.

Und das ist dir auch wichtig?

Da komme ich dann auch gern mal vom anderen Ende des Planeten für angejettet. Ja. Das ist mir sehr wichtig.

Das brauchst du auch klassisch? Mit Tanne? Und da werden Geschenke verteilt?

Meine Mutter hat mittlerweile eine eingetopfte Tanne, die im Sommer draußen auf der Terrasse wohnt und im Winter zum Weihnachtsbaum umfunktioniert wird. Eigentlich geht es bei uns nicht mehr um Weihnachten und Geschenke,

>sondern ums Familientreffen. Essen, schnacken, Weinchen trinken und labern, bis der Arzt kommt.

Ja, schön, das gefällt mir gut.

>Das Weihnachtsritual ist bei uns eher bescheiden. Meine Mutter backt monatelang vorher tonnenweise Plätzchen und Süßkram. Das ist das einzige wirklich wichtige Ritual.

Gehörst du zu den Männern, die eine Klatsche mit dem Älterwerden haben?

>Das ist mir ziemlich egal.

Ganz tapfer bist du da?

>Was heißt tapfer? Ich kann doch eh nichts dran ändern. Man sollte sich die Schlachten aussuchen, die man gewinnen kann. Die Schlacht gegen das Alter kannst du nicht gewinnen.

Klug.

Falls es dich tröstet: Du gehörst zu meinen Lieblingsschauspielern und wirst im Alter immer attraktiver.

>Also, aus deinem Munde muss ich das ja wohl ernst nehmen.
>*(Lachen.)*
>Obwohl mir die Haare ausgehen und weiß werden. Das nervt mich schon, muss ich sagen.

Die Haare, die du hast, kannst du ja färben.

Das wäre aber peinlich. So wie seinerzeit Gerd Schröder ...

Hast du dir vorne nicht eine kleine Haartransplantation gegönnt?

Nein.

Nein?

Nein. Beim Film gibt es Maskenbildner, die mit einer großen Spraydose ankommen und mich schön schwarz ansprühen. Aber das ist nur beim Film. Beim Film machen sie mir meistens ein bisschen mehr Haare. Privat laufe ich so rum, wie ich nun mal bin. Leicht schütter und jetzt schwer ergraut.

Sachma, ich habe eben bei Wikipedia gelesen, du bist in Frankfurt geboren. Wieso dachte ich immer, du bist «ene kölsche Jung»?

Nach unserem USA-Aufenthalt hat es uns nach Köln verschlagen. Aber ich bin gebürtiger Hesse. Bin da aber sehr schnell weg, war dann in Pittsburgh, Pennsylvania, und mein Vater ist regelmäßig umgezogen. Ich war auch noch in Regensburg, Wien, Berlin, aber Köln war immer meine Lieblingsstadt. Die einzige Stadt in Deutschland, wo ich gedacht habe: «Oh, hier ist es undeutsch, hier kann man sich richtig wohl fühlen.» Obwohl es die hässlichste Stadt ist, die ich kenne.

So will ich dich.

Die Leute sind so angenehm.

Danke. Bist du eigentlich FC-Fan?

Da ich früher Eishockey gespielt habe, war ich immer HAIE-Fan. Bin eher von der Eishockey-Fraktion.

Da sehe ich den Puck nie.

Da musst du live im Stadion dabei sein.

Und Fußball schaust du nicht so gern?

Das ist nicht so mein Sport. Da ich in den USA aufgewachsen bin und die Amerikaner keinen Fußball spielen, bin ich mit Baseball, Basketball, Hockey und Football groß geworden.

Machst du denn selber Sport?

Wenn ich dazu komme, mache ich viel. Ich bin begeisterter Surfer, Windsurfer, Kitesurfer, Segler, ich mache alles, was mit Wassersport zu tun hat.

Würdest du sagen, das ist dein Hobby? Oder hast du noch andere Hobbys?

Ich spiele miserabel, aber begeistert Klavier. Am liebsten ganz allein, sodass mich keiner hören kann. Das geht in meiner Wohnung, Gott sei Dank, auch gut. Ansonsten ist Wassersport mein Hobby, ja.

Jetzt fragen wir dich zum Schluss, ob dir irgendwas einfällt, wo du sagst: «Damit mache ich mich zum Affen!» Vielleicht musst du ja vor jedem Flug die Stewardess küssen.

Schöne Idee! Da bin ich noch nicht drauf gekommen. Ich glaube, eine richtige Macke von mir ist, dass ich nicht sehr lange an einem Ort bleiben kann. Das ist definitiv eine Macke. Ich bin rastlos. Wenn ich zwei Wochen an einem Ort bin, werde ich unruhig. Das ist merkwürdig.

Du hast doch durchaus Dreharbeiten, die sechs Wochen dauern. Ist das dann für dich anstrengend?

Ja. Wenn ich in Deutschland drehe, fliege ich am Wochenende immer nach Hause. Anfang Juli fange ich an, in Malaysia zu drehen. Bei dem Film ziehen wir dreimal um. Es ist ja selten, dass man immer am gleichen Ort bleibt, abgesehen von Studiodrehs natürlich. Das ist wie beim Wanderzirkus. Man baut das Set auf, mit Wohnwagen, Licht-LKWs, Masken-Mobil, dann zieht man wieder weiter. Ich weiß nicht, ob es damit zu tun hat, dass meine Eltern so viel umgezogen sind, aber ich bin einfach kein sesshafter Mensch. Da fehlt mir ein Gen. Ich «leide» unter pathologischer Reiselust und dauerndem Fernweh.

Dann wünschen wir dir n i e «MAYDAY! MAYDAY!» und immer eine Handbreit Wasser unterm Kiel!

Danke, ihr Lieben.

Werner Schneyder
«E-Mail ist für mich ein feuerfestes Geschirr.»

Ich (Hella) sagte bislang selten im Showbiz: «Es ist mir eine Ehre, Sie kennenzulernen.» Ich hab's einmal zu Heidi Kabel gesagt, als sie bei «Alles Nichts, Oder?!» Gast war. Und zweimal hab ich's auf Englisch gesagt: «It's an honour to meet you!» Einmal zu Peter Ustinov auf dem Sofa von «Wetten, dass …!?» und einmal zu Liza Minelli. Fritz Wepper war so lieb, uns damals in der Münchener Philharmonie mit hinter die Bühne zu nehmen. (Sie signierte unser Programmheft. Da wir für Dirk Bach Autogramme mitbesorgen und er für uns, sollte sie seinen Namen auf ein zweites Programmheft schreiben. Dank meiner kompletten Aufregung buchstabierte ich natürlich die Buchstaben auf Englisch falsch, sodass Dicki jetzt ein Autogramm an der Wand hängen hat: «To Dicke! Love, Liza».)
Na … jedenfalls hab ich's nochmal gesagt. Auf Deutsch. Zu einem Österreicher.
Werner Schneyder ist am 25. Januar 1937 in Graz geboren. Er ist Kabarettist, Autor, Schauspieler, Moderator, Regisseur und Sportkommentator. Es könnte sein, dass ich (immer noch Hella) wegen seiner Kommentare Boxkämpfe im TV verfolgt habe, aber meine Bewunderung gilt ihm als Kabarettist zusammen mit seinem damaligen Bühnenpartner Dieter Hildebrandt. Zu Hildebrandt würde ich den Satz auch sagen. Aber den traf ich ja nicht.
Wir trafen Werner Schneyder bei «Maischberger». Die Redaktion hatte im Vorfeld der Fußball-WM in Südafrika eine launige Runde zusammengestellt. Es waren diverse Fußballexperten anwesend, und ich trötete in meine frisch erstandene Vuvuzela, nicht ahnend,

dass uns diese Höllentrompete mit 30 000 Kumpels tontechnisch die zukünftigen TV-Übertragungen komplett verleiden würde. Herr Schneyder hatte scheinbar auch Freude an uns, denn er gab uns seine Handy-Nummer, und wir verabredeten uns in seinem Hotel. Als wir dort aufschlugen und durchklingelten, entspannte er jedoch bereits im Plutschewännchen.

Da wir beruflich in Wien zu tun hatten, hamm wir einfach keck 'ne SMS geschickt, ob wir ihn treffen könnten. Er hatte viel um die Ohren und fragte, ob wir das Interview nicht auch per Fax machen könnten. Klar. Hauptsache, Werner Schneyder ist mit dabei. Und jetzt kann ich (Conny) ins gleiche Horn stoßen: Lieber Werner Schneyder, danke, dass Sie uns die Ehre gegeben haben, in unserem Büchlein mitzuwirken!

CS: Gibt es in Ihrem Leben feste Rituale?

WS: Viele. Ich verlasse das Haus zum Beispiel nur bekleidet. Wenn ich gegrüßt werde, grüße ich zurück. Ich lasse den Damen den Vortritt. Manchmal auch gegen meine Überzeugung.

Haben Sie auch ein Einschlafritual?

Beim Einschlafen mache ich die Augen zu. Wenn sie wieder aufgehen, wiederhole ich diesen Vorgang später.

Und was machen Sie nach dem Aufstehen?

Ich wiege mich täglich. Meine miese Laune sucht ihren Grund.

Marotten bei Mahlzeiten?

Mir wurden einst Tischmanieren gelehrt. Daher bereitet mir deren Absenz bei anderen Unbehagen.

HvS: Dürfen wir nachfragen, wie Sie bei Absenz von Tischmanieren Ihres Gegenübers reagieren?

Ich schau es traurig an und hoffe, dass es das bemerkt.

Gibt es einen Weihnachtsbrauch im Hause Schneyder?

Ich würde mir gerne den schwarzen Anzug und ein weißes Hemd anziehen. Aber weil die anderen das blöd finden, komme ich mir auch so vor.

Wie wird denn Silvester zelebriert?

Für mich ist der Jahreswechsel ohne das nachfolgende Konzert der Wiener Philharmoniker undenkbar. Diese Musik und mein Restrausch gehen eine einzigartige Verbindung ein.

Oooooh! Rausch! Ein Lieblingsthema! Wie sieht denn ein zünftiger Rausch bei Ihnen aus? Und gibt es ein ganzjähriges «Katerritual»?

Nein. Ich bin ein kultivierter, friedlicher, fröhlicher Weintrinker. Der Silvesterpunsch ist eine rituelle Ausnahme.

Was treiben Sie denn so beim Sportgucken?

Da träume ich mich gerne in das Alter, in dem dieses oder jenes noch möglich gewesen wäre.

Gibt es Speisen, die Ihnen Wohlgefühle bereiten?

Meine Lieblingsspeisen bedingten eine einstündige Aufzählung. Mit Hochwassergefahr in der Mundhöhle.

Gibt es denn etwas, dass Sie partout nicht essen können – oder wollen?

Bevor ich Fastfood zu mir nehme, hol ich mir lieber ein Hungerödem.

Und gibt es etwas, wovor Sie sich geradezu ekeln?

Vor Plastik. Sei es die Verpackung der Speisen, sei es die Speise selbst.

Haben Sie zufällig eine Klatsche mit Bakterien?

Von jeder Art von grenzpathologischem Hygienefimmel weiß ich mich frei.

Haben Sie Ängste?

Wenn ich Politikern zuhöre, denke ich mir oft: Was soll das werden?

Höhenangst?

Hab ich. Ich lasse mich lieber im Atlantik aussetzen als auf einem Berggipfel.

Angst vor Spinnen, Regenwürmern, Kaninchen oder sonstigen Lebewesen?

Nur vor Waffenliebhabern, -händlern und -produzenten. Also kurz: vor jeder Art von Geschmeiß.

Sind Sie ein Kontroll-Freak?

Wer weiß, dass Frauen keine Espressomaschine, keine Waschmaschine, keinen Trockner je abdrehen, wird verstehen, dass ich gelegentlich Kontrollgänge mache.

Sind Sie abergläubisch?

Überhaupt nicht.

Gibt es Glücksbringer/Talismane vor einer Produktion? Vor einem Auftritt? Oder gar im alltäglichen Leben?

Auch nicht.

Wenn Sie verreisen und der Koffer kommt am Ziel nicht an, die Handtasche wird geklaut ... was müssen Sie sofort neu kaufen?

Den Koffer.

Haben wir was vergessen? Vielleicht können Sie Briefe nur mit einem bestimmten Füller schreiben, benutzen nur das Faxgerät, weil Sie sich dem Internet verweigern ...

Ahnen wir da was?

Computer, Internet und diese ganze Exhibitionistentechnologie kommen mir nicht ins Haus. Email ist für mich ein feuerfestes Geschirr. Ich tippe auf einer Olympia SM 3, Kaufjahr 1956.

Jetzt, wo Sie's schreiben ...

Genau.

Lieber Werner Schneyder, zum Schluss noch eine Frage: das «Y» in Ihrem Nachnamen – ist das eine Individualisten-Zille oder Ihr Geburtsname?

Mein Vater hat das «Y» sechs Generationen zurückverfolgt. Ob damals einer einen Standesbeamten bestochen hat, kann ich nicht ausschließen.

Peter Plate und Ulf Sommer
Drei Stinknasen tanken SUPER

Peter Plate ist am 1. Juli 1967 in Neu-Delhi geboren worden. Er ist kein Inder, aber Komponist, Produzent, Texter, Sänger und bildet mit AnNa R das Popduo Rosenstolz.
Ulf Sommer wurde am 26. August 1970 in Jena geboren. Er ist ausgebildeter Schauspieler, Texter, Produzent, Komponist und Kreativkopf im Team Rosenstolz.
Die beiden haben sich am 1. Juni 2002 offiziell ver«partnert» – und wenn wir das schreiben, kriegen wir schon wieder pantomimischen Herpes, weil aus diesem Wort die NICHT-Gleichstellung von homosexuellen Frauen und Männern trieft.
Aber erst einmal müssen wir uns outen! Wir haben bei der deutschen Vorentscheidung für den Eurovision Song Contest 1998 für Guildo Horn angerufen und nicht für Rosenstolz ... (Au weia. Jetzt denkt die große, treue Rosenstolz-Fangemeinde, bei uns piepts piepts piepts wohl.)
Die Ruhe bleibt! Ab 1999 haben wir uns ja selber nicht mehr verstanden ...
Der Reihe nach: 1999 moderierten Georg Uecker und ich (Hella) den TEDDY AWARD in Bärlin, und nach der Verleihung fand ich mich hinter der Bühne auf einem Bierkasten mit Peter Plate wieder. War das jetzt Liebe auf den zweiten Blick? Nö. Konnte ihm damals bei «Herzensschöner» auf der ARD ja nicht in die schönen Augen kucken ... Schöne Augen. Schönes Herz. Schöner Mann. Witziger Mann. Weiser Mann. Kluger Mann. Politisch engagierter Mann.
Wie es denn wäre, wenn wir zusammen ein Lied machen würden?!

Zum Thema Homoehe? Ja bitte! Lieber gestern als morgen. Kann es ein besseres Vehikel für 'ne politische Forderung geben als einen Ohrwurm?
Der Refrain kam in der nächsten Woche schon rübergeflogen: «JA! JA! ICH WILL! … Für uns das Hochzeitsfest – nicht erst morgen, sondern jetzt … und ich will, ich werd, ich brauch, ich geh, ich kann … zum STANDESAAAAAAAAMT!!!!! Lalalaaalallalala …»
Die Strophen wurden gemeinsam gefunden, und dann kamen die ersten Demo-CDs mit der Mucke. Tja – und jetzt müssen wir mal die Plattenfirma Polydor loben! Die haben in null Komma nix Kohle rausgehauen und ein Video realisiert.
Der heißbegehrte Regisseur Marcus Sternberg (call us THE DIETRICH) konnte gewonnen werden, und wir hamm uns in einem Bärliner Studio eine Nacht mit Dreh bis morgens halb acht um die Ohren geschlagen.
Prima. Ich (Helli) – endlich Popstar! Und ich (Conny) musste meine verdammte Kameraangst überwinden. Bei der Großaufnahme meiner Augen sehe ich die Panik heute noch …
AnNa mit Freund, Ulf und selbstverständlich Peter spielten auch mit. Es ist ein klasse Video, in dem wir alle im Kino sitzen und uns ne 50er-Jahre Wochenschau ansehen, deren Bilder von Schwarzweiß zu Farbe wechseln, da die Schlagzeilen berichten: Mann heiratet Mann, Frau heiratet Frau.
GANZ GROSSES KINO. Und endlich stimmt der Spruch mal.
Die Single platzierte sich auf Platz fünfzignochwas in den Charts, und wir platzierten uns gegenseitig in unseren Herzen.
Ich (Hella) trat auf der großen Ulf-und-Peter-Hochzeitsfete als Putzfrau Schmitz auf und bekomme spektakuläre Grußbotschaften zu Geburtstagen, und ich (Conny) bekomme coole Turnschuhe aus Barcelona, die Ulf mir mitbringt.
Bei einem Konzert im Tanzbrunnen zu Köln hab ich (Hella) den Hochzeitssong mal mitperformt und prompt den Text vergessen. Deshalb sind Teleprompter erfunden worden.

Als entfesselte Rosenstolz-Fans haben wir das große Privileg, den neuesten Kompositionen aus der Hitschmiede zu lauschen, wenn die Jungs uns besuchen kommen. Und so war es auch letzten Sommer. Ich (Hella) hatte mir gerade für Zahnimplantate den Kopp buntkloppen lassen, aber die Tränen, die mir über die dicke, blaugrünlilagelbe Backe liefen, waren Tränen des Glücks. Peter hat eine große Lebenskrise überwunden. Rosenstolz sind wieder da!

HvS: Ihr Lieben, es ist Viertel nach acht. Wir haben Sushi bestellt und jetzt 'ne halbe Stunde Zeit, euch zu fragen, ob ihr noch alle Gurken im Glas habt.

PP: Da seid ihr bei den Richtigen gelandet.

Wie sieht es denn – bei euch als Paar – so aus mit der Ordnung?

Mhhh. Ich würde mal sagen, auf dem Gebiet sind wir richtig super tolerant miteinander – oder?

US: Ich würde ehrlich sagen, dass wir total unordentlich sind.

Ja, das meine ich ja. *(Lacht.)*

Totalschlampen. Wir haben das Glück, dass wir uns 'ne Reinigungskraft leisten können. Ohne die würden wir total verdreckt sein.

Liebesgrüße an Birgit!

Im Hotel, wenn wir uns nicht scheren müssen, weil wir

wissen, dass jeden Tag aufgeräumt wird, sieht es aus wie nach 'ner Bombe. Wir sind richtig schlampig.

Ach? Eigentlich heißt es doch, dass Mädchen in Hotels viel schlampiger sind als Jungs?

Ich hab noch nie mit einem Mädchen ein Hotelzimmer gebucht. Aber es gibt eine Macke, die Ulf und ich beide haben. Die ist auch äußerst unerotisch. Ich erzähle sie hier jetzt trotzdem.

CS: Danke.

Wir können beide nicht ohne Ohropax schlafen.

Helli auch nicht!

Wir sind so ein Paar oder so ein Team, das in einer fremden Stadt, wenn wir unsere Ohropax vergessen haben, gerne auch mal die Notapotheke anfahren. Egal, wie spät es ist. Mit 'm Taxi. Weil ohne geht nicht. Ohne Ohropax können wir nicht schlafen.

Ohoho.

Und dabei schnarchen wir noch nicht mal.

Dafür hab ich Verständnis. Das mach ich aber erst seit zwei oder drei Jahren. Ich kann auch ohne Ohropax nicht mehr schlafen. Es ist so 'n bisschen wie als Kind in der Badewanne mit den Ohren unter Wasser sein. Vielleicht ist es so ein embryonales Urgefühl? Im Bauch der Mutter zu sein? Dieses Gedämpfte ... Es gibt mir eine Ruhe, und es gibt mir Frieden.

Also, ich bin total süchtig danach.

Was braucht ihr noch? Kondome?

Ja, aber die kriegt man ja überall. Aber da ich 'ne Schlafmacke hab, meine Notfallschlaftabletten. Alles andere ist mir egal. Ich brauch sonst nichts. Ganz ehrlich, ich brauch sonst wirklich nichts.

Also, du reist nicht ohne deine Schlaftabletten?

Ehrlich gesagt, so als Notfall, weil ich ein schlechter Schläfer bin. Da brauch ich das Gefühl, dass die am Bett sind!

Was machst du, wenn du die vergisst?

Panik schieben ... und versuchen zu schlafen. Und dann nicht schlafen.

Ihr seid ja auch Musiker und Komponisten. Habt ihr da nicht immer einen iPod oder einen Discman dabei?

Ist eigentlich fast beschämend. Aber ich höre echt wenig Musik.

Wie jetzt?

Wenn ich gute Momente habe, dann höre ich schon mal Musik. Aber eigentlich ist das Ulfs Job, immer neue Musik zu entdecken und mich dafür zu erwecken. Weil ich höre fast gar keine Musik.

Weil es eine Reizüberflutung für dich wäre?

Ja, für mich ist Musik auch anstrengend. Ich liebe Musik über alles, aber ... ich brauche einfach Zeit, um eine LP zu verstehen. Ich kapiere das gar nicht, wie Leute sich 40 CDs im Jahr reinziehen können und dann auch noch behaupten, sie hätten die gehört. Das geht bei mir gar nicht.

Ich kann das.

Ja, du kannst das. Ich kann das nicht.

Was ich brauche, ist Ohropax ... und ich gestehe es hiermit: Ich brauche auch noch Nasenspray!

Ich auch!

Ich auch!

Ich nicht!

(Gelächter.)

Und wisst ihr, welches Drama uns ereilen könnte? Hat mir damals meine Ex erzählt, die Ärztin war. Man kann eine STINKNASE bekommen. Und ich erschrak damals schon tief, weil ich dachte, die Nase zerbröselt und stinkt! Jetzt hat aber Conny neulich bei «Volle Kanne» morgens was anderes gehört ...

Und wat ist es?

Ne Stinknase ist, dass alles, was man riecht, stinkt.

Nee, das müssen wir schon mal in' Griff kriegen.

Ja, aber jetzt nicht.

Darf ich mal ganz kurz unter Nasenspray-Junkies folgendes fragen? Ich habe die Theorie, dass das bei mir inzwischen wie Rauchen ein nervöser Tick und eine schlechte Angewohnheit ist. Natürlich wird man irgendwann abhängig davon. Die Nasenschleimhaut schwillt süchtig an. Aber die Tatsache, dass ich dauernd, sobald ich rausgehe – pfz-pfz – sprühe, das ist, glaube ich, bei mir schon 'ne antrainierte, nervöse Macke!

Bei mir ist es so, wenn ich ein wichtiges Telefonat hab.

Jep!

Dann brauch ich 'ne Zigarette, weil ich nikotinabhängig bin.

Jep!

Und wenn es etwas ganz Wichtiges ist, füll ich sofort meine Nase – wenn nicht, kann ich nicht richtig reden.

Bei mir ist es vorm Schlafengehen. Ich mache immer so: *(leichtes Hochschniefen).* **Ob ich atmen kann. Dann rede ich mir ein, ich kann nicht richtig atmen. Und dann nehme ich das. So, lasst uns über andere Macken reden.**

Okay! Thema One Night Stands ...

Tja. Ich brauche es ja auch, dass es dunkel ist im Schlafzimmer. Und bei den meisten Leuten ist es ja so, dass die keine Rollos haben. Und ich leg dann mein T-Shirt auf meine Augen, und das verrutscht dann aber in der Nacht, wenn ich nicht pennen kann. Dann schnür ich mir das wie so 'n Tuch drum. Was natürlich komplett unerotisch aussieht. Ich mit Ohropax und dem T-Shirt um die Ohren ...

Mit der Burka ...

Ja! Und so wach ich dann neben meinem Objekt der Begierde auf, es ist mir aber scheißegal! Da bin ich egoistisch.

Das ist ja auch das Tolle am Älterwerden, dass man selbst-

bewusster wird. Auch den Humor hat. Ich finde ja sowieso, dass zum Sex auch Humor gehören muss. Meine Erfahrung ist auch: Für alle Typen, bei denen ich mit so was offen war, mit meinem Nasenspray, mit meinem Ohropax, war das kein Abtörner. Ich glaube, es ist viel eher ein Abtörner, wenn man so was heimlich macht. Was ich aber noch mache, das ist auch ein schönes Ritual. Es gab mal diesen ganz tollen Film «Das Kuckucksei» ... kennt ihr den noch? Wo er auch zum ersten Mal neben dem Typen aufwacht, in den er sich verknallt hat und dann frühmorgens ins Bad geht, sich zurechtmacht und sich dann wieder ins Bett legt, um schön zu sein. Morgens.

Das kenn ich auch.

Und wenn ich bei jemandem bin, den ich wirklich sehr gerne habe, und ich wache vor dem auf, dann geh ich schon ins Bad und putz mir auch die Zähne und mach mir meine Haare schön.

Ich dachte, das machen alle?!

Ich hoffe, ich komme nach dem Erscheinen des Buches nicht in 'ne Klapse, aber was ich wirklich habe, ist 'ne Zählen-Macke.

Haaaaaaaaa!

Das haben viele Künstler. Ich zähle immer bis vier: Eins, zwei, drei, vier ... eins, zwei, drei, vier. Deswegen schreibe ich auch so selten Walzer ...

Nur in deinem Kopf zählst du eins, zwei, drei, vier?

Ja.

Oder zählst du hier zum Beispiel ... die Gläser?

Nein, nein.

Also, du musst nicht Gegenstände zählen.

So wie Monk.

Nein.

Sondern du machst in deinem inneren musikalischen Rhythmus immer eins, zwei, drei, vier.

Ja. Ganz schlimm.

Jetzt auch? Während wir sprechen?

Jetzt gerade nicht. Aber ganz, ganz oft, wenn ich alleine bin, zähle ich bis vier ... und fang von vorne an. Und das muss schon irgendwie ein bisschen krankhaft sein.

Nee. Du sagst, dass das der Grund ist, warum du keine Walzer schreibst, also das hat was mit Musikalität zu tun.

Keine Ahnung, was es ist. Aber es nervt auch manchmal. Dann sage ich: Jetzt hör doch mal auf mit Zählen. Ich kann dann nicht aufhören zu zählen.

In unserer Branche ist ja Aberglaube nicht unwichtig. Habt ihr so Sachen vor dem Auftritt? Müssen da bestimmte Dinge immer gleich sein, weil du sonst denkst, das ist ein schlechtes Omen, und das Konzert wird schlecht? Oder bist du da schmerzfrei? Also bist du da ritualfrei?

Die Wahrheit?

Ja!

Also, Anna und ich und die Band, wir müssen uns immer umarmen und laut «Ficken!» schreien.

... es gibt nichts Schöneres.

Und du persönlich?

Ich bin überhaupt nicht abergläubisch. Ich glaube an nichts. Ich glaube nicht an Gott. Ich glaube an keine Bestimmung. Ich glaube an gar nichts. Was auch echt anstrengend ist.

Bei mir ist es so: Ich fühle mich auch wohl in der Rolle, in der ich bin. Also wenn's um Shows von Rosenstolz geht, bin ich ja derjenige, der die Sachen mehr oder weniger inszeniert und dann unten oder backstage steht und zuguckt. Und unter den Zuschauern immer alles abcheckt, und das ist auch schrecklich. Weil man nämlich nichts machen kann. Und nichts mehr in der Hand hat. Und sich fremdschämt. Sich freut. Nichts mehr unter Kontrolle hat. Und ich bin Kontroll-Freak. Ich bin auch überhaupt nicht gläubig. Überhaupt nicht. Aber ich habe diesen Glauben an mein Bauchgefühl, sobald die Zuschauer reinrennen. Entweder fühl ich 'ne Spannung, dann weiß ich, das wird toll! Das hab ich so abgespeichert. Kommen sie lasch rein, dann fühl ich auf einmal: Oh, das wird ein ganz schlimmes Konzert. Und blöderweise stimmt es irgendwie. Ich kriege immer Panik von meinem Bauchgefühl.

Während alle noch fröhlich «Ficken!» rufen, sagst du: «Peter, mein Bauchgefühl sagt: Die Show wird scheiße!»?

Nein. Ich gehe ja zehn Minuten vorher raus. Aber nein, das mach ich nie. Das ist ja nur mein Ding.

Seid ihr empfänglich für sogenannte schlechte Omen? Also die «Schwarze Katze von links nach rechts»-Nummer?

Geht bei mir gar nicht. Ich verknalle mich komischerweise immer in Typen, die für so was empfänglich sind.

Ach?

Und streite mich mit denen bis aufs Messer. Anstatt dass ich die Nacht genieße und einfach mal meine Klappe halte, versuche ich dem beizubringen, dass es gar keinen Sinn hat, Wahrsager zu konsultieren oder sonst so 'n Quatsch. Ich bin anscheinend empfänglich für Typen, die für so was empfänglich sind. *(Lacht.)*
Ich glaube an gar nichts. Das Einzige, was ich mache: Wenn das Flugzeug startet, denke ich immer an all die Menschen, die ich liebe oder gerne habe.

Ach Gottchen.

Das ist schön!

Ich hab dich lieb.

Weil du ein bisschen Angst hast?

Ja, ich habe Flugangst.

Ulf, denkst du auch an die Menschen, die du liebst?

So weit geht es bei mir nicht. Wenn das Flugzeug startet, sage ich immer, es wird nichts passieren. Und das ist bei mir auch so ein Ritual. Aber wenn ich ein kleines Geldstück auf der Straße sehe, egal was für eines, egal, wie dreckig es ist – Dreck ist mir eh egal –, dann heb ich das auf und ...

... bespuckst es.

Bespucke es und schmeiß es weg.

Du schmeißt es wieder weg?

Ja, und wünsche mir was.

Aaah!

Und umso intensiver ich gerade in irgendeiner Geschichte bin, wo ich mir was wünsche, umso intensiver finde ich auch Geld und bespucke das wie wild und schmeiße es weg. Da werde ich süchtig nach. Es ist jetzt nicht so, dass ich wirklich abergläubisch bin, es ist für mich so eine Art Hoffnung. Wir waren vor zwei Monaten in New York, und ich war drauf und dran, zu einer Kartenlegerin zu gehen. Ich hab's

nicht gemacht, weil ich auch bisschen Angst davor
habe. Aber ich hätte echt richtig Bock, das mal zu
machen. Ich weiß, dass es Humbug ist. Aber ich würde
gerne dran glauben.

Ich sag ja, ich verliebe mich immer in so Freaks!

Bastian Pastewka
«Ich bin Seplophobiker.»

Bastian Pastewka wurde am 4. April 1972 in Bochum geboren, wuchs aber in Bonn auf. Er ist Schauspieler, Komödiant, Synchronsprecher und Fan der Hörspielserie «Die drei ???».
Wir lernten Bastian Anfang der 90er Jahre im Rahmen der «Filmdosen-Show» kennen, die ich (Hella) gemeinsam mit Ralph Morgenstern, Dada Stievermann und Georg Uecker auf der winzigen Kultkneipenbühne moderierte und bei der ich (Conny) vergnügt auf der Fensterbank saß. Mit seinen Kollegen Hoëcker und Wenzel kasperte er in der Combo «Comedy Crocodiles» herum und hat damals schon unser Herz im Sturm erobert. Wir haben seine steile Karriere mit Freude beobachtet, und wenn er bei «Genial daneben» als Gast aufschlug, war es jedes Mal ein Fest für uns.
Freundlicherweise erklärte er sich sofort bereit, an unserem Büchlein mitzuwirken, und kam an einem Freitagnachmittag zu uns ins traute Heim. Wir hatten uns im Vorfeld per SMS erkundigt, ob Marmorkuchen mit Pfefferminztee sein Wohlwollen provozieren würde, was er einspeichelnd bejahte. In der Kombination mit unserer unübertroffenen VANILLESAHNE À LA CONNY konnten wir ihn also erst mal kulinarisch komplett beglücken, bevor wir uns diesem höchst vergnüglichen Gespräch hingaben. Als Dankeschön für sein Mitwirken schenkte ich (Hella) ihm mein aktuelles Micky-Maus-Gimmick – ein Geräuscheimitationsgerät, was Tage später bei ihm für einige Aufregung sorgte: Bastian schleppte zwei Kästen Wasser in seine Bärliner Wohnung und drehte sich fünfmal hysterisch nach einem kläffenden Hund um, bevor er feststellte, dass das Bellen aus seiner Jackentasche kam …

HvS: Liebe Lesenation, wir sitzen hier mit dem einzigartigen Bastian Pastewka an unserem Wohnzimmertisch.

BP: *(gibt uns Dénes Törzs)* **Guten Abend!**

Vielen Dank, dass du dir die Zeit genommen hast.

(Neigt den Kopf und zwinkert in die nichtvorhandene Kamera:)
Das habe ich gern getan, liebe Cornelia, liebe Hella!

Wieso komme ich auf die Idee, dass du Macken und Marotten erfunden haben könntest?

Danke, Hella, das ist richtig. Ich möchte fast sagen: Lieb, dass du fragst; du könntest recht haben. *(Herr Törzs fährt aus ihm heraus, er spricht normal weiter ...)*
Aber am Ende sind es vielleicht doch nicht so viele Macken, wie ihr glaubt: Ich brauche beispielsweise vor Auftritten keinen Talisman-Check. Oder orakle: «Ich kann nur von links auf die Bühne kommen, wenn das Licht in Blau gehalten ist, sonst wird die Show schlecht! Und setzt mir keine Senioren in die zweite Reihe! Erst in die dritte!» So bin ich nicht. Mir ist es immer alles total wurscht. Wenn ich irgendwo auftrete, gibt es nur eine Regel: Ich möchte mein Publikum vor der Show nicht sehen. Ich gucke nicht durch den berühmten Spalt im Vorhang oder schlendere am Einlass vorbei, um mich bekannt zu machen: «Hallo! Servus! Zauberhaft! Klasse! Mensch, wir sehen uns gleich im Theater!»
Das kann ich nicht. Ich möchte mein Publikum eigentlich auch während der Vorstellung nicht sehen, höchstens als Schatten im Dunklen. Ich verbiete Teelichter auf Tischen im Saal, weil sich sonst die Gesichter aufhellen. Und wenn

ich auf der Bühne stehe, Geschichten erzähle und das Publikum anspiele, gucke ich konsequent zwischen den anwesenden Leuten durch. Da sitzt womöglich niemand; aber alle denken: «Mensch, der spricht jetzt jemanden persönlich an!» Wenn ich mir meine Zuschauer anschauen könnte, würde ich sie unwillkürlich studieren. Wie sie aussehen, wie sie gucken. Ob sie jetzt gerade einnicken oder es so mittel finden; und schon fang ich an zu starren und vergesse meinen Text.

CS: Und das ist der Grund. Es ist nicht Lampenfieber?

Überhaupt nicht. Eine halbe Stunde vor dem Auftritt geht mir die Düse, und ich werde nervös. Die 30 Minuten vor Vorstellungsbeginn sind hoffnungslos. Immer wenn man sich als Kind beim Versteckspiel endlich hinter einem perfekten Baum verborgen hat, muss man dringend pinkeln! Genauso fühlt sich meine Form des Lampenfiebers an. Ich gehe bis kurz vor knapp bis zu 15-mal in die Garderobe, wasche mir die Hände, lege Mundspray nach, checke alle Requisiten und dann nochmal von vorne! Und kurz darauf gehst du raus: «Zauberhaft! Hallo, Hameln!», und alles ist gut.

Nun wissen wir ja von dir, dass du unglaublich viele Fernsehsendungen programmierst und aufnimmst. Ist das nur Interesse oder eher zwanghaft?

Zwanghaftes Interesse! Überdies habe ich zu viele DVDs. Das ist Statusdenken wie bei Rotweinkennern: Man muss die Flasche nicht trinken, man muss sie besitzen. Sie steht im Regal, und man sollte sie jederzeit angeberisch Freunden zeigen können. Unter Film-Freaks ist das genauso:

«Guckt mal hier: ‹Zwei Superpflaumen in der Unterwelt›, digital remastered, Directors Cut, Special Edition, mit vielen Extras. Die hat nicht jeder.» Dann stellt man sie schnell wieder zurück und hofft, dass niemand gemerkt hat, dass sie noch originalverschweißt ist.
Neulich habe ich alle meine alten Videokassetten digitalisiert. Ich hatte noch wahnsinnig viele: Filme, Serien, Dokumentationen, die ich seit Ende der 80er Jahre gestapelt habe. Ich habe Ansagen gefunden ... Freunde, das gibt es heute gar nicht mehr! Dénes Törzs sagt direkt nach der **Tagesschau** *(und wieder morpht sich Bastian zu dem sympathischen NDR-Moderator mit grauem Haar und Brille)*: **«Liebe Freunde im Ersten, bleiben Sie gleich sitzen; wir haben ein nettes Filmchen für Sie! Erleben Sie Paul Newman und Robert Redford in ‹Der Clou›. Und die Musik aus dem ‹Clou› – die kennen Sie alle! Viel Vergnügen!»**
Dann war er noch vier Sekunden zu sehen und wurde nochmal weitere drei Sekunden ausgeblendet. Diese Ankündigung habe ich mir sofort auf eine DVD gebrannt und natürlich nie wieder angeguckt. Das ist ja die Krux: Ich muss es kennen, ich muss es haben, es muss griffbereit sein. Gesegnet sei der Festplatten-Recorder!

Wir haben auch drei Festplatten-Recorder.

Ich nutze täglich die Funktionen «Bearbeiten» und «Umbenennen»: «Lie to me – Staffel 2.13, 2.14». Die Serie ist bös überschätzt, aber sie einzeln aus dem Programm des Senders VOX herausgezogen und die Werbung entfernt zu haben, bis nur noch die reine Episode übrig bleibt mit einem leichten Ruckel-Übergang in der Mitte, der dir beim Anschauen signalisiert: «DA! Da hast du vor drei Wochen die Werbung rausgeschnitten; du bist ein Teufelskerl!», das ist der Sieg! Und Festplatten sind ja so riesig! Dieses Gefummel früher mit den Video-Kassetten ... in den 90ern wollte ich nie länger als drei Wochen in Urlaub fahren, weil ich wusste: Meine Kassette hat nur 240 Minuten.

So war's.

Ich hatte irgendwann vier Videorecorder; je zwei Geräte an zwei Kabelanschlüssen, in Reihe geschaltet. Und ich wusste, eben weil sie in Reihe geschaltet sind, nimmt jeder zweite Recorder eine Generation schlechter auf, da das Signal bekanntlich durch den ersten Recorder durchgeschleift wird. Ich schwöre: Vor jeder Reise habe ich mir stundenlang mit vier Fernbedienungen in der Hand und der Fernsehzeitung auf den Knien überlegt: «Okay, du bist vom 1. bis 27. Juli weg, hast aber nur vier mal 240 Minuten Speicherzeit; das ist bös wenig! Was programmierst du überhaupt? Was willst du unbedingt sehen? Und was davon in bester Qualität, was nur in zweitbester Qualität? Wie viele Stunden ergibt eine 180er-Kassette im Long-Play-Aufnahme-Modus?» Das waren Wissenschaften! Ich habe mir bunte Zettel gemacht: «Okay, jeden Samstag kommt eine neue ‹Deep Space Nine›-Folge. Sehr gute Serie, muss ich haben, und SAT.1 hat VPS, also bin ich unabhängig von etwaigen Verspätungen. Aber Obacht: Die Folgen werden stets länger als in der Zeitung angegeben, weil SAT.1 die immer durch Werbung auf eine Stunde und fünf Minuten streckt. Wenn ich jetzt eine 240-Minuten-Kassette reinlege, dann habe ich nach vier Wochen nur drei Folgen und eine halbe drauf. Scheiße. Nehme ich eine Fünf-Stunden-Kassette für vier Folgen? Risiko, die Fünf-Stunden-Kassetten reißen ständig. Da komm ich aus Kreta zurück, und alles ist im Eimer!»

(Totenstille am Tisch.)

Das ist sehr interessant.

(Gelächter.)

Wo liegt denn dein Hauptfokus? Eher Dokumentationen über Nacktmulle, Karies und Adolf oder Science Fiction und Krimi?

Derzeit sind es amerikanische und englische Serien. Im Pay TV laufen diese Programme meist schon sehr viel früher, als man sie in Deutschland auf DVD bekommt, und im sogenannten Free-TV kommen sie meist gar nicht mehr. Die Generation nach uns lacht mich schon aus: Ich habe es noch nicht geschafft, mich am Computer mit Mitschnitt- oder Download-Programmen zu beschäftigen, obwohl das zu meiner Sammelleidenschaft passen würde. Nein, es ist und bleibt der rechteckige Recorder unterm Fernseher. Du kommst heim, machst das Ding an, und alles ist aufgenommen, weil du dich vorher entschieden hast.

Und dann guckst du aber 26 Folgen hintereinander ...

Hintereinander! An einem Wochenende. Selbstverständlich.

Und die werden dann nicht gelöscht? Die willst du im Archiv haben?

Ich bin bestimmt ein guter Programmierer, aber ich muss ein begnadeter Löscher sein, um zu überleben. Das meiste kommt sofort weg.

Okeee.

Mein Digital-Tuner hat eine elektronische Programmzeitschrift mit Suchfunktion. Da gibt man zum Beispiel «Harald Schmidt» ein. Und schon ploppt sekundenschnell eine Liste auf: «Harald Schmidt», «Harald Schmidt», «Harald Schmidt». Alle Folgen von «Harald Schmidt» der nächsten Woche. Nämlich die Premiere in der ARD, aber auch die Frühwiederholung im MDR, die Wiederholung am nächsten Tag in Bayern 3, im WDR und so weiter.

Das ist T-Home, oder?

Nein, das ist Zauberei! Im Übrigen boykottiere ich diese Suchfunktion. Ich habe ja schon alles gefunden. In meiner Fernsehzeitung. Ich kaufe mir einmal im Monat einen frischen bunten Textmarker und streiche an, was ich alles sehen will. Dann gucke ich auf einer Episodenführer-Homepage nach den Folgentiteln. «Alles klar, die wiederholen nicht ab der ersten Staffel, sondern fangen mit der vierten Staffel an, warum auch immer.» Dann schreibe ich mir in die Zeitung rein: «Battlestar Galactica 4.1, die Woche darauf 4.2, 4.3, 4.4» usw. und so fort.

Das nimmt aber auch Zeit in Anspruch.

Und einen ganzen Textmarker im Monat.

Und einen ganzen Textmarker im Monat. Bei meinen Eltern gab es immer nur einen Textmarker in Gelb, der schon seit Jahren nicht mehr malen konnte. Man kam nie auf die Idee, einen neuen zu besorgen. «Der Alte ist doch noch gut.» Nichts ist schlimmer, als wenn du keinen funktionsfähigen, gleichmäßig färbenden Textmarker hast. Du musst übrigens auch immer einen kaufen, der sich nicht durchfärbt.

Ich hatte mal so einen Billig-Marker, da hast du die Zeitung aufgeschlagen und dachtest: «Warum wollte ich jetzt ‹Kunst und Krempel› in Bayern 3 sehen?» Bis ich merkte, das ist nur eine Sendung von der Rückseite der Seite, deren Markierung sich durchgefärbt hat.

Das nehme ich übrigens grundsätzlich auf.

«Kunst und Krempel»?

Das ist meine absolute Lieblingssendung.

«Kunst und Krempel» kommt in 3sat und Bayern 3.

Ich weiß. Ich hab's eben noch umprogrammiert auf 3sat, freitags, 17:15 Uhr, weil ich samstags um 20:15 Uhr auch gern was programmiere, und dann erfahre ich nie, wie teuer der Eisbär von Meissen war. Weil's bei Bayern 3 immer noch zwei Minuten länger geht.

Aber du würdest den Schluss der Folge nicht in der Mediathek vom Bayerischen Rundfunk nachholen, wenn du den Eisbärpreis unbedingt wissen willst, oder?

Ich weiß gar nicht, was die Mediathek ist.

Du gehst ins Internet. Das ist so ein neues Verfahren. Dann gibste ein: br-online – slash – mediathek – slash – kunst_und_krempel – slash – eisbärvonmeissen – slash – letzte_zwei-Minuten – punkt – de. Da steht dann: «Sendung in der Mediathek angucken?», und los geht's.

Wie lange sitzt du denn da mit deinem Marker?

Zwei Stunden, jeden Freitag, wenn das neue Heft da ist. Das Vorausplanen ist wichtig, kann aber auch die Hölle sein. Wenn ich mal zwei Monate im Ausland drehe, wird's eng. Ich verachte mich, wenn ich mir ausnahmsweise Fernsehzeitungen mit vierwöchiger Vorschau kaufen muss; diese kleinen rot-grünen, meist mit Sonja Zietlow auf dem Cover, schlimm. Da sind wirklich nur Listen und fünf Sudoku-Rätsel drin, und die Übersichten der letzten zwei Wochen kannst du im Grunde sofort wegschmeißen; es sind einfach unglaublich viele Fehler im Heft, weil die Sender immer so spät festlegen, was sie zeigen. Ich habe schon Drehstarts auf Samstag schieben lassen, um noch am Freitag im Land zu sein, um die neue Fernsehzeitung zu bekommen. Lässt sich natürlich keine Produktionsfirma drauf ein. Es gibt überdies eine TV-Zeitung, die dir bereits am Donnerstag hilft, wenn du dringend die Listen brauchst. Das ist aber leider die «TV Sünde»! Die gibt es wirklich. «TV Sünde» bedeutet «Knick-knack». Sie ist groß wie ein Schulheft, vorne ist 'ne ziemlich nackte Else drauf, innen drin sind auch nur Tanten – und alle Erotik-Sendungen sind rot umrandet. Aber du gehst halt nicht als Bastian Pastewka zur Tanke und sagst: «Ich brauche bitte die ‹TV Sünde›, weil die so früh erscheint!»

Würdest du denn jetzt diesen ganzen TV-Rinderwahn unter Hobby abbuchen, oder würdest du sagen, da ist en Hauch Zwanghaftigkeit dabei?

Das ist eine zwanghafte Geschichte, ganz klar. Vielleicht habe ich was von meinem Großvater übernommen, der ewig Briefmarken gesammelt hat. Und er hat es so lange gemacht, bis aus der Familie niemand mehr etwas damit anfangen konnte. Das war so traurig: Als er 85 war, sagte

er zu uns: «Ich habe eine gute Nachricht, Kinder! Seid mal ruhig! Wer will meine Briefmarkensammlung?» Alle so: «Ja, hust, weiß nicht!» Es hat ihn sehr enttäuscht, dass wir dem Medium Briefmarke keinen Respekt entgegenbrachten.

Ja, waren die denn wertvoll? Hast du denn mal versucht, die bei einem Philatelisten ...

Nein, wir haben sie behalten. Mein Großvater starb irgendwann, und wir haben entschieden, sie nicht zu verhökern. Der Opa hat zu jeder einzelnen Briefmarke unten drunter seitenlang Geschichten geschrieben. Wann er sie wo erworben hat und so weiter.

Hach Gottchen, wie schön!

Ja. Das war ähnlich wie ein Tagebuch.

Das ist doch super. Wie viele Alben sind das von deinem Opa?

Ich schätze 25 – die sind irgendwo in einem Keller. Das war sein Ein und Alles. Ich halte mich auch eher für einen Sammler als für einen Genießer. Im Fernsehen schaue ich nichts mehr live. Aber ich horte, was mich interessiert oder mal interessiert hat. Und so nehme ich bis zum Erbrechen auf. Ich kenne unglaublich viele Dokumentationen über Mauerbau, Mauerfall und jüngste deutsche Geschichte. Bis ich irgendwann merke: «Das hast du doch schon mal gesehen. Der Ausschnitt lief doch schon früher mal; warum tun die so, als sei das eine Neuentdeckung?!» Der Sprecher sagt eben noch «Mit unveröffentlichten Aufnahmen!», und ich kenne sie aus «Spiegel TV Geschichte» von vor fünf Jahren.

Geht mir genauso. Ich gucke auch so viele Dokus.

Ich kann mir übrigens keine Tierdokumentationen anschauen – meine Freundin guckt die gerne. Ich habe entsetzliche Angst vor diesem Moment *(alle Tierfilmer der letzten 50 Jahre fahren in ihn: Sielmann, Stern, Grzimek ...)*: **«Noch ahnt das kleine Rebhuhn nicht, dass der böse Waldlöwe es gleich reißen wird! Das flinke Tier macht sich bereits parat und wird sich ein ordentliches Frühstück fangen!»**
Und die arme Bachstelze steht am Wasser und – voll klar, die haben sie natürlich dahin gestellt, damit der Löwe gleich schön drüberbrettern kann:
(Professor Grzimek, Heinz Sielmann und Horst Stern geben sich wieder die Klinke in die Hand ... diesmal mischt sich auch ein wenig Andreas Kieling'sche Betroffenheit in die Stimme:) **«Das Federvieh hat keine Chance! Es ist nun mal der Lauf der Dinge.»** *(Gelächter der Zielgruppe.)* **Das gucke ich nicht gerne. Stattdessen lieber entweder irgendetwas Trauriges oder was richtig Lustiges.**

Du willst manchmal extratraurige Filme sehen?

Ja, irgendetwas, wo du richtig tief reinsinken kannst. So ein emotionaler englischer Film. Emma Thompson und Anthony Hopkins in «Was vom Tage übrig blieb» oder Ähnliches ...

Kannst du dann auch weinen?

Ja.

Uns würde noch interessieren, ob du beim Essen spezielle Auffälligkeiten zu bieten hast?

Ich kann nicht kochen, und ich behaupte: Ich kann auch kein Essen richtig genießen. Ich verbringe viel Zeit mit Freunden in Restaurants und liebe es, dort zu essen. Aber warum hat es mir geschmeckt? Weil ich mich mit allen gut unterhalten habe. Am nächsten Morgen hab ich bereits vergessen, ob ich eine Vorspeise hatte.

Aber es gibt doch Dinge, die du besonders gerne isst. Oder ist für dich alles gleich?

Ich mag bestimmte Dinge mehr als andere, aber ich könnte keine Top Ten aufstellen, es ist mir alles doch recht egal.

Egal, ob süß, ob salzig?

Nun gut. Ich bin schokoladensüchtig. Zu Hause bin ich ein hektischer Nebenbei-Esser und muss schwer aufpassen, nicht am Tag drei Tafeln Schokolade wegzuputzen, weil ich mich an die vorige nicht erinnern kann.

Und findest du bei all dem TV- und DVD-Wahn die Zeit, ein Buch zu lesen? Oder nimmst du dir die Zeit?

Ja, die nehme ich mir. Abends nochmal so ein Stündchen vorm Schlafengehen. Der Fernseher ist dann natürlich aus.

Ist bei uns eine Lichtquelle.

Sehr gut, den muss ich mir merken, den Satz. «Ich brauche den Fernseher als Lichtquelle!» Warum bin ich da nicht drauf gekommen?!

Gibt es Rituale in deinem Leben? Bist du abergläubisch?

Ich bin nicht abergläubisch, aber ich trage immer noch einen Show-Ablauf-Plan der «Comedy Crocodiles» mit mir herum. Erinnert ihr euch? Meine erste Comedy-Gruppe: Bernhard Hoëcker, Keirut Wenzel und ich. Wir spielten Anfang der 90er Jahre jedes Wochenende bundesweit vor bis zu 20 Zuschauern – und wir hatten natürlich einen Ablaufplan mit allen Sketchen in großen Lettern, den man vor der Vorstellung auf den Bühnenboden geklebt hat, damit man weiß, was als Nächstes kommt. Unser ganzes Leben bestand damals aus Ablaufplänen. Nach jeder Show: «Kinder, wir müssen den Ablaufplan ändern! Der erste Teil ist zu kurz! – Alles klar! Machen wir morgen kurz vor der Show, das wird sicher reichen!» Ich habe einen der allerersten Ablaufpläne als Erinnerung aufgehoben.

Von welchem Jahr ist der?

Von 1993. Habe ich immer dabei, auch und insbesondere, wenn ich irgendwo auftrete.

Eben hast du noch gesagt, du musst nur das Publikum abdunkeln ... hihi.

Es fällt mir tatsächlich jetzt erst ein! Ich habe den Plan permanent in der Tasche, ohne je bewusst draufzugucken. Aber er führt mich da irgendwie durch. Die wahren Ticks sind offenbar doch die, die man nicht als Erstes nennt.

Das rührt mich jetzt. Gibt es irgendetwas, wovor du dich ekelst? Oder wovor du Angst hast?

Zusammengeschrumpelte Luftballons. Ich bin Seplophobiker, habe also Angst vor verrottendem Material.

Also das bezieht sich nicht nur auf Luftballons? Sondern auf alles, was verrottet?

Sämtliches verrottendes Material. So kann es vorkommen, dass ich Joghurt zwei Tage vor dem Verfallsdatum wegwerfe.

Das ist doch nur das Mindesthaltbarkeitsdatum …

Ja, und bei mir läuft dann der Film ab «In mindestens zwei Tagen ist das Zeug schlecht. Wer weiß, vielleicht auch doch schon heute, also lieber nicht mehr verzehren …» Bei Gerüchen aus dem Kühlschrank werde ich grantig. Die, die in der Kriegszeit aufgewachsen sind, haben das anders gehalten. Da hieß es: «Die Milch ist doch noch frisch!», dabei roch sie bestimmt schon, als wäre sie noch in der Kuh. Ich vergesse des Öfteren Milch im Kühlschrank, und es ist für mich eine schlimme Überwindung, sie zu entsorgen: Die Packung gibt schon nicht mehr nach, wenn ich sie anfasse, innen ist alles fest; ich nehme zwei Topflappen, gehe mit der Milch zum Ausguss und drehe sie um. Erst kommen nur drei Tropfen und mit einem Mal sackt der Rest nach – paff! Das ist so schrecklich.
Bei den Luftballons weiß ich ganz genau, wie es war: Mein Vater hatte mir auf dem Rummel einen lustigen dunkelblauen Ballonhasen geschenkt. Mit Helium gefüllt. Der hing bei mir im Kinderzimmer unter der Decke. Ich war sieben oder so. Nach etwa sechs Tagen kam der Hase irgendwann runter. Ganz langsam. Und irgendwann blieb er mitten im Zimmer einfach in der Luft stehen. Ich bekam schreckliche Angst vor dem Hasen, der inzwischen schielte und sich nicht mehr rührte.
Als Kind war ich wirklich albtraumgeplagt! Vor dem Bett

stand ein Holzpfosten mit Haken dran. Da hatte meine Mutter mal einen Bademantel hingehängt, die Kapuze hochgesteckt und ihn nochmal oben mit einer Schlaufe fixiert. Kaum war das Licht aus, kamen die Mondstrahlen, und ich dachte: Da steht jemand. Und der hat sich womöglich erhängt. Glaubt nicht, ich wäre aufgestanden, um den Mantel abzuhängen. Auch dem blöden Schrumpelhasen habe ich Nacht für Nacht regungslos beim «Sterben» zugesehen. Bis heute fasse ich nur ungern schlaffe Luftballons an. Du drückst eine Seite ein, und auf der anderen Seite kommt so eine Wulst hoch, so Bläschen wie beim Ochsenfrosch. Horror! Diese Straßenkünstler, die aus Röhrenballons in Windeseile Pudel und Klapperschlangen formen, sind Helden. Ich kann ja nicht mal richtige Tiere anfassen, nicht mal Schildkröten. Vor Tieren habe ich einen Mordsbammel. Ich kann überhaupt keine Beziehung zu Tieren aufbauen. Ich hab vor 20 Jahren mal in Irland mit Freunden geangelt, so mit Köderkörben und Ähnlichem. Da haben wir natürlich auch Fische rausgezogen, und die mussten dann schnell mit einem Holzkeil erschlagen werden. Die anderen konnten das, ohne nachzudenken. Ich war fertig mit den Nerven.

Oh! Das kann ich auch nicht. Mein Vater war ja Angler ... Traumata!

Und als Kind hattest du keine Tiere?

Nein, nie.

Könntest du jetzt kein Meerschweinchen anfassen?

Nein. Ich musste deswegen sogar mal einen Dreh abbrechen. Ich habe mal eine Reise-Dokumentation für RTL gemacht: «Pastewka in Japan». Mein Team und ich besuchten einen Zoo nahe Tokio. Wir hatten schon ein paar Tiere und nette Situationen gefilmt, aber es war noch Zeit. Da kamen wir auf die Idee, mich noch ein paar kurze Ankündigungstexte sprechen zu lassen; so etwas wie: «Die neuen Folgen von ‹Pastewkas Reisen›: immer freitags um 22:45 Uhr bei RTL!» Und mein lieber Freund Alexander, der den Film machte, kam auf die hübsche Idee, mich diese Ansagen in einem übergroßen, begehbaren Tierkäfig sprechen zu lassen. Ein Gehege mit jungen Ziegen, Papageien, aber vorwiegend ganz kleinen Affen, Lemuren ähnlich, die, während ich sprach, herumwuseln und sich an meiner Schulter festkrallen sollten. Hübsche Idee, aber ich habe nach zwei Minuten unverrichteter Dinge abgebrochen. Nicht etwa, weil ich dachte, dass die Mini-Affen mir einen heftigen Klaps geben oder mich versehentlich kratzen. Meine panische Angst war, dass ich im Gehen mit Blick in die Kamera auf ein Tier drauftrete. Mein Team dachte, ich hätte Angst vor den Affen. Dabei war es eigentlich andersherum: Ich hatte Sorge, dass das Tier Angst vor mir bekommt.

Hast du Erinnerungen, woher das kommen könnte? Die Erfahrung mit dem Luftballon war ja sehr konkret.

Die Frage ist, ob es sich wirklich immer so unmittelbar ableiten lässt. Als Kind hatte ich zu viel Phantasie, gleichzeitig aber auch eine starke Abneigung gegen neue Dinge, gegen Zufälliges oder das Ausgeliefert-Sein. Als Kleinkind hat mich auf dem Spielplatz mal ein Hund angesprungen.

**Da saß ich gerade in einer Wipp-Schaukel, das sind diese Sitze auf blauen Stahlspiralen, die so comichaft wie «Pac Man» aussehen. Der Hund hat mich fröhlich zum Punching-Ball umfunktioniert. Ich kam aus diesem Ding nicht mehr raus, und der Hund lag noch halb auf mir drauf und sabberte.
Bei der Serie «Pastewka» haben wir vor kurzem auch wieder mit einem Hund gedreht. Er sollte in der Szene an mir hochspringen und mir den Weg versperren. Mein Regisseur und das Team bereiteten alles vor, während ich mit dem Hundetrainer übte. Das ist zumeist ein Herr mit Daunenjacke und Shampoo-Allergie, der es ja auch nur gut meint und sich wünscht, dass ich diesen Hund erst mal so richtig kennenlerne, damit es fluppt, wenn die Kamera läuft. «Der tut nichts, wenn er dir vertraut!» Natürlich tut der nichts, aber allein dieses Wirre und Unkontrollierte, was diese Tiere machen, was für den Tiertrainer ganz normal ist und auch für alle anderen normal ist, verunsichert mich, und solche Szenen brauchen ewig mit mir.**

Wenn du als Kind so ein Schisser warst, warst du denn auch Opfer? Bist du oft gehänselt und verprügelt worden?

Ich war einfach der Verpeilteste in der Grundschule und wurde üblicherweise täglich verkloppt. Das allein hätte ausgereicht, doch es kam noch etwas anderes, viel Tragischeres dazu. Wir hatten eine jüdische Lehrerin, die, wie ich viel später erfuhr, die Internierung in einem Konzentrationslager überlebt hatte. Ich war acht Jahre alt, es war Ende der 70er Jahre, und diese Lehrerin zeigte uns Drittklässlern Fotos aus Auschwitz und, offenbar um uns mit der deutschen Geschichte vertraut zu machen und uns zugleich vor Aggression zu warnen, den berühmten franzö-

sischen Dokumentar-Kurzfilm «Nacht und Nebel», der den Deutschen 1955 das Grauen ihres Krieges aufs Schlimmste vor Augen führte.

Die skelettierten Menschen? Den haben wir auch gesehen.

Genau. Die Dame hat uns die Bedeutung des Films, der Verschleppungen durch das NS-Regime und indirekt ihre eigene Geschichte erklärt. Ich war Kind, ich kam nicht im Entferntesten darauf, dass der Unterricht bedenklich sei und habe nichts gesagt. Meine Mutter war selber Grundschullehrerin, und daher glaubte ich, alles sei gut, das müsse so sein. In dieser Zeit habe ich mir den Schrumpelhasen zurückgewünscht. Oder den Sportunterricht. Ich hatte eine ganz fürchterlich sadistische Schwimmlehrerin: «Guckt euch mal den Taugenichts an!» Das sollte ich sein. «Der kann nicht schwimmen. Und ihr wollt doch nicht, dass euch das auch mal so geht!» Irgendwann drehte sich das, und ich dachte: Okay, meine Rolle ist, der langsamste Schwimmer der Klasse zu sein! Kann ich mit leben. Ich meinte wohl, das wäre ein pädagogisch wichtiger Teil des Unterrichts und habe mich immer glaubhaft zurückfallen lassen, obwohl mir mein Vater schon viel früher Schwimmen beigebracht hatte und mir das auch Spaß machte. Und trotzdem: Ich war halt immer ein bisschen zu langsam und verträumt für den Sportunterricht.

Wann hat sich das verändert?

Niemals. Aber ich war spitze in den Grundschulfächern, wo man stillsitzen musste. Also in Deutsch, Mathematik, Sachkunde und so. Ich war immer der Beste im Diktat und Grammatik und meist auch der Zweitbeste in Mathe, und

schon bist du Hassobjekt der Klasse, und das kriegst du beim Fußball zu spüren. Eines Tages habe ich angefangen zu lügen. Ich hab den Lehrern erzählt, dass ich leider nicht beim Sport mitmachen kann, weil ich mir böse die Hand gestaucht habe. Mal war es ein Hund, mal bin ich ausgerutscht im Schnee. Ich war ziemlich gut. Ich habe meinen Arm schief gehalten wie der angeschossene John Wayne, habe ernst geguckt und gesagt: «Ich brauche sofort Eis zum Kühlen, wenn es keine Umstände macht!» Das Wort «Umstände» kann man gut verstottern, wirkt immer. Irgendwann war ich ein Mal die Woche im Erste-Hilfe-Raum, einem Zimmer hinterm Fahrradkeller. Eigentlich 'ne Abstellkammer mit Pflasterkasten. Da stand so eine dunkelgrüne Liege. Auf der habe ich gelegen, stundenlang, in totaler Stille. Irgendwann kam der Gong, und ich bin nach Hause gegangen.
Das habe ich bis weit in die sechste Klasse durchgezogen, also noch, als ich auf dem Gymnasium war. Mittlerweile haben mich die Lehrer sogar nach Hause gefahren, wenn ich «zusammenklappte».
Warum habe ich das gemacht? Damit ich um 11 Uhr morgens allein zu Hause irgendwas im Fernsehen sehen konnte, was ich am Abend davor nicht gucken durfte, weil ich ja am nächsten Morgen früh in die Schule musste. Und natürlich um von Sport, Leichtathletik, Schwimmen und anderen Körperlichkeiten so oft wie möglich fernzubleiben.

Wie war das mit Mädchen? Warst du denn ein Frauentyp? Also ich finde dich ja sehr attraktiv. Du bist groß, hast 'nen schönen Kopp, diesen köstlichen Humor ...

Ich war natürlich kein Frauentyp. Ich war Einzelkind und immer durch den Wind – und sicher nicht besonders at-

traktiv in meinen «Ratz-und-Rübe»-Pullovern. Ich habe mich wöchentlich in irgendein Mädchen aus der Klasse verliebt, aber es niemals deshalb oder überhaupt angesprochen. Mit der Pubertät änderte sich das, ich wurde selbstbewusster und vor allem: fröhlicher. Kurz vor dem Abitur sind ein paar Schulfreunde und ich mal zum Spaß übers Wochenende in eine Eifel-Hütte gefahren. Es waren ungewöhnlich viele Mädchen dabei, und während ich lieber zum 100-sten Mal «Das Leben des Brian» auf Video gucken wollte, holte jemand das berüchtigte Brettspiel «Therapie» raus. Als eine der ersten Fragen kam: «Wer von den Anwesenden hier hat am meisten Persönlichkeit?», haben alle auf mich getippt. Das hat mich total verunsichert! Ich habe überhaupt nicht verstanden, was das bedeutet. Ich bin den ganzen Abend rumgelaufen und habe genervt: «Susanne, bitte erklär mir, was ist denn bitte eine Persönlichkeit? Was habe ich denn falsch gemacht?» Ich habe mich mit widerlichem Blue Curaçao volllaufen lassen, weil ich so niedergeschmettert war. Ich dachte, ich bin ein Aussätziger. Mein erster Vollrausch.

Hmmmh ... Wir finden, «Persönlichkeit» ist das größte Kompliment, was du bekommen konntest.

Vielleicht, aber darauf wäre ich damals nicht im Traum gekommen.

Wie meine Golo-Mann-Geschichte.

Erzähl!

Der war mal bei uns zum Essen eingeladen, und ich habe auch am Tisch sitzen dürfen, als Kind. Und dann hat Golo Mann irgendwann zu meiner Mutter, warum auch immer, auf Englisch gesagt: «She is an egghead!» Und zeigt auf mich.

Oh nein. Dabei hat er es nur nett gemeint.

Ja. Mein armer Schatz bekommt ein Kompliment und denkt, sie hat einen Eierkopf ...

Ich war so, so traurig.

Und dann noch von Golo Mann.

Und dann noch von Golo Mann.

Bastian, wenn du so oft auf Reisen bist, bist du da schmerzfrei? Bist du einer, der gerne reist und problemlos mit den hygienischen Umständen des jeweiligen Landes umgeht?

Ist mir alles voll wurscht.

Komisch. Da hätte ich dir unterstellt, dass du da so fimschig bist wie ich.

Wenn du mit Lebensmitteln doch auch so fimschig bist, kannst du denn da alles essen?

Nein, du kannst nicht immer alles essen. In Indien gilt es aufzupassen mit Salaten oder Gemüse, da sie wahrscheinlich vorher mit Leitungswasser gesäubert worden sind, das dir den Magen auf links drehen könnte. Also Wasser nur aus Plastikflaschen, nie vom Brunnen oder aus Kränen. Essen ist kein Thema, und ich meckere auch nicht.

Hast du Angst vor Clowns?

Aber selbstverständlich. Im Zirkus waren Clowns immer so fürchterlich überwild. Das ist auch eine sehr seltsame Kunstform, der man heute nicht mehr ganz folgen kann.

Wenn du sagst: «Die waren so überwild!», und wuselige Tiere dich auch irritieren ... hat es etwas mit Angst vor Kontrollverlust zu tun?

Mit Sicherheit. Ich werde unleidlich, wenn ich nicht mehr Herr der Situation bin. Ich besuche nur selten Veranstaltungen, wo viele Menschen sind, ein Konzert etwa oder Fußballspiel. Und wenn, suche ich unwillkürlich nach dem Notausgang und habe keinen Spaß.

Kino?

Kino geht. Mir reicht aber auch die kaum besuchte 23-Uhr-Vorstellung. Nochmal zum Fußball: Ich las kürzlich einen Artikel in einer Zeitung – und erkannte, dass ich offenbar, von mir jetzt vereinfacht gesagt, zur «Trauma-Generation Heysel-Stadion» gehöre. Ich habe wie viele andere mit 13 erlebt, wie 1985 in einem belgischen Fußballstadion durch den Druck der Hooligans eine baufällige Mauer zusammengefallen und Panik ausgebrochen ist. Im Jahr 2010 gab es das Love-Parade-Unglück in Duisburg. Ich habe mir in diesen Tagen überhaupt keine Nachrichten angeschaut.

Ja. Ein Albtraum.

Vielleicht kann ich euch am Schluss mit meiner Nagelscheren-Macke erfreuen?

Erzähl!

Ich lebe permanent mit der Sorge, mir einen Fingernagel einzureißen und nichts machen zu können.

Wie jetzt? Da kann man doch pfiffig den Riss wegfeilen?

Feilen geht nicht! Ich kann das Geräusch nicht ertragen. Wenn sich jemand irgendwo die Nägel feilt, muss ich rausgehen. Deshalb benutze ich Nagelscheren. Besser noch: Hautscheren. Ich benutze Hautscheren als Nagelscheren.

Hautscheren sind die ganz dünnen.

Genau. Nagelscheren sind immer so breit, damit kann ich nicht umgehen.
Wenn ich mir einen Nagel einreiße, ist das schon schlimm genug – aber wenn ich dann noch das hier mache: *(streicht mit den Fingerkuppen über seinen Pullover)* **... und der Nagel bleibt irgendwo hängen, und dann zieht sich so ein Faden zwischen deinem Nagel und dem Pullover ... ich werde sofort ohnmächtig!**

(Wir quietschen vor Begeisterung, wiewohl sich bei mir [Hella] *Untertöne des solidarischen Horrorekels dazumischen.)*

Deshalb muss immer eine Nagelschere in Reichweite sein! Ich habe in jedem Bad bis zu drei Scheren. Und auf dem Couchtisch liegt eine weitere, schließlich liest man ja oft von Verletzungen beim Fernsehen. Selbst im Gästezimmer ist eine parat, falls ich an die anderen nicht rechtzeitig rankomme. Ich habe mindestens zehn solcher Scheren.

Ist in deiner Jacke jetzt eine Nagelschere?

Nein. Aber in meinem Auto. Kinder! Ich muss weg!

Senta Berger
Kein unbehütchentes Silvester

Senta Berger wurde am 13. Mai 1941 in Wien geboren. Sie ist eine österreichisch-deutsche Schauspielerin, Produzentin und Autorin. Als eine der beliebtesten Darstellerinnen feiert sie nicht enden wollende Erfolge. Allein ihre unzähligen Preise und Auszeichnungen benötigen vermutlich eine eigens dafür angemietete Doppelhaushälfte. Im zarten Alter von 21 ging sie nach Hollywood, um dort unter anderem an der Seite von Frank Sinatra, Dean Martin, Kirk Douglas, John Wayne, Charlton Heston und Yul Brynner zu drehen.
1965 wurde sie als vielversprechende Nachwuchsschauspielerin mit dem Golden Globe Award ausgezeichnet. «If I can make it there, I'll make it anywhere …!»
Wenn Senta Berger in einem Film oder einer Serie mitspielt, überstrahlt sie die anderen Darsteller. Wahrscheinlich haben die Beleuchter alle Hände voll damit zu tun, das entsprechend auszugleichen. Die Kamera liebt sie, und wir schließen uns der Kamera an.

Wir hatten das große Vergnügen, sie unlängst in Hamburg persönlich kennenlernen zu dürfen. Tapfer fassten wir uns beide ein Herz und sprachen sie auf unser Buchprojekt an. Sie war entzückend und bat uns, aufgrund ihres übervollen Terminkalenders, ihr unsere Fragen per E-Mail zukommen zu lassen. Auch ein gefeierter Hollywood-Star hat seine kleinen Marotten. Viel Spaß beim Lesen!

CS: Gibt es in Ihrem Leben feste Rituale?

SB: Morgens und abends Zähneputzen.

Beim Einschlafen?

Ich muss lesen. Wenn ich unterwegs bin, habe ich immer Bücher dabei, Wochenzeitungen, Wochenmagazine. Wenn ich mal keinen Lesestoff habe, weil mein Koffer anstatt nach Berlin nach Detroit geschickt worden ist, muss ich im Hotel die Frühstückskarte lesen oder die Bedienung des DVD-Recorders oder die Hotelservice-Karte. Ich bin fixiert auf Buchstaben und habe damit in der besonderen «Einschlaf-Situation» schon manche Irritation hervorgerufen.

HvS: Verzeihung, da werden wir hellhörig. Welche Art von Irritation?

Ich finde, die Andeutung reicht aus. Aber bitte: Es gibt ja diese erotisch-sentimentalen Momente des «Nachher». Wenn die Partner nach der allgemeingültigen erotischen Formel miteinander verschlungen in einen Dämmerschlaf sinken sollen. Ich kann das nicht. Ich bemühe mich aber.

Aufstehen?

Immer schwer. Immer mit Überwindung. Besonders, wenn es noch dunkel ist. Oft sitze ich um 6:30 Uhr schon in der Maske. Dann denke ich in den drei Minuten, bevor ich mich entschließe, die Wärme meines Bettes zu verlassen, dass ich einen geliebten Beruf habe, auch wenn es mir um 6 Uhr morgens schwerfällt, das zu glauben. Dann denke ich, mein Kater erwartet mich schon für seine Morgenmahlzeit. Dann stehe ich auf. Immer zuerst mit dem rechten Bein. Das hat meine Großmutter schon so gemacht.

Hurra! Eine Ritualverwandte! Gibt es bei Mahlzeiten etwas Unverzichtbares? Ist die Tischdeko immer gleich? Muss es ein bestimmtes Äpfelchen sein?

Nein, es gibt in einem so unruhigen Leben wie meinem keine Rituale, die durchsetzbar wären. Aber Kaffee, ja, das muss sein. Ich bin Wienerin. Mein Kaffee zu Hause ist natürlich wienerisch, stark und süß. In den Hotels kämpfe ich darum.

Gibt es an Weihnachten etwas, wo Sie wissen: definitiv alle Jahre wieder?

Ohne Kinder, ohne kleine Kinder ist es schwer. Aber wir haben natürlich den schönen geschmückten Baum. Rot und Gold. So wie mein Mann es gewöhnt ist. Wir haben ein großes Mittagessen mit unserer Familie und unseren Freunden, und wir gehen am Nachmittag in eine Kindermesse. Wir singen laut und oft falsch. Wir weinen ein bisschen, weil wir an unsere Kindheit denken und an den Verlust unserer Unschuld.

Wie wird denn Silvester zelebriert?

Nun ja. Wir halten uns an Kindheitsritualen fest. Damit der Abend eine Form bekommt und auszuhalten ist. Wir schmücken das Haus mit Girlanden und setzen uns blödsinnige Hütchen auf. Mein Mann zaubert. Meistens gehen seine Kunststückchen schief. Das rührt mich.

Als wir uns bei der «NDR Talkshow» kennenlernten, erwähnten Sie eine Zille beim Telefonieren?

Ja. Seitdem es die tragbaren Telefone gibt, egal ob im Festnetz oder Handys, habe ich mir eine eigene Motorik angewöhnt. Je unangenehmer mir ein Gespräch ist, desto mehr und desto schneller muss ich herumgehen, hin- und hergehen. Nach einem langen Gespräch kann ich ziemlich erschöpft sein. Muskelkater. Kann mir mein Herumgehen jemand erklären? Flucht?

Vielleicht ist es so ein Gefühl von: Wenn sich im Gespräch nichts bewegt, muss ich mich wenigstens bewegen ... Conny läuft auch herum, schon beim Wählen einer «unangenehmen Nummer» joggt sie um den Wohnzimmertisch. Sie glaubt, es hat was mit Abbau von Adrenalin zu tun.

Bei mir hat es mehr mit der Zunahme von Adrenalin zu tun.

Gibt es Speisen, die Sie an Ihre Kindheit erinnern und Ihnen heute noch «Wohlgefühle» bereiten, wenn Sie sie genießen?

Ich liebe den Geruch von Zwiebeln und gedünstetem Kraut. Dieses Düftchen durchzog immer das Wohnhaus, in dem ich geboren wurde. «Krautfleckerln» sind deshalb das sublimste Gericht, das ich – wenn gut zubereitet – zu jeder Uhrzeit essen kann.

Ekeln Sie sich vor etwas?

Ich ekle mich vor fettigem Fleisch, fettiger Sauce, fettiger Suppe. Vielleicht, weil's das nie in meiner Kindheit gab.

Haben Sie zufällig eine Klatsche mit Bakterien?

Als Nachkriegskind habe ich vor keinem Dreck Angst. Bakterien sind gar kein schlechter Nährboden.

Haben Sie andere Ängste? Benutzen Sie zum Beispiel nie den Aufzug oder die Rolltreppe, sondern ausschließlich Treppen?

Nein, diese Ängste kenne ich nicht. Ich bin durch und mit meinem Beruf schon genug mit Ängsten geplagt. Ich nehme grundsätzlich die Treppe, wenn irgend möglich, um mein Gewicht zu halten. So ist das.

Welche Ängste in Ihrem Beruf meinen Sie? Existenzängste? Versagensängste? Angst vor der Inkompetenz der anderen?

Natürlich Versagensängste. Existenziell kann ich heute in jeder Form überleben. Den Partnern und Mitarbeitern spreche ich grundsätzlich Kompetenz zu. Nur mir nicht. Ich ziehe mich grundsätzlich in Zweifel. Tut das nicht jeder erwachsene Mensch?

Wie sieht's aus mit Höhenangst?

Keine Spur. Aber wenn ich über eine Brücke gehe und durch deren Bohlenspalten hinuntersehe, auf die Eisenbahn, auf einen Fluss, werden meine Knie weich.

Angst vor Spinnen, Kaninchen, Regenwürmern? Oder sonstigen Lebewesen?

Wir leben auf dem Land. Spinnen sind unsere Mitbewohner. Sie sind wunderschön, geheimnisvoll und natürlich

große Künstler. Regenwürmer lieben unseren Garten und seine gute Erde. Kaninchen sind die Freunde unserer Kinder. Also was jetzt – wovor habe ich Angst? Doch: vor Schlangen. Es gibt Gott sei Dank bei uns aber nur kleine, magere Blindschleichen, die mehr Angst vor mir haben als ich vor ihnen.

Sind Sie ein Kontroll-Freak? Fünfmal Herdplatten checken? 30-mal überprüfen, ob die Tür abgeschlossen ist?

Nein, überhaupt nicht. Mein Vater hat in meiner Kindheit unseren Urlaub abgebrochen, um den Gasherd zu kontrollieren. Das wirkt bis heute als schreckliches Beispiel nach.

Wie furchtbar! Würden Sie denn sagen, Ihr Herr Vater war ein Kontroll-Freak? Oder eher übervorsichtig?

Es kommt darauf an, wie höflich wir das formulieren wollen. Mein Vater würde sich freuen über «übervorsichtig», denn schließlich kann man nicht vorsichtig genug sein, aber ich würde schon sagen, dass seine Vorsicht sich mit den Jahren zu einer Manie ausgewachsen hat.

Sind Sie abergläubisch? Machen Sie einen Bogen um schwarze Katzen, treten bei Fliesen nicht auf Fugen oder gehen nicht unter Leitern her?

Katzenliebhaber wie ich verehren schwarze Katzen. Und sicher zu Recht. Wenn man an einem 13. geboren ist, wie ich, kann die 13 nur zu einer Glückszahl erhoben werden. Unter einer Leiter gehe ich oft genug im alltäglichen Haushalt durch, ohne dass sie mir auf den Kopf gefallen wäre.

Also mit einem Wort – ich bin nicht abergläubisch. Ich glaube nur an die guten Horoskope in den Zeitungen.

Gibt es Glücksbringer vor einer Produktion? Vor einem Auftritt? Oder gar im alltäglichen Leben?

Ja, ich habe einen kleinen Altar, den ich mit mir auf Reisen nehme und in den Hotels aufstelle. Fotos, Briefe, Muscheln, Kinderzeichnungen, eine ganz spezielle Murmel, wie ich sie als Kind immer haben wollte, die wie ein kleiner Bergkristall aussieht und doch nur aus Glas ist.

Wie schön! Wenn Sie verreisen und der Koffer kommt am Ziel nicht an, die Handtasche wird geklaut: Was müssen Sie sofort neu kaufen? Was ist unverzichtbar?

Ein Buch oder zwei, Zahnpaste, Zahnbürste, Zahnseide und einen Kamm.

Liebe Frau Berger – eine Sache würde uns noch interessieren: Was geht Ihnen bei Menschen total auf die Nerven?

Dummheit.

Jürgen Domian
Mit Schlafsack im Ritz

Jürgen Domian kam am 21. Dezember 1957 in Gummersbach zur Welt. Er moderiert wochentags die Telefon-Talk-Sendung DOMIAN von 1 bis 2 Uhr in der tiefen Nacht. Zusätzlich ist der ausgebildete Journalist ein erfolgreicher Bestsellerautor und ein gemeinsamer Freund. Nur so ist es zu erklären, dass wir im Winter 2000 die groteske Idee, Silvester in Lappland zu feiern, in die Tat umgesetzt haben. Aber dazu später.
Ich (Hella) lernte Jürgen in der Oberstufe am Gummersbacher Gymnasium Grotenbach kennen. Er absolvierte den Sprung von der Hauptschule ins Gymnasium mit Bravour. Damit nicht genug, er wurde auch geraume Zeit später zum Schülersprecher gewählt. Ich (Conny) begegnete ihm das erste Mal, es muss Ende 1995 gewesen sein, mit Hella auf einem Flur bei 1LIVE. Es entwickelte sich allmählich eine freundschaftliche ménage à trois, aus der 1998 das sehr erfolgreiche Buch «JENSEITS DER SCHAM» resultierte. Es kann durchaus sein, dass diese fruchtbare Zusammenarbeit mit dazu beigetragen hat, zu viert im tiefsten Winter eine Lapplandreise zu planen. Jürgens damaliger Lebensgefährte war mit von der Partie. So machten sich am 27.12.2000 zwei Pärchen, die unterschiedlicher nicht sein konnten, auf zu einer Reise in den hohen Norden. Unser Ziel war das wohl einsamste Hotel des Landes, und nach der Ankunft fühlten wir beide uns dramatisch an den Film «Shining» erinnert. Das bezog sich allerdings ausschließlich auf die Lage und leider nicht auf die Ausstattung unserer Herberge. Die Jungs nahmen es sportlich, wir wurden bedrückt. Die minus 28 Grad Außentemperatur ließen unseren Gesichtsausdruck im wahrsten Sinne

des Wortes gefrieren. Wir verlebten zwei komplett unterschiedliche Urlaube. Während die Jungs wie Husky-Welpen schon frühmorgens das komplette Wintersportprogramm absolvierten, lagen wir in unserer finsteren (es wurde nur eine Stunde hell am Tag) Kemenate und schauten auf einem kachelgroßen Fernseher den einzigen deutschen Sender, Pro7, mit schlechtem Empfang. So weinten wir jeden Nachmittag unsere Softies voll in Anbetracht der verschneiten Winterlandschaft und der noch verschneiteren Simpsons. Obwohl der Alkohol bekanntlich in den skandinavischen Ländern unerschwinglich ist, ertränkten wir beide unseren Frust schon vor dem Abendbrot mit Bier, von den Eingeborenen Olut genannt. Ich (Hella) schrieb Feldpostkarten in die Heimat mit dem immer gleichen Wortlaut: «Ihr Lieben, Conny und ich hätten uns ebenso gut mit einem Kasten Bier in eine Tiefkühltruhe legen können.» In der Silvesternacht gönnten wir uns zu viert eine Flasche Sekt (an Champagner war gar nicht zu denken), und als wir um Mitternacht den Trampelpfad draußen vor unserem Verschlag betraten, gefror unser teuer erstandenes Getränk binnen einer Sekunde zu Eis. Prost Neujahr!
Unsere Freundschaft mit Jürgen wurde während dieses «Urlaubs» auf eine harte Probe gestellt, doch sie hat überlebt. So fanden wir uns elf Jahre später mit bester Laune in Jürgens geschmackvoll eingerichteter, sonnendurchfluteter Wohnung ein und entlockten ihm im Gespräch die nun folgenden Einblicke in das Leben eines Nachtfalken.

HvS: Lieber Jürgen, du bist ja Connys Einschlafritual. Es gibt keine Nacht ohne DOMIAN. Ich habe 50 DOMIANS auf Festplatte, damit Conny auch am Wochenende – oder wenn du im Urlaub bist – deine Stimme hören kann und beruhigt in den Schlaf kommt. Gerade unten im Aufzug hatte sie schon Angst: «Oh Gott! Wenn ich jetzt Jürgens Stimme höre! Nicht, dass ich am Tisch einschlafe.»

CS: Mein Sandmännchen!

So. Und jetzt die erste Frage an unser Sandmännchen: Hast du das Gefühl, dass dein Tag durchritualisiert ist? Oder auch sein muss – da du ja sehr diszipliniert Nacht für Nacht arbeiten musst.

> **JD: Der muss strukturiert sein und ist auch strukturiert. Das beginnt damit, dass ich mir feste Schlafzeiten freihalte, dass ich einigermaßen ausgeschlafen bin, denn durch diese Umstellung auf die Nacht ist es nach wie vor problematisch. Es sind feste Frühstückszeiten. Feste Vorbereitungszeiten. Feste Zeiten, ins Studio zu fahren, und eine relativ feste Rückfahrzeit. Und dann beginnt mein Nachtritual. Wenn ich so um 3 oder manchmal auch erst um halb 4 zu Hause bin, mache ich immer dasselbe.**

Ist das dein Ernst?

> **Also, als ich in der Buchproduktion war, habe ich manchmal nachts noch Korrektur gelesen. Das kann man, wenn man noch aufgekratzt ist. Aber wenn nichts Aktuelles ansteht, bereite ich mir einen großen Topf Magerquark zu. Mit Honig und einer Banane. Und gieße mir einen großen Schoppen Rotwein ein. Dann gehe ich mit diesen Dingen ins Bett und gucke «Simpsons».**

Jede Nacht?

> **Ja. Das ist mein Einschlafritual.**

Und du hast auch noch nie vergessen, eine Banane einzukaufen? Oder der Quark war abgelaufen?

Nein. Die Banane hab ich schon mal vergessen. Das ist kein Drama. Dann kann ich auch einen Apfel reinschneiden.

So flexibel bist du dann doch?

Ja, das geht so.

Und dabei kannst du aber, während du das genießt, nicht einduckeln. Du musst dir ja noch die Zähne putzen.

Die Zähne müssen nochmal geputzt werden. Das ist leider unangenehm, in der Tat.

Vor allen Dingen: Nach Banane und Rotwein Zähne putzen ist vom Gefühl – vom Zahnputzgefühl – her ja wohl mittel. Da hab ich sofort trockene Zahnhälse.

Tja. Das ist einfach mein Einschlafritual.

Ich würde jetzt gerne einen Blick in deinen Kühlschrank werfen und gucken, wie viele Portionen Magerquark dadrin sind.

Liebe Lesenation! Herr Domian steht auf. Geht zum Kühlschrank. Holt uns einen ... zwei! ... drei! ... vier! brikettgroße Töpfe Magerquark ... ich korrigiere: sechs! brikettgroße Töpfe Magerquark aus dem Kühlschrank!

Wir haben heute Mittwoch. Das heißt, Mittwoch, Donnerstag, Freitag, Samstag, Sonntag, Montag ist gesichert. Und Dienstag musst du einkaufen gehen.

Gehst du eigentlich selber einkaufen?

Ja.

Und was machst du, wenn du im Urlaub bist?

Da bin ich auf Reisen, da geht das nicht.

Und da vermisst du es aber auch nicht?

Nein, weil dann ist ja ein anderes Leben. Und da ist mein Leben aus dem normalen Trott raus.

Seit 1995 machst du Domian. Machst du das jetzt all die Jahre?

Dieses mit dem Magerquark mache ich vielleicht jetzt acht Jahre, mit dem Rotwein von Anfang an. Das ist so meine kleine Droge, um runterzukommen.

Und das schmeckt dir auch?

Sehr.

Darf ich was fragen zu dem Tagesrhythmus, der ja auch so durchstrukturiert ist? Wenn da etwas aus dem Trott gerät, weil du vielleicht in eine Talkshow gehst oder einen anderen Termin hast, beunruhigt dich das dann?

Ja. Bei diesem ritualisierten Arbeiten ist alles, was außerhalb des normalen Arbeitens und Lebens passiert, irritierend für mich. Oder wenn ich Lesungen habe und dann direkt von der Lesung zur Arbeit, das heißt zur Sendung muss, bin ich immer sehr verspannt. Es ist einfach nicht so eine innere Ruhe. Das habe ich nämlich gelernt, dass diese allnächtliche Sendung nur mit eiserner Disziplin und mit klaren Ritualen gut funktioniert.

Okeeeeee.

Da gibt es noch eine Kuriosität, die ich praktiziere. Ich habe ja keine Putzfrau. Und ich putze meine Wohnung immer, während die «Tagesschau» läuft. Nicht jeden Tag, beileibe nicht. Aber wenn ich putze, läuft die «Tagesschau» oder «heute-journal». Dann ist es immer schnell nebenher gemacht.

Gut, beim «heute-journal» hast du eine halbe Stunde Zeit zum Putzen ... aber 'ne Viertelstunde «Tagesschau» reicht dir, um diese Wohnung – liebe Lesenation, wir sitzen in einer klinisch sauberen Wohnung – so picobello hinzukriegen?

Die normale «Tagesschau» reicht dann für ein Zimmer.

Gibt es Dinge, vor denen du dich ekelst?

Ja, klar.

Schlechter Mundgeruch gehört dazu.

Schlechter Mundgeruch ist eines der schlimmsten Dinge. Das ist der absolute Erotikkiller für mich. Absolut, also

da gibt's gar nichts. Übrigens, mit der Reinlichkeit gibt es noch eine Sache, die ich selbst mache. Ich wasche mein Auto selbst. Von Hand. In diesen Verrichtungsboxen, kennt ihr das? Und das hat mit der Reinlichkeit gar nicht in erster Linie was zu tun, sondern hat etwas Meditatives. Nun gut, das ist übertrieben ausgedrückt. Aber es hat etwas, um zur Ruhe zu kommen. Wenn ich sehr gestresst bin, sehr genervt bin, setze ich mich ins Auto, fahre hier um die Ecke in so eine Anlage, schäume mein Auto ein und wasche das.

Machst du das immer sonntags?

Nein, kann man sonntags nicht machen, weil die da geschlossen ist. Nein, nein, das ist ganz unterschiedlich. Hat immer mit Stress zu tun. Das ist interessant.

Und du wäschst dein Auto nicht, wenn es schmutzig ist, sondern wenn du Stress hast?

Nicht unbedingt. Da kann ich mich wunderbar ablenken und bin mit den Gedanken ganz woanders.

Hast du schon zwei Tage hintereinander dein Auto gewaschen? Kann es sein, wenn du die ganze Woche Stress hast, dass dein sauberes Auto j e d e n Tag mit der Hand gewaschen wird?

Also, so pathologisch bin ich noch nicht! Aber in der Tat gab es schon Situationen, wo ich dachte, eigentlich müsste man hier noch nicht wieder waschen.

Und das hat nichts mit Gummersbach zu tun? Wenn ich mich an unsere gemeinsame Heimatstadt erinnere, dann war das durchaus ein städtisches Ritual, dass vor jedem Haus samstags das Auto gewaschen wurde.

Das wird es heute auch noch geben. Da bin ich sicher. Das wird es auch noch in Köln geben. Samstags mach ich das eigentlich nie. Da ist es am vollsten in den Verrichtungsboxen, weil die ganzen Jungs dahin fahren und ihre Felgen polieren und weiß ich was alles machen. Kennt ihr das denn? Diese Dinger?

Diese Verrichtungsboxen?

Hat so was Obszönes.

So, wie ihr es sagt, hat es was Obszönes.

Nun gut. Zurück zum Stück: Gibt es neben Mundgeruch etwas, wovor du dich ekelst?

Vor schmutzigen Betten. In Hotels. Da bin ich ganz hysterisch.

Gehst ins Zimmer und suchst nach Haaren? Hast du auch eine blaue Lampe, wie bei «Criminal Intent», um alte Samenreste aufzuspüren?

Nein, aber ich habe immer, wenn es irgendwie geht, selbst, wenn ich im Fünf-Sterne-Hotel bin, meinen Schlafsack dabei und schlafe ...

Das ist jetzt nicht wahr! Das erzählst du uns nur, damit wir was Schönes ins Buch schreiben können!

Nein. Das ist immer sehr lustig, wie das Personal darauf reagiert, wenn die diesen Schlafsack da liegen sehen.

Den lässt du auch liegen?

Ja, natürlich! Den räume ich nie weg.

Der wird aber vorher mit der Hand von dir gewaschen? Damit er immer schön frisch riecht?

Ja.

Und wenn du eine Woche im Hotel bist, muss das Hotel den dann waschen?

Nein, das ist ja nicht deren Aufgabe.

Da liegst du unter Umständen zwei Wochen in dem mittlerweile vermieften Schlafsack, und die Mädchen ziehen jeden Tag die Seidenbettwäsche aufs Bett, und du liegst dann in deiner miefigen Rolle?

Ich merke schon, dass du nicht viel Ahnung von Schlafsäcken hast.

Das ist ja wohl Kult mit dem Schlafsack!

Der Hintergrund ist, dass ich Hausstaub- und Milben-Allergiker bin. Selbst in tollen Betten in Fünf-Sterne-Hotels habe ich bisweilen eine verstopfte Nase, nicht immer. Und da lag die Lösung mit dem Schlafsack irgendwann auf der Hand.

Wie oft wird der denn gereinigt, der Schlafsack?

Den reinige ich immer, wenn ich im Urlaub war.

Und der ist frei von Milben?

Ja, das ist Synthetik. Das macht man bei Schlafsäcken so.

Du glaubst nicht, dass da auch Tierchen einziehen? Aus der Matratze, wo sie ja wahrscheinlich in deinen Augen wohnen, tapp, tapp, tapp, in die Wärme, wo ein Jürgen liegt. Die riechen deinen Geruch und denken: Hmh! Lecker!

Liebe Conny! Gut kombiniert! Da habe ich natürlich vorgesorgt! Ich liege natürlich mit dem Schlafsack nicht direkt auf der Matratze!

Sondern auf dem Boden?

Nein, zwischen Matratze und Schlafsack liegt eine ganz hauchdünne Alufolie.

Von dir mitgebracht?

Das Hotel wird es ihm nicht bereiten.

Ja.

Darf ich dir sagen, woher deine Schlafstörungen kommen? Vom Knistern der Alufolie.

Das wiederum höre ich nicht, da ich ja Stopfen im Ohr habe.

Das höre ich jetzt alles nicht.

Und diese Alufolie, das ist diese Unfallfolie vom ADAC. Die ist milbendicht, da kommt nichts durch.

Manchmal bin ich so müde.

Wie viele hast du davon im Haus?

Eine, die halten doch ewig. Die sind ja ganz leicht, die kann man ganz klein zusammenfalten. Die ist in dem Schlafsack mit drin. Und das habe ich alles aufgebaut innerhalb von Minuten. Hinzu kommt ein aufblasbares Kopfkissen.

(Wir beide schreien uns weg vor Lachen.)

Was gibt es da zu lachen?

Zieh dir doch einfach einen Taucheranzug an, dann schläfst du bequemer.

Ich habe im Grunde genommen zum Thema Macken nicht viel zu erzählen. Es ist alles so unspektakulär. Nur das mit dem Schlafsack ist schon nicht so normal. Meine Mutter schämt sich immer sehr im Hotel …

(Wir lachen und lachen …)

Bevor du das Zimmer verlässt, lässt du aber hoffentlich die Luft aus dem Kopfkissen.

Das muss man doch!

Wenn du jetzt vier Tage bleibst, und die Zimmermädchen finden deinen Schlafsack, die Folie und das aufgeblasene Kopfkissen vor. Du bist noch nie gebeten worden, das Hotel vorzeitig zu verlassen?

> **Nein, ich räume immer feinsäuberlich die Bettwäsche in einen Schrank oder so, sodass es ganz frei ist, und bau meines auf. Das heißt für die, die müssen mein Bett nicht machen. Und denken, der ist vielleicht ein bisschen merkwürdig.**

Bist du am End ein Bakterien-Phobiker?

> **Neben meinem Schlafsack gibt es noch etwas, was ich immer mit in die Hotels nehme – das weißt du: eine Flasche Sagrotan. Fürs Klo. Wenn ich auf meine weiten Touren gehe, ist das wirklich angebracht. Das sind keine dollen Hotels, sondern öfters Absteigen, und da ist es schon mal gut, wenn man das ein bisschen herrichtet.**

Und wenn du das vergessen würdest, das Sagrotan, würdest du es sofort kaufen, oder würdest du denken: «Ja, Pech!»

> **Ja, das Pathologische fängt in dem Moment an, in dem man ohne gar nicht mehr gut leben kann. Das ist bei mir nicht so. Wenn ich das nicht habe, dann habe ich es halt nicht. Dann geht es auch ohne. Also, insofern ...**

Reicht ein bisschen After Shave.

Kannst du denn auf Autobahnraststätten Türklinken berühren?

Ja, das ist alles nicht so schlimm.

Du bist keiner, der mit dem Pullover dann die Türgriffe runterdrückt?

Nein, das ist Gott sei Dank alles noch im Normbereich, sonst würde ich mir über mich selbst Sorgen machen.

Ich glaube, du bist kein Mensch für Glücksbringer oder Aberglaube. Kann das sein? Es gibt bestimmt keine Talismane, die du mit dir rumträgst?

Nein.

Dazu bist du zu rational.

Vielleicht, ja, nennen wir es so.

Was wäre denn, wenn dein kleiner Schneemann aus der Sendung zur Adventszeit plötzlich nicht mehr an seinem Platz wäre, sondern entwendet worden wäre?

Dann wäre ich sehr böse und müsste mir einen neuen kaufen.

Hast du nicht auch dieses ... Farbphänomen ...?

«Synästhesie» meinst du?

Ja. Was war das nochmal?

Also bei mir ist das so, dass ich mit Zahlen und Wochentagen immer Farben verbinde.

Wie sieht denn so 'ne Eins aus?

    Eins ist sehr weißlich.

Zwei?

    Bläulich.

Drei?

    Gelb.

Vier?

    Rot.

Fünf?

    Grünlich.

Sechs?

    So ein Gelb-Bräunliches.

Sieben?

    Braun.

Acht?

    Silbrig.

Neun?

Neun ist so eine Schmutzfarbe, zwischen Braun und Grau.

Und was siehst du bei 639?

Da funktioniert das nicht mehr.

Bei dreistelligen oder zweistelligen Zahlen?

Nein, da geht das nicht.

So: Montag?

Montag? Eher, ja, anthrazit so in etwa.

Dienstag?

Geht ins Bläuliche, Türkisfarbige.

Mittwoch?

Rot.

Donnerstag?

Grün.

Freitag?

Gelb.

Samstag?

So ein silbriges Grau.

Sonntag?

> **Weiß.**

Haben Feiertage nochmal eine spezielle Farbe?

> **Nein.**

Hast du das als Kind schon so gesehen?

> **Ja, immer. Deswegen finde ich es auch völlig unspektakulär, weil ich früher immer dachte, das haben alle. Wenn ich klassische Musik höre, aber das ist sehr schwer zu beschreiben, sehe ich in gewissen Höhenfrequenzen Farben, vor allem bei Geigen. Das ist lustig.**

Und das irritiert dich auch nicht?

> **Nein, bei der Musik ist es ganz nett, aber sonst ist es eigentlich egal.**

Mit Menschen oder mit Städten oder Ländern assoziierst du keine Farben?

> **Nein.**

Mit Gerüchen auch nicht?

> **Nein. Mit Monaten. Monate haben das auch noch.**

Januar?

> **Januar ist ein Hellgelb. Der August ist türkis,**

der Juli ist richtig knallrot, und der Oktober ist anthrazit.

Wenn man den Namen von einem Monat sagt, kommen diese Farben vor deine inneren Augen?

Ja, sofort.

Oder ist es auch ein Gefühl?

Nein, ich sehe, wenn du «Oktober» sagst, sehe ich sofort anthrazit. Sofort.

Und was siehst du, wenn ich sage: «Montag, der 1. Oktober»?

Nein, das ist dann wieder zu viel. Da würde ich wahrscheinlich den Oktober sehen, eine Farbe dominiert dann.

Und das ist aber nicht belastend für dich?

Nein, überhaupt nicht. Laut psychologischer Forschung haben das soundso viel Prozent der Menschen.

Ich habe das gar nicht.

Ist genetische Programmierung.

Ach so, genetisch ist das. Aber bei Gefühlen zeigt sich das nicht? Neid ist gelb, oder Liebe ist rot, was man so herkömmlich denken würde.

Ich hab mal einen Film gesehen über einen Autisten, der hatte das auch. Mit Zahlen.

Wie ist das denn, wenn du in einem Museum in der Abteilung für moderne Kunst ein abstraktes Bild siehst? Es gibt ja diese One-Colour-Paintings. Ist da nur ein rechteckiges gelbes Bild an der Wand? Oder assoziierst du dann Zahlen? Tage? Monate?

Ich mag so gerne die Bilder von Yves Klein hier in Köln. Das ist ja so ein ganz intensives Blau, nur Blauflächen. Nein, da zeige ich keine Reaktionen.

Total spannend.

Ist das nicht schon ausgelutscht mit den Farben?

Nein, mein Lieber. Und die Nummer mit dem Schlafsack auch nicht! Vielen Dank für deine Offenheit, wenn du nicht schon das Bundesverdienstkreuz hättest, würden wir dir jetzt das BEUTEVERDIENSTKREUZ verleihen!

Gabi Decker
Käfer-Körperwelten

Gabi Decker ist am 5. Juli 1956 in Ratingen geboren und in Bokensdorf aufgewachsen. Sie ist Autorin, Kabarettistin, Komikerin, Radiomoderatorin, Moderatorin und Sängerin.
Gabi Decker gehört zu den Menschen aus'm Showbiz, die wir an einer Hand abzählen können, mit denen sich über die Jahre hinweg eine Freundschaft entwickelt hat. Wir nennen sie gutgelaunt Grobi; uns blieb eine Neutaufe auch nicht erspart. Sie ruft uns Connylingus und Hellatio, was durchaus Rückschlüsse auf unsere Beziehung zulässt. Wir drohen ihr permanent mit feuchten Zungenküssen und versuchen sie verzweifelt ans andere Ufer zu zerren. Aber sie weigert sich renitent und ärgert sich weiter mit Kerlen rum. Nichtsdesdotrotz bietet sie mir (Conny) ab und an Kost und Logis in Bärlin – wobei ich fassungslos meine Sozialphobie überwinden kann –, oder ich lege mich auch schon mal hackendicht im Kölner Savoy neben sie ins Hotelzimmer, um am nächsten Tag beißenden Spott zu ertragen. Nach dem Motto: «Liebe Conny, ich habe Brennholz für die nächsten drei Winter. Du hast heut Nacht alles zersägt.»
Im Übrigen haben wir die Theorie, dass Grobi unter Witztourette leidet. Jedes Mal, wenn wir telefonieren, erzählt sie uns die schmutzigsten Witze, und wir können tagelang die Bilder nicht mehr aus unseren Köpfen radieren.

Nach einer flotten Aufzeichnung von «4 gewinnt» bei n-tv an einem schwülen Frühlingsdonnerstag in Bärlin schmissen wir uns in ein Taxi mit kaputter Klimaanlage, und auch der aufgeräumte

Eingeborene am Steuer konnte mir (Hella) keine gute Laune vermitteln. Die änderte sich schlagartig, als wir Grobi vor ihrer Haustüre durchdrückten und in ihrem blitzsauberen Wohnzimmer 'ne Flasche Pils serviert bekamen. Ich (Hella) muss an dieser Stelle nicht erwähnen, dass mir 'ne Flasche Kölsch u n e r t r ä g l i c h gute Laune bereitet hätte, aber ich war schon dankbar, dass ihr Stubentiger im Garten rumtaperte und sich nicht, wie beim letzten Besuch, in meinen Unterarm verkrallte.

HvS: Liebe Grobi. Ich durfte gerade deine Gäste-Toilette benutzen und musste leider ein Handyfoto von einer sehr abgefahrenen Autogrammkarte machen. Ich sehe auch hier im Wohnzimmer an der Wand drei ... sechs ... zehn Bauchredepuppen. Da würde ich gerne mit der Tür ins Haus fallen: Was hat es mit diesen Bauchredepuppen auf sich?

GD: Es fing ganz harmlos mit einer Puppe auf dem Flohmarkt an. Die war auch ziemlich teuer, und dann sagte jemand zu mir: «Jetzt kauf die doch, und dann machst du was da draus.» «Ich kann überhaupt nicht Bauchreden, was soll denn das?» «Jetzt kauf die und mach da was draus.» «Nein, ich kann nicht Bauchreden!» Dann war die aber so außergewöhnlich. Das war ein Nachbau von Charlie McCarthy. Charlie McCarthy hatte mit seinem Menschen – Edgar Bergen – von 1937 bis 1956 seine eigene Radiosendung in den USA. Ein Riesenerfolg! Da er eine Puppe war, konnte er alles sagen, was er wollte. Die Amis konnten das ja nicht übelnehmen, war ja nur 'ne Puppe, die sprach. So, dann habe ich die gekauft, und ein halbes Jahr später hatte

ich Premiere. Ich nahm sie zur Zugabe mit auf die Bühne. Charlie saß auf meinem Arm und hinten am Hals zog ich am Faden, um den Mund zu öffnen und zu schließen. Er bekam die Rolle meines Kritikers, hieß Ferdinand von Reich-Schlawinsky, sprach wie Reich-Ranicki, und auf meine Frage «Wie hat es Ihnen heute Abend gefallen?» antwortete er: «Nun, die Notausgänge waren ausreichend beleuchtet und der Teppichboden akkurat verlegt.» Wenn ich ganz ehrlich bin: Meine Karriere hab ich damit nicht bereichern können.

CS: Wie viel hast du für das McCarthy-Double bezahlt?

120 Mark damals.

Wie schrill ist das denn bitte? Bauchreden im Radio? Das erinnert mich an Pantomime für Blinde.

Und dann bist du gezielt über Flohmärkte gelatscht und hast nach Bauchredepuppen gesucht?

Nein, die gibt es hier ja nicht. Wir haben überhaupt keine Kultur für dieses Handwerk oder Mundwerk. In der Schweiz kennen wir einen, der mit so einer Art zotteligem Bibo rumläuft. Den kannte man von Kurt Felix und Paola in der Sendung «Verstehen Sie Paola?». Der wurde da oft engagiert, und ich weiß nicht, ob der noch lebt. Die Puppe ist am End verfilzt. Also, wir hatten und haben überhaupt keine Kultur dafür. Amerika ist das Mutterland. Ehe ich die bei eBay googeln konnte, musste ich erst mal rauskriegen, wie die überhaupt heißen. Die heißen Ventriloquistpuppen.

Venter = der Bauch.

Conny = die Klugscheißerin.

Dann taten sich Hunderte von Seiten mit den schärfsten Puppen auf. Davon sitzen jetzt hier zehn, in meinem Arbeitszimmer nochmal drei. Die wurden damals auch oft für Werbezwecke eingesetzt. Der da oben, der besonders doof guckt, der ist von so 'nem Autoladen, vom ehrlichen Eddie, der Gebrauchtwagen verkaufte.

Dann hast du übers Internet gekauft? Und bei eBay auch ersteigert?

Ja, in Amerika.

Die schicken die dann aus Amerika zu dir? Du machst vorher eine Überweisung?

Ja, ich bezahle vorher, und dann gibt es die Post, die ist schon lange erfunden, und die schicken das dann. Und dann gibt es zwischen den Puppen auch Angebote, das hast du eben auf meinem Gäste-WC gesehen, Autogrammkarten von den damaligen Bauchrednern mit ihren Puppen. Ich habe ja uralte.

Darf man fragen, wie teuer das wird?

Das geht bis zu 5000 Dollar.

Die du aber nicht bezahlt hast?

Die ich nicht bezahle. Ich brauche die auch nicht. Das sind dann die, bei denen du in den Rücken reingreifen kannst, die Augenbrauen sich heben und du die Augen hin- und

herrollen kannst. Das muss man ja beherrschen. Und dann musst du noch zwei Typen spielen.

Und sitzen die Puppen nur dekorativ auf ihren extra angefertigten kleinen Podesten vor der Tapete rum, oder nimmst du sie auch runter und unterhältst dich mit ihnen?

(Lacht.) **Das ist eine Fangfrage! Du willst mich doch als Verrückte hinstellen.**

(Verstellt ihre Stimme und lispelt mit irrem Blick:)

«Na ja, manchmal sonntags, wenn ich ganz alleine bin.»

Nur eine?

(Bleibt in der Rolle:) **«Dann nehme ich eine zum Kuscheln runter, weil, sprechen tun die nicht mit mir.»**

Würdest du dich als eine Bauchredepuppen-Sammlerin bezeichnen?

Nein. Ich bin eine Bauchrednerpuppenliebhaberin. Schönes Scrabble-Wort. Ich gucke nur ab und an noch bei eBay rein, ob es was Besonderes gibt.

Aber das Sammeln liegt dir durchaus im Blut? An der Wand, die sich mir gegenüber auftut, sehe ich außergewöhnliche Rahmen mit getrocknetem Edelweiß drin. Die sehen aus wie Oberösterreich, anno 1890. Was hat es damit auf sich?

Ich möchte mal kurz sagen, dass es in meiner Wohnung auch moderne Gegenstände gibt.

Unser Aufnahmegerät.

Nein, auch der Tisch und die Stühle, das Regal, es gibt da einiges. Nicht, dass die geneigte Lesenation denkt, ich wohne hier in einem Museum wie so 'ne alte Omma, und bringt mir 'ne Spitzendecke vorbei.

Aber es sind doch vergilbte Edelweiße – oder sind es überhaupt Edelweiße? Ich habe die Brille nicht auf.

Sehen Sie! Da geht es schon los! Das sind lupenreine Brillanten, die an meiner Wand hängen, die habe ich damals von Frank Sinatra bekommen. Das waren meine Amerika-Kontakte. Aber wenn ich von Blinden interviewt werde, kann dabei nichts rauskommen!

Sprich mit uns über diese merkwürdig gewölbten Rahmen.

Das sind Rahmen, die wurden um 1880 bis ungefähr 1940 zur silbernen und goldenen Hochzeit verschenkt. Da war ursprünglich immer ein Strauß für die Dame für den Kopf drin, ein Sträußchen für den Herrn fürs Revers und dann stand da drauf: «25 Jahre verheiratet», «50 Jahre verheiratet». Diese Rahmen, die Gläser sind immer mundgeblasen und so gewölbt. Da habe ich dann gesagt, da mache ich was anderes rein, was ich noch sammle. Und da gibt es einiges. Zum Beispiel diese Skarabäen. Das sind echte Tiere gewesen auch um 1850 rum.

Käfer aus Ägypten.

Käfer aus Ägypten, die man nicht in Gold fassen kann, weil sie zu weich sind, aber man kann sie bei 60 Grad waschen, das ist mir schon passiert, da passiert gar nichts mit.

Sprechen wir von echten ausgestopften Käfern?

Nicht ausgestopft.

Skarabäen bringen schweinemäßig Glück. Mildred hat auch einen beim Staatsbesuch von Sadat geschenkt bekommen.

Balsamico – wie nennt man denn das? – einbalsamiert.

Körperwelten.

Das sind Käfer-Körperwelten. Ich finde vielleicht einmal in fünf Jahren eine Brosche mit so einem Skarabäus. Das ist der absolute Glücksbringer in der ganzen Welt. Ägypten zimmert den jetzt nach in Lapislazuli oder in Silber oder in Gold.

Aha. Aber deine sind praktisch Mumien?

Mumien.

Original-Käfermumien.

Glücksbringermumien.

Wie teuer ist denn so ein Käferchen auf dem Flohmarkt?

Die Broschen kosten zwischen 25 und 150 Euro. Aber man findet sie nicht, weil, wer die hat, will sie behalten, weil es ja ein Glücksbringer ist. In Amerika kannst du bis 3000 Dollar dafür ausgeben.

Werden denn diese Rahmen mit dem lustigen Glas heutzutage noch hergestellt?

Nein.

Das heißt, das sind rare Altertümchen.

Ja. Dann war mir das zu albern, immer mit den goldenen Sträußen da drin. Da dachte ich: «Packe was anderes rein.» Dann habe ich zwei Teddys reingemacht, meine Skarabäen und meine Edelweißanhänger.

Was hat das mit dem Sammeln auf sich? Es gibt ja viele Menschen, die gerne sammeln. Und einige sagen: «Geh mir weg mit Sammeln!»

Ich denke, das hängt auch mit meinem Sternzeichen zusammen. Man sagt den Krebsen nach, die würden alles

horten. Also nichts wegschmeißen. Meine Mutter hat immer gesagt: «Räum dein Zimmer auf und schmeiß dann auch was weg.» Der Satz ist mir bis heute im Gedächtnis. Muss damals schon ganz schlimm gewesen sein.

(In dem Moment bumpert es an die Terrassentür. Gabis schneeweiße, taube, 18 Jahre alte Katze Fönix versucht stoisch, mit dem Köpfchen durch die Glasscheibe ins Wohnzimmer zu gelangen.)

Meine Alzheimerkatze findet gerade die Katzenklappe nicht. Zurück zum Stück: Ich habe gerade renoviert und tapfer vier Umzugskartons mit Flohmarktsachen gepackt. Ich brauche wirklich nicht 30 Kerzenleuchter, es reichen 12. Nun bin ich aber auch ein Flohmarktgänger, und das verleitet natürlich. Ich sehe jede Woche irgendwas. Tolle Schnäppchen. Das begeistert mich, das ist immer wie ein Ausflug in die Kindheit.

Kram ist ja total «in». Die Sendungen boomen im TV: «Trödeltrupp», «Trödelking», «Schatzsuche» ... müssen es für dich denn echte Antiquitäten sein?

Na ja. Kleeblätter sammle ich auch. Alles, was Glück bringt, sammle ich.

Warum sammelst du alles, was Glück bringt?

Damit es mir Glück bringt.

Aber du hast doch schon ganz viel, was Glück bringt? Meinst du, die Quantität macht es aus?

Nein. Aber ein Kleeblatt anzuschauen, ist schon schön. Ob

es echt ist, gepresst ist oder ob es auf einer Vase gemalt ist. Ich finde das einfach schön. Oder Marienkäfer, die dritte Leidenschaft. Skarabäen, Kleeblätter und Marienkäfer. Das sind meine Glücksbringer.

Sei froh, dass du keine Schornsteinfeger sammelst. Sonst wär die Hütte hier voll.

Bin ich von abgekommen. Da war die Ein-Zimmer-Wohnung zu klein.

Würdest du sagen, wenn du so über einen Flohmarkt lustwandelst, du bist eine Expertin? Du weißt, was wertvoll ist? Wie viele Jahre betreibst du das?

Ich bin schon 30 Jahre unterwegs. Das ist mein Wochenendausgleich. Ich bin an der frischen Luft und kann kaufen. Es gibt nichts Schöneres für mich.

Kennen die Flohmarktmenschen dich schon? Reservieren die teilweise Dinge für dich und sagen: «Frau Decker, ich hab hier was für Sie»?

Nur manchmal. Wichtig ist, dass ich für die Flohmarktverkäufer nichts Besonderes bin und dadurch in Ruhe gelassen werde.

Ich glaube, dieses Flohmarktvolk ist ein ganz spezielles Völkchen. Fühlst du dich auch mit den Menschen dort wohl, oder geht es dir nur um die Objekte, die du suchst?

Es geht mir um die Objekte, die ich suche. Die Menschen wechseln ja ständig, da sind jedes Wochenende andere

Verkäufer. Ich habe Respekt vor diesen Flohmarkthändlern, weil ich, als ich kein Geld hatte, auch jedes Wochenende da gestanden bin und meine Gas- und Strom-Rechnungen davon bezahlt habe. Teilweise die Miete. Ich weiß, wenn die bei 14 Grad minus stehen, stehen die nicht, weil sie wollen, sondern weil sie müssen. Da kaufe ich auch schon mal was aus Mitleid.

Und parallel bist du auch bei eBay unterwegs?

Ja, zum bisschen Gucken-Kaufen. Ich gucke nach Gartengeräten, Schläuchen oder nach einem Rasenmäher. Sammeln ist schon eine schlimmschöne Angewohnheit.

Warum schlimm?

Es nimmt manchmal überhand. Aber dann kommt es halt wieder weg, kommt es auch zum Flohmarkt.

Du kannst dich dann auch trennen?

Ja.

Du hast fünf Jahre etwas Spezielles gesammelt, und dann sagst du: «Boah, es ist zu voll in der Wohnung – weg damit?» Ohne Herzschmerz?

Ohne Herzschmerz.

Und du kennst auch die Preise und lässt dich nicht runterhandeln?

Na ja, ich kenne die Preise, aber viele Dinge verschenke

ich. Wenn jemand zu mir kommt und sagt: «Ach, ist das schön!», dann gebe ich das mit. Ich schenke gerne.

Bist du denn prinzipiell eine gute Händlerin?

Ich würde sagen, ja.

Und handelst du auch runter, wenn du weißt, die stehen da bei 14 Grad minus und brauchen das Geld?

Ja. Sie müssen aus der Nase bluten, wenn ich vor dem Stand bin.

Es gehört, glaube ich, auch mit zu dem Charme von Flohmarkt, dieses Handeln wie auf dem Basar?

Ja, natürlich. Und wenn die nicht runtergehen, nicht mal einen Euro, dann lass ich sie stehen. Unsere türkischen Mitbewohner, die lasse ich dann auch stehen, die kommen aber meistens hinterher und sagen (*tiefe Stimme mit Akzent*)**: «Na gutt. Nimm mit.» Und ich denk: «Na bitte, geht doch! Was macht ihr denn vorher so'n Jewese?»**

Hast du eigentlich einen Schuhtick?

Nein, ganz moderat. Ein Paar Turnschuhe, diverse Pumps. Ich habe schon begehbare Schuhschränke bei einigen Freundinnen gesehen. Da habe ich mir gedacht: «Oh Gott! Zu jeder Farbe den passenden Schuh!» Das war beeindruckend. Aber für mich kann ich mir das nicht vorstellen.

Hast du sonst einen Kleidertick? Du hast ja, wenn ich das an dieser Stelle sagen darf, extrem schöne Beine. Ist es wichtig für dich, dass du immer kurze Röcke trägst?

Nein. Wenn ich dann mal rausgehe, ziehe ich meistens schon ein Kleid an und keine Stiefel.

Aber in Hose sehe ich dich nur am Wohnzimmertisch. Draußen in freier Wildbahn sehe ich dich nur in Kleidern oder Röcken.

Wir sehen uns in freier Wildbahn meistens nur, wenn es ums Fernsehen geht. Da trage ich Kleider und Röcke. Sonst trage ich Jeans und Turnschuhe.

Du schneiderst deine Garderobe selber?

Ja, überwiegend mache ich meine Bühnengarderobe selber und auch meine Tagesgarderobe, auch Blusen und so.

Und wieso kannst du das?

Ja, ich frage mich auch täglich, warum ich das alles kann. Nein, weiß ich nicht, ich habe es mal mit 15 angefangen.

Hast aber keine Schneiderlehre gemacht?

Nein.

Konnte deine Mutter auch nähen? Hast du es von ihr gelernt?

Nein.

Selber beigebracht? Nähmaschine auf dem Flohmarkt gekauft und losgelegt?

Ja.

Finde ich toll. Bist du auch eine, die sonst alles selber macht zu Hause?

Ja. Leidenschaftlich Gartenarbeit.

Renovieren? Anstreichen?

Nein, das mache ich jetzt nicht mehr, weil ich auch in ein Alter gekommen bin ...

(Es maunzt schlechtgelaunt neben dem Tisch.)

Die Katze hat die richtige Klappe gefunden! Mittlerweile stürmt und regnet es in Berlin, aber die Katze hat die richtige Klappe gefunden! JIPPIEH!

Wo wir eben bei den Glücksbringern waren, würdest du sagen, du bist ein abergläubischer Mensch?

Nein.

Gar nicht?

Überhaupt nicht. Obwohl ... ich habe meine Rituale auf der Bühne. Ich rufe vorher all die Verstorbenen, die ich mal gekannt habe.

Mit einer Kerze?

Nein. Ungefähr so zehn bis fünf Minuten vorher gehe ich schon mal hinter den Vorhang, eigentlich trennen mich nur noch drei Schritte von der Bühne. Da stehe ich dann und sage: «In dienender Liebe.» Dann möchte ich, dass alle guten Geister bei mir sind. Das sind meine Mutter, mein Vater, alle, die schon verstorben sind. Und gute Menschen, die ich kannte, die schon unter der Erde sind. Dann sehe ich die oft vor mir. Bei einem Namen muss ich immer lächeln. Ich werde mal, wenn ich da oben ankomme, fragen, was das bedeutet hat. Dann gehe ich raus auf die Bühne.

Und wie kommt es zu den Worten «In dienender Liebe»? Ist dir das irgendwann mal in den Sinn gekommen? Hast du das in einem Buch gelesen?

Ich habe mal ein Seminar bei Kurt Tepperwein gemacht, von dem ich heute noch zehre. Es ging um Mentaltraining. Themen wie positives Denken waren eine Beigabe. Interessant war: «Was strahle ich aus?», «Was kriege ich zurück?», «Wie sortiere ich mich?» Also Ursache und Wirkung. «Welche Ziele habe ich?» Die Menschen heutzutage wundern sich, wenn sie keinen Erfolg haben. Dann haben sie auch kein Ziel. Das Universum kann nur wirken, wenn du ein Ziel hast. Und zwar mit Wort, Bild und Gefühl. Wenn dein Ziel ist: «Ich möchte gerne eine Schneiderei-Werkstatt aufmachen.» Da musst du dich jeden Tag in der Werkstatt sehen. Oder in meinem Fall: «Ich möchte gerne zum Fernsehen.» Das war der Satz dazu. Dann habe ich mir als Bild nach diesem Mentaltraining den Abspann im Fernsehen vorgestellt. Dort habe ich alle Komiker reingeschrieben: Mike Krüger, Hape Kerkeling, Karl Dall, Jürgen von der Lippe, und meinen Namen habe ich mir dazwischen vorgestellt. Und mein freudiges Gefühl dazu, wie mich

jemand vom Fernsehen anruft und mich bucht. Jeden Abend vor dem Einschlafen habe ich mir das vorgestellt. Und drei Wochen später rief Mike Krüger an, mit dem hatte ich am wenigsten gerechnet, der mich dann zusammen mit Hans-Werner Olm zu dieser SAT1-Show eingeladen hat.

Wie praktisch.

«In dienender Liebe.» Wie habe ich diese Wörter zu verstehen? Heißt das, wenn du dein zweistündiges Soloprogramm spielst, dienst du dem Publikum, um dann ihre Liebe im Applaus zu bekommen?

Nein, ich diene mit Liebe.

Du dienst mit deiner Liebe?

Ich diene denen mit meiner Liebe zu den Menschen. Weil ich ein Menschenfreund bin. Ich liebe die Menschen mit all ihren Facetten. Sicher kann ich nicht alles billigen, das ist ja ganz klar. Aber grundsätzlich liebe ich die Menschen. Und so versuche ich all meine Texte auch mit Liebe zu machen. Auch wenn ich auf der Bühne mit großem Sarkasmus und Ironie drangehe.
Jeder Gag, den ich da ablasse, ist mit großer Liebe am Schreibtisch erfunden. Ich brüskiere niemanden, ich habe noch nie jemanden beleidigt, niemals. Das denken nur viele, die oberflächlich sind. Die denken gar nicht weiter nach, was ich wirklich sage.

Gibt es Speisen, bei denen du jubelst: «Das ist mein Essen! Da bin ich glücklich!»

In den schlimmsten Krisenzeiten konnte ich immer thailändisch essen. Ach so, ich habe noch so ein Ritual nach meinen Auftritten: Da gibt es diese Tütensuppen aus Thailand, kosten 50 Cent. Da sind Nudeln drin, dann irgendein Fett und ein scharfes Gewürz. Dann lasse ich zur Nacht die Nudeln weg und trinke nur diese Brühe. Die bringt mich wieder nach vorne.

Die bringt mich aber auch auf Toilette. Ich kenne diese Brühe, weil meine Gattin diese Nudeln gerne zu sich nimmt. Sie trinkt die Brühe nicht, ich trinke sie dann und habe zweistündige Toilettengänge vor mir. Das schießt mir in die Därme wie Picoprep.

Ja, aber das putzt auch mal durch.

Gibt es denn auch irgendwelche Speisen, vor denen du dich ekelst?

Ja, Austern, Lamm. Ich esse nix, was ich auf den Schoß nehmen kann. Ich habe ja mal ein Jahr im Irak gelebt. Da liefen die Lämmer ja rum, die konnte ich auf den Schoß nehmen. Also, ein Lamm würde mir nie in den Mund kommen, niemals. Einen Hasen sowieso nicht, Hamster und Stubenküken, warum? Was ich verachte an allen Menschen: Wenn sie sich im Restaurant ein Milchlamm bestellen. Das wird aus der Vagina rausgezogen und getötet. Allein das schlimme Karma! Und mir dann noch erzählen: «Aber das ist das zarteste Fleisch!» Da möchte ich mich im hohen Strahl übergeben.

Du hast ein gutes Verhältnis zu Tieren. Du hast Tiere lieb? Alle?

Ja.

Es gibt kein Tier, wo du Angst vor hast?

Na ja, so ein Elefant, wenn der jetzt in meinem Schlafzimmer stünde. Ich würde mich erst mal freuen, dass ich so ein großes Schlafzimmer habe, aber andererseits hätte ich auch ein bisschen Angst. Mit Spinnen habe ich mich arrangiert. Die sind ja nun mal im Erdgeschoss. Deshalb habe ich «Snapy». Habe ich mal bei Neckermann gekauft – das ist so ein Gerät, das stülpt man über die Spinne und schiebt dann einen Deckel unter ihren Arsch mit den pelzigen Augen und acht Beinen, und dann sitzt die da drinnen gefangen: Grrähhneäää – und dann schmeiße ich sie in den Garten.

Hast du Angst vorm Fliegen? Höhenangst? Phobien? Irgendwas?

Nein.

Kannst komplett angstfrei durchs Leben rennen? Echt?

Bin ich eine Aussätzige?

Nein. Ich finde es beneidenswert. Bist du auf der Kirmes eine Achterbahnfahrerin?

Gerne, und auch diese neuen Sachen, wo mir ordentlich schlecht wird. Da kriege ich schon mal Angst, weil, ich weiß ja nicht, was auf mich zukommt. Ich denke, mir machen Dinge Angst, bei denen ich die Kontrolle abgeben muss. Vollnarkose zum Beispiel – finde ich scheiße. Ich weiß dann ja nicht, wie ich mich benehme. Ob ich aus-

sehe wie ein Frosch. Das will ich alles nicht. Und auf dem Rummel ist es auch so. Du gehst in so ein Karussell – neu neu neu – aus Amerika, und dann weißt du nicht, was mit dir passiert. Du hast irre Gestänge um dich herum, und da sackt dir auch schon mal das Herz in die Hose. Da habe ich schon mal Angst, klar.

Du hast jetzt ein paar Mal Amerika erwähnt. Für uns bist ja du die einzig wahre Tina Turner. Du bist eine hervorragende Sängerin, singst perfektes Englisch: Hast du mal drüber nachgedacht, dass du eigentlich lieber in Amerika wohnen würdest?

Niemals. Ich möchte immer in Berlin wohnen.

Immer?

Ich möchte, wenn möglich, sehr lange in dieser Wohnung bleiben.

Hast du Angst vor Veränderungen?

Nein, auch nicht. Wenn sie schön sind.

Amerika könnte ja auch schön sein. Du sagst aber vehement: «Nein, ich will hier bleiben – in Berlin – in der Wohnung!»

Es ist so: Mein Vater war ja Bauingenieur, und wir waren öfter mal im Ausland. Das hieß also, Kofferpacken, Kinderzimmer aufgeben und Freunde aufgeben. Und so ist meine Kindheit bis 21 geprägt. Danach konnte ich wählen, wo ich bleibe. Bin dann nach Berlin. Hier habe ich Pflegeeltern gefunden, hier habe ich meine Freunde, die ich 20, 30 Jahre

kene. Hier bin ich auch nur zweimal umgezogen. Ich brauche einen festen Standort.

Eine Geborgenheit?

Eine Geborgenheit. Einen festen Standort. Gerne kleine Reisen, ich weigere mich aber seit 16 Jahren auf Tournee zu gehen.

Warum?

Weil ich das doof finde. Die Servicewüste Deutschland zeigt da ihr schlimmstes Antlitz. Du kriegst kein Frühstück mehr um 11 Uhr, du musst zusehen, dass du abends in den Schlaf kommst, meistens erst um 4 Uhr, nach dem Erfolg oder nach dem Adrenalin-Ausstoß. Dann stellen sie dir das Tablett vor die Tür, machen nicht mal Zellophan rauf, egal, wie viel Sterne das Hotel hat. Ganz egal. Du bist die Aussätzige, wenn du länger schläfst. Um 11 Uhr fangen sie an zu nerven, rufen im Zimmer an: «Wann wollen Sie auschecken?» «Kann Ihr Zimmer jetzt aufgeräumt werden?» Oder die «Hausdamen» putzen so laut um dich herum, dass an Schlaf nicht mehr zu denken ist. Viele Theater sind grenzwertig. Ich kann vielleicht fünf aufzählen, wo alles stimmt mit der Werbung. Saubere Garderoben, nettes Ambiente, der Saal ist geputzt, und die Karten sind gut verkauft. Acht Wochen hat mich ein Management mal rumgeschickt. Da saß ich oft morgens auf meinem Bett und habe gedacht: «Was mache ich hier? Ich habe es so schön in Berlin und sitze hier in einem abgefuckten Hotelzimmer in Köln.» Ich werde dieses Hotel mitten in der Stadt nie vergessen. Ich hatte gespielt, eingepackt, noch einen getrunken, bin mit meinem Techniker ins Hotel, 5-Watt-

Birnchen an der Decke, wo du nicht mal siehst, dass in deinem Badezimmer Silberfische Tango tanzen. Nein danke.

Du sagst, du hast Kontrollverlust nicht gern. Würdest du dich als einen Kontrollmenschen bezeichnen?

Ja.

Du checkst fünfmal die Herdplatte?

Nein, ich bin ja nicht zwanghaft.

Keine Zwänge?

Nein, ich kontrolliere nur mehrfach meine Bühnengarderobe, es sind ja manchmal bis zu sechs verschiedene Frauen, die ich spiele.

Wir hatten schon Gespräche mit anderen berühmten Zeitgenossen, die von sich sagten: «Ich bin Perfektionist», da waren einige dabei, die Treppen wieder raufgelaufen sind, um zu gucken, ob der Herd noch an ist oder ob das Bügeleisen ausgeschaltet ist. Das hast du gar nicht?

Nein, ich weiß ja, dass ich es ausgeschaltet habe.

Okay.

Nein, aber ich bin ein Kontrolletti, das gebe ich ganz offen zu. Ich kann meinen Techniker fragen: «Hast du das Navi eingestellt?» «Ja, ist alles in Ordnung!» Ich traue ihm nicht. Ich muss das Navi nochmal programmieren, weil ich der Kontrolletti bin.

Heißt das dann auch, dass es, wenn du Alkohol trinkst, nie zum endgültigen Rausch bei dir kommt?

Das heißt es nicht.

(Lachen.)

Also, Pupillenstillstand mache ich natürlich nicht. In der Tat muss ich Restkontrolle haben. Aber es gab durchaus Abende, wo ich die Straße, in der ich wohne, kaum über die Lippen gekriegt habe. Musste dann nochmal rein ins Lokal *(lallt:)* **«Würdest du dem mal sagen, wo ich wohne? Der versteht mich nicht.» Denn wir haben die vielen arabischen Migrationshintergründe, die hinter dem Steuer sitzen. Da ist das besonders schwierig.**

Wovor hast du denn Angst im Leben?

Mir würde eine Inflation Angst machen, die in anderthalb Jahren kommen soll. Das würde mir Angst machen. Das würde mich sehr in meiner Zufriedenheit erschüttern.

Das heißt, wir reden davon, dass du ein materieller Mensch bist? Dass Geld und Besitztum dir wichtig ist?

Das ist nicht wichtig. Ich brauche ja nicht viel, ich brauche nur meine Wohnung und was zu essen. Es wäre sehr schade, wenn ich mir das nicht mehr leisten könnte. Ich würde mich natürlich in Nullkommanix damit arrangieren, aber ich fände es nicht schön, weil ich mir das alles ganz hart erarbeitet habe. Als ich von der Inflation gehört habe – wer weiß denn von uns, was eine Inflation ist? Wenn du meinetwegen 100 000 gespart hast, und das ist dann nur noch

10 000 wert, und für die 10 000 kriegst du zehn Brote, dann mache ich mir Gedanken. Ich scheiß auf Statussymbole. Brauche kein «Gucci», kein «Prada», kein Boot, kein großes Auto, kein Ferienhaus. Brauche ich alles nicht.

Was würdest du als deine größte Macke bezeichnen?

Spielen am Computer. Früher war mein Computer: Ich schreibe, bin kreativ, und dann drucke ich das aus. Bis ich dann eines Tages ein Spieleportal entdeckt habe. Und da gibt es ein Mahjong-Spiel. Manchmal habe ich schon gedacht, ich bin spielsüchtig. Das kann ich zwei Stunden am Stück spielen. Meine Maushand schmerzt und meine rechte Schulter – ich kann irgendwie nicht aufhören. Dann denke ich manchmal, gehöre ich jetzt auf 'ne Couch? Muss ich darüber mal reden?

Hmh ... zwei Stunden am Tag ... und wie viele Tage in der Woche?

Jeden Tag. *(Lacht.)* Aber das entspannt mich ohne Ende.

Du kannst dabei abschalten?

Ja. Dieses Spiel ist total gaga, zwei Gleiche wegklicken, einfach weg, bis das Bild leer ist. Manche spielen ja Solitär. Stundenlang. Hier wohnt ein Anwalt gegenüber. Die Angestellte, die ich von meinem Wohnzimmer aus sehen kann, macht keine Rechtssachen, die spielt Solitär an ihrem Computer. Da denke ich dann, ich bin nicht alleine.

Beherbergst du gerne fremde Menschen über eine Woche bei dir?

Nein!

Warum nicht?

Es gibt ja nur eine, das ist meine Pflegemutter Renate, die kommt jedes Jahr eine Woche zum Muttertag. Die macht mir Spaß, auch wenn ich es nicht gewohnt bin, so früh aufzustehen. Am zweiten Tag habe ich schon Jetlag. Nachmittags um vier verlassen mich alle guten Geister, und ich denke, ich müsste schlafen gehen. Sonst gilt die alte Regel: Besuch und Fisch stinkt nach drei Tagen.

Doch drei Tage? Bei mir sind's zwei.

Wenn du verreist und dein Koffer kommt nicht mit dir an. Was würdest du am meisten vermissen?

Ich würde alles vermissen! Kontrolletti! Bücher. Cremes, Genügend Schlüpfer. Badezeug – ich würde das alles vermissen. Das wäre für mich der Horror. Ich würde mir erst mal eine Zahnbürste kaufen, einen Schlüpfer und eine Creme für den Körper. Ich habe trockene Haut. Dann würde ich ein «Fass aufmachen». Also in meiner unmissverständlichen Sprache klarmachen, dass ich nicht eher den Flughafen verlasse, bis ich meinen Koffer habe. Oder ich schnappe mir einen anderen Koffer, der weibisch aussieht.

Und dann hast du einen von 'ner Tunte erwischt.

Aber da habe ich dann alle Cremes drin. *(Großes Gelächter.)*

Wir möchten dieses Gespräch FÖNIX widmen. Wir vier wissen, warum.

Alfred Biolek
«Nichts! Nichts! Ist mein ‹Lieblings›!»

Alfred Franz Maria Biolek wurde am 10. Juli 1934 in Fryštát/Freistadt, Mährisch-Schlesien, heute Karviná (Karwin), damals Tschechoslowakei, heute Tschechien, geboren. Der Name Alfred bedeutet so viel wie «Der von Elfen beratene» und wird teilweise auch mit «Der Elfenfürst» übersetzt. Unser kleiner Elfenfürst verbrachte eigenen Angaben zufolge eine glückliche Kindheit und studierte auf Anraten des Vaters Jura. Als promovierter Jurist wurde er beim ZDF zunächst als Assessor im Justiziariat eingestellt. Wir gehen davon aus, dass spätestens zu diesem Zeitpunkt die Elfen ihre beratende Tätigkeit aufnahmen und ihn in die Unterhaltung dirigierten. Dort wurde er sowohl hinter, als später auch vor der Kamera ein erfolgreicher und vor allem innovativer Produzent, Talkmaster und Entertainer.

Ich (Conny) durfte ihn schon 1980 kennenlernen. Meine Mutter war zu Gast in «Bios Bahnhof», und von diesem Zeitpunkt an verband die beiden eine wunderbare, tiefe Freundschaft. Alfred begleitete sie zu vielen, zunächst steif anmutenden Anlässen. Die beiden ignorierten Protokoll und Knigge und amüsierten sich dabei köstlich. Er entführte Mildred häufig in das bunte, schrille Kölner Nachtleben, und die zwei sind nicht nur ein Mal im Morgengrauen Arm in Arm singend aus dem Hotel Timp (einer ehemaligen Künstlerklause, in der bis zum Morgen Travestie-Shows geboten wurden) gewankt. Ich erinnere mich noch lebhaft daran, wie unbeschwert und glücklich meine Mutter in seiner Gesellschaft war. Alfred, danke für Dich!

Ich (Hella) kannte Alfred Biolek selbstverständlich schon lange aus dem Fernsehen. Alfred gab zu seinem 50. Geburtstag eine spektakulär große Party. Dada Stievermann, Dirk Bach und ich feierten zu diesem Zeitpunkt Triumphe als Comedy-Truppe «Die Stinkmäuse». In unserem Programm hatten wir eine Nummer, bei der wir uns eine beliebige Person aus dem Publikum griffen, sie als erfundene Berühmtheit auf die Bühne setzten und die Unterhaltungs-Show «Das ist Ihr Leben» (damals von Carlheinz Hollmann moderiert), von uns umgetauft in «Das war Ihr Leben», nachspielten. Das Publikum der FILMDOSE oder der CHARADE schrie und tobte vor Begeisterung. Mit dieser «Bank» wurden wir zu besagter Party als Überraschung für Alfred eingeladen. Er wurde von uns gebeten, auf der Bühne Platz zu nehmen, und wir legten los. Nun war Alfred Biolek tatsächlich eine Berühmtheit, die es zudem hasste, im Mittelpunkt zu stehen. Jede Pointe ging komplett nach hinten los. Alfreds Mundwinkel wanderten immer mehr Richtung Bühnenboden (Angela Merkel ist ein Smiley dagegen), und im Saal herrschte Grabesstille. Wir erlebten das peinlichste Fiasko unserer bis dahin so fröhlichen Bühnenkarriere.

Anschließend saßen wir wie versteinert in der Garderobe, und es herrschte bedrücktes Schweigen. Dicki und ich weinten leise vor uns hin, und Dada nippte still an ihrem Sekt. Plötzlich sprang sie auf und rief: «So! Und welchen Geburtstag machen wir jetzt kaputt?»

Gott sei Dank, oder soll ich sagen Elfen sei Dank, ist Alfred nicht im Geringsten nachtragend und hat bei späteren Begegnungen kein Wort über diesen Vorfall verloren.

Für das folgende Gespräch durften wir ihn in seinem neuen Domizil in Köln besuchen. Wir waren über die Lage und die geschmackvolle Einrichtung komplett aus dem Häuschen. Alfred verwöhnte uns auf seinem großen Balkon während des Gesprächs mit Käsekuchen und Rhabarbersaft. Dieser leckere Saft ist seit diesem Nachmittag fester Bestandteil in unserem Getränkeensemble.

HvS: Lieber Alfred, wir wissen ja, dass du ein passionierter Koch bist. Jetzt interessiert uns natürlich sehr, ob es bei der Vorbereitung oder beim Kochen selbst bestimmte Rituale gibt, die für dich wichtig sind.

AB: Ich habe ja mehrere Kochbücher herausgebracht, zwei davon mit Eckart Witzigmann zusammen. Vor ungefähr zwei Jahren ist ein Buch erschienen mit dem Titel: «Die Rezepte meines Lebens». Da sind alle meine gesammelten Rezepte drin, es sind über 600, vermute ich. Man braucht eigentlich nur noch das eine Buch, dann hat man sie alle. Ich koche, obwohl ich schon so lange koche und viele dieser Rezepte schon hundertmal gemacht habe, immer nach dem Kochbuch. Das fängt damit an, ganz ritualisiert, dass ich mir überlege, was koche ich heute oder nächste Woche. Dann wähle ich ein Rezept aus, setze mich hin und schreibe die Zutaten auf. Anschließend schaue ich, was ich von diesen Zutaten schon im Haus habe, und das streiche ich wieder. Mit dem Zettel ziehe ich los und kaufe ein. Wieder zu Hause angekommen, beginne ich streng nach vorliegendem Rezept zu kochen.

Obwohl du das Gericht in deinem Leben wahrscheinlich doch schon zehn-, zwanzig-, dreißigmal gekocht hast?

Manche, nicht alle, aber einige habe ich sogar schon viel öfter gemacht.

CS: Wenn du jetzt das Kochbuch nicht hättest, könntest du doch bestimmt auch einige Rezepte aus dem Kopf kochen. Du möchtest es aber, weil es zum Ritual gehört, gerne aufblättern?

Da ich das immer so gemacht habe, würde ich heute, wenn

ich ohne Kochbuch kochen würde, sicherlich immer was vergessen. Davor habe ich Angst. Es ist mir über die Jahre einfach zu einem schönen Ritual geworden, mich bis ins kleinste Detail an meine Kochbücher zu halten. Die Gäste danken es mir übrigens.

Es hat doch bestimmt auch etwas mit der Freude an deinen schönen Büchern zu tun?

Ja, natürlich! Ich habe jedoch zeit meines Lebens nach Rezept gekocht. Übrigens habe ich nebenbei noch zwei bis drei andere Sachen gemacht. Es ist ja nicht so, dass Kochen meine Hauptbetätigung war. Das Kochen hat mich aber tatsächlich das ganze Leben begleitet. Meine ersten Rezepte habe ich alle von meiner Mutter. Sie hat sie mir erzählt, und ich habe alle aufgeschrieben. Damals habe ich alles noch fein säuberlich mit der Hand geschrieben. So entstand, wenn ihr so wollt, mein erstes Kochbuch, in das ich dann immer reingeguckt habe.

War das Kochen immer Entspannung für dich?

Oh ja! Das ist es auch heute noch.

Gibt es denn in deinem Leben kein Gericht, das du selber kreiert hast? Hast du ausschließlich nach Rezepten anderer Menschen gekocht?

Ja. Ich habe keines selber kreiert.

Du siehst mich aber überrascht, denn du bist ja ein kreativer, phantasievoller Krebs.

Ich habe meine Phantasie auf andere Dinge verlagert, zum Beispiel auf die eine oder andere Sendung. Allerdings war die Wahl der Speisen und wie ich sie dann präsentiert habe, wie ich den Tisch gedeckt habe, sehr kreativ. Aber gekocht habe ich immer nach Rezept.

Jetzt bist du ja ein großer Kommunikator. Du kennst ja wahnsinnig viele Menschen, machst sie miteinander bekannt, hast in Berlin große, opulente Einladungen für 60 Leute und mehr gegeben. Kochst du für bestimmte Menschen spezielle Gerichte?

Nein. Aber ich weiß natürlich bei vielen – und wenn ich es nicht weiß, frage ich auch –, was sie nicht gerne essen. Ich erkundige mich schon, was sie nicht gerne essen, und dann mache ich eben was anderes. Immer nur Fisch oder immer nur Fleisch, nein.

Ich hatte den Verdacht, dass du bestimmte Speisen bestimmten Menschen zuordnen würdest. Dann hätte ich nämlich nachgefragt, ob es einen Grund hatte, dass wir damals bei dir Wildschwein mit Serviettenknödel serviert bekamen. Wir schwärmen heute noch davon!

Ich muss dich leider enttäuschen, liebe Hella. Es ist nicht so, dass ich für bestimmte Menschen ein bestimmtes Gericht oder eine bestimmte Art von Gerichten im Kopf habe, nein. Gerade Wildschwein und Wild generell hängt von der Jahreszeit ab. Im Hochsommer wart ihr mit Sicherheit dann nicht bei mir zu Gast.

Bist du denn auch tapfer, wenn Gäste bestimmte Wünsche äußern? Wenn die sagen: «Mensch, Alfred, ich will jetzt einen

Karpfen.» Sagst du dann: «Kinder, das ist mir zu aufwendig. Heut gibt es bei mir eine Sardelle.»

Bis jetzt kann ich mich nicht erinnern, dass sich jemand etwas Spezielles gewünscht hat.

Was ist für dich das Sinnlichste oder auch Entspannendste bei diesem ganzen Gewerkel? Das Schnippeln der Zutaten? Das Köcheln? Das Servieren? Das Essen? Was ist das Schönste?

Das Schönste ist eigentlich, dass man dann am Tisch sitzt mit seinen Gästen und gemeinsam das Ergebnis der Schnippelei, des Rührens und des Kochens eben gemeinsam genießt. Natürlich freue ich mich, wenn die Gäste dann sagen: «Mmmh, das schmeckt gut!» Ich liebe es, mit angenehmen Gästen bei einem guten Essen positiv zu kommunizieren.

Bist du auch gerne bei anderen zu Gast? Gibt es Menschen, die genauso gut kochen wie du?

Ja, und das hängt nicht vom Kochen ab. Ich bin gerne Gast, auch wenn der Gastgeber nicht so doll kochen kann. Das ist nicht das Entscheidende. Mich freut die Atmosphäre, mich freut das Zusammensein, die Gespräche.

Hast du denn ein Lieblingsessen?

Nein.

Echt nicht?

Nein.

Auch nicht von deiner Mutter selig von früher?

Ich habe überhaupt nichts «Lieblings» in meinem Leben.

Ach.

Ich habe keine Lieblingsfarbe, ich habe kein Lieblingsbuch, ich habe kein Lieblingsland. Ich habe keine Lieblingsmusik, ich habe nichts Lieblings. Ich werde ja dauernd gefragt: «Welches war Ihr Lieblingsgast in all den Jahren?» Ich kann es nicht sagen. Genauso wenig kann ich die Frage nach meinem Lieblingsgericht beantworten. Ich bin kein Mensch, der sich gerne festlegt. Das ist wahrscheinlich der Grund, warum ich diese Sendungen machen konnte. In einer Woche war der Staatsmann Putin zu Gast, in der nächsten Woche waren es Menschen mit Behinderung. Diese totale Mixtur. Mein Leben war immer ganz offen nach allen Seiten. Das gilt fürs Essen, das gilt für Reisen, das gilt für die Bücher, für alles. Ich habe nichts Lieblings.

Aber du hast doch ein Ferienhäuschen in Griechenland. Hätte das auch auf Sizilien oder in Frankreich stehen können? Hat das nichts mit dem Land zu tun?

Doch, es hat mit dem Land zu tun. Ich würde es jedoch trotzdem nicht mein Lieblingsland nennen. Durch eine Aneinanderreihung von Zufällen hat es mich in jungen Jahren dorthin verschlagen. Ich war als 16-Jähriger im Schüleraustausch in Amerika. Am Ende des Jahres nahm ich an einer 14-tägigen Busreise quer durch das Land teil. Immer wieder setzte ich mich mit einem jungen Mädchen aus Athen zusammen. Wir freundeten uns an, und wenig

> später unternahm ich eine Reise nach Athen, nicht zuletzt, um auch sie dort wiederzusehen. Das war meine erste Reise nach Griechenland, und es sollten noch viele folgen. Land und Leute hatten es mir angetan, und so habe ich mir später dort ein Urlaubsdomizil errichtet. Wer weiß, wäre die junge Dame in Istanbul beheimatet gewesen, hätte ich jetzt vielleicht ein Häuschen irgendwo in der sonnigen Türkei. Griechenland ist wunderschön, ich möchte es aber nicht als mein Lieblingsland bezeichnen.

Wenn du sagst, du hast keine Lieblings und nichts Lieblings, keine Lieblingsmusik, kein Lieblingsland, gibt es denn auf der anderen Seite Dinge, die dich sehr anstrengen oder die du verabscheust? Gibt es eine Farbe, von der du sagst: «Damit würde ich niemals meine Wand streichen?»

> Nein.

Gibt es eine Musik, wo du sagst: «Davon würde ich mir niemals eine CD kaufen?»

> Nein.

Willst du dich nicht festlegen auf Lieblings, oder ist es einfach so, dass du für alles offen und empfänglich bist?

> Ich bin ein Generalist. Mein Leben lang war das immer so. Auch bei den Sendungen, diese unterschiedlichen Dinge, was ich da alles gemacht habe. Gerade in «Bios Bahnhof» hatten wir klassische Sänger, Dirigenten mit großem Orchester, Opernsänger, aber genauso die verrücktesten Leute zu Gast.

Vielleicht hat das deinen großen Erfolg ausgemacht, dass du auf jeden Gast offen zugegangen bist.

Ja, vielleicht.

Du hast aber schon Lieblingsmenschen?

Ja, das ja. Aber das sind eben auch viele. Es gibt natürlich Leute, die mir nichts sagen. Das ist ja klar. Und es gibt andere, bei denen der Funke überspringt. Vorhin habe ich von der Busreise durch Amerika erzählt. Ich fuhr in diesem Bus zwei Wochen durch das Land, und plötzlich stellte ich nach einer Woche fest, dass ich von zehn Mal acht Mal immer neben derselben Person gesessen habe. Dafür muss es einen Grund geben. Es ist mit der Freundschaft genauso. Man lernt jemanden kennen, und dann bleibt er. Ich habe so viele Kandidaten bei «Mensch Meier» kennengelernt. Heute kann ich mich nicht an einen einzigen auch nur vage erinnern. Mit einer Ausnahme! Das ist die Lea Linster, eine Köchin aus Luxemburg, mit der ich heute noch ganz eng befreundet bin. Wir waren zusammen in New York, und sie hat auch schon hier in meiner Küche gekocht. Lea wurde von einer Kandidatin zu einer Freundin. Warum? Weil wir beide die gleiche Wellenlänge und die gleichen Interessen haben. Ich behaupte, irgendwie riecht man es, ob jemand zu einem passt oder nicht. Das ist so ein Gespür.

Aber bei Menschen ist es schon so, dass du jetzt nicht sagen würdest: «Ich habe 20 Menschen, für die ich gleich empfinde.»

Nein.

In der Liebe oder in der Freundschaft bist du durchaus bereit, dich festzulegen?

Ja, absolut.

Gibt es etwas, was dir bei Menschen richtig auf die Nerven geht? Wo du keine Toleranz kennst?

Natürlich!

(Er macht sich kurz Gedanken.)

Wenn mich die Menschen belügen. Aber das erlebe ich nicht oft.

Ich möchte nochmal auf Hellas Frage zurückkommen, ob es bei Menschen etwas gibt, was dich über alle Maßen stören würde. Du hast diese Frage sehr diplomatisch beantwortet. Folgende Situation: Du kochst für Menschen, von denen du nicht alle kennst. Viele bringen einen Bekannten mit, und du kochst ein hervorragendes Essen. Alle lieben es, aber einer der Gäste hat überhaupt keine Tischmanieren. Er isst mit den Ellenbogen auf dem Tisch und rülpst nach dem Dessert durch deine gute Stube.

(Wie aus der Pistole geschossen:) **Das wäre das klassische Beispiel für jemanden, mit dem ich mich nicht anfreunden würde. An dem Abend würde ich nichts sagen, ich würde nur denken: «Der wird nicht ein zweites Mal eingeladen.» Verstehst du? Ich sage zu mir: «Okay. Dann soll er so sein, wie er ist, aber er passt nicht zu mir.»**

Du warst ja viele Jahre im Showbusiness tätig. Hast du mit Aberglauben zu tun? Gab es etwas, was vor einem Auftritt nicht passieren durfte, was du als schlechtes Omen empfunden hast?

Nein.

Bist du als Jurist ein durch und durch rationaler Mensch?

Ja, ich bin ein durch und durch rationaler Mensch. Das klingt langweilig, ist aber so.

Ich sehe diesen Ring an deinem Finger nicht zum ersten Mal. Ist er ein Talisman für dich?

Ja, schon. Den hat Keith, mein damaliger Partner, von dem Tisch anfertigen lassen.

Von dem Tisch?

Von dem berühmten, schönen Tisch, den du, Conny, auch so liebst. Unten am Fuß hat er ein kleines Stückchen Holz rausgeschnitten und diesen Ring bei einem Goldschmied fertigen lassen. Die Idee kam von seiner Tante. Die war zu Besuch hier und hat gemerkt, welchen Bezug ich zu diesem Tisch habe. Einige Zeit später, wir feierten auf einem Schiff vor der türkischen Küste, hat er ihn mir überreicht.

Jetzt haben wir dich ertappt! Wenn das nicht ein LIEBLINGSring ist, dann heiße ich nicht mehr von Sinnen.

(Grummelnd:) **Jaaaaa.**

Komm Alfred, Butter bei die Fische! Wenn der weg wäre, wärst du traurig.

Ja, aber – Lieblingsring heißt ja, dass ich –

– andere nicht so schön finde? Ist das dein einziger Ring?

Ich habe tatsächlich nur den.

Okay.

Ich würde sonst nichts Lieblings nennen, aber ich mag den gerne.

Wo wir gerade deinen Tisch erwähnt haben. Liebe Lesenation, es gibt hier einen wunderschönen Tisch bei Alfred im Esszimmer, der über 200 Jahre alt ist. Da du ihn aber schon 60 Jahre hast, sind es am End fast 300 Jahre. Weißt du noch, wie du den entdeckt hast oder warum dieser Tisch dich angesprungen hat?

Mein Bruder kannte, als er noch in Köln lebte, einen sogenannten «Aufkäufer». Darunter versteht man Antiquitätenhändler, die übers Land fahren und alte Möbel, die in Scheunen zu verrotten drohen, Bauern oder Gutsbesitzern abkaufen. Diese werden dann im Bedarfsfall restauriert und ausgestellt. Ich fuhr also zu besagtem Händler, da ich dringend einen Tisch benötigte, und entdeckte in einer seiner Hallen ungefähr 15 identische Exemplare dieses Tisches. Ich habe mir dann einen ausgewählt und gekauft. Zwei Jahre später war ich in einem Restaurant in München, und dort standen die anderen «Geschwistertische». Begeistert fragte

ich den Geschäftsführer nach Herkunft und Bezeichnung seiner Tische. Er hatte sie tatsächlich beim selben Händler erworben und nannte sie Rhön-Tische, was sich bei meiner Recherche als falsch herausgestellt hat. Bis heute kenne ich den korrekten Namen meines Tisches nicht.

Ich glaube, ich weiß, wie dieser Tisch heißt. Der heißt «Lieblingstisch». Alfred, so leid es mir tut, du hast einen Lieblingstisch!

Obwohl dieser Tisch offensichtlich ja Brüderchen und Schwesterchen hat, würdest du so weit gehen zu sagen, der hat so etwas wie Magie für dich?

Ja, wenn ich einen anderen von denen gekauft hätte, wäre das aber auch der Fall.

Wenn du so über dich nachdenkst, würdest du sagen, du hast einen Tick? Gibt es irgendeine Macke, von der du sagst: «Das haben andere nicht, die hab nur ich»?

Die Ticks, die ich habe, sind nicht so dominant, dass ich sie spontan benennen könnte. Wenn mich jemand darauf aufmerksam machen würde, würde ich sagen: «Ja, das stimmt!»

Was ist denn mit deiner Brille? Du trägst, seitdem ich dich kenne, runde Brillen. Du hast dich nie für ein eckiges Modell entschieden. Würdest du sagen, das ist eine Marotte?

Vielleicht.

Eine liebgewordene Angewohnheit?

Diese Brille hat mir meine erste große Liebe empfohlen. Mit der Zeit wurde es ein Teil von meinem Image, und dann habe ich es halt gelassen. Hätte er mir damals zu einer eckigen Form geraten, hätte ich heute 'ne viereckige Brille auf der Nase.

Willst du uns damit sagen, dass du ein Gewohnheitsmensch bist? Hast du Veränderung nicht gerne?

Ich denke, ja. Ja, ich bin ein Gewohnheitsmensch!

Was wäre für dich auf der berühmten einsamen Insel unverzichtbar?

Menschen! Das Einzige, was ich immer vermissen würde, wären Menschen. Ich brauche Menschen.

Begleiten dich Lampenfieber, Höhen- oder Platzängste im Leben?

Im Grunde genommen habe ich keine Ängste. Früher allerdings, bei meinen allerersten Auftritten hatte ich mit leichtem Lampenfieber zu kämpfen. Das verflog dann aber im Laufe der Jahre.

Du sprichst jetzt von deiner ersten Talkshow «Kölner Treff»?

**Ja, wobei die ersten Gehversuche nicht im Fernsehen, sondern im «Senftöpfchen» stattfanden.
Dort habe ich eine Talkshow ohne Fernsehen gemacht. Die Idee dazu stammt aus Israel und fand dort jeden Sonntag in einem Hotel nur für geladene Gäste statt. Dieses Konzept gefiel mir auf Anhieb, ich wählte jedoch ein kleines**

Theater als geeigneten Ort dafür. Ich erfuhr, dass der Besitzer des «Senftöpfchens» kurz zuvor verstorben war. Dort lief wenig Programm, und so wurde ich bei der Witwe, die heute noch immer die Prinzipalin dieses Hauses ist, vorstellig. «Pardon, mein Name ist Alfred Biolek. Ich würde gerne bei Ihnen eine Talkshow machen.» Daraufhin hat sie, ich weiß es noch wie heute, wörtlich gesagt: «Ich habe keine Ahnung, was das ist, aber bitte, machen Sie.»

Hast du das da schon mit Dieter Thoma zusammen gemacht?

Nein, das habe ich ganz alleine, natürlich mit meinen wechselnden Gesprächsgästen moderiert. Der WDR fand das ganz toll, hat es mir aber allein nicht zugetraut.

Alfred, wie kommt es, dass ich mir dich nicht mit Tieren vorstellen kann?

Wir hatten in meiner Kindheit unheimlich viele Tiere, aber nur, um sie zu essen. Sehr viele Kaninchen, viele Hühner und Gänse. Ich habe als Kind Tiere nur als Nahrungsmittel kennengelernt.

Wie schön, dass du heute keine Tiere mehr hast.

Bist du jemand, der ins Meer schwimmen geht? Oder sagst du: «Das ist alles mein Essen, was im Meer schwimmt.»

Nein, nein, ich schwimme im Meer.

Erinnerst du dich an ein Gericht aus deiner Kindheit, das es nicht mehr gibt und was du schmerzlich vermisst?

Nein.

Nein? Kannst du heute noch alles nachkochen, was deine Mutter damals auf den Tisch gezaubert hat?

Ja, wir haben ja anfangs schon über Serviettenknödel mit Wild geschwärmt. Das waren so die typischen Speisen, die meine Mutter häufig gemacht hat. Vieles, was typisch war für diese österreichisch-tschechische Küche, gibt es heute nicht mehr, aber das bedauere ich auch nicht dramatisch.

War dein Umzug von Berlin zurück nach Köln eine gute Entscheidung?

Ja. Jetzt lebe ich wieder ganz anders als die vergangenen Jahre in Berlin. Interessant, dass dieser Unfall, den ich hatte, eben auch sein Positives hat. Heute lebe ich in einer ganz anderen Welt, in der ich mich sehr wohl fühle.

Bezeichnest du rückblickend dein Leben als reich und erfüllt?

Oh ja! Ich lebe ein sehr schönes, angenehmes, gutes Leben. Ich habe auch keine Probleme, an den Tod zu denken. Wenn ich mal irgendwann da liege und weiß, jetzt ist es vorbei, dann lasse ich einfach nochmal all diese tollen Jahre an mir vorbeiziehen.

Darf ich fragen, ob du glaubst, dass es danach weitergeht?

Da bin ich mir unsicher. Ich weiß es nicht. Ich bin katholisch und sehr streng katholisch erzogen worden. Aber das hat sich im Laufe der Jahre aufgelöst. Ich habe noch einen gewissen Bezug zur Religion und bin auch noch zahlendes

> Mitglied der katholischen Kirche. Ob und wie es weitergeht, davon habe ich keine richtige Vorstellung. Weder dass es auf keinen Fall etwas gibt, noch dass es etwas gibt.

Dass du noch Mitglied in dem Club bist, wundert mich jetzt. Da laufen doch so viele Dinge, über die man die Nase rümpft.

> Ich glaube, wenn ich ausgetreten wäre, hätte sich meine Mutter –

– im Grabe umgedreht?

> Aber nicht nur ein Mal! Das wäre so laut gewesen, dass die Leute, die auf den Friedhof spazieren, sagen würden: «Was ist denn da los? Das ist ja ein Wahnsinnsgeräusch!» Meine Mutter hätte sich nicht nur ein Mal um die eigene Achse gedreht, sie hätte gar nicht mehr aufgehört, sich zu drehen.

Also gibt es doch was danach, wenn du davon ausgehst, dass deine Mutter keine Ruhe gefunden hätte.

> Wahrscheinlich, aber ich weiß nicht, was.

David Imper
«Ich mache tatsächlich ein Handyfoto.»

David Imper kam am 19. Februar 1979 in Bern in der schönen Schweiz zur Welt.
Gut 32 Jahre später fiel uns dieser Götterknabe wie ein Geschenk des Himmels vor das Mikrophon. Am 25. Mai 2011 feierte ich (Hella) die Dernière meiner Lesung «Ich kann auch ANDERSen» in der Kulturkneipe «Mittelblond». An diesem Abend hatte auch Alfred Biolek sein Kommen angekündigt. Er erschien in Begleitung eines attraktiven, aufgeräumten jungen Mannes, den er uns als begabten Schweizer Theater- und Filmschauspieler vorstellte.
In der Pause kam ich (Conny) mit dem schönen Jüngling ins Gespräch und erzählte nebenbei von unserem munteren Buchprojekt. David zeigte sich darüber sehr begeistert und behauptete, er sei der ungekrönte König der Zwänge und Macken. Im Anschluss an die Lesung saßen wir noch eine Weile zusammen, und David gab uns eine Kostprobe seiner Alltagszwänge. Ehe er sich versah, saß er in der darauf folgenden Woche in unserem Wohnzimmer bei einem Stück Käsekuchen und war um keine Antwort verlegen. Auch wenn er zum jetzigen Zeitpunkt noch nicht mit Autogrammwünschen geflutet wird, sind wir beide der felsenfesten Überzeugung, dass der junge Mann sich karrieremäßig bereits auf der Überholspur befindet. Watch our words: «And the Oscar goes to: David Imper.»

HvS: Lieber David, du bist gewillt, uns etwas von deinen Marotten zu berichten. Schieß los!

DI: Ich vertraue mir selbst nicht so ganz, ob ich den Herd wirklich ausgemacht habe. Das trifft auch auf das Bügeleisen zu, nachdem ich es benutzt habe. Zur Sicherheit fotografiere ich das ausgesteckte Bügeleisen. So verfahre ich übrigens auch fast täglich mit dem Herd.

Du machst tatsächlich ein Handyfoto vom Herd und vom Bügeleisen?

Ich mache tatsächlich ein Handyfoto.

(David kramt nach seinem Handy und zeigt uns ein Bild von seinem ausgeschalteten Herd.)

CS: Das ist von heute?

Das ist von jetzt gerade, bevor ich mich auf den Weg zu euch gemacht habe.

Das ist unglaublich, das haben wir auf Seite 178 noch Martin Reinl empfohlen, und du tust es tatsächlich? Was hast du gemacht, bevor es Fotohandys gab?

Davor bin ich immer wieder zurückgelaufen. Diesen Stress habe ich jetzt nicht mehr. Wenn ich im Aufzug bin und denke: «Habe ich alles ausgemacht?», kann ich jetzt auf mein Handy schauen. Das ist entspannend.

Wie oft bist du im Schnitt nochmal zurück? Hat ein Mal gereicht zu sagen: «Okay, es ist aus!» Oder gab es diesen Kontrollgang auch mehrmals?

Dreimal, es kann bis zu dreimal gewesen sein.

Du warst auch schon mal aus dem Haus raus und schon kurz vor deinem Ziel. Da bist du nochmal zurückgelaufen?

Richtig.

Das ist ja schon eine gewisse Zwanghaftigkeit.

Das ist eine gewisse Zwanghaftigkeit, auf jeden Fall. Aber es schränkt mich nicht ein. Das gehört einfach dazu.

Du bist, wenn ich es richtig erinnere, 32 Jahre jung. Seit wann hast du das denn?

Seit ich alleine wohne. Kleine Ticks und Macken habe ich, glaube ich, schon immer gehabt. Bei mir mussten alle Schränke immer zu sein. Mich hat es vehement gestört, wenn eine Schublade so halb auf war. Schon als Kind musste ich die immer sofort zumachen.

Das habe ich auch.

Was ist die früheste Macken-Erinnerung von dir als Kind? Mussten deine Windeln immer 1 A geklebt sein? Damit auch bloß nichts übersteht?

Nein. Ich musste vorm Einschlafen immer unters Bett und in jeden Schrank schauen. Das war ein Ritual, das gehörte dazu.

Da hat ein Mal gucken ausgereicht?

Nein, ich habe das immer dreimal getan.

Hast du erwartet, dass vielleicht doch im Schrank ein Monster sitzt? Oder ein schwarzer Mann? Oder einfach nur dreimal reingucken als Ritual?

Als Kind habe ich das schon aus Angst getan.

Machst du das heute noch?

Nein, das mache ich nicht mehr. Heute muss ich mich vor allem vergewissern, ob ich vor dem Verlassen der Wohnung auch alles ausgestellt habe. Ist das Bügeleisen wirklich ausgesteckt? Habe ich den Wasserhahn zugedreht?

Der darf auch nicht tropfen?

Nein, aber das ist nichts, was ich fotografiere. Da gucke ich nur einmal kurz.

Ich kenne den Grund! Du könntest ja zwischen zwei Wassertropfen auf den Auslöser drücken.

Das hört sich aber auch danach an, dass du als Kind nicht gerne auf Ritzen treten wolltest oder Ähnliches.

Ja, das kommt mir sehr bekannt vor. Am Radio konnte ich es auch nicht ertragen, wenn der Lautstärkeanzeiger auf der Zahl 13 war oder 17 stand. Es war schöner, wenn er die 10, 12, 14, 16 angezeigt hat. Als Kind habe ich streng darauf geachtet, dass der Regler auf einer geraden Zahl stand.

Ob du es glaubst oder nicht, unser Freund Dirk Bach ist jetzt 50 Jahre jung geworden und gönnt sich bei der Lautstärke am

Fernseher auch nur ganz bestimmte Zahlen. Obwohl ich mal mit ihm zusammengelebt habe, war mir das nicht klar.

Kann mir das mal bitte jemand erklären.

Nein. Das hat ein bisschen was mit magischem Denken zu tun. Bestimmte Zahlen üben eine gewisse Magie auf mich aus.

Gilt das denn auch, wenn du dir ein T-Shirt kaufst? Darf das dann nicht 17 Euro kosten?

Doch. In dem Moment würde ich mich sogar über den günstigen Preis freuen.

Bezieht sich das mit den magischen Zahlen bei dir auch auf Hausnummern? Könntest du beispielsweise nicht in ein Haus, mit einer Hausnummer 13 ziehen?

Nein. Das ist mir völlig egal.

Hast du auch ein Faible für Aberglauben?

Ja, allerdings. Ich bin nicht nur ein Mal bei einer schwarzen Katze nochmal um den Block gefahren, um genau diese Stelle ohne Katze erneut zu passieren. Nachdem ich im vergangenen Jahr eine Hauptrolle in einem Kinofilm bekommen habe, ist ungefähr vier Wochen später mein großer Spiegel im Wohnzimmer ganz plötzlich, ohne Fremdeinwirkung, einfach runtergekracht. Ich stand gerade im Bad, es schepperte, und ich dachte: «Jetzt ist irgendwas ganz arg kaputt!» Der Spiegel war in tausend Teile zersprungen. Ich habe nicht gedacht: «Jetzt habe ich Arbeit

und muss das alles wieder zusammenkehren. Oder: «Ich muss mir einen neuen Spiegel kaufen.» Nein, mein erster Gedanke war: «Unglück!»

Ich darf nochmal erinnern: Es war vier Wochen, nachdem du den Zuschlag für die Rolle erhalten hast.

Vier Wochen, nachdem ich den Zuschlag bekommen habe.

Der Vertrag war unterschrieben?

Ja, alles war unterschrieben. Aber natürlich denkt man als Schauspieler: «Ah, wie werden die Dreharbeiten? Was hat man für Kollegen?» Anfangs war ich so schockiert, dass ich erst mal gar nicht wusste, was ich jetzt tun kann. Dann habe ich im Internet gegoogelt, um mich schlau zu machen. Ich musste irgendwas tun, um dieses Unglück abzuwehren und das jetzt ungeschehen zu machen. Ich habe gegoogelt: «Scherben», «Unglück» und wurde fündig. Einer schrieb: Salz vor die Tür, Salz auf die Scherben und dann sollte man sie um 12 Uhr nachts zusammenkehren und im Garten vergraben. Dann habe ich Salz genommen und vor meine Haustür gestreut.

Vor der Haustür?

Ja, vor die Haustür. Das muss man so machen, um das drohende Unheil abzuwenden.

Das war deine erste Maßnahme. Und was hast du danach gemacht?

Dann habe ich Unmengen von Salz über die Scherben gestreut.

Hattest du genug Salz im Haus?

Ich hatte genug Salz im Haus, ja.

Hast du da, wo du wohnst, einen Garten?

Nein, aber ich habe die Sauerei bis 12 Uhr nachts liegen lassen, um dann alles um Mitternacht in einem Müllcontainer unten im Keller zu entsorgen.

Um 12 Uhr? Das war wichtig? Punkt 24 Uhr?

Ja, unbedingt. Ich habe auch tapfer so lange gewartet.

Und du hast auch keine Erde mehr drübergeschüttet? Das wäre mir aber zu unsicher gewesen.

Nein, ich hatte das Gefühl, ich habe mein Soll, was dieses Drama betrifft, erfüllt.

Wie liefen denn später die Dreharbeiten?

Großartig. Das war ein sehr erfolgreiches Projekt. Ich habe alles richtig gemacht.

Hast du mittlerweile einen neuen Spiegel?

Nein, ich habe keinen neuen Spiegel mehr angeschafft. Ich habe nur noch einen Badezimmerspiegel. Der muss reichen.

Das war doch zu traumatisch?

Das war zu traumatisch, ja.

Ehrlich jetzt? Oder macht ihr beide Spaß?

Nein, ich war an dem Tag so geschockt, dass ich meine Mutter und einen Freund von mir angerufen habe, um mich von beiden beruhigen zu lassen. Das war alles andere als lustig. Übrigens wurden mir prompt eine Woche später mein Blackberry und mein Portemonnaie geklaut.

Nein!

Das war ein Riesenrückschlag.

Das war ein Rückschlag. Du hast den Diebstahl natürlich sofort mit dem zerbrochenen Spiegel in Zusammenhang gebracht.

Natürlich, das war das Allererste.

Du Armer, ich kann dich gut verstehen. Fällt dir sonst noch was zum Thema Aberglauben ein?

Letzte Woche habe ich versehentlich ein Paar Schuhe gedankenverloren auf den Tisch gestellt. Im selben Moment bin ich zusammengezuckt und habe sofort Holz angefasst.

Ach, das reichte dann? Da musstest du kein Salz auf den Tisch schütten?

Nein, es hat gereicht, nur ein Stück Holz zu berühren. Das mache ich auch ganz bewusst mehrmals in der Woche.

Holz leitet das Unglück ab?

Richtig. Man soll dreimal drauf klopfen.

Das hat aber was damit zu tun, die bösen Geister durch den Krach zu vertreiben. Man kann angeblich auch auf anderes Material klopfen. Es muss nicht unbedingt Holz sein. Was glaubst du denn, woher dein Aberglaube kommt? Hat es was damit zu tun, dass du Künstler bist? Schauspieler? Oder ist deine Mutter auch empfänglich für Aberglauben? Ist es etwas, was du gelernt hast?

Niemand aus der Familie ist abergläubisch. Es hat bestimmt ein bisschen etwas mit dem Schauspielerdasein zu tun, da in unserem Beruf einfach so wahnsinnig vieles unsicher ist. Es kann am nächsten Tag vorbei sein. Eine Premiere kann schiefgehen. Man kann die Rolle nicht kriegen. Das sind Dinge, die ständig passieren. Andere Leute haben einen festen Job bis zur Rente. Unsereins erlebt ständig diesen Stress. Beim Vorsprechen, mit einem Casting oder bei einer Premiere. Deswegen habe ich immer so das Gefühl, wir haben überhaupt keine Kontrolle über unser Leben. Ich will sie aber haben. Aus diesem Grund versuche ich, irgendwie unterbewusst ein bisschen Kontrolle zu entwickeln über das, worüber ich in Wahrheit natürlich keine Kontrolle habe.

Dr. Lütz, der selber Theologe ist, sagt, dass Aberglaube ein Ersatzglaube ist. Bist du ein gläubiger Mensch? Glaubst du an Gott?

> **Nein. Ich glaube an eine Energie, an eine Kraft. Und ich glaube, dass das, was wir sehen und spüren, noch längst nicht alles ist. Aber ich glaube nicht an etwas, was da oben ist, bei dem wir, wenn wir uns schlecht benehmen, Abbitte leisten müssen. Ich glaube nicht, dass da jemand mit erhobenem Zeigefinger sitzt. Ich glaube an eine Energie, an eine Kraft. Manchmal kann ich das sogar ganz deutlich spüren.**

Leidest du unter Ängsten? Was macht dir heute Angst?

> **Das sind die üblichen Sachen, vor denen wir, glaube ich, alle Angst haben. Krankheit. Oder dass man sich nicht mehr selber um sich kümmern kann, solche Sachen.**

Keine Höhenangst? Keine Platzangst?

> **Höhenangst und Platzangst.**

Ach, kuck mal, geht doch! Du hast also Höhenangst gepaart mit Platzangst?

> **Ja.**

Glückwunsch!

Wenn es das Drehbuch verlangt, bist du dann in der Lage, deine Platz- oder auch Höhenangst zu überwinden?

> **Ich erinnere mich noch sehr gut an die Dreharbeiten für**

einen Film. Gegen Ende musste ich als Leiche in einen Kofferraum geworfen werden. Das war das Schlimmste, was ich jemals auf der Bühne oder vor der Kamera tun musste, das Allerschlimmste. Ich habe mich zunächst gewehrt und den Regisseur um eine andere Lösung gebeten, aber es war nichts zu machen. Ich musste am Ende des Films in einem Kofferraum liegend, mit zugeschlagenem Kofferraum im Auto wegfahren.

Und das mit Platzangst!

Und das mit Platzangst. Ich habe das zunächst mit der Frau, die die Requisiten gemacht hat, geprobt. Sie hatte mir noch eine Taschenlampe in die Hand gedrückt, die ich irgendwie versteckt hatte, sodass ich sie in dem Moment, wo der Kofferraumdeckel zufiel, anmachen konnte. Beim richtigen Dreh haben wir zu allem Überfluss relativ viele Takes gebraucht, da ich vor lauter Panik eine sehr verkrampfte Leiche mimte. Ich musste natürlich die Augen geschlossen halten, ein Mann packte mich an den Schultern, und ein anderer hatte mich an den Füßen. Sie trugen mich in den Kofferraum, und dabei hatte ich immer das Gefühl, mein Kopf ist nicht so ganz drin. Ich werde geköpft. Ich sah ja nix und durfte mich nicht bewegen. Also habe ich mehrmals abgebrochen. Ich hatte an diesem Tag Geburtstag und war mit den Nerven richtig am Ende.

Meine größte Angst im Kofferraum wäre die Luftnot gewesen. Natürlich auch die Enge und die Dunkelheit. Aber die Angst, keine Luft mehr zu bekommen, hätte mir am meisten zugesetzt.

Ja, das kam auch noch dazu.

Wenn ihr das so oft gedreht habt, konntest du dich da überhaupt nicht auf diese Situation einlassen und sagen: «Okay, ich mache das jetzt. Das hat zweimal geklappt, dann mache ich das jetzt auch noch zehnmal.» Kam keine Ruhe in dich?

Nein. Ich glaube, man sieht mir die Angst äußerlich nicht an. Im Film erkennt man keine Bewegung, und ich sehe sehr leblos aus. Aber in meinem Inneren wütete der Horror. Das war furchtbar. Nachdem die Kofferraumklappe zugeschlagen war, habe ich die ganze Zeit zu mir gesagt: «Einatmen, ausatmen, einatmen, ausatmen», und gebetet, dass das Auto stehen bleibt und jemand die Klappe wieder öffnet.

Du Armer.

Lieber David, wir sind wirklich froh, dass du das lebend überstanden hast. Wir wünschen dir für deine Zukunft alles Gute und für deine Karriere Toi, Toi, Toi.

Bedanken darf ich mich ja auf keinen Fall, aber ihr seid sehr lieb.

Herbert Feuerstein
«Ich bin die Macke an sich.»

Herbert Feuerstein wurde am 15. Juni 1937 in Zell am See geboren und ist somit neben Frau Berger und Herrn Schneyder der dritte Ösi im Buche.

Wenn die liebe Lesenation ihn googelt, liest sie, «Feuerstein» – wie Harald Schmidt ihn jahrelang in «Schmidteinander» nannte – sei Journalist, Kabarettist und Entertainer. Dem möchten wir hinzufügen: Und er ist GILBERT HUPH.

Deutsche Komikarbeiter und -arbeiterinnen werden ja häufig herangezogen, wenn es gilt, amerikanische Animationsfilme zu synchronisieren. Aber dass jemand genauso aussieht wie die Rolle, die er spricht, ist neu. Herbert leiht in dem Film «Die Unglaublichen» Gilbert Huph die Stimme und sieht gespuckt so aus. Na gut, Huph ist kein Wurm, keine Kuh, keine Hyäne, sondern ein Mensch. Dennoch. Frisur, Brille ... und nicht zuletzt die Größe, oder soll'n wir schreiben, die Kleine, ist 1 zu 1.

Wenn frau dann weitergoogelt, liest sie, «Feuerstein» sei ein hartes, isotropes, sedimentäres Kieselgestein.

Und das trifft's.

Ich (Hella) hatte immer ein bisschen Angst vor Herbert Feuerstein, bellte er mich doch einst bei einer der ersten Begegnungen mit seinem harten R an: «Du hast deinen Künstlernamen bei mir abgeschrrrieben!!!»

Damit hat er nicht unrecht. Feuerstein war bis 1991 Chefredakteur des deutschen MAD und auch verantwortlich für die Übersetzung der Sprechblasen. Don Martin ist mein Lieblings-MADest Cartoonist. In Deutsch hießen seine Protagonisten «Konrad

Kaputtnik» «Friedemann Fröhn» und eben auch «Mafalda von Sinnen». Als Margit Otterbach mich damals bei ihrem Abitur-Umzug anschrie: «Ich bin Margit von Sinnen!», und ich zurückschrie: «Das ist mein Künstlername – kann ich den haben?», und sie: «Ja bitte! Ich schenk ihn dir!», schnallte ich nicht, dass der Name a) aus MAD war und b) Herbert ihn kreiert hatte. Heute weiß ich, dass Herbert Feuerstein auch Erika-Fuchstechnisch für «BAZONG!» Besitzansprüche geltend macht.

Seine Arbeit an – für – mit – MAD hat ihn wohl letztlich auch befähigt, die Anleitung für das Brettspiel «Spion & Spion» zu schreiben, die mit der «Essener Feder» für die «beste Spielanleitung» prämiert wurde.

Wir durften Herbert bei der Arbeit zu «Genial daneben» besser kennenlernen. Unter den manchmal etwas schroffen, schnellen, sarkastischen Sprechblasen verbirgt sich ein feiner, selbstkritischer, philosophischer Geist, den wir liebenswert finden.
Er scheint uns auch zu mögen, bekamen wir doch tatsächlich zu seinem 70. Geburtstag eine AUSladung, wie alle nichtgewollten Gäste. Zudem besuchte er uns überraschenderweise daheim, obwohl ihm vier Milliarden Termine ein enges Korsett schnüren und wir sicher waren, er würde sagen: «Wenn ihr mich wollt, kommt gefälligst zu mir!» Da ahnten wir noch nicht, dass bei Feuersteins wohl kein Fremder wirklich willkommen ist. Die Gründe dafür erfuhren wir bei folgendem Gespräch. Herbert gab schon zigmal den Frosch in der «Fledermaus» ... an dem Tag war er kein Frosch.

HvS: Lieber Herbert, gibt es Dinge, die du als Kind getan hast und heute als Erwachsener noch tust?

HF: Ihr redet über Sex. Ganz eindeutig.

Eher Angewohnheiten. Wir fragen uns, ob du als Kind schon ein verschrobenes Zeitgenösselchen warst, das skurrile Hobbys hatte oder nicht auf Fugen treten konnte, und du denkst: «Eigentlich bin ich als 70-Jähriger noch genauso!»

Ich war nicht etwas verschroben, sondern total verschroben, weil ich in meiner Ablehnung gegen Elternhaus und Umwelt völlig isoliert dagestanden habe. Das hat zum Teil zeitgeschichtliche Gründe. Ich war sieben, als der Weltkrieg zu Ende war. Und hatte natürlich die Spannungen mit dem Nazi-Vaterland später in der Pubertät. Meine Familie war mir eher fremd, ich hatte mich immer fast als «selbst gezeugt» gesehen. Das ist bis heute so geblieben. Natürlich bin ich als Kind wie alle sorgfältig über Fugen gestiegen, aber ich habe nie einen Aberglauben daraus entwickelt. Nur einen sehr, sehr frühen Größenwahn. Ich habe mich als Acht- oder Neunjähriger gern in Rollen hineinversetzt: Wenn ich jemand Interessanten im Radio hörte, dann war ich das. Wenn es in der Nachkriegszeit eine Parade von amerikanischen Soldaten gab und da ein Panzer fuhr, dann saß ich drin. Das habe ich gegenüber meinen Schulkollegen frech behauptet. Ich gehe davon aus, dass mir niemand geglaubt hat. Ich habe mit zwölf meine ersten Gedichte geschrieben und hatte einen unerträglichen Schwager, der mich so was von reingelegt hat, weil er sagte, er würde sie drucken lassen, das aber dann nie gemacht hat. Der war eine ganz große Enttäuschung. Ich hatte Schulhefte angelegt, da stand drauf: «Werke I – Herbert Feuerstein», und auf dem zweiten Heft dann «Werke II», wie ich es bei den Prachtbänden von Goethe und Schiller gesehen hatte ...

Hihi. Du hast die Hefte gedanklich neben den «Faust» und «Die Räuber» ins Regal gestellt?

**Ja. Ich musste immer irgendwelche besonderen Dinge
machen, um zu zeigen, dass ich anders bin. Ich habe mit
15 eine Messe komponiert, die in der Schule aufgeführt
wurde. Ich habe selber Orgel gespielt. Oder als 13-Jähriger ein Theaterstück, das ebenfalls aufgeführt wurde, ein
kolossales Drama mit fünf Akten, dauerte aber nur etwa
15 Minuten.**

CS: Waren denn deine Eltern stolz auf dich?

**Überhaupt nicht. Der Vater war abwesend, in der Endkriegszeit ebenso wie in der Nachkriegszeit. Und die
Mutter hatte eigentlich nur einen einzigen Satz zu meiner
Erziehung beizutragen, und der lautete: «Wann wirst du
endlich normal?»**

Du sprachst von deinem Schwager – bist du mit einer Schwester groß geworden?

**Ich hatte eine Schwester, die neun Jahre älter war. Das ist
natürlich schon auch ein Fluch. Da leidet man ganz enorm.
Die hatte sich dann für einen Typen entschieden, den ich
wirklich abgrundtief hasste. Ein Muskelmensch, der immer
in Unterhosen durch die Wohnung marschiert ist und
geprotzt hat, und ein Nazi war er auch noch.**

Weißt du, was ich mich gerade frage, weil ich mit einem
sozialdemokratischen Vater groß geworden bin: Wie schafft
man es denn als Kind schon, sich politisch gegen einen Nazi-
Vater durchzusetzen? Zu wissen, dass dessen Position Kacke
ist?

Das passierte nicht als Kind. Eher in der Vorpubertät, wo

man dann sowieso seine Meinung gegenüber Autoritäten, Eltern und Schule grundsätzlich ändert. Als Kind war das nicht so. Ich konnte relativ früh lesen, und man hat mir erzählt, dass ich als Sechsjähriger unter dem Klavier saß und dort Hitler-Reden rezitierte. Durch den Resonanzboden des Klaviers hatte das ein ähnliches Echo wie im Radio. Das fand ich todschick. Das Zerwürfnis mit meinem Vater ist erst gekommen, als er dann zurückkam, da war ich schon zehn. Da war er mir ein Fremder. In der Oberschule begann dann politische Entwicklung und Distanzierung. Ich muss aber im Nachhinein sagen, dass er recht oft versucht hat, auf mich einzugehen und mit mir zu reden. Ich habe das total verweigert. Das tut mir heute leid. Ich wüsste heute gerne sehr viel mehr, was passiert ist, aber ich weiß gar nichts. Ich bin dann als 20-Jähriger in die USA und kam erst wieder zurück, als er tot war.

Hast du in Amerika Musik studiert?

Nein, das war in Salzburg. Vorher.

Warst du musikalisch, künstlerisch «vorbelastet» in der Familie?

Nicht von der Familie her. Ich hatte eine alte, pensionierte Schuldirektorin, die einen Narren an mir gefressen hatte. Die hat mich gerettet. Sie hat mich als Sechsjähriger angenommen und mir alles beigebracht, über Mozart, die ganze Klassik, aber auch Literatur. Die hat mich bestärkt, sonst wäre ich wahrscheinlich in dieser Isolierung stecken geblieben.

Was würdest du denn sagen, was der große Herbert Feuerstein noch vom kleinen Herbert Feuerstein hat?

Die Neugierde. Auf Impulse reagieren. Mein Leben ist nie linear verlaufen. Alle sieben bis zehn Jahre habe ich alles gewechselt.

Ist das vielleicht so eine Art Macke, dass du dich alle sieben Jahre häuten musst?

Könnte sein. Aber es ist kein Zwang. Es passiert einfach. Irgendwann denke ich mir, man müsste völlig neu anfangen. Ich habe meine verschiedenen Zeiten. Erst die Tageszeitung, dann Verlagsleiter, dann Macher von MAD. Ich war über 50, als ich mit dem Fernsehen angefangen habe. Und dann waren es nochmal sieben, acht Jahre, bis zu meinen letzten vier Büchern. Die sind alle in einem kurzen Zeitraum entstanden, nachdem ich mich vom Fernsehen langsam verabschiedet habe. Es war einfach nicht spannend genug. Und jetzt die Musik.

Bist du ein rastloser Mensch?

Ja, ziemlich neurotisch. Der enorme Druck, der in mir drin ist, die sofortige Bereitschaft, krank zu werden, wenn ich brachliege. «Der Körper muss leiden» als Grundhaltung. Ich komme ja auch aus dem Katholizismus, wollte Priester werden. Ganz früh. Als Acht-, Neunjähriger habe ich mir ein buntes Tischtuch umgehängt und danach sehr viel über Sex erfahren, weil ich Erwachsenen die Beichte abgenommen habe. Ich habe nicht verstanden, was sie mir erzählten, aber ich habe sie trotzdem von ihren Sünden freigesprochen und ihnen die Absolution erteilt. Ich habe meinen kleinen Bruder, der auch wieder neun Jahre jünger war als ich, öfter aufgebahrt, Blumen um ihn drapiert und die Totenmesse gehalten, was ziemlich makaber war und

meine Mutter schwer irritiert hat. Er musste ganz still liegen, und wenn er nicht still gelegen hat, hat er eine gescheuert bekommen.

Zwischen dir und deinem kleinen Bruder lagen auch wieder neun Jahre? Ob dieser Rhythmus der neun Jahre auseinanderliegenden Geschwister eventuell etwas mit deinem Lebensrhythmus zu tun haben könnte?

Weiß ich nicht.

Okay. Überlassen wir das Psychologisieren Lucy van Pelt. Was mich aber noch interessiert: Der kleine Herbert wollte ja gerne berühmt sein ... ist es für dich als Erwachsener ein Erfolgserlebnis, dass dein Name aus der deutschsprachigen Medienlandschaft nicht mehr wegzudenken ist?

Nicht wirklich. Das liegt an meiner Negation von Erfolg. Ich kann mit Erfolg überhaupt nicht umgehen. Es ist eigentlich ein Widerspruch: Auf der einen Seite ist der Prahlhans da, und der möchte ihn gern genießen. Auf der anderen Seite steht das Bewusstsein, ein Nichts in einem Universum von Nichtsen zu sein. Diese Demut, die habe ich absolut. Ich habe mit meinen inzwischen 74 Jahren gelernt, dass es sinnlos ist, sich irgendwo «finden» zu wollen. Man muss das annehmen, was man hat.

Wieso bist du eigentlich in deinem Alter so topfit?

Sport habe ich eigentlich immer abgelehnt. Ich bewege mich viel und heftig, ich trinke kaum Alkohol, und mit Süßigkeiten kann man mich jagen. Das kommt noch aus meiner Kindheit.

Weil es damals nichts gab?

Stimmt. Und ohne Süßigkeiten keine Karies. Vom Zahnarzt kriege ich immer einen Pokal. Ich habe zwei kleine Plomben und sonst nichts. Keinen einzigen Zahnersatz.

Nein!

(Herbert öffnet den Mund, und unsere Unterkiefer klappen auch runter vor lauter bewunderndem Staunen über sein makelloses Gebiss.)

Hammer! Jetzt, wo du's sagst.

Silvia!

Hä?

Neid. Neid. Neid.

Ich weiß. Ich höre immer 20-Jährige jammern, die weiß Gott was schon alles mit ihren Zähnen haben.

Ich dachte immer, wenn man in der Jugend überhaupt nichts Süßes bekommen hat, hat man später einen besonderen Jieper darauf.

Da war ich immer auf der asketischen Seite. Da kommt der Urchrist raus, der sagt: «Du kriegst jetzt dein Essen, weil du gearbeitet hast. Wenn du nicht gearbeitet hättest, würdest du jetzt nichts kriegen.» Man kann mich auch mit erlesenen Speisen jagen. Ich weiß nicht, ob ihr's gesehen habt: Der Schmidt hat zu meinem 70-Jährigen eine Sendung gemacht. Er wusste genau, womit er mich

quälen kann: Mit einem 20-Gänge-Menü von irgendeinem Chefkoch. Da litt ich wie ein Tier. Ich war natürlich höflich, konnte aber überhaupt nichts anfangen damit. Und wenn dann noch so ein Pinguin dabeisteht und mir erklärt, dass das gestreichelte Rinder sind ... schrecklich ist das.

Wo liegt denn dein Genusszentrum? Womit kannst du dich denn verwöhnen?

Im Leiden. In der Entsagung.

Puuuh. Das ist echt Thema bei dir. Du bist aber nicht mehr in der Kirche?

Nein. Ich bin absolut ungläubig. Das war so eine Jugendphase. Aber es zieht mich immer wieder zurück nach Salzburg, da werden dann die Fresken in den Kirchen lebendig und beschimpfen mich.

Hat das was mit dem Alter zu tun, dass du dich gerne an die Zeit zurückerinnern möchtest?

Das ist fast eine Zwangshandlung.

Wobei kannst du denn entspannen?

Ich werde ruhig und gelöst beim Wandern in den Bergen, diese Verbindung ist absolut da. So wie Leute, die vom Meer kommen, den Strand brauchen. Allerdings darf ich nicht zu lange in Fels und Firn sein, sonst spüre ich in den Sohlen, wie das zieht, weil da Wurzeln rauswachsen wollen. Ich habe keine Wurzeln.

Du hast keine Wurzeln – warum nicht?

Ich fühle mich wie ein Findling und habe kein Nationalgefühl, weder als Österreicher noch als Deutscher oder Amerikaner. Familie, Bindungen sind mir unwichtig. Mit Ausnahme meiner Frau. Das ist in der dritten Ehe tatsächlich eine Symbiose geworden. Aber ich habe keinen Freundeskreis. Ich könnte gar nicht damit umgehen.

Du hast nie einen Freundeskreis gehabt?

Den habe ich mir stetig dadurch zerstört, indem ich weggezogen bin. Einen Freundeskreis muss man im Alter zwischen 15 und 30 aufbauen, danach geht das nicht mehr.

Wenn du lange in den Bergen bist und du spürst die Wurzeln, die du nicht hast, aus deinen Sohlen wachsen, wäre als Eremit zu leben eine Option für dich?

Damit nerve ich immer meine Frau, wenn wir irgendwo oben auf den Bergen sind. Eine alte Sennhütte, ein hölzernes Jagdhaus, da werde ich sentimental. Gern hätte ich dann auch ein Komponierhäuschen wie Gustav Mahler. Aber das ist zu spät, das wäre die andere Lebensform. In meinem Leben gab es viele Weichen. Wäre ich in Salzburg geblieben, wäre ich heute was ganz Furchtbares. Kultusminister in Österreich oder Festspielpräsident oder irgendjemand, der andere Leute quält oder den Fortschritt verhindert ...

Vermisst du keine Freunde? Kompensierst du es mit etwas anderem? Der Mensch braucht doch etwas, was ihn aufbaut?

Ich kann Nähe schlecht zulassen. In dem Augenblick, wo ein Publikum da ist, mit einer Rampe vorn, kann ich gerne Sympathie entgegennehmen. Aber diese Schwelle zu überschreiten, fällt mir sehr schwer. Ich kann nicht unbefangen in eine Kneipe gehen, eine Hand auf meiner Schulter spüren und eine Stimme hören, die sagt: «Hallo! Komm! Trink einen mit!» Da müsste ich fliehen. Das geht nicht. Also vermeide ich es. Vermisse es auch gar nicht.

Gibt es Ängste in deinem Leben, die dein Denken oder Handeln bestimmen?

Die Urangst bei mir war immer, abhängig von anderen Menschen zu sein. Das hat mich auch zu manchen beruflichen Schritten bewogen, die weder notwendig noch gut waren. Ich brauche mein «Leck mich am Arsch»-Geld, also genug Kohle, um jederzeit zu dem NEIN sagen zu können. Das war meine Lehre aus New York. Ich bin dort ziemlich mittellos angekommen und hatte keine Chance zu arbeiten. Ich habe also wirklich diese unterste Stufe Amerikas erlebt, die sehr gnadenlos ist. Die hat mir große Angst gemacht, weil ich aus dem sozialen österreichischen Netz gekommen war. Jetzt war ich irgendwo allein und konnte nicht mehr zurück. Daraus habe ich gelernt, dass die existenzielle Grundsicherung für mich wichtig ist, um nicht durchzudrehen oder um die Ängste nicht ins Übermächtige, in die Krankheit umschlagen zu lassen. Ich hatte damals auch große Angst vor Krankheiten, vermutlich die Narbe aus meiner Jugend, als mitten in der Pubertät meine linke Niere entfernt werden musste, in einer Zeit also, wo das noch ein großes medizinisches Spektakel war. Damals hatte ich eine sehr sympathische Berührung mit dem Tod. Denn damals, am Tag vor der Operation, war meine Mutter

zum ersten Mal nett zu mir – übrigens auch zum letzten
Mal. Sie hat sich verabschiedet und mich angefasst, was
sonst nie vorgekommen war. Da freut man sich auf den
Tod – als Zustand, in dem Mütter nett werden ...

(Wir werden bedrückt.)

Ihr dürft jetzt nicht betroffen gucken.

Wenn du so wenig Zärtlichkeit von deiner Mutter bekommen
hast, hast du ja Nähe auch gar nicht gelernt?

**Na und? So war es eben, und man muss damit umgehen.
Mich da jetzt verrückt zu therapieren, das würde nie in
Frage kommen.**

Hast du denn mal 'ne Therapie gemacht?

**Habe ich tatsächlich, damals in den Sechzigern in New
York, als die Psychiater an jeder Straßenecke rumschwirr-
ten wie die Mücken. Aber ich habe es nie ernst genommen.
Ich weiß noch, wie mir der Psychoonkel sagte, die Mutter
wäre der Grund für alles. Ich habe naiv zurückgefragt: «Ah,
Ihre Mutter, die kenne ich doch gar nicht!» Ich habe das
gemacht, weil man das erwartet hatte – es war ein Spiel.
Ich glaube, in mir gibt es ein paar Ähnlichkeiten mit der
ständigen Erwartung von Katastrophen, wie Woody Allen
sie hat. Der hat sich ja lebenslang in Therapien begeben und
immer an sich «gearbeitet». Daran glaube ich überhaupt
nicht. Ich gehe davon aus, dass man nun mal in seiner
Persönlichkeit gefangen ist. Sie ist das einzige, was ich
habe, damit muss ich umgehen, und das tue ich auch. Zu
erwarten, dass sich da was ändert, daran glaube ich nicht.**

Du hast dich auch ein Leben lang nicht an ein Haustier gebunden?

Das hätte ich sehr gerne. Aber dazu sind wir zu umtriebig und mobil. Irgendwann, wenn die große Ruhe kommt, kommt auch der Hund.

Ist das so?

Das möchte ich gerne. Ich hatte Hunde, ich hatte mal ein Haus in Kenia mit vielen Hunden, das war eine schöne Zeit. Endlich richtige, loyale Freunde ...

Leidest du unter Lampenfieber?

Habe ich bisher kaum, doch nimmt es blöderweise im Alter zu. Der Druck wird größer, weil man an sich mehr zweifelt. Eigentlich habe ich einen ganz einfachen Mechanismus gegen Lampenfieber, denn ich schlage mich nie selber für irgendwas vor, sondern warte geduldig auf Angebote. Und wenn ich dann was annehme, weiß ich, die anderen sind verantwortlich. Wenn ich Scheiße baue, kann ich nichts dafür. Man hätte mich ja nicht nehmen müssen.

Wie praktisch!

Bist du abergläubisch?

Nein.

Gar nicht?

Gar nicht. Mein Transzendenzbild ist nicht existent. Ich

bin ein absoluter Atheist, ein sehr gläubiger Anhänger von Stephen Hawking und seinen Theorien. Ich fange gerade an, die ersten Begriffe der Relativitätstheorie zu verstehen. Versuche, mich in die M-Theorie reinzutasten, in der Hoffnung, mich darin endgültig aufzulösen. Den Anstoß dazu gab mal ein Blick im Keck-Observatorium auf Hawaii, in Entfernungen von mehr als zehn Milliarden Lichtjahren. Wo man angesichts eines Universumalters von 14 Milliarden Jahren und dem Vorher und Nachher, aus dem die Unendlichkeit besteht, ganz schnell erkennt, dass man sehr gut ohne Gott auskommt.

Du hast ja Musik studiert und arbeitest derzeit viel mit Musik. Was bedeutet Musik für dich?

Musik – und damit meine ich die klassische, ist seit meiner Kindheit eine Herausforderung. Übrigens nicht ungefährlich, weil sie an die Bruchstellen meines Seins führt und jene Teile berührt, die ich nicht mehr kontrollieren kann. Ich bin scheu und misstrauisch gegenüber Emotionen. Mit meiner Angst vor Nähe lasse ich Emotionen nur ungern an mich herankommen. «Meine» Musik löst manchmal Momente aus, die mich sehr berühren. Da findet mich dann plötzlich meine Frau heulend im Bett und hat keine Ahnung, was jetzt passiert ist. Ich habe deshalb auch ein bisschen Angst vor Musik. Oder eigentlich sehr viel Angst.

Herbert, du bist sehr offen. Dafür danken wir dir. Fällt dir spontan etwas ein, wo du sagst, das ist eine Macke von mir?

Ich bin übertrieben diszipliniert.

Du bist die Macke?

Ich bin die Macke an sich, als Ganzes. Wenn man das von außen sieht, würde man sich wundern, dass einer so lebt.

Sich wundern? Worüber?

Dass man ohne Freunde lebt, in dieser – tja, ich kann es nicht Isolation nennen, weil sie keine ist. Dieses «wesentlich mehr machen, als eigentlich nötig ist». Das Sich-Verbeißen in Arbeit. Diese Angst, etwas nicht mehr bewältigen zu können, nicht mehr damit fertig zu werden, zeitlich wie inhaltlich. Über dem Ganzen liegt auch eine Wolke der Depression, die mich aber nie behindert hat. Im Gegenteil, die Depression befruchtet auch. Sie zwingt einen ja auch zur Stellungnahme, zum Kampf, zur Auseinandersetzung. Es kommt nicht vor, dass ich immobil daliege und sage: «Ich lasse mich jetzt von der Tragik überschütten!» Ich habe auch kein Selbstmitleid. Aber sie ist da, die Sinnlosigkeit der Existenz.

Gibt es trotzdem Momente, in denen du sagst: «Ich bin entspannt und glücklich»?

Mit Sicherheit. Es kommt vor, wenn ich mich länger in der Natur verlieren kann. Gerade waren wir eine Woche in den Salzburger Bergen wandern. Aber es dauert immer ein Weilchen, bis es funktioniert. Die ersten Tage sind schrecklich. Da habe ich alle möglichen Albträume. Ab dem fünften Tag beginnt das sich einfach aufzulösen. Trotzdem traue ich mich nicht, so zu leben. Ich glaube, das würde nicht gutgehen auf längere Zeit.

Welche Charaktereigenschaften braucht deine Frau, damit ihr beide euch gut versteht? Wo seid ihr euch einig?

Wir sind uns darin einig, dass ich mit einem wie mir nicht zusammenleben wollte.

Prima. Ihr habt also schon mal den gleichen Humor.

Es gibt so viele Unterschiede zwischen uns, dass sich dadurch das Näheproblem vielleicht aufhebt. Sie ist ein Ossi, die sind sowieso stark. Sie ist sehr viel jünger, das heißt also, sie hat nach mir demnächst eine zweite Chance auf ein erfüllteres, besseres Leben. Das sage ich ihr ja auch die ganze Zeit.

Damit wirst du ihr sehr auf die Nerven gehen …

Ja, hör mal, das ist besser als ignoriert werden. Sie ist stark und sehr in sich geschlossen. Ich versuche, ihr in der letzten Zeit einzureden, dass sie ihren Freundeskreis ein bisschen erweitern soll, denn der ist sehr eng gefasst, weil sie gern und schnell Stacheln nach allen Seiten ausfährt. Es stört uns jedenfalls nicht, tagelang niemanden zu sehen. Und wir erschrecken beide fürchterlich, wenn das Telefon klingelt. So gut wie niemand hat meine Telefonnummer.

Na, jedenfalls wird deine Frau sich nicht mit dir fadisieren …

Das ist das einzige Kompliment, das ich regelmäßig von ihr höre: «Du bist schrecklich, aber amüsant.» Das habe ich auch gelernt im Laufe von drei Ehen, dass man einen Partner, egal ob Mann oder Frau, unterhalten muss. Aber sie kennt auch meine destruktiven Seiten. Ich leide ja selber manchmal drunter, da ist sie auch hilflos, kann aber gut damit umgehen, indem sie sie einfach zulässt. Da gibt es auch nicht den Ansatz des Therapierens.

Das habt ihr gemeinsam, dass ihr euch zulassen könnt?

Absolut. Das ist die Voraussetzung jeder Beziehung, glaube ich.

Fällt dir nicht noch eine Albernheit ein? Wo du sagen kannst: «Oh, oh, da habe ich aber noch einen kleinen Lattenschuss, den ich euch mit auf den Weg geben werde.»

So gern würde ich das für euch tun ... hm.

Also ich weiß aus gut unterrichteten Kreisen, dass du ein sehr schönes Auto fährst.

Einen Jaguar.

Na also! Den gönnst du dir!?

**Ach, so wichtig ist der auch wieder nicht. Eigentlich eine banale Sache. Als ich vor 40 Jahren von Amerika zurückkam, hatte ich mir ein bisschen Geld erspart und habe mir auf Anraten einer Frau, in die ich mal für zwei Wochen wahnsinnig verliebt war, einen Jaguar gekauft. Die meinte, ein weißer Jaguar stünde mir.
Das war 1969. In einem Satireverlag, politisch total links, da fährt man nicht Jaguar. Aber das wusste ich nicht, ich kam von Amerika rüber, absolut unschuldig, dort war das nicht so wichtig. Aber dadurch wurde ich in Deutschland politisch unglaubwürdig, ich durfte nicht Steine werfen in Frankfurt, durfte bei keiner Demo mitmachen, ich war einfach ausgegrenzt mit meinem Jaguar. Weil der Wagen unschuldigerweise auch mitgelitten hat und diskriminiert wurde, bin ich der Marke treu geblieben. Seit 40 Jahren.**

Inzwischen ist das eine ästhetische Beziehung geworden. Außerdem hat die Marke den Vorteil, dass sie nicht dominant ist, sondern sanft, geradezu als Konstruktionsgen. Ein Jaguar macht einfach, was man will. Ich sehe ihn inzwischen als Grabbeigabe. Ich nutze ihn manchmal zwei Monate lang nicht, freue mich aber dann, wenn die Tür aufgeht und er anspringt.

Hast du denn auch einen Nato-Knochen wie ich in meiner Elsa? Ich kann meinen alten Jaguar von der Batterie abnippeln, weil Elsa auch gern mal zwei Monate steht, und dann ist die Batterie leer.

Ich wüsste gar nicht, wo die Batterie ist. Ich habe noch nie die Motorhaube geöffnet. Ich wäre absolut hilflos. Ich fahre auch mit plattem Reifen. Ich fahre, bis die Felge rattert. Ich habe in Amerika gelernt, dass Autos zur Fortbewegung dienen und nicht als Fetisch-Sexobjekt. Außerdem sehe ich nicht ein, dass man da irgendwo stehen bleiben muss. Da bin ich eher gnadenlos.

Du siehst nicht ein, «dass man irgendwo stehen bleiben muss». Danke, Herbert. Ich denke, das war Lebensmotto und Schlusswort in einem.

Bettina Böttinger
Ein Hauch von Messie

Bettina Böttinger kam im Sommer, am 4. Juli 1956, in Düsseldorf zur Welt. Bereits an dieser Stelle möchten wir alle Kölnerinnen und Kölner um Nachsicht bitten. Den Ort ihrer Geburt konnte sich die erfolgreiche Moderatorin und ambitionierte Produzentin nun wahrlich nicht aussuchen. Immerhin lebt sie seit 1985 in unserer schönen Domstadt und bezeichnet sich selber als Köln liebende Lokalpatriotin. Das ist doch schon mal ein Anfang. Auch wenn ihr bis heute noch kein Karnevalsorden der «Jecken Jammerlappen e.V.» oder der «Strubbeligen Strassmammsellschen von 1896» überreicht wurde, verlieh ihr doch immerhin 2007 Horst Köhler während seines Gastspiels als Bundespräsident das Bundesverdienstkreuz am Bande. Also seid mal schön lieb!

Anfang der Neunziger wurde ich (Hella) in die von ihr produzierte und moderierte Talkshow «B. trifft» eingeladen. In dem Format trafen immer zwei Gäste aufeinander, die im Vorfeld nicht wussten, wem sie zu einem gemeinsamen Gesprächsthema begegnen würden. «Was für ein ansprechendes und spannendes Konzept», dachte ich und sagte fröhlich pfeifend zu. Im letzten Drittel der Show traf ich dann auf die damals amtierende Justizministerin des Freistaates Bayern, Mathilde Berghofer-Weichner, und sie traf den LEIBHAFTIGEN. Wir sollten über das Thema «Homoehe» diskutieren. Mit der zur Salzsäule erstarrten *CSU*-Politikerin war das leider ein Ding der Unmöglichkeit. Getoppt wurde diese denkwürdige Begegnung der gegenseitigen Fassungslosigkeit bei «B. trifft» wohl nur, als Harald Schmidt, gepaart mit einer transsexuellen Pastorin, wenige Jahre später über das wahrscheinlich einzige gemeinsame Thema «Kirchliches Engagement» parlierte. Bettina bescherte uns schon in jungen Jahren Höhepunkte der Fernsehunterhaltung. Einen Preisverleihungshöhepunkt bescherte sie uns mit ihrer Laudatio anlässlich unseres feinen ROSA COURAGE Preises.

Wer in den Genuss kommt, auch die private Betti Bötti zu erleben, begegnet einer wunderbaren Gastgeberin, die es versteht, großzügig rauschende Ballnächte zu organisieren und zu feiern.
Ihrer Rauhaardackelverrücktheit und großen Tierliebe im Allgemeinen verdanken wir unter anderem so wunderbare Fernsehformate wie «Ein Heim für alle Felle», «Ein Doc für alle Felle, «Eine Couch für alle Felle» und «Ein Team für alle Felle».

Sollten wir jemals gefragt werden, wie wir uns den Himmel auf Erden vorstellen, müssten wir nicht lange überlegen: «Auf alle Fälle als Bettina Böttingers Rauhaardackelhündin!»

HVS: So, liebe Betti Bötti, wir haben das Gefühl, dass diesmal das Vorwort länger wird als das Interview, da du ja im Vorfeld gesagt hast, du hast nicht eine Macke.

BB: Nach langem Nachdenken kam ich auf meine Zeitungsmanie. Das habe ich meiner Freundin erzählt, die daraufhin aufjaulte: «Wie? Du hast keine anderen Macken? Du hast eine viel gravierendere Macke! Ständig ist alles weg!» Das stimmt leider. Das ist meine Macke. Es ist tatsächlich ständig alles weg. Ich breche gelegentlich vor Verzweiflung fast zusammen, wenn zum 237. Mal mein Portemonnaie verschwunden ist. Was ich auch tatsächlich schon einige Male verloren habe. Ich verliere eigentlich alles. Anders ausgedrückt, ich suche permanent irgendetwas. Marion, meine

arme Kollegin im Büro, hat sich mittlerweile schon daran
gewöhnt. Ich schreie mindestens zehnmal am Tag: «Mein
Handy ist weg!», «Mein Schlüssel ist weg!», «Wo ist das
Diktaphon?» Die gute Marion findet das gesuchte Objekt
sofort mit einem Griff in irgendeiner Tasche. Oder am Platz,
wo es eigentlich hingehört oder wo auch immer. Zu Hause
ist es genauso. Alles ist weg. Befördert wird das Ganze
dadurch, dass ich zwei Wohnsitze habe, sogar zweieinhalb,
wenn ich Berlin dazuzähle. Und wenn ich etwas suche, ist
es natürlich immer da, wo ich gerade nicht bin.

War das bei dir schon als junger Mensch so?

Ja. Ich erinnere mich daran, dass meine Mutter mir relativ
früh einen Schlüsselanhänger geschenkt hat, der auf
Pfeifen zurückpfiff. Schon damals habe ich ständig meinen
Schlüssel gesucht. Der war immer unauffindbar.

CS: Was für ein sinnvolles Geschenk.

Du sagst es.

Jetzt bist du ja eine schlaue Person. Was ist der Grund dafür,
dass du in diesen Dingen so chaotisch bist, im Leben aber
alles auf die Reihe bekommst?

Das weiß ich nicht. Aber ich behaupte ständig, ich habe einen
Hang zur Alltagskatastrophe. Ich rechne bei tagtäglichen
Verrichtungen immer tendenziell mit dem Schlimmsten.
Alles ist weg und nicht mehr auffindbar. Ich bin sehr schus-
selig, habe immer relativ viele Dinge gleichzeitig im Kopf,
was nicht unbedingt für meine Intelligenz spricht. In meinem Innern herrscht ein wildes Durcheinander. Das über-

trägt sich offensichtlich nach außen. Dazu kommt natürlich, jetzt kommen wir in die tiefenpsychologische Deutungssphäre, dass ich außerordentlich unordentlich bin. Ihr könnt euch jetzt in meinem Büro umgucken. Das ist alles andere als ordentlich. Mein Schreibtisch ist heute in Bestform. Der sieht normalerweise anders aus. Ich möchte nicht darüber sprechen, was in den Schubladen los ist. Hier stehen auch überall Taschen rum. Da ist dann irgendwas drin, was ich vergangenes Jahr verzweifelt gesucht habe. Ich suche permanent das, was ich gerade brauche.

Du bist ständig auf der Suche?

> Ja.

Wie viel Zeit am Tag verbringst du mit Suchen?

Geschätzt?

> Das kann ich gar nicht an Stunden festmachen. Das ist bei mir ein Dauerzustand.

Wie viel Zeit verbringst du mit Nicht-Suchen?

> Wenn ich sitze und lese, dann suche ich dabei nichts. Oder wenn ich konzentriert in einer Besprechung bin.

Du suchst doch bestimmt die Lesebrille?

> Auch, gerne! Aber dem habe ich vorgebeugt. Ich habe mir mittlerweile fünf angeschafft, obwohl ich erst seit kurzer Zeit eine Brille brauche. Das erspart mir die ständige Sucherei.

Geht dir das nicht unglaublich auf die Nerven?

Mir nicht, aber den Menschen in meiner Umgebung.

Hast du mal darüber nachgedacht, auf deinem Schreibtisch kleine Post-it-Zettelchen anzubringen? Da steht dann drauf: «Portemonnaie», «Schlüssel», «Handy», «Lesebrille». Du könntest dann alles auf den jeweils dafür zugewiesenen Platz legen.

Das funktioniert nicht. Zu Hause habe ich ein magnetisches Schlüsselbrett, das noch nie einen Schlüssel aus der Nähe gesehen hat. Wenn ich in die Wohnung komme, werden die Schlüssel irgendwo hingelegt. Ich möchte jetzt nicht intim werden, aber wenn ich mich ausziehe, lasse ich meine Sachen ebenfalls einfach fallen.

Hängt das damit zusammen, dass du keine Geschwister hast? Bist du als Einzelkind nicht zur Ordnung erzogen worden?

Ja, das kann durchaus sein. In meinem Job oder auch bei Sendungen bin ich allerdings sehr klar strukturiert.

Eben. Ich kenne dich ja.

Wenn ich mich konzentriere, bin ich ein sehr strukturierter Mensch und habe auch einigermaßen alles im Griff. Wenn es aber beispielsweise zu Hause ums Sortieren von Papieren geht, bin ich sofort überfordert. Ich habe, und ich schwöre, das ist nicht übertrieben, einmal in meinem Kofferraum unter dem Reservereifen einen Notar-Vertrag gefunden, den ich sehr, sehr lange gesucht habe.

Unter dem Reservereifen?

Das ist mein Ernst und überhaupt nicht komisch.

Könntest du am End ein Messie sein?

Ein Messie mit Niveau?

Auf das Niveau lege ich Wert! Ja, ich habe eine gewisse Tendenz zum Messietum. Ich kann spontan mit euch dieses Bord in meinem Büro durchgehen, auf dem die unterschiedlichsten Dinge vereint sind. Manche brauche ich aktuell, wie beispielsweise die Flasche Olivenöl, weil ich gelegentlich mittags hier ein Brötchen mit Salat esse. Der andere Kram dient ausschließlich als Staubfänger. Dahinten steht eine Flasche deutscher Landwein, der ist –

(Springt auf und liest das daran befestigte Kärtchen:) Von Tony Marshall.

Ein Geschenk, was ich jetzt, ehrlich gesagt, gar nicht so gerne trinken möchte, da das Etikett mir etwas suspekt aussieht. Dann ist da dieser Fußball-Bär in dem kleinen Koffer. Der ist von der letzten WM. Den hat mir mein Büro geschenkt. Ich bin eine Chefin, die 54 Jahre alt ist, und von ihren Angestellten Steiff-Tiere geschenkt bekommt. Auch das fällt unter Macke.

Nicht bei uns.

Bei uns ist das gesunde Normalität.

Da ist auch mein geliebtestes Kinderbuch «Der kleine dicke Ritter».

(Jubiliert.) Oblong-Fitz-Oblong!

Warum das da liegt, kann ich nicht beantworten.

Du hast es als Siebenjährige da liegen lassen.

Was liegt denn da so dekorativ, eingeschlagen in Decken, auf deinem Fußboden rum?

Das ist auch wieder so eine Geschichte. Vergangene Woche war ich in London und sehr begeistert darüber, dass ich in den relativ großbürgerlichen Wohnungen häufig diesen typischen englischen Kamin mit einer Umrandung aus Marmor bewundern durfte. Letzten Samstag war ich aus beruflichen Gründen auf einer Versteigerung in Köln. Da stand just ein solcher marmorner Kaminsims. Da ich mit einer Gehirnhälfte noch in London war, habe ich reflexartig mitgeboten, obwohl ich dafür überhaupt keine Verwendung habe. Ratet, wer den Zuschlag bekommen hat.

Du besitzt jetzt einen Kaminsims ohne Kamin?

Du hast keinen Ort für den Sims und hast ihn ersteigert, weil du in London warst und dir diese Kamine da gut gefallen haben?

So ist mein Denken, wenn ich mich beruflich nicht auf Inhalte konzentriere.

Hast du viele Dinge in deinen Wohnsitzen, die du nicht gebrauchen kannst?

Nein, das nicht, weil ich einen ganz sicheren Geschmack habe. Das war ein gedanklicher Ausfall.

Darf denn jemand in deinem häuslichen Chaos Hand anlegen und versuchen, eine Ordnung zu schaffen?

Wenn meine Lebensgefährtin in einem Anfall von Ordnungswahn versucht, Struktur in mein Chaos zu bringen, versetzt mich das in einen Zustand äußerster Panik. Zeitungen sind dabei ein heikles Sonderthema. Ich lese berufsbedingt, aber auch interessehalber, sehr viele Zeitungen und habe ein System, was niemand durchschaut, nicht einmal ich. In jedem Zimmer liegen Zeitungshaufen, in j e d e m wohlbemerkt. Ich habe eine ungefähre Ahnung, was ich unbedingt noch lesen will, von der vorletzten Woche, weil da ein Artikel von mir schon erspäht worden ist, von dem ich sage, den muss ich in mein Hirn kriegen. Der ist für mich lebenswichtig. Diese Stapel von Zeitungen sind allerdings im ganzen Haus verteilt.

Das hört sich aber sehr nach Messie an. Ist es denn so, dass du diesen Artikel dann auch wirklich liest, oder hast du noch einen von 2007 da liegen?

Das kann auch passieren. Aber normalerweise komme ich da hinterher.

Ich finde das sehr spannend.

Ich finde das sehr anstrengend.

Ich finde es auch unfassbar anstrengend. Und da du ja so viele Termine hast, finde ich Connys Frage berechtigt, ob diese ewige Sucherei nicht zu viel Zeit in Anspruch nimmt?

Ja, aber wie gesagt, das ist nur zu Hause so extrem. Andererseits gibt es ein oberstes Gesetz in dieser Firma: «Kein Original in die Hände von Bettina Böttinger!» Das ist sofort weg. Wenn ich wichtige Dokumente unterzeichnen muss, legt Marion diese vor mich und bleibt bei mir stehen, bis ich unterschrieben habe. Die Tinte ist noch nicht trocken, da entreißt sie es mir sofort, um es in Sicherheit zu bringen.

Darf ich nach Marions Berufsausbildung fragen?

Sie hat Lebenserfahrung. Und sie ist Pflegerin, da sie bereits 13 Jahre an meiner Seite ist.

Wie sieht es denn in einer fremden Stadt in deinem Hotelzimmer aus?

Ich liebe Hotels. Hotels sind Räume, die mir für eine gewisse kurze Zeit das Gefühl geben, dass ich ein aufgeräumtes Leben führe. Alles an seinem Platz, ich muss mich um nichts kümmern. Ich habe lediglich fünf bis sieben Zeitungen, die ich im Zimmer verteilen kann. Das ist dann aber auch schon alles, was ich anstellen kann.

Hier in deinem Büro hängen auffallend viele Gemälde an der Wand. Sammelst du Kunst?

Ja. Ich bin ein Liebhaber von moderner Kunst. Was mich am meisten an guter, moderner Kunst interessiert oder

fasziniert, ist die Tatsache, dass die Darstellung an sich immer einem Ordnungsprinzip gehorcht. Das, was ich an den Wänden habe, ist auch ordentlich. Das sieht man ja beispielsweise hier an dieser Zeichnung.

(Bettina zeigt begeistert auf ein Gemälde.)

(Zeigt nachdenklich auf ein Foto von einem verwitterten Raum:) Jaaaaa, mit Einschränkungen.

(Wir betrachten gemeinsam das Bild, und Bettina lacht laut los.)

Bist du ein abergläubischer Mensch?

Nein, nicht besonders. Ich habe allerdings jahrelang zwei kleine Steiff-Tiere mit in die Sendung gebracht und sie irgendwo in der Dekoration versteckt. Das habe ich mir

aber inzwischen abgewöhnt, da ich das in meinem Alter doch ein bisschen albern fand. Es geht tatsächlich auch ohne. Aber es war ein schwerer Schritt dahin.

Du hast am Telefon erwähnt, dass du morgen ein neues Hündchen bekommst? Hast du das schon angeguckt, und hat das schon einen Namen?

Finchen.

Heißen nicht alle deine Hunde «Finchen»?

Nein, der erste Dackel hieß Piefke Böttinger, der zweite Dackel hieß Niki Böttinger, der dritte Dackel heißt Finchen Böttinger.

Sie ist offensichtlich ein Weibchen?

Es sind bei mir immer Weibchen, weil ich eine Freundin im Dorf habe, die vier Weibchen besitzt. Wenn ich da mit Rüden ankommen würde, ergäbe das ein ähnliches Chaos wie in meinem Leben. Das möchte ich nicht, und deswegen habe ich mich wieder für ein Weibchen entscheiden müssen.

Aber du hast bezüglich deiner Hunde schon einen Kleinen an der Waffel? Das kann man doch sagen? Es müssen immer Rauhaardackel sein.

Einen an der Waffel würde ich jetzt nicht sagen. Es gibt zu Dackeln keine Alternative. Es sind die intelligentesten, originellsten und sozialkompetentesten Hunde.

Du hast richtig Ahnung von Hunden und achtest darauf, dass sie sich auch wohl fühlen.

Ich habe mir bei meinem leicht chaotischen Lebenswandel, ob meiner relativ vielen Arbeit gesagt, wenn ich nicht in der Lage bin, für einen kleinen Hund zu sorgen, dann läuft irgendwas ganz schief. Für einen Hund zu sorgen, ist ja auch eine soziale Aufgabe. Mir ist es wichtig, dass der Hund ein artgerechtes Leben führt und einen einigermaßen glücklichen Eindruck macht. Das ist mir jetzt zweimal gelungen, und beide Male sind die Dackel 16 Jahre alt geworden.

Leidest du unter Ängsten oder Phobien?

Dass mein Portemonnaie weg ist.

Endgültig.

Endgültig.

Da sind ja auch immer alle EC-Karten gleich mit weg.

Wem sagst du das! Ich habe mir tatsächlich von meiner Lebensgefährtin ein ganz kleines Portemonnaie schenken lassen, damit beim nächsten Mal nicht wieder alles weg ist. Mir ist einmal die komplette Geldbörse im Telekom-Laden gestohlen worden. Ein anderes Mal habe ich mein Portemonnaie auf dem Auto liegen lassen und bin losgefahren. In Berlin habe ich das Portemonnaie ebenfalls oben auf dem Auto liegen lassen, und es war weg. Mit allem Pipapo. In diesem Zusammenhang bin ich jetzt mittlerweile richtig hysterisch. Ich bin wirklich schon in Tränen ausgebrochen,

wenn ich dachte: «Es ist weg. Da waren wichtige Sachen drin», weil ich mit den Nerven fertig war – nicht schon wieder!

Wir schenken dir einen Brustbeutel von Steiff in Dackelform. Gibt es etwas, vor dem du dich ekelst? Speisen, Tiere?

Ich bin jetzt nicht unbedingt der Schlangenfreund. Ich möchte keine im Bett haben. Das unterscheidet die Schlange vom Rauhaardackel. Ich könnte keine Ärztin sein. Ich würde dauernd in eine Ohnmacht fallen. Allein der Gedanke an offene Brüche ist für mich schon ein Grund umzukippen. Das könnte ich nicht, und ich möchte das auch nicht.

Wenn du so chaotisch mit deiner Ordnung bist, gibt es dennoch Rituale in deinem Leben? Morgens beim Aufstehen?

Ja, die sind sehr einfach. Ich stehe jeden Morgen auf und schlurfe zum Briefkasten, hole mir die Tageszeitung – geht schon morgens mit «Zeitung» los – und trinke einen Becher heißes Wasser. Ich sitze ganz ruhig vor meinem Wasser und höre den Kultursender mit Barockmusik auf WDR 3. Das ist die einzig ruhige halbe Stunde des Tages.

Herrlich.

Du trinkst heißes Wasser zum Frühstück?

Das ist ayurvedisch, sehr lecker und sehr bekömmlich. Ein tolles Getränk.

Und ist das Leitungswasser?

Heiß abgekochtes Wasser.

Ja, aber aus der Leitung?

Ja, wie beim Tee. Das ist ein Ritual, das habe ich eigentlich jeden Morgen, und das finde ich wunderbar.

Ich freue mich.

Wie zelebrierst du Weihnachten? Gibt es da irgendwas, wo du sagst: «Kinder, ich bin so viel unterwegs, das sind Eckpfeiler, die möchte ich gerne ritualisiert und schön feiern.»

Ich habe in den letzten Jahren, bevor meine Mutter gestorben ist, Weihnachten immer als häusliches, übrigens auch als christliches Fest gefeiert. Das finde ich sehr wichtig. Berge von Geschenken dürfen dabei nicht fehlen. Ich liebe es, Geschenke zu bekommen, und schenke auch ausgesprochen gerne. Aber jetzt ist meine Mutter gestorben, und ich kann noch nicht genau sagen, was ich dieses Jahr an Weihnachten machen werde.

Du hast sogar christlich gefeiert. Was genau ist für dich der christliche Aspekt beim Weihnachtsfest?

Der Aspekt, dass Jesus geboren wurde.

Singst du dabei auch Lieder?

Nein, aber ich höre das Weihnachtsoratorium. Dabei beschäftige ich mich gedanklich mit dem christlichen Hintergrund dieses Festes.

Hast du jetzt ein bisschen Manschetten vor dem ersten Weihnachtsfest ohne deine Mutter?

Nein, das letzte Weihnachtsfest habe ich schon ohne sie in Berlin gefeiert. Da war Niki allerdings noch dabei.

Bist du jemand, der gut Abschied von Menschen oder von Tieren nehmen kann? Also, ich kann das ja gar nicht.

Weiß ich nicht. Kann ich jetzt so generell nicht sagen.

Wie feierst du deine Geburtstage? Wenn du so viele Geschenke magst, musst du doch Unmengen von Menschen einladen.

Ich feiere ja immer nur die großen runden Geburtstage, wie ihr wisst. Mittlerweile bin ich aber in dem Alter, wo ich denke: «Sollte ich das nicht besser auf den 5-Jahres-Rhythmus verkürzen?» Sonst erlebt man nicht mehr so viele.

Danke für diese schlaue Idee und hab ganz viel Spaß mit deinem neuen Lebensdackel.

Sollte es mit der Stubenreinheit nicht auf Anhieb klappen, bleib einfach gelassen. Du hast für den Bedarfsfall ja Zeitungen für dreimal rund um die Welt.

Tommy Engel
«Bei ‹Deutschlands schönste Bahnstrecken› fahre ich schon mal mit.»

Tommy Engel ist am 28. November 1949 in Köln geboren und mit neun Geschwistern in Köln aufgewachsen. Er ist Musiker, Texter und Fernsehdarsteller (Jaco Kließ in «Die Anrheiner» im WDR). Von 1970 bis 1994 war er Frontmann der BLÄCK FÖÖSS, danach konzentrierte er sich auf sein Projekt L.S.E. und sich selbst. 2009 feierte er sein 50-jähriges Bühnenjubiläum und seinen 60. Geburtstag. Seitdem fährt 'ne Straßenbahn durch Kölle, mit Tommy Engel drauf.

Wir waren immer schon entfesselte Bläck Fööss-Fans. Als Kölnerin hast du eigentlich keine Wahl. Aber auch ohne diesen Lokalpatriotismus sind Evergreens wie «Drink doch eine met» und «In unsrem Veedel» aus unseren Ohren und Herzen nicht wegzudenken. Und im Übrigen hat man hier ja die Wahl: DE HÖHNER, BRINGS, DE RÄUBER, DE PAVEIER … alles Spitzenkapellen in Köln. Aber «de Fööss» waren die Beatles vom Rhein. Als Tommy die Gruppe damals verlassen hat, lag tiefe Hoffnungslosigkeit über Mutter Colonia. Zum Glück fanden die nackten Füße wieder einen Sänger, und zum noch größeren Glück blieb Tommy uns allen erhalten.

Ich (Hella) habe Tommy Anfang der 80er mal durch einen Zufall bewirten dürfen, und meine Mutter selig hat damals fast einen Herzinfarkt bekommen, vor lauter Begeisterung, ihm persönlich gegenüberzustehen.

Ich (Conny) begegnete dem Interpreten meines Lieblingshits «Dat Wasser vun Kölle» zum ersten Mal persönlich bei den Proben zu der unvergessenen TRUDE HERR REVUE, die 1995 vorm Dom auf dem Roncalliplatz stattfand.

WHAT A NIGHT! Ich (Hella) durfte mit den wichtigsten Kölner Musikanten auf der Bühne performen. Jürgen Fritz, der auch «Niemals geht man so ganz» komponiert hat, schrieb mir sogar ein Lied: «Vor der Liebe schützt dich nichts».
Hab grad wieder Gänsehaut, wenn ich an die beiden Abende denke. Wir haben alle einen Hammerjob gemacht, aber als Tommy Trudes Lied «Ich sage, watt ich meine» sang, hat das Publikum getobt. Herr Engel ist schlicht der Beste. Seine Bühnenpräsenz, sein Charme und sein großes Talent reißen jeden mit. Riesig war unsere Freude, als wir ihn auf Samy Orfgens Geburtstagsfest trafen und er uns unter einer – für mein (Hellas) empfindliches Geruchsorgan subjektiv empfundenen – stinkenden Zigarrenqualmwolke versprach, er würde gerne unser Beuteopfer. Offensichtlich war ihm meine grünumrandete, gekräuselte Nase in Erinnerung geblieben. Als er uns besucht hat, hat er auf sein Rauchwerk verzichtet.

HvS: Gibt es Rituale vor einem Auftritt? Gibt es etwas, was du immer machen musst, bevor du eine Bühne betrittst?

TE: Ja, ich muss aufs Klo.

Groß oder klein? Also, ich muss alles.

> **Es ist mehr die Darmregion. Wenn dann eine Toilette in der Gegend ist, bin ich immer drauf. Sobald ich auf der Bühne bin, verfliegt alles. Dann gibt der Darm Ruhe. Der kriegt von dem Adrenalin dermaßen eins vor den Latz, dass sich das wieder normalisiert.**

Als ich damals mein Solo-Programm gespielt habe, stand im Vertrag, dass ich meine eigene Toilette haben muss. Aus dem Grund. Willkommen im Club!

Ja, das ist Lampenfieber. So könnte man Lampenfieber bezeichnen.

De-fi-ni-tiv!

CS: Hast du Glücksbringer? Toi-toi-toichen?

Ich habe drei Enkel und eine Enkelin, und meine kleine Enkelin Lena hat mir jetzt eine kleine Karte geschenkt. So groß wie eine Scheckkarte. Da steht drauf: «Für den liebsten Opa der Welt!» Und die nehme ich jetzt immer mit. Habe ich immer bei mir.

Wie lieb! Helli will auch Enkel!

Du sitzt hier mit einem Hut auf dem Kopf, hast du einen Hut-Tick?

Nein, ich habe ein paar Hüte. Den hier hab ich vor ein paar Tagen gekauft. Das ist ein sogenannter Panama-Hut. Ich hatte einen schönen Panama-Hut aus Ecuador, weil die ja gar nicht aus Panama kommen, sondern aus Ecuador, die müssten eigentlich Ecuador-Hut heißen, heißen aber Panama-Hut, warum, weiß ich auch nicht, und der ist leider weg. Das ist ein Garten-Hut. Schön leicht geklöppelt.

Du würdest nicht sagen, es hat etwas damit zu tun, dass du gerne behütet bist?

Es gibt eine Zeit im Winter, da ziehe ich gerne Hüte an, weil die Wärme nicht direkt aus dem Kopf rausgeht. Und im Sommer ziehe ich einen Hut an, weil das gegen die Sonne einfach gut ist. Ich bin da eher praktisch veranlagt.

Wenn du ein Stück komponierst, gibt es da bestimmte Rituale? Fängst du mit Musik an oder mit dem Text?

Es muss für mich immer eine Geschichte sein. Eine Geschichte über das, was dir wirklich passiert ist. Oder eine verrückte Geschichte. Wenn die Geschichte das hergibt. Es gibt ja jetzt die Geschichte von unserem Stadtarchiv. Da habe ich mich eine Woche später hingesetzt und einen Text geschrieben.

Das heißt, bei dir kommt immer erst die Geschichte. Grönemeyer sagte mal, er macht immer erst die Melodie und singt dazu ein Ralalalajammpammpamm.

Grönemeyer ist auch ein besserer Musiker als ich. Also, jetzt vom Instrument her. Ich bin ja kein großer Pianist und kein doller Gitarrist. Herbert ist Klavierspieler. Verstehst du? Deshalb bin ich ja auch mit Jürgen Fritz zusammen, weil Jürgen Fritz auch Klavier spielen kann. Deshalb macht auch der Jürgen die Kompositionen. Wir haben das so aufgeteilt. Ich mache die Texte.

Wenn du schreibst, brauchst du dann einen bestimmten Stift? Oder einen speziellen Ort, wo du die richtigen Worte findest?

Nein.

Du kannst überall texten?

Überall würde ich nicht sagen, ich sitze meist zu Hause. Und obwohl ich darauf stehe, einen Füller zu haben oder einen schönen Kugelschreiber, mache ich es am Computer. Da kann ich die Zeilen direkt sehen. Kann auch austau-

schen. Ich bin ein Mensch der Symmetrie. Das ist ja auch ein Teil des Texteschreibens, dass man metrisch auf der Höhe ist. Es gibt eine gewisse Rhythmik, die man haben muss. Es gibt Texte, da weiß ich von vornherein, das gibt mit Sicherheit eine schöne Ballade, die ruhig gelagert ist. Da haben wir dann eine andere Metrik. Ansonsten versuche ich immer, nicht so komisch zu reimen. Das ist furchtbar. Ich reime nicht so gerne, das ist schrecklich.

Wo du gerade bei Wörtern bist: Wir haben ein Lieblingslied von dir: «Et Hanna hätt et Henna in de Hoor». Da tauchen zwei von uns preisgekrönte Formulierungen auf: «Krokantzänngsche» und «Fleischwurst mit 'nem Brötchen drümerüm». Wobei es natürlich auch auf Kölsch besonders schön klingt. Ist es so, dass du da rumtüftelst und denkst: «So, Tommy, du machst jetzt mal ein paar Knallerpointen! Das wird ein lustiges Lied!»

Das ist Umgangssprache. Was du auf der Straße mitgekriegt hast.

«Fleischwurst mit 'nem Brötchen drümerüm» hat doch kein Mensch vor dir gesagt.

Es ist ja auch die Zusammenarbeit mit dem wunderbaren Arno Steffen und Rolf Lammers. Das war ja L.S.E. Hanna ist L.S.E. Gut, die Idee kam schon von mir, aber den Text haben dann Arno und ich zusammen geschrieben.

Bist du lieber ein Einzelschreiber oder ein Teamschreiber?

Ich komme ja aus der Teamarbeit. Zu Zeiten von Bläck Fööss wurde alles mehr oder weniger im Team gemacht. Hat

Vorteile, hat auch Nachteile. Viele Dinge gehen dann nicht durch, die du gerne haben möchtest, weil immer wieder demokratische Abstimmung angesagt ist – macht einen ja auch krank. Hier, wie jetzt gearbeitet wird, bin ich auf mich alleine gestellt. Das fing mit der ersten Solo-CD an, die hieß «Hundert Prozent Engel». Da habe ich gemerkt, das funktioniert auch alleine.

Ist Lieder zu machen für dich auch anstrengend, sodass du denkst: «Mensch, Kinder, ich muss Flocken verdienen»? Oder ist das immer Liebe und Freude und «Mensch! Geil!»?

Ich habe die Meinung: «Ein Künstler hat die Aufgabe, was an der kleinen Welt zu verändern!» Ich will noch nicht mal die große Welt sagen. Aber wir haben die Pflicht und Aufgabe, was zu verändern. Zum Guten hin. Für die Menschen. Und das kann eine Passion sein. Das ist das, was ich für das Allerwichtigste halte. Dass ich damit Geld verdiene, das ist wunderbar.

Beruf und Berufung. Du hast ja auch Hobbys: Du besitzt ein Motorrad, einen Oldtimer und ein Boot.

Ja, ich wollte auch mal fliegen. Aber das ist eine andere Geschichte. Autos habe ich als Kind schon gerne gehabt. Meine Mutter hat mir immer gesagt: Das Erste, was ich sagen konnte, war «Auto». Also, nicht «Mama», «Papa», sondern «Auto».

Es müssen aber spezielle Autos sein? Nicht so'n langweiliger Golf?

Ich habe einen Oldtimer, den füttere ich durch, seit

35 Jahren. Das ist ein MGA, Baujahr 1960. Ein roter Roadster, ein waschechter Roadster. Ohne Scheiben, der hat nur vorne die Frontscheibe. Mit Steckscheiben, die kannst du reinstecken. Über 30 Jahre fahre ich den schon. Das ist kein protziger Sportwagen. Der ist sehr feminin übrigens.

Der sieht aus wie der Wagen von Donald Duck. Total süß ist der! Hat der einen Namen außer MGA Roadster?

Nein, wenn ich sie küsse, dann sag ich «Liebchen» und gehe aus der Garage raus.

Aber, dein Boot hat einen Namen?

Ja, Marlen.

Marlene? Wie deine Frau?

Nicht Marlene, sondern Marlen. Ich rufe nur «Marlen».

Deine Frau rufst du Marlen? Deswegen heißt dein Boot «Marlen»?

Marlen ohne «e», weil ich das schöner finde als «Marlene».

Das rührt mich aber jetzt, das finde ich romantisch.

Ist auch romantisch. Das sieht doch auch aus wie Marlen.

Wieso?

Es ist ein sehr stabiles Schiff. Marlen ist auch stabil. Nicht unbedingt von der Physis her – im menschlichen Sinn. Eine

sehr stabile Frau. Und dann ist sie filigran. Oben sind so schöne Stellen. Vorne am Bug gibt es eine schöne Stelle, wo dann der Glockenhalter ist, mit dieser schönen Bronzeglocke, wo auch nochmal eingraviert ist: «Marlen, Köln». Dann gibt es eine sogenannte Gösch, das ist die Fahne, die vorne am Schiff steht. Und der Fahnenstock ist nicht einfach nur ein runder Stock, sondern, der ist wie ein Flügel geformt. Alles in Mahagoni. Da habe ich die Kölner Fahne dran ...

Das ist eine schöne Liebeserklärung an deine Frau ...

Ja, das ist auch schön. Der ganze Bug ist aus Mahagoni-Holz. Der verjüngt sich nach hinten weg.

Kannst du es selber warten?

> Ich gucke nach dem Öl. Die Marlene ist ein viel besserer Maschinist als ich. Marlene geht auch in die Bilge und guckt unten, was da los ist. Kann sie auch. Marlene ist eine ganz hervorragende Skipperfrau, die ist superklasse. Du hast manche Frauen, die sitzen nur mit 'nem Gläschen Sekt an Deck. Marlene kann super anpacken. Wir arbeiten da zusammen, ohne irgendwas sagen zu müssen. Andere sind nervös, und wir sind ganz ruhig. Das liegt auch daran, dass wir schon sehr viel Erfahrungen haben, im wahrsten Sinne des Wortes. Wir haben uns das alles er-fahren. Daher kommt das ja. Aus der Schifffahrt kommen sehr viele Begriffe «Mach hier mal klar Schiff» – kommt alles daher.

Das habe ich vermutet.

> Wenn ich mal auf die Toilette muss, dann sage ich: «Marlene, übernimm mal das Ruder!» Dann fährt die weiter.

Bist du empfänglich für Aberglauben in deinem Leben?

> Ich spanne keinen Schirm im Wohnzimmer auf.

Gibt es denn irgendwelche Ängste, die du nicht in den Griff bekommst?

> Ich bin vorsichtiger geworden. Einfach vorsichtiger. Vorsichtiger, weil ich immer denke: «Wenn du dir das nicht erarbeitest mit dem siebten Sinn, bist du tot!» Auf dem Motorrad musst du dir das erarbeiten. Ich kucke, wie bei den Autos die Räder eingeschlagen sind. Ich fahr auch nie bei Grün einfach nur über die Kreuzung. Ich gucke immer.

Die Leute, die das kapiert haben, die leben auf dem Motorrad länger. Ich gucke mir auch jeden Piloten an, mit dem ich fliege.

Echt?

Ja, wenn ich kann.

Sagst du: «Entschuldigung. Gucken Sie mir mal in die Augen.»

Ja, weil ich – ich fliege ja nicht gerne.

Ach was! Flugangst?

Nein, Flugangst kann man das nicht nennen. Ich frage mich immer: «Ob die alles richtig machen?» Vielleicht habe ich mich da auch selber ein bisschen reingesteigert. Es gibt so diverse Dokumentationen über Flugzeugabstürze. Da denke ich: «Hoffentlich ist alles in Ordnung!» Aber es lässt nach. Früher habe ich mir so ein MAD-Heft gekauft, Alfred E. Neumann. Dann habe ich im MAD-Heft rumgeblättert, um mich ein bisschen abzulenken. Aber ich verlasse mich lieber auf mich selbst.

Gibt es denn irgendwas, vor dem du fies bist?

Vor was bin ich eigentlich fies? Ich weiß es gar nicht. Ich mag nicht gerne Ingwer.

Gibt es denn Tiere, vor denen du dich ekelst oder vor denen du Angst hast? Oder hast du prinzipiell ein gutes Verhältnis zu Tieren?

Ja, ich glaube, ich habe ein gutes Verhältnis zu Tieren. Ich gehe denen aus dem Weg. Ich habe vor Tieren Respekt. Wenn ich Filmbeiträge sehe über Typen, die sich unbedingt 'ne Schlange um den Hals legen müssen oder halb in Krokodilen verschwinden ... das verstehe ich überhaupt nicht. Ich denke: «Was ist das denn für ein Arschloch? Was macht der denn da? Was soll das denn?»

Wie stehst du denn zu Events wie Geburtstagen und Weihnachten?

Manchmal geht mir das alles tierisch auf die Nüsse, also Weihnachten. Ich kaufe nicht gerne Geschenke, weil ich nie genau weiß, was die Geschenkekauferei soll. Für die Kleinen habe ich Lust, was zu kaufen. Vielleicht weil ich selber noch Kind bin. Ich bastle ja auch noch und habe eine unheimliche Ruhe in den Knochen. Ich habe eine Eisenbahn, bin Modellbahner, wenn man so will. Also, 'ne N-Bahn, neun Millimeter Spur, ist für die Fachleute jetzt.

Modell-Eisenbahn!!!! UBIDUBI!!! Das interessiert mich! Wie lange hast du denn daran gesammelt und aufgebaut und gearbeitet? Gab es noch Lok-Rudimente aus der Kindheit, oder hast du erst als Erwachsener damit angefangen?

Ich habe früher schon eine Eisenbahn gehabt. Leider nur eine Trix, Märklin war viel zu teuer. Aber H-Null, also halb Null. 1:87. Das ist jetzt nur für Fachleute. Es gibt auch Fachleute, die das Buch dann lesen, die dann denken: «Ah, der hatte mal 1:87 H-Null!» Das ist 1:87 – der Maßstab. Das ist so ein Sammler-Maßstab, das ist der Maßstab für die Märklin-Eisenbahn. Es gibt 1:87. Ich habe 1:160, das ist «N», Spur N, neun Millimeter breit, international. Auf

der Spur kannst du alles fahren, was jetzt «N» baut. Es gibt die Firma Fleischmann. Märklin baut gar keine «N», die bauen nur 1:87 H-Null und «Z». Das ist 1:220 – das ist ganz, ganz klein. Das ist Märklin. Da gibt es auch Freunde von. Also, 1:160 ist so ein Maßstab, da kann man auch richtig was kucken. Die sind genauso wunderbar filigran gebaut wie 1:87 – genauso teuer. Weil das jetzt kleiner ist, ist das nicht billiger als das große. Manche Sachen sind sogar noch teurer. Das ist schön, weil du nicht so viel Platz brauchst. Je kleiner der Maßstab, umso mehr kannst du ja bauen.

Wir reden von Bergen? Häusern? Kleinen Menschen? Reden wir von Landschaften oder nur von Schienen?

Ich bin ein ganz hervorragender Landschaftsgestalter. Mir kommt es immer mehr auf die Landschaft an. Weil ich es wunderschön finde, wenn ein Zug da durch die Landschaft fährt anstatt nur auf einer Platte, und da ist nichts drauf außer Schienen. Das ist vollkommen uninteressant.

Aber du hast keine Bausätze gekauft, du hast die Landschaft selber kreiert?

Die Landschaft musst du selber kreieren.

Du warst der liebe Gott, hast in sieben Tagen ...

Gut, bei mir hat es sieben Wochen gedauert. Du baust zum Beispiel eine Strecke am Rhein entlang, bietet sich an. Eine Rhein-Strecke, wunderbar schön geradeaus. Dann kommt wieder mal ein Tunnel ... dann am Siebengebirge vorbei ... da gibt es dann die B 42 oder die B 9, je nachdem, welche

Seite du nimmst ... und davor baust du aus Gießharz dann ein Stück Rhein. Das sieht dann Wasser ähnlich.

Gerade wollte ich's fragen: Das muss nicht mehr blau gepinselt werden? Das sieht schon aus wie Rhein?

Mit Gießharz kann man das sehr schön machen. Mit verschiedenen Klebern, damit die Wellen auch angedeutet werden.

Das hast du gemacht?

Das habe ich noch nicht gemacht. Aber ich habe es *(tippt sich an den Hut)* **hier oben im Kopf. Das würde ich gern machen.**

Gibt es da auch Menschen?

Ja, na klar. Der Mensch ist das Maß aller Dinge. Ohne Mensch weißt du ja gar nicht, wie groß der Berg ist.

Hattest als Kind schon etwas, was du aufbauen konntest?

Weil die Bahn im Schlafzimmer stand, musste ich die Platte immer hochklappen. Das war für mich immer das Schlimmste. Irgendwann musste dann geschlafen werden, das war im elterlichen Schlafzimmer, weil sonst kein Platz war. Ich habe mir dann immer nur Bäume gekauft. So Plastikbäume. Für jede Mark, für alles Geld, was ich kriegte, kaufte ich mir Bäume. Von Faller gab es damals so ganz billige Plastikbäume. Ich hab die ganze Platte vollgeklebt. Ansonsten war da nichts, nur Bäume. Die fuhren bei mir

immer durch den Wald, die Eisenbahn fuhr nur durch den Wald.

Fährst du eigentlich auch gerne auf center.tv mit der Straßenbahn durch Köln?

Ich kriege kein center.tv. Aber bei «Deutschlands schönste Bahnstrecken», da fahre ich schon mal mit.

Das ist jetzt nicht dein Ernst?

Ehrenwort! Indianer-Ehrenwort. Das schwöre ich dir.

Ich habe das früher in meinem Solo – in meiner Rolle als Soffie – als Gag erzählt, dass ich immer so genervt bin, wenn auf der Lok-Frontscheibe ein Vogelschiss ist und ich dann versuche, auf dem Fernseher den Baatz wegzuwischen.

Hast du denn auch viele Bücher über Eisenbahnen?

Über die 1:1-Eisenbahnen, richtige Eisenbahnen. Wenn du so was baust, musst du ja wissen, wie funktioniert eigentlich die richtige Eisenbahn, die DB in diesem Fall. Du musst wissen, was gibt es, wie sieht die aus? Dampfloks ... passt das Auto zu der Dampflok? Passt die Epoche? Ich bin ja ein Epochen-Mensch. Ich habe Epoche 3. Das bedeutet, nach dem 2. Weltkrieg bis in die 70er Jahre. Das muss alles stimmen.

Bist du dafür auch auf Flohmärkte gegangen?

Nein.

Und würdest du im Internet googeln, um was zu finden?

Nein, mache ich auch nicht. Ich überlasse es vollkommen dem Zufall.

Du hast aber schöne Hobbys! Eisenbahn basteln, Motorrad fahren, Bötchen fahren.

Ja. Ich bin ein Freund des kultivierten Müßiganges. Ich sitze auch gern am Rheinufer, paff meine Zigarre und gucke den Schiffen nach. Ich versuche dann, an wirklich nichts zu denken. Das ist mir schon sehr schwergefallen, weil mir sehr viel durch den Kopf geht. Aber ich merke, dass mir das sehr gut tut.

Du isst auch gerne?

Ich esse sehr gerne.

Du bist ein Genießer?

Ja, ich bin ein Genießer.

Wigald Boning
Nasenhaartrimmer und Einkaufszettel

Das Multitalent Wigald Boning erblickte am 20. Januar 1967 in Wildeshausen nahe Oldenburg das Licht der Welt. Er ist Moderator, Komiker, Komponist, Musiker, Autor ... wir möchten diese Liste noch mit Sonnenschein ergänzen, denn wenn Wigald erscheint, verändert sich die Atmosphäre spürbar angenehm.
Wir hatten das große Vergnügen, ihm bereits vor 18 Jahren bei «RTL Samstag Nacht» zu begegnen. Es hatte etwas von Liebe auf den ersten Blick. Abgesehen von seinem exorbitanten Talent ist er hinter der Bühne einer der freundlichsten und liebenswertesten Kollegen in diesem ganzen Showbusiness. Glücklicherweise kreuzten sich unsere beruflichen Wege von da an in schönen, regelmäßigen Abständen: Es war und ist immer wieder ein Geschenk, mit ihm arbeiten zu dürfen. Auf ewig unvergessen bleibt das Showchen «TV-Quartett». Von diesem Format wurden einmal im Monat nahe München vier Folgen produziert. Es hatte so gut wie keine Zuschauer, da es nur auf drei regionalen Stadtsendern ausgestrahlt wurde, die keine Katze interessierten. Die Kollegen Boning, Balder, Baisch und ich (Hella) saßen in einem winzigen TV-Studio in den Originalkostümen aus der Fernsehserie «Raumpatrouille Orion» von 1966 und referierten über die aktuellen TV-Formate. Das war einfach nur Kult. Leider erinnern wir beide uns nur noch bruchstückhaft an die regelmäßigen, an die Aufzeichnung anschließenden Trinkgelage in der nahe gelegenen «Waldwirtschaft». Einzig Wigald, der regelmäßig mit dem Fahrrad aus dem Allgäu zur Aufzeichnung kam und sich nicht bis zum Verlust der Muttersprache betrank, kann noch von diesen legendären Nächten zehren.

Keinesfalls unerwähnt bleiben darf Wigalds spontane Bereitschaft, seinen Flug nach Köln früher anzutreten, um mit uns nachfolgendes Gespräch zu führen. Er musste zu einer Aufzeichnung mit Ranga Yogeshwar, dem anderen Cleverle des deutschen Fernsehens. Und hätte ihn nicht pünktlich ein Produktionsfahrer abgeholt, so plauderten wir dort noch heute.

HvS: Lieber Wigald, wir wissen aus gut unterrichteten Kreisen, dass du sehr schlecht gelaunt werden kannst, wenn du um 13 Uhr kein Mittagessen bekommst. Ist das wahr?

WB: In der Tat sind mir regelmäßige Essenszeiten, das hat sich irgendwann am Ende der 80er Jahre eingeschlichen, sehr, sehr wichtig. Ich habe gegen zwölf allmählich schon Hunger, kann den allerdings noch bis eins hinauszögern. Aber es sollte dann auch langsam etwas zu essen geben.

CS: Wann hast du denn so in der Regel gefrühstückt?

Ich bin ja Frühaufsteher, eigentlich schon die längste Zeit meines Lebens. In der Regel werde ich um 6 Uhr wach, und dann frühstücke ich um halb sieben. Das hält natürlich auch nicht so lange vor.

Isst du denn morgens immer dasselbe, oder bist du da spontan?

Die letzten Jahre meistens Müsli. Ich wechsle zwar hin und wieder die Müsli-Marken, aber das Frühstück ist relativ frugal.

Was heißt «frugal»?

Einfach! Beim Mittagessen, da steht bei mir die Menge im Vordergrund. Klar, denn ich bin schon längere Zeit ohne Nahrung ausgekommen. Ich freue mich auf den Moment hin. Das ist ja für mich ein Tageshöhepunkt. Und wenn's zehn nach eins ist, wird es langsam gefährlich. Es ist noch nie so gewesen, dass ich tatsächlich ein Zimmer zertrümmert habe mit einer Axt, aber die Phantasien hatte ich schon durchaus.

War das denn als Kind schon so? Können wir da von einer frühkindlichen Erfahrung sprechen?

Ja, ich komme aus einem gutbürgerlichen Haushalt. Da bin ich mit dem Fahrrad von der Cäcilienschule in Oldenburg nach Hause gefahren. Das dauerte 20 Minuten, sodass um 13 Uhr 30 pünktlich gegessen wurde. Das prägt natürlich.

Ich kenne das auch. Ich habe immer 13 Uhr zu Mittag gegessen, aber seit dem Abitur, nachdem ich Gummersbach im LKW von Jakob Heiden verlassen habe, habe ich nie wieder um 13 Uhr gegessen. Nun liege ich aber zum größten Teil vormittags im Bett und schlafe, während du wahrscheinlich schon wieder 30 Kilometer Fahrrad gefahren bist.

Richtig. Das kann natürlich auch ein Hinweis auf das Verhältnis zum Elternhaus sein. Ob man mit seiner Herkunft im Einklang ist. Was sich darin äußert, dass man eben pünktlich essen möchte, wie es immer gewesen ist, oder ob man sich ganz bewusst davon ablösen möchte. Könnte ich mir jedenfalls vorstellen.

Gilt bei dir wirklich Quantität vor Qualität? Ist das dein Ernst?

Ganz schlimm finde ich, wenn es etwas sehr Leckeres gibt und man davon nur sehr wenig kriegt. Da schmeckt's sehr gut, und der Spaß ist sofort vorbei. Das ist das Allerletzte! Das ist wie, wenn du in einem Geschäft die beste Hose aller Zeiten entdeckst, die du unbedingt haben willst, und die ist dir dann drei Nummern zu klein. Das ist doch unbefriedigender, als wenn du eine passende Hose hast, die nicht so schön ist.

Ich würde dann beide Hosen hängen lassen.

Hast du auch beim Abendbrot feste Zeiten?

Ja, das ist in den letzten Jahren bei mir auch strikt an Uhrzeiten gebunden. 18 Uhr 30, 18 Uhr 35, dann sollte das irgendwie stattfinden. Es sei denn, ich bin nicht zu Hause, sondern unterwegs, dann ist das natürlich alles ganz anders. Ich führe tatsächlich so ein Doppelleben. Zu Hause kann ich anschließend um 19 Uhr die «heute»-Sendung sehen. Das hat natürlich alles so seinen Hintergedanken. Der ganze Tag ist bei mir eigentlich strukturiert. Ich halte auch gerne um 14 Uhr Mittagsschlaf und trinke um 15 Uhr Kaffee.

Du gehst doch mit Sicherheit schon früh ins Bett, wenn du um sechs aufstehst?

In den letzten Jahren lege ich mich so gegen halb zehn hin. Das rückt immer weiter nach vorne. Das kann natürlicher Verschleiß sein, dass man die Abendruhe ausdehnt. Das kann auch am Fernsehprogramm liegen, dass man früher häufiger etwas fand in der Haupt-Fernseh-Verkehrszeit, was einen vor den Bildschirm zwang. Heute nehme ich mir

lieber ein Buch und lege mich dann um halb zehn ins Bett und lese dann bis halb elf.

Fallen dir spontan Dinge ein, wo du sagst: «Ja, da laufe ich neben der Spur?»

**Wir ähneln uns da wahrscheinlich insofern, als dass ich immer so strohfeuerartigen Hobbys und auch Langzeit-Hobbys nachgehe, die in den Augen vieler Mitbürger Richtung Macke gehen. Wo ich aber finde, das ist ein ganz normales, schönes Hobby. Bei dir, Hella, ist es die Vorliebe für Spielzeug und Kuscheltiere. Ich zum Beispiel sammle Nasenhaarschneider.
Ich habe mir kürzlich eine ganz tolle riesige Vitrine für meine Nasenhaarschneider-Sammlung zugelegt. Das Sammeln von Nasenhaarschneidern, das ist ja heutzutage durch eBay und Amazon extrem erleichtert. Früher musstest du ja in der ganzen Welt rumfahren, um verschiedene Nasenhaarschneider zu kaufen.**

Seit wann sammelst du Nasenhaarschneider?

Seit ein paar Jahren. Als ich 1991 das erste Mal nach New York geflogen bin, gab es an Bord einer Delta-Air-Maschine einen Nosehair-Trimmer, den man im Duty-Free-Shop kaufen konnte. Da dachte ich: «Das finde ich toll!» Allein das Wort «Nosehair-Trimmer» gefiel mir.

Ja, gefällt mir auch sehr gut. Eine

Zwischenfrage: Hattest du denn Nasenhaarprobleme? Wucherte es dir aus der Nase heraus?

> **Nein, überhaupt nicht. Ich habe auch noch nie einen ausgepackt. Ich sammle die nur in der Originalverpackung.**

Aaaah, high collectable!

> **In der Tat, high collectable. Kann man so besser wieder verkaufen. Ich denke mittlerweile auch, wenn ich eine gute Sammlung anlege, wird das meine Altersvorsorge. Ich glaube an Nosehair-Trimmer!**

Gibt es die auch auf Flohmärkten?

> **Da gibt es die gebrauchten, das finde ich ein bisschen ekelig, muss ich gestehen. Ich kaufe sie ausschließlich eingeschweißt.**

Gehen wir recht in der Annahme, dass du dich nicht nur auf das Sammeln von Nasenhaartrimmern festgelegt hast?

> **Nein, wo denkt ihr hin. Die zweite Sammlung besteht aus fremden Einkaufszetteln. In den letzten Jahren habe ich exzessiv, täglich in Supermärkten Ausschau nach alten Einkaufszetteln gehalten. Inzwischen habe ich eine sehr große Sammlung bei mir an einer Wand. Da machst du ja die großartigsten Entdeckungen. Mittlerweile habe ich auch so ein Netzwerk von Leuten, die sich mit Handschriften auskennen. Da sind auch ausgebildete Graphologen dabei. Es gibt da zum Beispiel so eine Schreibweise des «Q»; das ist ein «OP» für «Q» – oder auch ein «ß», das es so nicht mehr gibt. Mit der Zeit habe ich dann rausgefunden, dass**

das meistens Rumäniendeutsche sind, weil die Rechtschreibreform von 1941 überall im deutschsprachigen Raum angewendet wurde, mit Ausnahme bei den Donauschwaben in Rumänien. Das war ja nicht von Deutschland besetzt, sondern agierte eigenständig und kooperierte nur mit Deutschland.

Gehst du teilweise in den Supermarkt, nur um dich auf die Suche nach Einkaufszetteln zu begeben?

Ja, das kommt vor.

Ohne dass du einen Würfel Traubenzucker brauchst?

Ja, das gibt es auch. Hier gibt es einen ganz tollen Einkaufsmarkt gleich um die Ecke. Der hat 24 Stunden geöffnet.

Das ist das Erste, was ich höre.

Der hat bis 24 Uhr geöffnet.

Also für mich gefühlt rund um die Uhr. Ich habe mir nur gemerkt, dass ich da jederzeit hingehen kann, denn zu meinen Wachzeiten hat der immer auf. Wenn ich hier im Hotel Savoy bin und nicht schlafen kann, ziehe ich mich wieder an, gehe dahin und suche nochmal alles ab.

Das ist aber ein sehr lustiges Hobby!

Ja! Und es kostet nix.

Geht das auch so weit, dass du die Mülltonnen durchstöberst?

Ja, habe ich schon gemacht und bin dabei auch schon in Streit mit Stadtstreichern geraten. Die dachten, ich würde dort Getränkebons rausnehmen. Ich musste denen dann erklären, dass es mir nur um die alten Einkaufszettel geht, was die natürlich überhaupt nicht verstanden haben, weil man die ja nicht veräußern kann.

Wunderbares Hobby!

Dieses Hobby kann ich jedem nur empfehlen, das macht wirklich Freude. Man kann sich den Menschen vorstellen, der es geschrieben hat, man kann das nachkochen, was da draufsteht, man kann sich über Schreibweisen wundern. Manche Leute streichen durch oder reißen die Zettel ein. Da gibt es ja die unterschiedlichsten Vorgehensweisen.

Gibt es Einkaufszettel mit einer bestimmten Kombination von Speisen und Getränken, bei denen du sofort glaubst zu wissen: «Aha, der ist auf Diät!» Oder: «Das ist ein Übergewichtiger!» Und kannst du auch Nationalitäten zuordnen?

Ja, das gibt es schon.

Das erkläre uns bitte!

Es gibt so Extrembeispiele. Wenn auf einem Einkaufszettel lediglich steht: Hanuta, Bounty, Mars, Bier und acht kleine Steinhäger, dann denke ich mir: «Aha! Das wird jetzt kein besonders gesund lebender Mensch sein.» Der Gedanke drängt sich ja auf.

Hast du auch Spaß an Rechtschreibfehlern?

Ja, natürlich. Da gibt es wunderbare Sachen. Vielleicht seid ihr ja mal in München, dann zeige ich euch all das Schöne.

Du sammelst Nasenhaarschneider und Einkaufszettel. Das ist in der Tat sehr originell. Gibt es Dinge, die du früher gesammelt hast oder in nächster Zukunft vorhast zu sammeln?

Ich habe auch eine veritable Sammlung von Merchandising-Artikeln der 90er Jahre bis Mitte 2005. Michael Schumacher-Socken und Joghurtbecher-Deckel mit Dieter Bohlen drauf. Was dann schon recht ekelig ist, wenn man sich im Lebensmittelbereich umschaut. Von Bully gab es mal so ein komisches Energy-Getränk mit Bully-Konterfei. Das habe ich noch mit Inhalt alles zu Hause stehen. Da gibt es aus der Familie auch schon mal die Frage, ob man denn so was jetzt wirklich aufbewahren muss. Das schimmelt ja dann irgendwann vor sich hin.

Und muss man es aufbewahren?

Solange das luftdicht ist und ich keinen Pilzbefall entdecke, wird es nicht entsorgt.

Was treibt dich dazu, diese Dinge zu sammeln?

Ich fand es interessant. Ein Joghurtbecher mit dem Bild von Dieter Bohlen drauf, das ist ja ein Außenposten der Zivilisationstechnik. Was der Mensch sich so ausdenkt im Zusammenhang mit der Bewerbung von Nahrungsmitteln durch Mega-Stars. Da kommt man ins Grübeln. Ihr müsstet diesen Joghurtbecher mal sehen. Das ist so ein ganz schlechtes Bild von Dieter. Es ist so im Halbprofil aufgenommen.

Es ist der berühmte «schrille Aspekt»?

Mir macht es enorm Spaß, und ich denke mir dabei: Diese Werbefachleute waren entweder alkoholisiert oder hatten ganz wenig Zeit für ihre Aufgabe oder wurden extrem unterbezahlt.

Jetzt verstehe ich. Die müssen räudig daherkommen. Du möchtest nicht unbedingt schönes Merchandising haben?

Nein! Es gab mal von der Johannes-B.-Kerner-Show, als die noch beim ZDF lief, zu Weihnachten Badelatschen. So Flip-Flops. Und dann steht da Johannes B. Kerner drauf. Ich fand den Aspekt originell, dass die Partner der Sendung und ehemaligen Gäste sich die Schuhe anziehen sollen und somit auf dem Namen «Kerner» rumtreten. Da dachte ich: Wer hat so eine interessante Idee? Habt ihr doch auch wahrscheinlich bekommen?

Ja, in Orange-Schwarz.

Richtig. Solche Sachen bewahre ich dann auf. Da denke ich: «Das ist doch abgefahren!»

Ja, du hast nicht unrecht. Das heißt, es könnte also nicht ein T-Shirt mit Rihanna drauf sein, weil das viel zu schön ist?

Das ist langweilig.

Okay, du würdest sagen, der Joghurtbecher mit Bohlen ist der Top-Seller in deiner Sammlung?

Schwer zu sagen. Ich habe noch ein Wies'n-Tamagotchi.

Kennt ihr die noch? Tamagotchis habe ich auch mal gesammelt. Und dann gab es das Wies'n-Tamagotchi zum Oktoberfest. Das ist, glaube ich, das Exklusivste, auch das Wertvollste, was ich je ersammelt habe.

Das ist jetzt dein Ernst?

Klar! Du wirst im Internet einen finden, der zahlt dir bestimmt 5 Euro dafür.

Aha! Weil es so ein schönes blau-weißes Outfit hat?

Oder weil es sich im Minutentakt übergibt?

Säuft es auch?

Keine Ahnung, das ist ja alles originalverpackt.

Wir haben für Hundebesuche Fressnäpfe von Colani.

Phantastisch! Colani ist ein großartiger Künstler. Das ist jemand, der bei mir sofort das Herz zerreißen kann mit einem einzigen Bierseidel, den er gestaltet.

Also, ich bin auch ein großer Colani-Fan. Wir hatten die Ehre, ihn einmal persönlich kennenzulernen, und der ist ja auch extrem spannend und klug und witzig. Wir waren zufällig bei so einer launigen Talkshow, in der er auch zu Gast war, und danach hat er uns diese beiden Futternäpfe geschenkt, aus denen seitdem die Gasttiere bei uns speisen.

Alleine schon, dass man Hundefutternäpfe gestaltet, ist ein Statement. Er kann das machen. Die anderen nicht, bei

denen würde man abschätzig kommentieren: «Haha, der gestaltet Hundenäpfe.» Bei Colani hingegen sagt man anerkennend: «Hey, der macht Hundefuttertröge! Cool!»

Lass uns jetzt mal über das Thema Kleidung sprechen. Ich finde, dass du dich, was deinen Kleidungsstil anbetrifft, sehr designst. Ich sehe dich immer in originellen Farben und Kombinationen. Oder du hast ein originelles Gimmick an. Hat Kleidung einen besonderen Stellenwert in deinem Leben, oder ist das etwas, was sich einfach nur ergeben hat?

Früher hatte das einen viel größeren Stellenwert. So zu «Samstag Nacht»-Zeiten. Ich war ja mit einer Kostümbildnerin liiert, die sich an mir ausgetobt hat. Mir machte das natürlich auch Riesenspaß. Aufgrund der Arbeitsmengenbelastung bei der wöchentlichen Show ist das dann irgendwann umgekippt. Da dachte ich: «Und wieder ein Anzug aus Zeitungspapier, den man ein Mal trägt, und dann ist er kaputt.» Ich glaube auch, dass ich alle nicht für Kleidung geeigneten Materialien durchprobiert habe. Von der Atmungsaktivität mal ganz abgesehen. Wir haben uns damals unglaublich unter Stress gesetzt. Heute ist mir das eigentlich egal. Ich finde den Effekt immer gut, wenn ich zu C&A gehe und mir zwei Polohemden für 5 Euro kaufe und die Leute auf der Straße dann sagen: «Wow, du hast ja wieder eine ganz irre Sache an!»

In der Tat trägst du jetzt schon seit vielen Jahren dasselbe Brillengestell, oder?

Genau. Wobei ich viele Brillen habe. Das ist auch ein Sammelgebiet von mir. Ich habe eine Bekannte, die ist Optikerin mit zwei Filialen in Tutzing und Schongau. Ab

und zu darf ich in ihrem Pappkarton «für die russische Mission» stöbern. Da finde ich immer irgendetwas. Die meisten Brillen trage ich dann nur zweimal, denn meistens sind sie zu groß oder zu schwer oder einfach nur hässlich. Aber ich kaufe sie ihr trotzdem ab, weil das eine ganz liebe Frau ist, und vielleicht brauche ich diese Brillen ja doch nochmal irgendwann.

Wie viele Brillen hast du?

Keine Ahnung.

Aber das Gestell, was du jetzt auf der Nase hast, das ist das, was du eigentlich immer trägst?

Das ist das, was ich vor der Kamera trage. Diese Brille hat entspiegelte Gläser. Die anderen setze ich für den Privatbetrieb auf. Wir sind ja auch beide «Brillenträger des Jahres». Wir führen hier praktisch ein Fachgespräch auf höchster Ebene.

Stimmt! Ich bin es allerdings nur geworden, weil du es ein Jahr vor mir warst und dafür gesorgt hast, dass ich deine Nachfolgerin werden darf.

Nein, man hat mich gefragt, ob ich dich für würdig halte. Da habe ich selbstverständlich gesagt: «Natürlich, na klar!»

Danke! Habt ihr eigentlich Tiere bei euch zu Hause?

Wir haben eine Katze mit einem Triefauge. Die sieht so ähnlich aus wie Karl Dall und ist selbst für eine Katze nicht besonders schlau, dafür aber gutmütig und verschmust.

Das ist doch auch mal schön.

Der fallen immer Zähne aus. Ich weiß nicht, was die nachts macht. Aber sie fängt immer noch sehr gut Mäuse. Bitte fragt mich nicht, wie!

Apropos nachts – bist du immer noch Schlafradler? Du hast uns mal erzählt, wenn du nicht schlafen kannst, rollst du gern schon mal 200 Kilometer durchs Allgäu.

Hat sich nicht geändert. Obwohl ich mich in diesem Jahr mehr auf Laufen fokussiert habe. Im Juni gibt es den 100-km-Lauf in Biel, daran wollte ich schon seit zehn Jahren immer mal teilnehmen. In diesem Jahr ist es so weit.

100 Kilometer?

Ja, das sind so ungefähr zehn bis zwölf Stunden. Ich habe schon anstrengendere Sachen gemacht. Andererseits kann Laufen natürlich auch so ein bisschen weh tun. Es ist belastender für die Orthopädie. Aber im Grunde – ich bin sehr zuversichtlich, dass ich das lebend hinkriege, irgendwie.

Würdest du denn das Laufen für dich nur als sportliche Ausgleichsbetätigung ansehen, oder ist da auch was Zwanghaftes dabei?

Ich bin, glaube ich, grundsätzlich ein recht zwanghafter Typ. So insgesamt als Lebensentwurf. Ich neige auch zum Radikalismus, habe aber gelernt, den bei wichtigen Gebieten wie der Politik auszublenden, da er dort destruktiv ist. Aber bei vielen anderen Themen neige ich zum Radikalismus. Das könnte sich dann auch darin äußern, dass

**ich ungesunde Drogen konsumieren würde, aber ich bin
in der Lage, das durch sportliche Betätigung zu ersetzen.
Durch wahrscheinlich genauso ungesunde Aktivitäten an
der frischen Luft. 100 Kilometer laufen ist für die Knie
bestimmt auch nicht optimal.**

Was meinst du mit Radikalität? Worauf beziehst du das?

Mir macht das Spaß, ein Thema bis zum Exzess auszukosten. Dabei ist es egal, um was es geht. Wenn ich mich jetzt zum Beispiel haltlos für Colani begeisterte, würde das dazu führen, dass ich mir erst einmal alle Bücher besorge, die es in dem Zusammenhang gibt, und dass ich wenige Wochen später zu einem Spezialisten werde. Das ist vielleicht auch so eine Fluchtbewegung, dass man sich auf so ein Thema stürzt. Ist bei einem meiner Söhne auch stark ausgeprägt. Ich glaube, so etwas vererbt sich.

Wie äußert sich das bei dem Kleenen?

Er sammelt Fußballbücher und liest die auch tatsächlich durch. Er kann dir jetzt beispielsweise etwas über die Nationalmannschaftsaufstellung Deutschlands im Spiel 1928 gegen Uruguay erzählen. Warum der eine jetzt durch den anderen ausgetauscht wurde in der 78. Minute. Er ist auf diesem Gebiet ein Spezialist, der seinesgleichen sucht.

Oder will er Sportjournalist werden?

Das will er auch werden, ja.

Ich finde das ja bewundernswert. Ich habe in meinem Leben irgendwie nichts richtig intensiv betrieben.

Aber einen gewissen Hang zur Exzessivität hast du auch. So weit kenne ich dich durchaus.

Ja, sagen wir mal so, ich hatte in den 60ern meine Winnetou-Film-Alben und alle zwei Jahre Panini-Fußballalben. Ich klebe gerne Bildchen. Im Moment gibt es bei Rewe gratis, je nach Einkaufswert, so entzückende, selbstklebende Bildchen mit Tiermotiven. Und da liege ich dann schon wie eine Sechsjährige im Bett, klebe sie in das Album und freue mich meines Lebens. Wenn das Exzessivität ist, dann ja.

Du bist ja nun eine der langjährigsten Abonnentinnen des «Micky Maus Magazins». Das bist du doch immer noch, oder?

Stimmt, aber ist das exzessiv? Ist das nicht nur Treue?

Die Treue selber hat ja vielleicht auch schon was damit zu tun.

Hast du irgendwelche Phobien? Hast du Ängste?

Nein, gar nicht.

Du bist ein angstfreier Mensch? Beneidenswert!

Bist du denn ein abergläubischer Mensch?

Überhaupt nicht. Ich bin weder abergläubig noch anderweitig gläubig, sondern Skeptiker – wobei ich es beneidenswert finde, wenn Menschen Trost in ihrem Glauben finden können. Da denke ich manchmal: Das wäre eigentlich super, zumal es im Christentum viele Elemente

gibt, die mich begeistern. Die Grundvoraussetzung müsste jedoch sein, dass ich an den lieben Gott glaube, außerdem an Jesus und an die Jungfrau Maria, aber dazu bin ich nicht in der Lage. Das geht einfach nicht. Mir fehlt die Kraft des Glaubens.

Du bist am 20. Januar geboren oder somit sehr nah am Wassermann dran. Ich bin Wassermann und kann es auch nicht. Der liebe Gott und Jungfrau Maria, das will mir nicht in den Kopf.

Macht aber weiter nichts. Ich bin auch ohne diesen Trost bisher gut durchgekommen.

Ich habe so eine Schicksalsgläubigkeit. So ein Urvertrauen. Ich denke, dass irgendwo ein Drehbuch für uns alle geschrieben wird.

Mich tröstet manchmal der Gedanke, dass wir alle irgendwann zu Staub zerfallen. Und da es uns allen so geht, werden wir dann in 50 000 Jahren als so ein Flitter durchs Universum schweben. Das tröstet mich wirklich.

Ich habe die Vorstellung, dass ich eine Seele habe, die noch anderweitig recycelt wird. Ich glaube ja auch, dass Seelen in Bäumen und in Tieren wohnen. Und dass es einen regen Austausch gibt.

Das kann ich mir auch vorstellen, wobei ich mich an ein Bewusstsein vor meiner Geburt nicht erinnern kann.

Ich auch nicht.

Und dann gehe ich davon aus, dass das nach meinem Ableben auch so sein wird. Also passiert da nichts Spektakuläres, sonst wäre vorher auch was gewesen.

Vielleicht war deine Katze Albert Einstein, und die hat sich jetzt einfach mal verdient, dass sie heute ein Leben in Ruhe und Faulheit fristen darf.

Und mit Dummheit gesegnet zahnlos Mäuse fangen darf.

Richtig.

Hast du irgendwas an dir, was du schrullig findest oder von dem du glaubst, was andere, wenn sie dich beobachten, schrullig finden könnten?

Was über die Jahre zugenommen hat, ist mein Bestreben, den Tag effektiv zu nutzen. Wenn ich laufen gehe, dann will ich unterwegs ein paar interessante Supermärkte abklappern, damit ich dort Einkaufszettel sammeln kann. Dann überlege ich: «Aha! Dann komme ich pünktlich dann und dann an der Bäckerei vorbei, an der ich dann Gulaschsuppe essen kann.» Ich neige dazu, den Tag möglichst effizient durchstrukturiert zu gestalten. Das ist im Moment noch völlig normal, ich kann mir aber vorstellen, dass das später, also, wenn ich diesen Weg weitergehe innerlich, in 30, 40 Jahren sehr seltsam werden kann.

Visionier bitte mal!

Ich sehe mich dann im Altersheim und habe einen auf die Minute durchkonstruierten Tagesablauf, wo das Schließen des rechten Manschettenknopfes auf 7:32 Uhr festgelegt

ist – vielleicht auch schriftlich festgehalten – weil ich über die Jahrzehnte gelernt habe, dass das die optimale Art und Weise zu leben ist. Das kann natürlich dann zu bitteren Auseinandersetzungen mit dem Pflegepersonal führen. Vor allen Dingen, wenn die dann auch die Nasenhaarschneider-Sammlung abstauben müssen. Nein, halt! Die habe ich dann ja schon veräußert. Damit muss ich das Pflegepersonal ja bezahlen. Das mache ich ja mit den Nasenhaarschneidern.

Und mit den Dieter-Bohlen-Joghurtbechern.

Die gibt es als Trinkgeld.

Jürgen von der Lippe
«JA KLAR! Aprosdokese ...»

Jürgen von der Lippe, geboren am 8. Juni 1948 in Bad Salzuflen, ist aus der deutschen Fernsehunterhaltung sowie von den deutschsprachigen Bühnen definitiv nicht mehr wegzudenken. Er brilliert als Moderator, Entertainer, Schauspieler, Komiker und Sänger. Bereits 1976 gründete er unter anderem zusammen mit Hans Werner Olm die legendären «Gebrüder Blattschuss». Seine daran anschließenden vielen erfolgreichen Fernseh-Shows und Bühnenprogramme aufzuzählen, würden den Rahmen dieses Buches sprengen. An dieser Stelle möchten wir auf seine ausgesprochen amüsante Homepage verweisen.

Wir hatten das große Vergnügen, uns mit Jürgen von der Lippe («von der Lippe» ist im Übrigen aus demselben Adelsgeschlecht wie «von Sinnen») an einem klirrkalten Mittag – also für uns zu nachtschlafender Zeit – im Café Klaaf am Eigelstein treffen zu dürfen. Jürgen erzählte uns bereits im Vorfeld, dass er während seiner Aufenthalte in Köln hier gerne und häufig sein Frühstück einzunehmen pflegt.
Die Parkplatzsuche stellte sich als ausgesprochen schwierig dar.

Obwohl wir schon in weiser Voraussicht mit meinem (Connys) kleinen Mini ... und nicht meiner (Hellas) großen Elsa zu dem Treffen gefahren waren, umrundeten wir gefühlte 17-mal den Eigelstein, um dann irgendwann eine erschütternd kleine Lücke zu erspähen. Das anschließende Einparkmanöver benötigte dann auch nur noch schlappe 39 Züge, um final quer in der Lücke stehend den Motor abzuwürgen und Richtung Café zu galoppieren.

Völlig gehetzt eilten wir dann noch die Wendeltreppe rauf in den ersten Stock des Restaurants. Das Frühstück war offensichtlich bereits verspeist, und ein aufgeräumter Jürgen empfing uns in bester Stimmung. Er hatte den letzten Tisch links am Fenster gewählt und nippte entspannt an einem Milchkaffee. Wir bestellten inspirationslos zwei Cola light und schalteten unser leicht antiquiertes Aufnahmegerät an. Obwohl wir im hintersten Winkel des Lokals saßen, waren wir von einer hofbräuhauslauten Geräuschkulisse umgeben. Ein Klangteppich aus unaufhörlichem Gemurmel, unmotiviertem Tassen- und Tellerklappern und der zwar sehr freundlichen, aber leider doch störenden Frage der jungen Bedienung, ob wir noch einen Wunsch hätten, stellten unsere unausgeschlafenen Nerven auf eine harte Probe. Unsere Nackenhaare standen uns stressbedingt steil zu Berge, doch Jürgen gab uns die Gelassenheit in Person. Jede unserer Fragen beantwortete er aufgeräumt und mit stoischer Ruhe, als würde er in einem Tempel, umgeben von Schweigemönchen, sprechen. Man nennt ihn eben nicht umsonst den «Godfather of Showbiz».

Wir waren noch beim 20-minütigen Ausparken aus der briefmarkengroßen Parklücke nachhaltig beeindruckt.

HvS: Lieber Jürgen, du hast uns erzählt, dass du immer gerne im «Klaaf» sitzt und hier auch frühstückst. Würdest du sagen, dass es eine liebe Gewohnheit für dich ist?

JvdL: Ja, es ist ein Teil eines Rituals[1], denn ich sitze genauso gerne in dem Café[2] etwas weiter den Ring runter. Ich weiß gar nicht, wie das heißt. «Café Schmitz» heißt das, glaube ich. Wo die Kundschaft noch ein bisschen schräger ist. Hier sind viele so Geschäftsleute. Dort findest du den schlafenden Dichter mit Hut, den alleinerziehenden Vater. Gestern saß ich mit meiner Frau da, und das Kind hatte eine dicke Beule.

Wer jetzt, deine Frau?

Nein, das Kind des alleinerziehenden Vaters. Wir kamen ins Gespräch, und er sagte: «Das war eine Schlägerei in der Kita[3].» Wir waren tief erschüttert, bis er dann sagte: «Ein Scherz. Sie ist einfach die Treppe runtergefallen.» Das sind einfach schöne Dinge, die du zu Hause beim Frühstück natürlich nicht erlebst.

CS: Ein Träumchen! Das heißt, das machst du auch, wenn du in Berlin wohnst? Du gehst grundsätzlich lieber in ein Café frühstücken, als dir zu Hause selber einen Kaffee zu kochen?

Ich habe in Berlin leider kein richtig schönes Café mehr, seit einigen Jahren. Ich hatte ein sehr schönes mit wunderbaren wechselnden Bildern und einem schönen Licht, weil mich das auch sehr inspiriert[4] und auf Ideen[5] bringt. Ich lese dann die Tagespresse[6] und habe auch immer einen Block bei. Da kommen mir nicht immer, aber manchmal schöne Ideen bei diesen kontemplativen[7] Momenten außerhalb der eigenen vier Wände. Wozu jetzt nicht ein normales Abendessen zählt. Da bin ich ja mit Essen beschäftigt. Aber so ein Frühstück kann man dehnen. Das

ist ja auch immer relativ[8] spät am Vormittag. Ich mache ja
«Schlank im Schlaf» seit vielen Jahren, sonst wäre ja auch
diese Figur nicht erklärbar. Ich wähle übrigens gerne ein
reines Kohlenhydrat[9]-Frühstück. Hier zum Beispiel wäre
das im Café Klaaf der «Flammkuchen Apfel», der genau das
alles erfüllt.

Haben deine Caféhausbesuche damit zu tun, dass du ganz gerne auch mal deinen Namen zwischendrin auf einen, von aufgeregten Mitbürgern hingehaltenen Bierdeckel schreibst für die gute Laune am Morgen?

Nein, gar nicht, absolut nicht.

Du willst uns aber jetzt bitte nicht weismachen, dass du nicht erkannt oder nicht angesprochen wirst.

Ich werde schon erkannt, aber darum geht es nicht. Mir geht es absolut um die Vibes[10] und Atmosphäre[11] eines Ortes. Wenn jetzt dauernd jemand kommen würde, dann wäre das für mich auch nicht ganz die Situation[12], in der eine Geschichte gedeihen könnte.

Anders gefragt: Es stört dich aber auch nicht?

Es stört mich nicht.

Du sitzt nicht mit Hut und Schal da und rasierst dir den Bart ab, um unerkannt zu bleiben?

Ich habe da überhaupt gar kein Problem[13]. Ich muss auch furchtbar lachen, wenn diese jungen Leute, die von DSDS[14] oder wo auch immer herkommen, erzählen, sie können gar

nicht mehr in die Öffentlichkeit. Darum hätten sie jetzt auch Bodyguards[15]. Jeder, der nun wirklich prominent[16] ist, weiß ja, dass, wenn man sich ganz normal bewegt, zum Beispiel durch eine gutbesuchte Einkaufsstraße geht, keine Sau guckt. Es gab allerdings ein paar Momente in meinem Leben, da habe ich gedacht: «Um Gottes willen!» Beispielsweise in Berlin auf der Funkausstellung: Wenn man da von der großen Bühne in die Redaktionsräume[17] wollte, standen ein paar Tausend Leute vor der Bühne und blieben auch unter anderem eben deswegen, weil sie ein paar Nasen nun auch anfassen wollten. Und wir wurden in der Tat von acht Bodyguards abgeschirmt, die hatten später blaue Flecken. Da wurde ich regelrecht rumgeschubst und habe nur gedacht: «Was soll das denn hier?» So eine Situation ist allerdings wirklich die Ausnahme. Unter normalen Umständen kommt kein Mensch auf die Idee, sich zusammenzurotten, um dir an die Wäsche zu gehen. Du hörst mal: «Tag, Herr von der Lippe!» Oder wirst angelacht, was ich eben dann sehr schön finde. Oder ein Punk[18] sagt: «Hey, Champ[19]!», was ich auch schön finde. Es kommt zum Beispiel auch gerne zu netten Begegnungen in einem Aufzug. Ich fuhr mal mit meinen zwei Musikern im Lift[20], und es kommt eine Mutter mit Kind rein, und das Kind, woher auch immer es mich kannte, fragt: «Sind das deine Bodyguards?» Ich sage: «Ja. Die sind aber scheiße, die werden immer verprügelt!»

Die Mutter war begeistert?

Die Mutter war begeistert, das Kind war begeistert, meine Musiker waren begeistert.

Jürgen, ich bin ein wenig enttäuscht, da du bislang erst 20

Fremdwörter benutzt hast. Als ich letztes Jahr bei dir zu Gast sein durfte in «Was liest du?», bemerkte ich, dass du häufig und ohne Grund Fremdwörter benutzt. Du hast mir daraufhin nicht nur nicht das Fremdwort *dafür* genannt, sondern auch den Grund, warum du es gerne tust, verraten. Erinnerst du dich noch?

Ja Klar! Aprosdokese[21] – das Wort hat auch der geschätzte Kollege Stefan Niggemeier in der FAZ nicht gekannt. Aprosdokese ist die häufige Verwendung ungewöhnlicher Wörter. Das ist in der Tat etwas, was ich sehr gerne mache, wobei meine Frau immer sagt: «Mach das doch nicht. Du willst doch nur den Klugscheißer raushängen.» Ich sage dann: «Du hast es erkannt, Schatz!» Was willst du sonst schon mit einer humanistischen[22] Bildung machen, als ein bisschen Spaß haben. Und mehr ist es nicht. Ein wirklich harmloses Vergnügen. Es dient auch nicht dazu, dass die Menschen sich unterlegen fühlen. Ich habe es einfach gerne, wenn sie «Häääääh?» machen. Natürlich erkläre ich das Wort anschließend. Es macht mir einfach Spaß.

Es gibt ja viele Menschen, die gerne Fremdwörter grundsätzlich falsch benutzen. Bist du denn auch jemand, der berichtigt?

(Seine Augen beginnen zu funkeln.)

Ja, das tue ich.

(Wir kichern.)

Das tue ich aber nur dann, wenn ich glaube, dass ich es machen kann, ohne dass der Betreffende gekränkt ist.

**Wenn es ein mir nahestehender Mensch ist, denke ich:
«Es tut jetzt einen kleinen Moment weh, aber für die
Zukunft blamiert er sich nicht mehr.» Wenn er jetzt sagt:
«Die beiden harmonisieren gut!» Dann sage ich: «Völlig
richtig! Nur ein paar Buchstaben zu viel: Das heißt harmonieren[23].» Oder wenn jemand von Internita redet, dann
stelle ich auch das richtig und sage: «Das heißt Interna[24]».
Dieses übrigens sind Malapropismen[25].**

Mallawie?

**Propismen. Kommt von einem Eigennamen. Ein Theaterstück des vorletzten Jahrhunderts. Das müsste ich jetzt
nachgucken.**

(Wir haben tapfer nachgeschlagen. Siehe Anhang.)

**Da gab es eine Miss Malaprop, und die machte diese
Geschichten: Im alten Rom bekämpften sich die Radiatoren[26]
gegenseitig. Diese Schiene. Danach ist das benannt. Das
ist ein literaturwissenschaftlicher[27] Terminus[28], den ich
von Frau Prof. Leuninger[29] gelernt habe. Ich hatte sie in
meiner Sprach-Sendung bei «Frei von der Lippe» zu Gast
und schätze sie sehr. Sie ist eine wunderbare Frau mit viel
Sensus[30] für Erheiterung und hat zwei sehr schöne Bücher
über Versprecher geschrieben. Das eine heißt «Danke
und Tschüss fürs Mitnehmen» – allein dieser Titel! Diese
Malapropismen findest du sehr häufig bei Fußballern –**

Wie hat es Lothar Matthäus so schön ausgedrückt: «Wir
dürfen jetzt nicht den Sand in den Kopf stecken.»

Richtig! Schön ist auch: «Ich habe eine Blut-Invasion[31]

erhalten.» Ich teile das Hobby[32] offensichtlich mit dem verstorbenen Kollegen David Foster Wallace[33], der noch in bester Erinnerung ist. In seinem Buch über eine Kreuzfahrt, «Schrecklich amüsant – aber in Zukunft ohne mich», fand ich dann erst mal drei Wörter, die aus meinem Leben nicht mehr wegzudenken sind. Das ist zum einen der «Overperformer», das war bei ihm ein Föhn, der eine solche Kraft hatte, dass es ihn gegen die Kajütenwand[34] drückte. Dann das Wort «genitalreferenziell», für «Schweinkram». Wenn du dieses Buch liest, findest du auf Schritt und Tritt Wörter, die findest du gar nicht, wenn du nachguckst. Offensichtlich war er auch ein Fremdwortfex[35] und erfand Wörter, die einfach schrecklich amüsant sind. Zum Beispiel das Wort Boviscophobie. Das ist die Angst, für ein Herdentier gehalten zu werden. Das ist ein Begriff, der natürlich richtig abgeleitet ist, aber du findest das Wort nirgendwo.

Hast du dir denn auch schon Wörter ausgedacht, die du benutzt, um andere zu verblüffen? Die du selber beispielsweise aus einem Fremdwörterbuch zusammengesetzt hast?

Nein, das habe ich noch nicht. Das werde ich aber mit Sicherheit noch tun. Das ist der nächste Schritt.

Hast du für neue Wörter, die dir begegnen, ein Elefantengedächtnis? Wenn Conny und ich jetzt beispielsweise ein unbekanntes Wort verwenden würden und es würde dir gefallen: Könntest du dieses neue Wort sofort speichern und in deinen Sprachschatz aufnehmen?

Kommt darauf an. Man kennt dieses Phänomen[36], dass irgendetwas sich dem Gedächtnis versperrt. Ich habe das

mit Passagen[37] in meinem neuen Programm[38] gerade erlebt. Besonders eine hat mich eine unglaubliche Mühe gekostet. Ich singe also ein Lied über Spreewaldgurken im Walzertakt[39] und sage anschließend: «So ein Lied müssen Sie gegenüber dem Hochfeuilleton[40] natürlich auch mal rechtfertigen. Wenn einer kommt und sagt: ‹Was wollen Sie mit dieser Prekariatsscheiße[41]?› Dann sagen Sie dem: ‹Da hat wohl einer was nicht verstanden. Da müssen Sie mal Ihre Präfrontallappen[42] checken lassen, denn wenn die beschädigt sind, können Sie Ironie[43] nicht erfassen. Wenn das ventromediale[44] Areal[45] auch angegriffen ist, raffen Sie gar nichts mehr. Ich könnte Ihnen aus dem Stand vier Interpretationsansätze[46] liefern, will Sie aber nicht überfordern. Vielleicht nur der gastrosophische[47] Ansatz: Sie können das Lied betrachten als resignativen[48] Eskapismus[49], als Rückzug auf ein Genussmittel in einer völlig durchsexualisierten[50] Welt, in der die Nahrung den einzigen von Leistungszwängen freien und jederzeit verfügbaren Lustgewinn verspricht!»› An diesem Satz habe ich lange geknuspert.

Das glaube ich dir. Die Leute lachen aber doch vor allem, weil sie kein Wort verstehen, oder?

Ich sage mal: ja! Eines meiner Lieblingszitate[51] wollte mir auch lange nicht in den Kopf: «Der Worte keins von Zunge oder Feder so traurig ist wie dies, es hätte können sein!» Das ist eine so verquere[52] Wortstellung, das ist ein bisschen wie: «So viel Tage wie das Jahr, so die Katz am Schwanz hat Haar», wo ja jeder «Die Katz hat Schwanz am Haar» sagt. Das gibt so Geschichten, die wollen dann einfach nicht gerne in den Kopf. Aus diesem Grund bin ich auch Mnemotechniker[53] geworden.

Das heißt?

Ich merke mir Begriffe mit Hilfe verschiedener Techniken[54]. Kennt ihr den wunderbaren Witz, wo ein Mann ein befreundetes Ehepaar besucht und der Gatte sagt: «Ach, ich habe ja so ein schlechtes Gedächtnis und war deshalb gerade eben mit meiner Frau bei diesem bekannten Professor. Ganz große Kapazität[55]! Der hat mir beigebracht, dass ich immer, wenn ich mir etwas merken möchte, das mit Hilfe von Brücken ganz einfach kann. Der Besucher ist interessiert und fragt: «Wie heißt der Professor[56] denn?» «Warte mal, muss ich mal überlegen. Wie heißt die Blume mit den Dornen?» «Rose.» «Richtig! Rosi? Wie hieß der Professor nochmal?»
Mit anderen Worten, es geht darum phonetisch[57] Bilder zu entwickeln, um dir zum Beispiel Zahlenfolgen zu merken. Ein Parkplatz im Parkhaus hat ja in der Regel eine vierstellige Ziffer[58]. PINs[59] sind auch vierstellig, dafür gibt es das Major-System[60]. Da hast du nur einige Konsonanten[61], die du dir merkst. Die lauten: See-Tee-Noah-Mo-Rehe-Leu-Ski-Fee-Po. Und die Vokale[62] sind dann frei verfügbar.

Liebe Lesenation. Die dicke Tante sitzt hier sehr, sehr müde. Ich könnte mir schon allein dieses alberne se-te-nori-puste-fix nicht merken. Ich versuche mir solche Pinne – wenn überhaupt – mit Jahreszahlen, Geburtstagen zu merken.

Bei dem Major-System machst du dann ganz einfach aus Zahlen Wörter. Je sexueller oder gewalttätiger diese Wörter sind, desto besser haften sie. Nenne mir mal eine vierstellige Zahl.

5379.

Das wäre L-M-K-P. Daraus machst du jetzt ein Wort oder auch zwei. Leimcup[63].

Liebe Lesenation, an dieser Stelle ist Frau von Sinnen ausgestiegen. So war das früher beim Rechnen. Wenn mein Vater mir Bruchrechnung beibringen wollte, war ich mit meinen Gedanken sofort bei Flipper oder Bonanza.

Ich habe das übers Zaubern[64] gelernt. Es kam irgendwann mal ein Zauberer in meine Garderobe[65] und sagte: «Schreib mal 20 Begriffe auf!» Und dann habe ich sie aufgeschrieben, und dann sagt er: «Welche weißt du jetzt noch?» Dann konnte ich fünf oder sechs aufzählen. Er konnte alle 20. Vorwärts und rückwärts. Doch damit nicht genug! Er konnte auch sagen, auf Position[66] 17 ist das. Dann habe ich gedacht: «Das finde ich aber schön! Das möchte ich auch können!» Dann hat er mir das beigebracht. Da musst du natürlich dran arbeiten. Du nimmst für die Ziffern 1–20 Bilder. 1 – was fällt dir bei «1» ein? Optisch[67]?

Ein Soldat.

Soldat – Kirchturm – eine Fahne. Bei mir gibt es den Kirchturm. Bei 2 ist es ein Schwan, bei 3 ist es der Teufel mit Dreizack. Jeder hat seine eigenen Bilder, und du musst das nehmen, was dir am ehesten in den Kopf kommt. Von 1–20 sind Bilder Statthalter[68] für diese Ziffern und mit diesen Bildern wiederum verknüpfst du die Begriffe, die du dir merken willst. Wenn du einen Einkaufszettel machst, und du willst also Haarwaschmittel kaufen, und für deine «1» hättest du den Kirchturm, dann machst du dir das Bild, du wäschst die Kirchturmspitze mit Shampoo[69], und deshalb ist der ganze Kölner Dom im Schaum. So was.

Ja, gut. Ich habe dich auch lieb, und das ist auch wirklich dufte. Ich freue mich natürlich sehr, dass dir das so im Leben hilft. Ich möchte mir aber bitte einen Einkaufszettel machen, den ich dann in meine Brusttasche stecke und Punkt für Punkt im Lebensmittelladen abarbeite. Ich bin zwar nicht dumm, aber ich sperre mich bei solchen Dingen, wo ich was umständlich lernen muss.

Könnte man es als denkfaul bezeichnen?

Ja gut, dann bin ich halt denkfaul.

Da ich meine Frau auch dafür begeistern konnte, merken wir uns nach dieser Methode[70] verschiedene Begriffe. Zum Beispiel wenn wir auf Malle[71] in unserem Pool[72] sind und unsere Wassergymnastik[73] mit unseren Geräten – wo ich bitte niemals eine Kamera[74] dabeihaben möchte – machen, verbringen wir ja eine Stunde in diesem pisswarmen Wasser, und das ist herzlich langweilig. Wir lernen dann zum Zeitvertreib 20 Items[75] mit vierstelligen Preisen, also eine Haarspange zu 22,30 – und so weiter. Das fragen wir uns anschließend gegenseitig ab. Hier ist dein Nutzwert, den du offensichtlich vermisst hast.

Na, das nenn ich mal Urlaub von Anfang an!

Das finde ich schon schön. Es gibt ja auch ältere Herrschaften, die gerne Gedichte lernen oder auch Gedichte aus ihrer Jugendzeit aufsagen. Das ist natürlich ein tolles Denktraining, aber ich käme im Leben nicht auf so eine Idee.

Du steigst ja schon bei der Wassergymnastik aus.

Jürgen, bist du ein Mensch, der eine regelmäßige Tagesplanung braucht?

> Es gibt verschiedene Tage, die relativ[76] gleich verlaufen. So ein Tourneetag[77] sieht eigentlich sehr häufig gleich aus. Ich stehe um Viertel nach zehn auf, mache eine Notwaschung, koche mir mit meiner mitgeführten Kaffeemaschine einen kleinen Kaffee und fahre dann mit meinem Tourleiter Tennis[78] spielen. Anschließend kommt mein Frühstück, sein zweites, – aber der hat ja keine Figurprobleme – und während dieses Frühstücks spielen wir zwei Partien Schach[79]. Das machen wir jeden Tag. Das ist etwas, was ich sehr liebe, weil ich sehr gerne Tennis spiele, nicht gut, aber sehr gerne. Das anschließende Schachspiel hat so etwas Gemütliches. Alles zusammen ist für mich eine sehr schöne und wichtige Einstimmung auf den Tag.

Schach empfinde ich auch als ein sehr anspruchsvolles Spiel. Ich würde «Ich sehe was, was du nicht siehst» bevorzugen. Warst du denn als Kind schon so, dass du dich so wilden Denksportaufgaben stellen wolltest oder musstest? Kam das am End von deiner Erziehung?

> Nein. Das ist, glaube ich, Zufall. Mein Vater und mein Opa konnten beide nur ein bisschen Schach. Daher kommt das also nicht. Aber ich erinnere mich noch, dass ich irgendwann als Sechs- oder Siebenjähriger meinen Volksschullehrer geschlagen habe. Das hat sich zwar nie wiederholt, aber für mich war das so toll, dass ich seit dem Tag Spaß an Schach habe, obwohl ich beschissen spiele. Wenn mal ein Vereinsspieler kommt, dann sieht man ja, wo man wirklich steht. Aber wenn du mit einem auf gleichem niedrigem Niveau[80] spielst, dann hast du viel Freude an diesem Spiel.

Gibt es denn auch Spiele, die du verachtest? Die du nicht spielen würdest, weil sie dir zu läppisch sind?

Nein.

Du spielst grundsätzlich gerne?

Ich spiele prinzipiell[81] gerne, aber ich habe das Spiel «Siedler von Catan»[82], verschenkt. Ich habe es einmal gespielt und habe den halben Abend gebraucht, um die Regeln zu verstehen. Also, dann lieber das gute, alte «Monopoly[83]», weil das wieder Kindheit ist. Oder natürlich «Doppelkopf»[84] oder «Skat»[85] oder «Arschloch»[86], was ein sehr, sehr schönes Spiel ist mit einem Skatblatt zu viert. Wir haben einen Pokerspezialisten[87][88] in der Crew[89], unseren Lichtmann, deshalb spielen wir dann abends oft und gerne Texas Hold 'em[90].

Du sagst: Monopoly ist Kindheit. Was aus der Kindheit bereitet dir als Erwachsener heute noch so Wohlfühl-Gefühle?

Der Geruch von den Keksen, die meine Mutter machte. Die machte nur eine Sorte ganz normaler Mürbekekse[91]. Aber dieser Geruch! Das Olfaktorische[92] ist ja sowieso das Intensivste[93], um Erinnerung hochzurufen. Oder auch der Duft von Bratkartoffeln. Oder Pommes[94].

Würdest du sagen, du bist ein eitler Mensch?

Nicht äußerlich.

Was ist dann die andere Eitelkeit? Wenn nicht äußerlich, gibt es eine innere?

**Es gibt eine, sagen wir mal, auf Leistung bezogene.
Also wenn überhaupt, dann bin ich da ein bisschen eitel.
Ich möchte nicht gerne für dumm gehalten werden. So,
wie andere nicht gerne für hässlich gehalten werden
möchten und alles tun, um es zu vermeiden, investiere**[95]
**ich einiges, um mich weiterzubilden und geistig fit zu
halten.**

Bist du in deiner Kindheit einmal für dumm gehalten worden,
sodass du sagst: «Das passiert mir im Leben nicht mehr»?

**Nein, aber ich glaube, das hat ganz einfach mit meiner
Herkunft zu tun. Ich bin ja nun nicht aus dem Bildungs-
bürgertum, sondern aus kleinbürgerlichen Verhältnissen,
in denen Bildung keinen Stellenwert hatte. Meine Mutter
war Köchin, mein Vater war Barkeeper**[96]**. Da habe ich mein
Dienstleistungsgen**[97] **vermutlich her. Ich betrachte mich ja
als Dienstleister, aber die ganze Bildungsgeschichte wurde
«draufgepfropft». Erst mit dem humanistischen**[98] **Gymnasium**[99] **und dann mit dem Studium.**[100] **Das war ja für mich
keine Selbstverständlichkeit. Ich habe aber eine große
Freude daran gehabt.**

Bist du ein Einzelkind?

Natürlich.

Entschuldige, dass ich gefragt habe. Bist du abergläubisch?

**In bestimmten Dingen schon. Es hat mich sehr viel Über-
windung gekostet, ein Amulettchen**[101] **mit meinem Sternzeichen, was mir meine Mutter geschenkt hat, abzulegen,
weil ich das Goldkettchen irgendwann affig fand. Aber**

> das hat mich Überwindungen gekostet, mich davon zu trennen. Es war irgendwie so wie «Ich glaube nicht an Homöopathie[102], und trotzdem behandele ich meine Grippe mit Metavirulent[103]». Da sind Widersprüche. Die sind mir auch klar, die sind mir aber auch egal. Dazu gehört auch, dass ich nicht mehr heiraten würde, weil die Eheschließung zweimal die Beziehung nicht befördert hat, vorsichtig ausgedrückt, ich jetzt aber unverheiratet mit meiner Frau ins 32. Jahr gehe. Gut, dann muss man jetzt die zweite Ehe abziehen, aber die war ja sehr kurz. Ich bilde mir ein, ich brauche für mein beschwerdefreies Zusammenleben die Freiwilligkeit der Bindung.

Wobei ich das fast mehr unter Lebenserfahrung als unter Aberglaube abbuchen möchte.

> Ich würde natürlich heiraten, wenn ich jetzt die Nachricht bekomme: «Von der Lippe, Sie haben noch zwei Monate. Klären Sie Ihre Sachen!» Dann würde man schnell heiraten, damit meine Frau für das Erbe nicht so viel Steuern zu zahlen hat. Das wäre dann aber auch der einzige Grund.

Sag mal, das Zwillings-Anhängerchen von deiner Mama, hast du das denn noch in deiner Geldbörse?

> Nein, das ist in der Schublade. Ich hatte es lange Zeit auch im Portemonnaie[104].

Da könnte es doch eigentlich wohnen?

> Es könnte da wohnen, aber ich weiß ja jetzt auch genau, wo es ist.

Die liebe Lesenation wird es uns nicht verzeihen, wenn wir das Kapitel deiner eingebildeten Krankheiten nicht ansprechen.

Das war, als ich noch etwas jünger war. Mittlerweile ist das verschwunden, wo die Dinge ja doch Gestalt annehmen – sagen wir mal –, täglich vor der Tür stehen. Seitdem ist das nicht mehr so. Schmidt hat ja auch aufgehört mit dem Hobby Hypochondrie[105]. Natürlich bist du, sagen wir mal, dem Arzt Stab und Stütze in der Diagnose[106] und Medikation[107].

Sehr schön! Gibt es etwas neben der Wassergymnastik, bei dem du unbeobachtet sein möchtest?

Da könnte ich jetzt auf Thomas Manns[108] Tagebücher verweisen, wo er ja der Liebe an und für sich, wie ich es nennen möchte, breiten Raum einräumt. Aber das muss nicht sein.

Ich empfinde dich als sehr in dir ruhend. Du bist auch niemand, von dem ich sagen würde, der könnte irgendwelche zwanghaften Albernheiten begehen.

Außer diesen Süßigkeiten-Anfällen, die wohl jeder von sich kennt, die gegen jede Vernunft[109] natürlich auftauchen, habe ich in dieser Richtung tatsächlich nichts zu bieten.

Gibt es eine besondere Süßigkeit, die es dann sein muss?

Es gibt so kleine eingewickelte Schokoladenwürfel mit Traube-Nuss-Rumgeschmack.

Von Ritter Sport!

Ja, diese Bonbons.

Die mit dem Papagei auf der Tüte.

Ist da ein Vogel drauf? Ich esse die so schnell, da habe ich noch keinen Papagei bemerkt.

Bist du jemand, der Weihnachten und Jahreswechsel mit seiner Liebsten gerne immer gleich feiert? Oder sagst du: «Bitte nein. Ich will jedes Jahr was anderes machen!»

Mein Ritual für Silvester[110] ist vor der Glotze sitzen. 3sat hat ja diese wunderbaren Konzertmitschnitte[111], die zwar nicht immer gut sind, aber es gibt auch immer wieder Schätzchen im Programm. Clapton[112] ist immer dabei, und jetzt war «25th Rock and Roll Hall of Fame Anniversary Concert»[113] im Madison Square Garden[114]. Da musste ich weinen, als Bonnie Raitt[115] mit Crosby, Stills & Nash[116] spielte. Das ist für mich das Schönste.

Wer bitte ist Bonnie Raitt?

Bonnie Raitt ist d i e Country-Rock-R&B-Lady, die war bei mir in der Sendung. Wir haben uns sehr verstanden, und sie sagte zu mir – Bonnie Raitt (!) sagte zu mir: «You treated me so nice and I didn't even sleep with you[117]!»

---

1 **Ritual** *das* 1.a) Ordnung für gottesdienstliches Brauchtum b) religiöser (Fest-)Brauch in Worten, Gesten und Handlungen; Ritus (1). 2.a) das Vorgehen nach festgelegter Ordnung; Zeremoniell; b) Verhalten in bestimmten Grundsituationen, bes. bei Tieren (z. B. Droh-, Fluchtverhalten)

2 **Café** *das* (arab., türk., it., fr.) Gaststätte, die vorwiegend Kaffee und Kuchen anbietet

3 **Kita** *die* Kurzform für Kindertagesstätte
4 **inspirieren** zu etwas anregen; jemandem, einer Sache Impulse verleihen
5 **Idee** 1.a) (Philosophie) (in der Philosophie Platos) den Erscheinungen zugrunde liegender reiner Begriff der Dinge b) (Philosophie) Vorstellung, Begriff von etwas auf einer hohen Stufe der Abstraktion 2. Leitbild, das jemanden in seinem Denken, Handeln bestimmt 3. [schöpferischer] Gedanke, Vorstellung, guter Einfall
6 **Presse** a) Gesamtheit der Zeitungen und Zeitschriften, ihrer Einrichtungen und Mitarbeiter b) Beurteilung von etwas durch die Presse, Stellungnahme der Presse
7 **kontemplativ** beschaulich, besinnlich
8 **relativ** 1.a) (bildungssprachl.; Fachsprache) nur in bestimmten Grenzen, unter bestimmten Gesichtspunkten, von einem bestimmten Standpunkt aus zutreffend und daher in seiner Gültigkeit, in seinem Wert o. Ä. eingeschränkt b) (bildungssprachl.; Fachsprache) gemessen an den Umständen, an dem, was üblicherweise zu erwarten ist; vergleichsweise, ziemlich; verhältnismäßig 2. (besonders Fachsprache) nicht unabhängig, sondern in Beziehung, Relation zu etwas stehend und dadurch bestimmt
9 **Kohlenhydrat** u. Kohlehydrat *das* (dt., gr., n. lat.): aus Kohlenstoff, Sauerstoff u. Wasserstoff zusammengesetzte organische Verbindung (z. B. Stärke, Zellulose, Zucker)
10 **Vibe** Kurzform von **Vibration** 1. Vibrieren, Zittern 2. Vibrator
11 **Atmosphäre** *die* (gr.): 1.a) Gashülle eines Gestirns b) Lufthülle der Erde 2. (nicht gesetzliche) Einheit des Druckes 3. eigenes Gepräge, Ausstrahlung, Stimmung
12 **Situation** <franz. situer «in die richtige Lage bringen»>; lat. situs = Lage, Stellung. Verhältnisse, Umstände, in denen sich jemand [augenblicklich] befindet; jemandes augenblickliche Lage
13 **Problem** *das* 1. (bildungssprachl.) schwierige [ungelöste] Aufgabe, schwer zu beantwortende Frage, komplizierte Fragestellung 2. Schwierigkeit
14 **DSDS** Abkürzung für «Deutschland sucht den Superstar». Ein erfolgreiches Fernsehformat, das auf RTL ausgestrahlt wird
15 **Bodyguard** *der* (engl.) Leibwächter
16 **prominent** (lat.) a) hervorragend, bedeutend, maßgebend b) weithin bekannt, berühmt
17 **Redaktion** *die* 1. Tätigkeit des Redakteurs; das Redigieren. 2.a) Gesamtheit der Redakteure b) Raum, Abteilung, Büro, in dem Redakteure arbeiten. 3. (Fachspr.) Veröffentlichung; bestimmte Ausgabe eines Textes
18 **Punk** *der* <engl.- amerik. «Abfall, Mist»> 1.a) (ohne Plural, meist ohne Artikel) Protestbewegung von Jugendlichen mit bewusst rüdem, exaltiertem Auftreten

u. bewusst auffallender Aufmachung (grelle Haare, zerrissene Kleidung, Metallketten o. Ä.) b) Anhänger des Punk (1.a)

19 **Champ** *der* (lat.,galloroman., fr., engl.) Kurzform von Champion
20 **Lift** 1. Aufzug 2. Kurzform für: Sessellift, Skilift
21 **Aprosdokese** *die* (gr. n. lat.) (Rhet., Stilk.) Anwendung des Aprosdoketons als bewusstes Stilmittel. Prosdoketon *das* <gr. «Unerwartetes»> (Rhet., Stilk.) unerwartet gebrauchtes, auffälliges Wort bzw. Redewendung anstelle erwarteter geläufiger Wörter oder Wendungen
22 **humanistisch** 1. im Sinne des Humanismus (auf das Bildungsideal der griechisch-römischen Antike gegründetes) Denken und Handeln im Bewusstsein der Würde des Menschen 2. dem Humanismus zugehörend 3. die klassischen Sprachen betreffend
23 **harmonieren** gut zu jmd. od. zu etwas passen, ein als angenehm empfundenes Ganzes bilden; gut zusammenpassen, -klingen: miteinander übereinstimmen
24 **Internum** *das* (lat.) 1. Gebiet, das einer bestimmten Person, Gruppe, Behörde vorbehalten und Dritten gegenüber abgeschlossen ist 2. Nur die eigenen Verhältnisse angehende Angelegenheit
25 **Malapropismus** Der Malapropismus ist ein erzähltechnischer Kunstgriff, bei dem ein Wort zu humoristischen Zwecken in einer unsinnigen Weise (d. h. einer nicht dem lexikalischen Sinn des betreffenden Wortes entsprechenden Weise) statt eines ähnlich klingenden Zielwortes verwendet wird. Im weiteren Sinne wird das Wort «Malapropismus» auch in der Bedeutung «Wortverwechselung» oder «falscher Gebrauch eines Fremdwortes» benutzt. Das Wort leitet sich von der Figur der *Mrs. Malaprop* aus Richard Brinsley Sheridans Stück *Die Rivalen* (1775) ab, die gezielt lange und umständliche Wörter verwendete, um so den Eindruck der Gelehrsamkeit zu erwecken
26 **Radiator** *der* Heizkörper, der die Wärme abstrahlt
27 **Literaturwissenschaft** *die* Wissenschaft, die sich mit der Literatur im Hinblick auf Geschichte, Formen, Stilistik u.a. befasst
28 **Terminus** *der* festgelegte Bezeichnung, Fachausdruck
29 **Frau Prof. Leuninger** Frau Professor Dr. Helen Leuninger (*22. März 1945 in Berlin) hat einen Lehrstuhl an der Goethe Universität Frankfurt inne. Die Forschungsschwerpunkte am Lehrstuhl Leuninger liegen in den Bereichen Deutsche Gebärdensprache (DGS), Neurolinguistik und Psycholinguistik
30 **Sensus** *der* (lat.) (Med.) Empfindungsvermögen eines bestimmten Sinnesorgans
31 **Invasion** *die* (lat., fr.) Einfall; feindliches Einrücken von Truppen in fremdes Gebiet; (Med.) das Eindringen von Krankheitserregern in die Blutbahn
32 **Hobby** *das* als Ausgleich zur täglichen Arbeit gewählte Beschäftigung, mit der jemand seine Freizeit ausfüllt und die er mit einem gewissen Eifer betreibt
33 **David Foster Wallace** (*21. Februar 1962 in Ithaca, New York, † 12. September

2008 in Claremont, Kalifornien) war ein US-amerikanischer Schriftsteller und
Professor für Englische Literatur

34 **Kajüte** *die* (niederl.) Wohn- und Schlafraum auf Booten und Schiffen

35 **Fex** *der* (südd., österr.) Bez. für jmd., der von etwas begeistert ist

36 **Phänomen** *das* (gr., lat.) 1. etwas, was als Erscheinungsform auffällt, ungewöhnlich ist 2. Erscheinung 3. (Philos.) das Erscheinende, sich den Sinnen Zeigende 4. der sich der Erkenntnis darbietende Bewusstseinsinhalt 5. Mensch mit außergewöhnlichen Fähigkeiten

37 **Passage** *die* 1. das Durchgehen, Durchfahren, Passieren 2. a) [schmale] Stelle zum Durchgehen, Durchfahren, Passieren b) überdachte kurze Ladenstraße für Fußgänger [die zwei Straßen verbindet] 3. große Reise mit dem Schiff oder dem Flugzeug über das Meer 4. fortlaufender, zusammenhängender Teil (besonders einer Rede oder eines Textes) 5. (Musik) auf- und absteigende schnelle Tonfolge in solistischer Instrumental- oder Vokalmusik 6. (Astron.) (von einem Gestirn) das Überschreiten des Meridians 7. (Reiten) (als Übung der Hohen Schule) Form des Trabes, bei der die erhobenen diagonalen Beinpaare länger in der Schwebe bleiben

38 **Programm** *das* 1.a) Gesamtheit der Veranstaltungen, Darbietungen eines Theaters, Kinos, des Fernsehens, Rundfunks o. Ä. b) [vorgesehener] Ablauf [einer Reihe] von Darbietungen (bei einer Aufführung, einer Veranstaltung, einem Fest o. Ä.) c) vorgesehener Ablauf, die nach einem Plan genau festgelegten Einzelheiten eines Vorhabens d) festzulegende Folge, programmierbarer Ablauf von Arbeitsgängen einer Maschine 2. Blatt, Heft, das über eine Veranstaltung [und ihren vorgesehenen Ablauf] informiert 3. Gesamtheit von Konzeptionen, Grundsätzen, die zur Erreichung eines bestimmten Zieles dienen 4. (EDV) Folge von Anweisungen für eine Anlage zur elektronischen Datenverarbeitung zur Lösung einer bestimmten Aufgabe 5. (Wirtsch.) Angebot an Artikeln, Waren, Produkten o. Ä.

39 **Walzertakt** *der* dem Walzer (1, 2) eigentümlicher 3/4-Takt [bei dem der erste Schlag betont, der zweite leicht vorgezogen und der dritte z.T. verzögert wird]

40 **Hochfeuilleton** *das* Feuilleton: 1. literarischer, kultureller oder unterhaltender Teil einer Zeitung 2. literarischer Beitrag im Feuilletonteil einer Zeitung 3. (österr.) populärwissenschaftlicher Aufsatz [zu kulturellen Themen]; Essay

41 **Prekariat** *das* Bevölkerungsteil, der, besonders aufgrund von anhaltender Arbeitslosigkeit und fehlender sozialer Absicherung, in Armut lebt oder von Armut bedroht ist und nur geringe Aufstiegschancen hat

42 **Präfrontallappen** (Pl.) die auf der Stirnseite gelegenen Hirnlappen

43 **Ironie** *die* a) feiner, verdeckter Spott, mit dem jemand etwas dadurch zu treffen sucht, dass er es unter dem augenfälligen Schein der eigenen Billigung lächerlich macht b) paradoxe Konstellation, die einem als Spiel einer höheren Macht erscheint

44 **ventromedial** setzt sich aus den Begriffen «ventral» und «medial» zusammen und bedeutet «zum Bauch und zur Körpermitte hin gelegen». Der Begriff stammt aus der topographischen Anatomie und wird in der Medizin dazu benutzt, Lageangaben zu machen bzw. Strukturen räumlich zueinander in Beziehung zu setzen.
45 **Areal** *das* 1. Bodenfläche 2. abgegrenztes Gebiet, Gelände, Stück Land, Grundstück 3. (Fachsprache) Verbreitungsgebiet (besonders von Tieren, Pflanzen, sprachlichen Erscheinungen)
46 **Interpretation** *die* – 1.a) Erklärung, Deutung von Texten, Aussagen o. Ä. b) Auslegung, Auffassung, Darstellung 2. auf der jeweils mehr oder weniger persönlichen Deutung, Auslegung eines Musikstücks beruhende künstlerische Wiedergabe von Musik
47 **gastrosophisch** Tafelfreuden [weise] genießend
48 **resignativ** durch Resignation gekennzeichnet **Resignation** *die* das Sichfügen in das unabänderlich Scheinende
49 **Eskapismus** *der* eskapistische Haltung, eskapistisches Verhalten. (Wirklichkeitsflucht) Escapism (engl.), to escape = entfliehen, über das (Nord)französische aus dem Vulgärlateinischen
50 **sexualisiert** von **sexualisieren** jemanden, etwas in Beziehung zur Sexualität bringen und die Sexualität in den Vordergrund stellen
51 **Zitat** *das* – a) [als Beleg] wörtlich zitierte Textstelle b) bekannter Ausspruch, geflügeltes Wort
52 **verquer** Adjektiv – 1. schräg, schief, quer und nicht richtig, nicht wie es sein sollte 2. in etwas seltsamer Weise vom Üblichen abweichend, absonderlich, merkwürdig
53 **Mnemotechnik** *die* Technik, Verfahren, seine Gedächtnisleistung zu steigern, vor allem durch systematische Übung oder Lernhilfen wie Merkverse o. Ä.; Gedächtniskunst
54 **Technik** *die* 1. Gesamtheit der Maßnahmen, Einrichtungen und Verfahren, die dazu dienen, die Erkenntnisse der Naturwissenschaften für den Menschen praktisch nutzbar zu machen 2. besondere, in bestimmter Weise festgelegte Art, Methode des Vorgehens, der Ausführung von etwas 3. technische Ausrüstung, Einrichtung für die Produktion 4. technische Beschaffenheit eines Geräts, einer Maschine o. Ä. 5. Stab von Technikern 6. (österr.) technische Hochschule
55 **Kapazität** *die* – 1.a) (Phys.) Fähigkeit (eines Kondensators), [elektrische] Ladung aufzunehmen und zu speichern b) (Phys.) Kondensator oder ähnlich wirkendes Element einer elektrischen Schaltung 2.a) (Wirtsch.) maximale Leistung in der Produktion eines Unternehmens [für einen bestimmten Zeitraum] b) (Wirtsch.) Gesamtheit der die Kapazität bestimmenden Einrichtungen und

Arbeitskräfte 3.a) räumliches Fassungsvermögen b) Fähigkeit, etwas zu begreifen; geistige Fähigkeit 4. hervorragender Fachmann; Experte

56 **Professor** *der* 1.a) höchster akademischer Titel (der einem/einer [habilitierten] Hochschullehrer[in], verdienten Wissenschaftler[in], Künstler[in] o.Ä. verliehen wird); Abkürzung: Prof. b) Träger eines Professorentitels; Hochschullehrer 2. (österr., sonst veraltet) Lehrer an einem Gymnasium

57 **phonetisch** die Phonetik betreffend, zu ihr gehörend; lautlich

58 **Ziffer** *die* 1. schriftliches Zeichen, das für eine Zahl steht; Zahlzeichen, Chiffre 2. mit einer Ziffer gekennzeichneter Unterabschnitt in einem Gesetzes-, Vertragstext

59 **PIN** *die* Abkürzung für englisch personal identification number. Persönliche, nur dem Nutzer, der Nutzerin bekannte Geheimnummer für Bankautomaten, Handys u.Ä.

60 **Major-System** Mitte des 17. Jahrhunderts von Stanislaus Mink von Wennsheim entwickeltes System zur Umwandlung von Zahlen in Buchstaben und umgekehrt. Weiterentwickelt und verbessert wurde dieses System im 18. Jahrhundert durch den Engländer Dr. Richard Grey

61 **Konsonant** *der* a) (Sprachwiss.) Laut, bei dessen Artikulation der Atemstrom gehemmt oder eingeengt wird; Mitlaut b) Konsonantenbuchstabe

62 **Vokal** *der* a) (Sprachwissenschaft) deutlich erklingender Laut, bei dessen Artikulation die Atemluft verhältnismäßig ungehindert ausströmt; Selbstlaut b) Vokalbuchstabe

63 **Leimcup** *Dazu sagen wir jetzt nichts*

64 **zaubern** 1.a) übernatürliche Kräfte einsetzen und dadurch etwas bewirken b) Zaubertricks ausführen, vorführen 2. durch Magie, durch einen Trick hervorbringen, erscheinen, verschwinden lassen 3. wie durch Zauberkraft oder einen Zaubertrick schaffen, mit großem Können, Geschick oder Leichtigkeit hervorbringen, entstehen lassen

65 **Garderobe** *die* 1. [gesamte] Oberbekleidung, die jemand besitzt oder gerade trägt 2.a) (aus Garderobenhaken, Schirmständer, Spiegel usw. bestehende) Gruppe von Einrichtungsgegenständen zum Aufhängen, Ablegen von Mänteln, Hüten o.Ä. b) kleiner Raum, Nische o.Ä. zum Ablegen der Mäntel, Hüte usw. 3. abgeteilter Raum in einem Theater, Museum o.Ä., wo die Besucher ihre Mäntel, Hüte usw. abgeben 4. Ankleideraum eines Künstlers im Theater

66 **Position** *die* 1.a) (gehobene) berufliche Stellung; Posten b) [wichtige] Stelle innerhalb einer Institution, eines Betriebes, eines Systems, einer vorgegebenen Ordnung o.Ä. c) Lage, Situation, in der sich jemand befindet d) Standpunkt, grundsätzliche Auffassung, Einstellung 2. bestimmte (räumliche) Stellung oder Lage 3. Standort, besonders eines Schiffs, Flugzeugs 4. (Wirtsch.) Punkt, Einzelposten einer Aufstellung, eines Plans usw.

67 **optisch** Adjektiv – 1. die Optik, die Technik des Sehens betreffend, darauf beruhend 2. die Wirkung auf den Betrachter betreffend
68 **Statthalter** *der* 1. (früher) Vertreter des Staatsoberhauptes oder der Regierung in einem Teil des Landes 2.a) (schweiz.) oberster Beamter eines Bezirks b) (schweiz.) Stellvertreter des regierenden Landammanns c) (schweiz.) Bürgermeister
69 **Shampoo** *das* flüssiges Haarwaschmittel
70 **Methode** *die* 1. auf einem Regelsystem aufbauendes Verfahren zur Erlangung von [wissenschaftlichen] Erkenntnissen oder praktischen Ergebnissen 2. Art und Weise eines Vorgehens
71 **Malle** ugs. Abkürzung für die Baleareninsel Mallorca
72 **Pool** *der* 1. (Wirtsch.) Zusammenfassung von Beteiligungen verschiedener Eigentümer an einem Unternehmen mit dem Zweck, bestimmte Ansprüche geltend machen zu können 2.a) (Wirtsch.) Vereinbarung von Unternehmen zur Bildung eines gemeinsamen Fonds, aus dem die Gewinne nach vorher festgelegter Vereinbarung verteilt werden b) (Wirtsch.) Fonds, Kasse; Reservoir 3. (Jargon) Zusammenschluss, Vereinigung 4. Kurzform von Swimmingpool
73 **Gymnastik** *die* [rhythmische] Bewegungsübungen zu sportlichen Zwecken oder zur Heilung bestimmter Körperschäden
74 **Kamera** *die* a) Aufnahmegerät für Filmaufnahmen; Fernsehkamera b) Fotoapparat
75 **Item** *das* oder *der* etwas einzeln Aufgeführtes; Einzelangabe, Posten, Bestandteil, Element, Einheit
76 **relativ** s. Fußn. 8 *(Sie schlagen «relativ» aber relativ oft nach.)*
77 **Tournee** *die* (franz.) tournée, substantiviertes weibliches 2. Partizip von <tourner = «(um)drehen, (sich) wenden, rund formen»>; (lat.) <tornare «turnen»>. Gastspielreise von Künstler[inne]n, Artist[inn]en
78 **Tennis** *das* Ballspiel, bei dem ein kleiner Ball von zwei Spielern (oder Paaren von Spielern) nach bestimmten Regeln mit Schlägern über ein Netz hin- und zurückgeschlagen wird
79 **Schach** *das* 1. Brettspiel für zwei Personen, die mit je 16 schwarzen bzw. weißen Schachfiguren (von unterschiedlichem Wert und mit unterschiedlicher Funktion) abwechselnd ziehen mit dem Ziel, den gegnerischen König mattzusetzen 2. (Schach) Stellung im Schach, bei der der König unmittelbar geschlagen werden könnte 3.a) (ugs.) Schachspiel b) (ugs.) Partie Schach
80 **Niveau** *das* (lat.) 1. waagerechte, ebene Fläche in bestimmter Höhe 2. Stufe in einer Skala bestimmter Werte, auf der sich etwas bewegt 3. geistiger Rang; Stand, Grad, Stufe der bildungsmäßigen, künstlerischen, sittlichen o.ä. Ausprägung 4. feine Wasserwaage an geodätischen und astronomischen Instrumenten 5. (Graphologie) Gesamtbild einer persönlich gestalteten, ausdrucksfähigen Handschrift

81 **prinzipiell** a) einem Prinzip entsprechend, einem Grundsatz folgend; grundsätzlich b) ein Prinzip betreffend, auf einem Prinzip, Grundsatz beruhend [und daher gewichtig], grundsätzlich
82 **Siedler von Catan** Bei diesem Spiel handelt es sich um ein preisgekröntes Brettspiel. *Wenn Jürgen von der Lippe für das Verständnis der Spielregeln einen halben Abend geopfert hat, brauchen wir unser Spiel gar nicht erst aus der Verpackung zu befreien.*
83 **Monopoly** Strategiespiel, bei dem es darum geht, ein Grundstücksimperium aufzubauen und alle anderen Mitspieler in die Insolvenz zu treiben. *Klingt bitter, macht aber Spaß!*
84 **Doppelkopf** *Doppelkopf und Skat sind Kartenspiele, die von uns zünftig am Biertisch, Nächte durch bis zum Stillstand der Augen gespielt werden.*
85 **Skat** siehe Doppelkopf
86 **Arschloch** Bei diesem Kartenspiel geht es darum, als Erster seine Spielkarten ablegen zu können. Der Gewinner ist im darauf folgenden Spiel der Präsident, der Verlierer eben das Arschloch. Und in der nächsten Runde gibt der Präsident seine niedrigsten Karten an das Arschloch ab – das also immer das Arschloch bleibt. *Müssen wir dringend lernen!*
87 **Poker** *das* oder *der* Kartenglücksspiel, bei dem der Spieler mit der besten Kartenkombination gewinnt
88 **Spezialist** *der* a) jemand, der auf einem bestimmten [Fach]gebiet über besondere Kenntnisse, Fähigkeiten verfügt b) (volkstüml.) Facharzt
89 **Crew** *die* 1.a) Schiffsmannschaft b) Besatzung eines Flugzeugs c) (Sport) Mannschaft eines Ruderbootes 2. Kadettenjahrgang bei der Marine 3. einem Zweck, einer bestimmten Aufgabe verpflichtete, gemeinsam auftretende Gruppe von Personen
90 **Texas Hold 'em** Variante des Kartenspiels Poker
91 **Mürbekeks** *Aus eigener Erfahrung wissen wir, dass es sich dabei um ein staubtrockenes Plätzchen handelt.*
92 **olfaktorisch** den Geruchssinn, den Riechnerv betreffend
93 **intensiv** 1. gründlich und auf etwas konzentriert 2. (von Sinneseindrücken, physischen oder psychischen Reaktionen) stark, kräftig, durchdringend 3. eingehend, sehr genau zu erfassen, zu durchdringen suchend 4. (Landwirtsch.) auf besonders hohe Erträge abzielend [und deshalb mit einem großen Einsatz an Dünge- und Schädlingsbekämpfungsmitteln o. Ä. betrieben]
94 **Pommes** *die* (ugs.) Akk. von Pommes Frites s. Frittierte längere Stäbchen aus Kartoffeln
95 **investieren** a) Kapital langfristig in Sachwerten anlegen b) auf etwas [in reichem Maße] verwenden
96 **Barkeeper** *der* jemand, der in einer Bar [alkoholische] Getränke, besonders Cocktails, mixt und ausschenkt

97 **Gen** *das* Abschnitt der DNA als lokalisierter Träger einer Erbanlage, eines Erbfaktors, der die Ausbildung eines bestimmten Merkmals bestimmt, beeinflusst
98 **humanistisch** s. Fußn. 22 *(Mensch, Mensch, Mensch! Hamm wer doch schon erklärt.)*
99 **Gymnasium** *das* a) zur Hochschulreife führende höhere Schule b) Gebäude, in dem sich ein Gymnasium befindet
100 **Studium** *das* 1. das Studieren; akademische Ausbildung an einer Hochschule 2.a) eingehende [wissenschaftliche] Beschäftigung mit etwas b) kritische Prüfung [eines Textes], kritisches Durchlesen c) Einstudierung
101 **Amulett** *das* kleiner, oft als Anhänger getragener Gegenstand, dem unheilabwehrende und glückbringende Kräfte zugeschrieben werden
102 **Homöopathie** *die* Heilverfahren, bei dem die Kranken mit solchen Mitteln in hoher Verdünnung behandelt werden, die in größerer Menge bei Gesunden ähnliche Krankheitserscheinungen hervorrufen
103 **Metavirulent** Laut Beipackzettel handelt es sich um ein homöopathisches Arzneimittel, das tropfenweise auf die Zunge eingenommen wird. Es enthält eine Kombination homöopathischer Einzelmittel, die sie in ihren Anwendungsgebieten und ihren Arzneimittelbildern ergänzen. Die Anwendungsgebiete leiten sich von den homöopathischen Arzneimittelbildern ab. Dazu gehören: grippale Infekte. Hinweis: Bei Fieber, das länger als 3 Tage anhält oder über 39° C ansteigt, sollte ein Arzt aufgesucht werden. Inhaltsstoffe:

lateinisch	deutsch
Acidum L(+) lactium	rechtsdrehende Milchsäure
Aconitum napellus	Blauer Eisenhut, Sturmhut
Ferrum phosphoricum	Eisen(III)-phosphat
Gelsemium sempervirens	Gelber Jasmin
Inflencinum-Nosode	inaktivierte Grippe-Viren
Luffa operculata	Schwammgurke
Veratrum album	Weißer Germer, Nieswurz
Gentiana lutea	Gelber Enzian

Noch eine wichtige Information über weitere Bestandteile von Metavirulent: Metavirulent enthält 37 Vol.-% Alkohol und darf daher Alkoholkranken nicht gegeben werden.
104 **Portemonnaie** *das* kleiner Behälter für das Geld, das jemand bei sich trägt
105 **Hypochondrie** *die* übertriebene Neigung, seinen eigenen Gesundheitszustand zu beobachten, zwanghafte Angst vor Erkrankungen, Einbildung des Erkranktseins [begleitet von Trübsinn oder Schwermut]
106 **Diagnose** *die* 1. (Medizin, Psychol.) Feststellung, Bestimmung einer körperlichen oder psychischen Krankheit (durch den Arzt) 2. (Meteorol.) zusammen-

fassende Beurteilung aller Wetterbeobachtungen, aus denen sich die Wettervorhersage ergibt
107 **Medikation** *die* Verordnung, Verabreichung, Anwendung eines Medikaments (einschließlich Auswahl und Dosierung)
108 **Thomas Mann** Paul Thomas Mann (*6. Juni 1875 in Lübeck, † 12. August 1955 in Zürich) gilt als einer der bedeutendsten Erzähler deutscher Sprache im 20. Jahrhundert. Für seinen Roman «Buddenbrooks» (1901) erhielt er 1929 den Nobelpreis für Literatur
109 **Vernunft** *die* geistiges Vermögen des Menschen, Einsichten zu gewinnen, Zusammenhänge zu erkennen, etwas zu überschauen, sich ein Urteil zu bilden und sich in seinem Handeln danach zu richten
110 **Silvester** *das* oder *der* die Bezeichnung für den letzten Tag im Jahr wird, anders als der Vorname Sylvester/Silvester, ausschließlich mit *i* geschrieben
111 **Konzert** *das* 1.a) aus mehreren Sätzen bestehende Komposition für [ein oder mehrere Soloinstrumente und] Orchester b) Aufführung eines oder meist mehrerer Musikwerke [in einer öffentlichen Veranstaltung] 2. (gehoben) das Zusammenspiel oder Zusammenwirken mehrerer Faktoren, Kräfte, Mächte o. Ä.
112 **Clapton** Eric Patric Clapton CBE (*30.03.1945 in Surrey, England) ist ein Blues- und Rockgitarrist und Sänger. Der Musiker mit dem Spitznamen *Slowhand* hat mehrere «Grammy Awards» gewonnen und ist dreifaches Mitglied der «Rock and Roll Hall of Fame»
113 **«25th Rock and Roll Hall of Fame Anniversary»** 3sat präsentierte zum 25-jährigen Jubiläum der «Rock and Roll Hall of Fame» ein Konzert im Madison Square Garden (NY) von 2009 mit all den Großen der Rockmusikgeschichte: Crosby, Stills & Nash, Bonnie Raitt, James Taylor, Stevie Wonder, B.B. King, Sting, Simon & Garfunkel, U2, Patti Smith, Bruce Springsteen, Mick Jagger, Jeff Beck, Buddy Guy, Metallica, Ozzy Osbourne, John Fogerty, Billy Joel und vielen mehr. Die Rock and Roll Hall of Fame ist ein Museum in Cleveland, Ohio, für die wichtigsten und einflussreichsten Musiker, Produzenten und Persönlichkeiten des Rock'n'Roll. Die Aufnahme in die Ruhmeshalle kann frühestens 25 Jahre nach Erscheinen der ersten Schallplatte oder CD des Künstlers erfolgen
114 **Madison Square Garden** der Madison Square Garden ist eine Mehrzweckarena in New York City. Die Halle hat ihren eigenen Fernsehsender und wird vor allem für Sportveranstaltungen und Konzerte genutzt.
115 **Bonnie Raitt** Bonnie Raitt (*8.11.1949 in Burbank, Kalifornien) ist eine amerikanische Rhythm-and-Blues- und Country-Sängerin und Gitarristin. Bisher hat sie neun «Grammy Awards» gewonnen. Im Jahr 2000 wurde sie in die «Rock and Roll Hall of Fame» aufgenommen. Darüber hinaus wurde sie 2010 für ihr Lebenswerk mit der Aufnahme in die «Blues Hall of Fame» geehrt
116 **Crosby, Stills & Nash** Crosby, Stills & Nash (kurz CSN) gründete sich 1968 als

Folk-orientierte Rockband. Die Band besteht aus David Crosby («Byrds»), Stephen Stills («Buffalo Springfield») und Graham Nash («The Hollies»). In dieser Formation wurden sie 1997 in die «Rock and Roll Hall of Fame» aufgenommen. Zeitweilig gehörte auch Neil Young dazu. **David Crosby** (*14.08.1941 in Los Angeles, Kalifornien) ist ein US-amerikanischer Gitarrist, Sänger und Songwriter. 1991 wurde er als Gründungsmitglied der «Byrds» bereits in die «Rock and Roll Hall of Fame» aufgenommen. **Steven Stills** (*03.01.1945 in Dallas, Texas) ist ein amerikanischer Rockmusiker, der auch der Gruppe «Buffalo Springfield» angehört. Er ist der einzige Musiker, der am selben Abend zweimal mit seinen beiden Bands in die «Rock and Roll Hall of Fame» aufgenommen wurde. **Graham Nash** OBE (*02.02.1942 in Blackpool, England) ist ein Sänger und Songwriter, der in den 1960er und 1970er Jahren schon mit seiner Band «The Hollies» sehr erfolgreich war. Erst im Jahr 2010 wurde er mit dieser Band durch die Aufnahme in die «Rock and Roll Hall of Fame» geehrt.

117 **«You treated me so nice and I didn't even sleep with you»** Die deutsche Übersetzung lautet: «Du hast mich so gut behandelt, obwohl ich noch nicht mal mit dir geschlafen habe!»

Cornelia Scheel und Hella von Sinnen
Wir hamm's erfunden

Ich (Conny) kam am 28. März 1963 in München durch Kaiserschnitt zur Welt. Noch heute frage ich mich, ob es bei meiner Mutter an den Spätfolgen der damals noch sehr belastenden Narkosemedikation lag, jedenfalls ließ sie mich auf den Namen Cornelia Maria Barbara Eleonore Wirtz taufen. Am End sollten mir die vielen Vornamen aber auch nur mein Leben als sogenanntes Bankert versüßen. Der jungen, alleinerziehenden Assistenzärztin Mildred Wirtz und mir blies in dem streng katholischen Bayern Anfang der sechziger Jahre nicht selten ein scharfer Wind entgegen.
1967 lernte meine Mutter den damaligen FDP-Politiker Walter Scheel kennen und lieben. Die beiden heirateten 1969, mein neuer Vater adoptierte mich ohne Murren, und wir zogen gemeinsam nach Bonn. Ich hatte jetzt einen neuen Nachnamen und, ehe ich mich versah, rund um die Uhr Personenschutz, da ebendieser Walter Scheel im Oktober desselben Jahres zum Außenminister der *BRD* gewählt wurde. Vom vaterlosen Bankert zur strengbewachten Politikertochter war schon ein Sprung, zu dem man SIE sagen kann. Der darauf folgende Umzug als Tochter des Bundespräsidenten in die Villa Hammerschmidt 1974 war dagegen nur ein Katzensprung. Das lag mit Sicherheit auch daran, dass ich mir das Kinderdasein inzwischen mit zwei Geschwistern teilen durfte. Meine Mutter gründete in ihrer Rolle als First Lady am 25. September des gleichen Jahres die Deutsche Krebshilfe, und wir verlebten turbulente Jahre im Fokus der Öffentlichkeit.

Im Sommer 1983 erkrankte meine Mutter an Krebs, was mich dazu bewog, mein Medizinstudium in Innsbruck abzubrechen, um an ihrer Seite sein zu können. Meine Mutter verlor den ungleichen Kampf gegen diese teuflische Krankheit am 13. Mai 1985 und ich täglich dramatisch an Gewicht. Einer engagierten Ärztin, die in einer kritischen Nacht zehn Stunden an meinem Bett gesessen hat, verdanke ich mein Leben. Sie befand mich noch viel zu jung fürs Sterben und erzählte mir stundenlang von der Liebe, die mir noch begegnen sollte. Wie recht sie behalten hat! Ich entschied mich für das Leben und arbeitete zwei Jahre später in der Kinderkrebshilfe der Deutschen Krebshilfe mit. Meine Hauptaufgabe bestand darin, als Tochter der Gründerin Repräsentantin zu sein und Schecks für die erkrankten Kinder entgegenzunehmen. Das fand zu meinem ganz persönlichen Leidwesen auch gerne mal im Rahmen einer Fernsehsendung statt, und so ergab sich die eine oder andere Bekanntschaft mit Fernsehschaffenden. Bei einer Veranstaltung lernte ich den RTL-Producer Winnie Gahlen kennen. Er produzierte die mir bis dahin völlig unbekannte Sendung «Alles Nichts, Oder?!» und meinte, man könnte doch im Rahmen dieser Show mal über eine Aktion für die Kinderkrebshilfe nachdenken. Ehe ich mich versah, hatte ich die private Telefonnummer der Moderatorin in meiner Kostümtasche, einer gewissen Hella von Sinnen. Bestens gelaunt rief ich diese am kommenden Morgen aus meinem Büro in Bonn an, nicht ahnen könnend, dass ich sie aus der ersten Traumphase gerissen hatte. Durch ihr brummiges «Ja?» am anderen Ende der Leitung bereits eingeschüchtert, trug ich ihr mein Anliegen vor und wurde mit einem genervten «Ich engagiere mich bereits für die Aidshilfe» unsanft abserviert. Meine Wut, aber auch meine Neugierde war erweckt. Ich sah mir daraufhin nur ein paar Tage später bei einer Freundin, die RTL empfangen konnte, die Show mit der überaus freundlichen Moderatorin an und war merkwürdig elektrisiert. Im Sommer war ich dann mit der Krebshilfe auf der Funkausstellung in Berlin, und plötzlich hieß es, dass eine Moderatorin namens Hella von Sinnen für eine Autogrammstunde an unserem Stand zugesagt hatte. Sie kam, begrüßte mich im Vorbeigehen, und meine Gefühlswelt geriet erheblich in Schieflage. Als die Stunde verflogen war, stammelte ich ein paar Worte des Danks im Namen der Kinder, und sie sagte: «Keine Ursache, Claudia.» Mein in die Berliner Luft geknurrtes: «Ich heiße Cornelia», erreichte ihre Ohren schon nicht mehr. So kam es, dass sie mich Monate später auf einer Party im Alten Wartesaal mit den Worten «Ich kenn dich doch, du bist doch die Claudia» begrüßte und sogleich auch wieder stehen ließ. Wie heißt es doch so schön, man sieht sich im Leben immer dreimal. Oder so ähnlich. Wir schreiben den 25. Mai 1990, und die letzte Sendung des WWF-Club war gelaufen. Aus diesem Anlass gab es ein großes Sommerfest auf dem Gelände des WDR draußen in Bocklemünd. Es war bereits nach Mitternacht, und ich tanzte mit Heino. Plötzlich erspähte ich Hannelore, seine Gattin, in einem angeregten Gespräch mit Hella an einem Bistrotisch stehend und bekam auf der Stelle weiche Knie. Irgendwie gelang es mir dennoch, den führenden Part beim Foxtrott zu übernehmen, und so tanzte ich Heino und mich zielstrebig an ebendiesen Tisch. Hella und ich sahen uns einen Moment zu lange an, und plötzlich hörte ich ihre Worte: «Sag mal, kann es sein, dass du lesbisch bist?» Mein selbstverständliches «Ja» habe ich bis heute zu keinem Zeitpunkt bereut.

Ich (Hella) erblickte am 2. Februar 1959 das Licht der Welt. Die Legende behauptet, eine Urgroßmutter hätte Hanne angemaunzt, sie könne ihrer «Tochter doch keinen Pferdenamen geben!», da die berühmte Hessenstute HALLA den schwerverletzten Hans Günter Winkler drei Jahre zuvor auf dem Olympiaparcours in Stockholm zum goldenen Sieg getragen hatte.
Meine Mutter, Hannelore Sieglinde Schneider, hatte einen Vater, der – wie man in Köln sagt – «schwer watt an de Föss» hatte. Will heißen, Wilhelm hatte sich als Pflasterermeister selbständig

gemacht und mit seiner Hoch- und Tiefbau KG Millionen gescheffelt, die seine Gattin Hedwig, geborene Gerhard, mit beiden Händen ausgab. Wobei! Sie ließ sich gerne von Chauffeur Fritz auf den Nippeser Markt kutschieren, um das billigste Angebot für Kartoffeln zu recherchieren.

Als Köln im Zweiten Weltkrieg systematisch zerbombt wurde, evakuierte man aufs Land, wo meine Mama meinen Papa kennenlernte: Helmut Otto Kemper. Helmuts Vater Otto hatte weniger an «de Föss», dafür Blasen an den Händen. Er arbeitete als Steinmetz im Steinbruch, um seine zehn Kinder zu ernähren. Seine Frau Emilie war der warmherzige Mittelpunkt der großen Familie auf einem kleinen Anwesen in Niederwette bei Marienheide.

Ich denke, der familiäre Hintergrund meiner Eltern trug Mitschuld an ihrem endgültigen Zerwürfnis 1971.

Nach einer muckeligen Kindheit mit meinem dreieinhalb Jahre älteren Bruder Hartmut in der Wiesenstraße in Gummersbach litten wir, als wir größer waren, unter dem Zank meiner Eltern. Und in der Regel ging es um Geld. Vattern machte steile Karriere beim Sozialamt der Stadt und konnte es als viertes Kind und ältester Kemperssohn nicht wechseln, dass sein Schwiegervater ihm Einfamilienhaus und Jagd mitfinanzierte.

Nach der Scheidung zog Hanne wieder in ihr Elternhaus nach Köln, und Helmut heiratete Renate Schmidt, mit der er mir 1973 ein zweites Brüderchen bastelte: Torsten.

Da war ich schon lesbisch.

Ich war mit sechs schon lesbisch. War ich doch über beide Ohren in «Frollein Viehbahn» verknallt. Meine Grundschullehrerin mit Dutt. Mit acht Jahren posaunte ich bereits auf rauschenden Familienfeiern «Ich werde nicht heiraten!», womit ich vor allem den Unmut der Tanten auf mich zog. Kempers sind nun mal Fans von gutbürgerlicher Küche und gutbürgerlichen Zuständen. Das war nicht Hannes Plan und meiner schon gar nicht.

Meinen ersten Zungenkuss bekam ich mit zwölf von Renate B. aus G. (PUNKT!) und blieb bei Frauen. Neun Jahre später hatte ich meinen ersten «erwachsenen» Sex mit Sybil. Gleichgeschlechtsverkehr wurde mein Hobby. Als ich Conny am 26. Mai 1990 zum ersten Mal bewusst wahrnahm, lebte ich mit Dirk Bach und meiner damalige Partnerin in einer Wohngemeinschaft. Diese musste ich leider verlassen, da die Gefühle zu Cornelia einfach zu stark waren. Es fing in der Maiennacht ganz harmlos an. Wir saßen am Küchentisch unserer WG im – auf Grund des Brandes beschissenerweise – von Hanne geerbten Haus und sprachen über unsere Mütter. Beide hatten wir unsere Mütter auf dramatische Weise viel zu früh verloren. Ich konnte mich von Hanne nicht verabschieden, und Conny wäre an dem quälenden Abschied von Mildred fast krepiert. Was uns verband, war die starke, fast süchtige Liebe zu beiden. Und das schmerzliche Vermissen. Das war für mich eine neue Erfahrung. Ich hatte noch keine Frau kennengelernt, die ihre Mutter genauso bewundert, geschätzt und geliebt hatte wie ich. Das verband uns als Erstes. Und der Humor. Conny ist unglaublich schnell und pointiert. Das versüßt mir nicht nur seit über 20 Jahren den Alltag, sondern vergoldet auch das Berufsleben. Titel wie «ICH BREMSE AUCH FÜR MÄNNER» und «GENIAL DANEBEN» sind auf Connys Mist gewachsen.
Ich bin der Meinung, sie hat ein üppig gefülltes Gen-Köfferchen von ihrem Erzeuger geerbt, dem Regisseur und Autor Robert A. Stemmle. Plus fettem Mutterwitz und Ommawitz. Unvergessen der Jubelschrei ihrer amerikanischen Großmutter Elsa Brown, nachdem diese den Vorwärtsgang mit dem Rückwärtsgang verwechselt hatte und unkontrolliert in die Garage gebrettert war: «Mildred! Hast du den BUMMS gehört?»
Conny und ich leben und arbeiten jetzt zwei Jahrzehnte zusammen. Meine Frau schmeißt nicht nur den Haushalt, sie ist auch meine Managerin. Und Co-Autorin. Sie ist für viele meiner Pointen verantwortlich, die ich auf der Bühne oder im TV serviere.

Aber so «CO» wie bei diesem Beutebüchlein waren wir noch nie.
Es macht mich glücklich, dass wir uns nicht nur lieben, sondern
auch gut, kreativ und respektvoll miteinander arbeiten können. Ich
fühle mich doll privilegiert.
Und jetzt gibt's einen Einblick in unseren WAHNSINNigen Alltag:

Menno! Jetzt hamm wir uns beide Notizen gemacht, was wir
für Macken haben ... und du kommst mit deinem postkartengroßen Einkaufszettel um die Ecke, während ich hier mit fünf
DIN-A4-Blättern sitze ...

Mein liebes Helli, das ist doch kein Wettbewerb. Du fängst an.

Okay. Aaaaaalso ... Ich trage seit gefühlten 50 Jahren nur
Overalls, obwohl ich weiß, dass sie mir nicht stehen. Das fing
mit 'nem geschenkten Schwarzen vom STUDIO HAMBURG
an. Da stand hinten «Alles Nichts, Oder?!» drauf und vorne
mein Name. Der hing zwei Jahre rum, und dann habe ich ihn
mal angezogen und dachte: «Nein, wie praktisch, mit all den
Taschen brauchste ja keine Handtasche mehr!» Wie du weißt,
nerven mich Handtaschen. Will nix mit mir rumschleppen.
Und dann hab ich diverse Farben im Berufsbekleidungsfachhandel nachgekauft und später hat Hazy Hartlieb mir ShowOveralls geklöppelt. Das Beste an diesem Kleidungsstück ist,
dass ich mit einem «Zzzziiipp!» diesen kompletten Overall
runterlassen kann und dann – wenn ich mich auch noch des
Leibchens, der Socken und der Boxershorts entledige – in
zwei Sekunden nackt bin. Ich wäre gerne im Nudistenland.
Da könnte ich nicht nur zu Hause unbekleidet rumlaufen. Ich
persönlich bin sehr gerne nackt. Das liegt daran, dass ich
ungerne Gürtel oder Gummizüge um mein dickes Bäuchlein
spüre.

Und es liegt daran, dass du dich in keinem Bereich einengen lassen möchtest. Das ist meine Theorie nach 20 Jahren Zusammenlebens.

Das kann es auch sein. Wo wir bei Kleidern sind: Ich sehe dich nur noch selten in Kleidern oder Röcken. Du trägst nur Jeans. Unabhängig davon, dass du so schöne lange Beine hast und dir Jeans knaller steh'n – woran liegt's?

(Gibt Dalida:) «Isch malte und frisierte miiiisch, ein bisschen mehr auf jugendliiich ... ich wollt's prrobiiieren ...» – Nein, das ist es nicht. Jeans sind einfach praktisch. Ich weiß es nicht, wie es dazu kommt. Ich mag es einfach.

Als Jugendliche auch schon? Keine Stoff-Bundhosen?

Ich musste Stoffhosen tragen bei wichtigen Anlässen. Wenn irgendein Staatsoberhaupt in der Villa Hammerschmidt vorbeikam, musste ich Kostümchen und Hosenanzüge mit kratzigen Hosen tragen. Ich bin einfach nicht gerne verkleidet. Ich hab mich dann noch drei Jahre für die Deutsche Krebshilfe fein gemacht. Das reicht.

Ich hab ja auch den Vorsprung mit meiner Kindheit. Meine Mutter selig, die Hanne, die wollte mich ja immer als Püppchen ausstaffieren. Ich hatte andauernd die schönsten selbstgemachten Kleider und Mäntelchen an. Mit Reiterkäppchen. Und dazu diese weißen Strumpfhosen. Das war ja schon schlimm genug, weil ich in dem Outfit mit meinem Bruder nicht rumtoben durfte. Wenn die Strumpfhosen dann aber auch noch rutschen und Erwachsene dich in den Strumpfhosen hochheben, um sie hochzuziehen, du die Bodenhaftung verlierst u n d es dir im Schritt kneift, dann wird es ein traumatisches Erlebnis. Das möchte ich nicht nochmal erleben. Ich bin ja gerne Schauspielerin. Aber diese Nylonstrumpfhosen, die ich für bestimmte Rollen tragen muss, das ist für mich das Schlimmste am Dreh ... neben dem morgens früh aufstehen und auf die puddeligen Toilettenwagen zu gehen. Das ist das Schlimmste!

Da muss ich mal nachfragen: Deine Kindheit. Wer hat es gewagt, die kleine Hella, die ja mit Sicherheit auch schon temperamentvoll war – wer hat es gewagt, dich an den Rechts- und Linksbünden deiner Strumpfhose zu packen und dich hochzuziehen?

Alle! Mein Vater hatte sieben Schwestern. Ich hatte noch zwei Omas und meine Mutter sowieso. Alle! Alle Frauen haben mich hochgehoben. Wir reden davon, als ich zwei, drei, vier Jahre alt war. Da konnte ich wahrscheinlich noch nicht mal sprechen, da baumelte ich schon in den Händen irgendwelcher übergewichtiger Blutsverwandten. Bevor ich meine Liste hier weiter abarbeite: Ich will schnell aufzählen, von was ich abhängig bin, was ich aber bereits im Buch erwähnt hab: Nasenspray, Ohropax, und meine kleine Wasserflasche, die Pulla.

Ich kaufe ALLES ein und weiß, wovon du sprichst. Man nennt mich hier im Veedel schon Iron Woman. Wenn ich mit meinen sechs Tüten und drei Taschen den Heimweg antrete, stehen die Menschen klatschend Spalier und feuern mich an.

Ja. Du musst viel laufen und kaufen. Ich finde dich ja ein bisschen Cola-light-süchtig, wenn ich das an dieser Stelle sagen darf.

Stimmt. Vom gelegentlichen Feierabendbier mal abgesehen, trinke ich neben dem Morgenkaffee ausschließlich Cola light. Mir schmecken keine anderen Getränke. Das einzige Getränk, was mir noch schmeckt, ist frischgepresster Möhrensaft. Aber es ist mir zu aufwendig, täglich den Entsafter zu reinigen. Wenn da die vertrockneten Möhren, nachdem sie zentrifugiert sind, in den Sensen kleben.

Du bist ja der berühmte «Veedelschatz». Wenn du vormittags deine zwei Stunden hier im Veedel rumcruised, um einzukaufen, kommst du doch an dem dölligen Bio-Basic vorbei? Die hamm da doch 'ne Theke mit frischgepressten Säften?

Das habe ich mir schon zweimal gegönnt.

Liebe Lesenation, CONNY HAT SICH IN DEN LETZTEN ZWANZIG JAHREN ZWEIMAL EINEN MÖHRENSAFT GEGÖNNT!!!

In den letzten v i e r Jahren. So lange gibt es den Basic bei uns erst.

Gut. Aber so 'ne Klatsche wie ich, dass ich nicht ohne Nivea, Nasenspray, Korodin Herz-Kreislauf-Tropfen, Bach-Blüten-Rescue-Tropfen, Tempos und Lufthansa-Lappen das Haus verlassen kann – so 'ne Klatsche hast du nicht? Du kannst mit Jeans, T-Shirt, deiner Jacke, Schlüssel und Portemonnaie rauslaufen und vermisst nix?

Doch. Ich muss immer eine riesige Auswahl von Bonbons dabeihaben. Die findest du bei mir in jeder Tasche. Fast hätte ich gesagt in jeder Öffnung. Da ich im Vorfeld nie genau weiß, welches Bonbon heute das Rennen macht, schleppe ich alles, was die

Süßwarenindustrie so produziert, mit mir herum. An dieser Stelle möchte ich mich darüber beschweren, dass es keine Schokoladendrops nach dem Vorbild «Werthers Echte» auf dem deutschen Snoepjesmarkt gibt. Zigaretten dürfen natürlich auch nicht fehlen. Mich begleiten immer mindestens zwei Packungen auf Schritt und Tritt.

Seit wann rauchst du denn?

Seit meinem 13. Lebensjahr. Und du?

Seit meinem neunten. Mit Hummel, meiner damaligen Straßenkameradin, hab ich Rauchwaren gemopst. Ihr Großvater hatte in seinem Schuhladen ein Zigarrendepot, und Hanne hatte überall die kleinen Rauchertischchen mit Ernte 23. Dann haben wir geschickt die Vorräte dezimiert, haben uns in den Wald in unsere selbst gebaute Bude gehockt und gepafft, was das Zeug hält. Damals noch nicht auf Lunge.

Da warst du neun Jahre alt?

Hundertprozentig. Das war ja auch eine Imitation der Erwachsenen. Alles rauchte ja. Alles rauchte, außer meinem Papa, der hatte es sich abgewöhnt. Ich bin groß geworden in dicken Nebelschwaden. Deswegen bin ich ja so unversöhnlich schlecht gelaunt über dieses Rauchverbot überall! Man kann mich nicht 52 Jahre mit dem Marlboro-Mann, dem Camel-Mann und dem HB-Männchen sozialisieren, um dann zu sagen, du bist ein Paria, wenn du dir irgendwo 'ne Fluppe ansteckst! Ich kapiere es einfach nicht. Die Gesundheitsargumente, die erreichen mich da nicht, weil ich es nicht verstehe.

Witzig, dass du so geruchsempfindlich bist. Du müsstest doch eigentlich abgestumpft sein. Dein Flimmerepithel müsste doch vom Nikotin komplett geteert sein?!

Ja, gut, da kann ich ja nur dankbar sein, dass ich noch so gut riechen kann, aber ich finde es leider auch anstrengend, dass ich jetzt mit den Wechseljahren noch empfindlicher geworden bin. Nasentechnisch. Wenn ich im Aufzug bin, mit fremden Menschen, oder auch in einen leeren Aufzug komme, wo gerade andere Leute rausgegangen sind, oder sogar auf der Straße, wenn eine Frau mit einem aufdringlichen Parfüm an mir vorbeirennt, fühle ich mich belästigt. Ob das der Geruch von Müll ist, 'ne Bierfahne oder Parfüm. Ich hab da kaum Toleranz für. Ein starker Geruch, den ich nicht positiv assoziiere, der strengt mich sehr an. Welche Gerüche magst du denn gern?

Deinen.

Ohhh ... du bist lieb. Aber dazu muss ich sagen, liebe Lesenation, dass meine Frau die bestriechendste Frau der ganzen Welt ist! Nicht nur aufgrund ihrer akribischen Körperpflege, sondern auch weil ihr Parfüm ihr besonders gut steht. Niemand riecht so lecker wie Cornelia Maria Barbara Eleonore Scheel!

Wie schön, dass wir uns so gut riechen können. Was rieche ich denn noch gerne? Diesen Bäckereiduft. So ganz früh morgens. Die frischgebackenen Brötchen und Brot. Das liebe ich sehr.

Das habe ich auch sehr gerne. Das macht mir ein Gefühl von Geborgenheit. In meiner Kindheit wurde ja viel gebacken um

mich herum. Backen war immer gemütlich. Und lecker, wenn ich den Topf mit dem Teig ausschlecken durfte.
Tja, was sollen wir weiter besprechen? Schöne Sachen oder Ängste? Vielleicht lieber erst die Ängste, dann haben wir das hinter uns, oder? Und können uns über die schönen Sachen freuen? Ich persönlich fahre nicht gerne über Brücken und durch Tunnel. In Tunneln kriege ich auf jeden Fall arge Beklemmungen.

Auch wenn du im Zug sitzt?

Ja! Ich weiß nicht, ob ich zu lange im Geburtskanal gewohnt habe, aber Tunnel ist für mich die Hölle in Tüten.

Meine Angst ist leider sehr grotesk. Ich kann seit vielen, vielen Jahren nicht mehr Rolltreppe fahren. Das ärgert mich maßlos, weil ich immer den Umweg über diese großen Aufzüge nehmen muss, der eigentlich für Frauen mit Kinderwagen, Gebrechliche und Menschen im Rollstuhl gedacht ist. Ich stehe da permanent mit einem leicht schlechten Gewissen, weil ich ein bisschen Platz wegnehme.

Aber du hattest eine Initialzündung. Es gab etwas, was dir passiert ist auf einer Rolltreppe. Seitdem hast du das. Als wir uns kennengelernt haben, bist du mit mir jede Rolltreppe dieser Welt gefahren.

Ja, das war im obersten Stockwerk von einem Kaufhaus. Ich hatte – wie immer – viele Tüten und wollte fröhlich runterfahren, setze einen Fuß auf die Rolltreppe und bekomme in dem Moment meine erste Panikattacke. Völlig überraschend. Habe ich im Leben nicht mit gerechnet. Springe also zurück, und hinter mir fallen dominosteinetechnisch viele Menschen um. Nicht alle, aber viele stolpern oder geraten ins Straucheln, und einige schlagen auch lang hin, und ich wurde beschimpft. Seitdem nehme ich vor jeder Rolltreppe Reißaus.

Wenn du Bock auf Konfrontationstherapie hast, fahr ich wochenlang mit dir Rolltreppe rauf und runter.

Wie ist es bei dir mit Fliegen?

Jepp. Steht natürlich fett unterstrichen auf meinem Blatt. Ich habe schon oft darüber nachgedacht. Es ist bei mir gar nicht die Angst vorm «Fliegen». Ich leide zwar auch unter Höhenangst, aber wenn ich oben im Flieger sitze und kucke in die Wolken und auf die Landschaft runter ... Gold! Ich hasse am meisten diese verbrauchte, schlechte Luft in einem Flieger. Wenn ich die Boeing betrete und die Drecksluft einatme, habe ich schon das Gefühl: «Liebe Panikattacke, setze dich zu mir auf den Schoß und lass dich mit anschnallen!» Da kommen wir zum zweiten Punkt: dem Angeschnalltsein. Dieses Unfreie. Dann noch die Nähe zu fremden Leuten. Die haben ja auch wieder ihre Gerüche und machen Geräusche. Tja und der Klassiker der Flugangst: dass du abhängig bist von fremdem Können. Abhängig vom Mechaniker, dem Piloten. Ich hasse es schlicht und ergreifend zu fliegen.

Du hast gerade jetzt die Luft und die Gerüche als Erstes aufgezählt. Das irritiert dich auch am meisten?

Ja .Und natürlich auch, weil ich sehr geräuschempfindlich bin, der Krach vom Flugzeug selbst. Dieser permanente Ton. Deshalb nicht fliegen ohne Mucke im Ohr. Ich kann auch ganz schlecht wechseln, wenn ich in einer Hotelhalle sitze, und jemand saugt. Dieses penetrante Staubsaugergeräusch!

Das ist das Erste, was ich höre.

Ja, gut, dass wir endlich drüber sprechen.

Ich komme doch gerne mal mit dem kleinen Handstaubsauger, den ich heiß liebe. Das ist für mich die schönste Art der Reinigung des Bodens. Staubsaugen finde ich ganz weit oben. Wenn du im Bett liegst, sauge ich doch gerne mal unmotiviert um dich rum, nicht ahnend, dass ich um eine tickende Zeitbombe herumwusele?

ALLERDINGS! Wenn man um mich herumsaugt, werde ich sehr, sehr schlecht gelaunt. Ich denke auch, dass bei vielen Leuten dieses Unwohlsein beim Zahnarzt aus diesem unfassbar penetranten Terror-Bohrgeräusch resultiert! Deswegen behaupte ich ja auch steif und fest, dass die Männer nicht auf dem Mond waren. Wenn Mann nicht in der Lage ist, einen geräuschlosen Fön zu konstruieren, war man auch nicht auf dem Mond! Manchmal gehe ich gern zum Frisör, weil meine Frisörin Doris Käthe eine Freundin von uns ist. Aber wenn ich da reinkomme und höre ein, zwei Föns bei der Arbeit – da könnte ich mich auf dem Absatz umdrehen und rausrennen. Nervige Geräusche strengen mich extrem an. Positiv dagegen meine große Freude an Musik. Schöne Geräusche – Meeresrauschen! Musik! Machen mich glücklich. Dabei kann ich mich innerhalb von fünf Sekunden in eine völlig neue Gefühlslage beamen.

Prima. Dann komm ich jetzt mal laut pfeifend mit meiner Lieblingsgewohnheit, die mir erst durch dich aufgefallen ist, um die Ecke: Ich liebe lautes Essen, ich liebe alles, was laut ist. Beim Kauen laute Geräusche erzeugt: roher Kohl, Möhren, rohe Kohlrabi, Radieschen, Chips …

… unreife Papaya, unreife Birnen …

… Paprika, Knäckebrot – was noch?

Egal. Hauptsache, es ist laut. Aber das SCHRAPPSCHRAPP-SCHRAPP reicht dir ja nicht! Du musst ja auch noch presslufthammerknistern! Nicht nur, dass das Aufreißen einer Tüte Chips dezibeltechnisch mit 'nem Formel-1-Rennen mithalten kann – du musst ja dann auch in der funny-frisch-Fülle ZWANZIG MINUTEN nach dem perfekten Kartoffelchip suchen! Jeder einzelne wird studiert, und auf dem Boden der Tüte findest du dann den auserwählten … Aber das hat ja auch 'ne gewisse Komik, wenn ich mir die Ohrhörer überstülpe …

… ja … sonst passiert es, dass ich mein wunderbar lautes Essen genieße und du nölst: «Jetzt muss ich zurückspulen, du hast mir die Pointe zerkaut.»

Oder zerraschelt. Was mich noch auf die Palme bringt: meine Nägel zu feilen!

Da brauchst du ja auch immer ein Jahrhundert. Du bist die langsamste Nägel-Feilerin Mitteleuropas. In der Zwischenzeit habe ich eingekauft, mein Auto zur Inspektion gebracht, das Dach neu gedeckt, eine Katze vorm Ertrinken gerettet, eine Modekollektion entworfen, drei Krankenbesuche gemacht, und ich komme zurück …

Ja! Ja! Ja! Und die Küche haste auch noch frisch gestrichen, und ich feile immer noch …

… an Finger NUMMER ZWEI!!!

Ich verabscheue Nägelfeilen. Ich kann es auch nicht, und ich will es nicht. Der Nagelstaub stinkt zudem. Ich bin aber auch nicht gewillt, mir diese kleinen Nagelclips zu organisieren, weil ich Kanten und Ecken an den Fingernägeln auch nicht ab kann.

Dabei würde es dir available life time bescheren.

Ich kann dazu nichts sagen, du hast einfach nur recht. Könntest du vielleicht jetzt an dieser Stelle den Monolog über deine Zeitungsmeise halten?

Okay. Ich kann es nicht ertragen, wenn jemand meine Zeitung vor mir liest – ich möchte sagen: «entjungfert». Das geht mir auch mit Büchern so. Wenn du dir ein Buch greifst und sagst: «Ach, das lese ich jetzt mal.» Dann sage ich: «Ja, klar, mach das!» Habe es aber im selben Moment in meinem Kopf abgehakt. Da könnte ich noch so gespannt darauf gewesen sein, dieses Buch ist für mich gegessen.

Und jetzt Butter bei die Fische: Warum?

Wenn meine Mutter am Frühstückstisch saß und ich es gewagt habe, eine der vor ihr aufgefächerten acht Tageszeitungen auch nur zu berühren, bevor sie sie gelesen hatte, gab es ein Riesen-Donnerwetter.

Jetzt wissen wir, wo es herkommt. Aber du hast es kritiklos übernommen, und das arme Helli darf keinen «Express» vor dir lesen.

Du wirst aber nicht ausgeschimpft, wenn du es tust. Ich lese die Zeitung nur nicht mehr. Zumal ich sie komplett durcheinander, zerknittert und zerknautscht zurückbekomme. Mit der Zeitung lässt sich bestenfalls noch ein Meerschweinchenkäfig auslegen.

Wenn ich wüsste, wo unser Bügeleisen steht, könnte Butler Helli sie dir demnächst zu deiner Zufriedenheit rekonstruieren. Vielleicht kann ich jetzt wieder mit 'ner Macke punkten: Haare! Ich ekle mich vor Haaren. Wenn ich in einer Maske sitze und die Maskenbildnerin hat langes, wallendes Haar – in der Regel sind es heutzutage ja Extensions – und sie die nicht zusammengebunden hat, mich schminkt und dieser Haarevorhang vor meinem Gesicht baumelt, bin ich kurz vorm Kollaps. Ich kann auch nicht haben, wenn ich zum Friseur komme – oder auch in die Maske, manchmal lassen sich Kollegen die Haare in der Maske schneiden, und ich komme da rein, und dann liegen da Haare auf dem Boden. Ich kann mich erst auf den Stuhl setzen, wenn die Haare weggekehrt sind. Ich habe überhaupt keine Erklärung dafür, warum es so ist.

Ich habe jetzt gerade die Theorie, dass du dich vor der Hornkonsistenz ekelst. Haare sind im Prinzip nichts anderes als ganz, ganz, ganz, ganz, ganz dünne Nägel. Das ist Horn.

Okay, ich habe ein Horn-Problem. Du bist dran.

Ich liebe es, einzukaufen. Ich kaufe nur immer von allem zu viel. Wir haben unglaubliche Vorräte an WC-Papier, Zewa, Kleenex, Mülltüten im Haushalt, was kein großes Problem ist, denn diese Dinge verwesen ja nicht, die sind ja sehr, sehr lange haltbar. Da ist es unproblematisch.

HA! Ich werde jetzt auf der Stelle unseren Knabbervorrat dokumentieren!! Sprich du bitte weiter ...

?!

(Aus'm Büro:) Hast du erzählt, dass du ein Eichhörnchen bist?

Ich bin ja gerade dabei.

(Aus'm Flur:) Hast du es schon erwähnt, dass wir das immer bei dir die Eichhörnchen-Klatsche nennen?

Genau. Ich habe eine Eichhörnchen-Klatsche.
Es gibt dafür auch keinen anderen Ausdruck. Ich habe es extra vor unserem Gespräch gegoogelt. Es gibt das Diogenes-Syndrom. Das sind aber Menschen, die Unrat sammeln. Das bin ich nicht. Was «um» ist, das mag ich nicht. Es muss frisch und neu sein. Ich glaube, es ist in meinem ganzen Leben noch nie passiert – und es wird mir auch nicht passieren –, dass ich beim Nachbarn klingeln und um eine Tasse Zucker bitten muss. Eher klingelt der Supermarkt bei mir und bittet um 15 Pakete Zucker. Walter Scheel hat früher schon gesagt, als ich den Haushalt schmeißen musste, nach dem Tod meiner Mutter: «Du kaufst ein wie ein Nachkriegskind.» Weil diese Generation verständlicherweise die Dinge, die es lange nicht gab, gehortet hat, als sie dann wieder käuflich zu erwerben waren. Nun bin ich 1963 geboren worden, das kann nicht der Grund sein.

Hast du es denn mal für dich versucht, zu analysieren? Sonst hätte ich einen kleinen küchenpsychologischen Ansatz.

Es gibt mir ein Gefühl der Sicherheit, wenn ich alles da habe. Kästenweise Bier, kästenweise Wasser, palettenweise Cola light. Plus Dinge, die ich persönlich gar nicht benötige. Ich will, dass wir immer alles da haben, falls … ich weiß nicht, was. So weit denke ich nicht. Ich will nur alles da haben.

Vielleicht liegt es an dem Verlust der Mutterliebe und -wärme, dass du meinst, tonnenweise Lebensmittel oder Papierrollen hat was mit Geborgenheit zu tun?

Das Lebensmittelhorten hat mit Sicherheit mit meiner Essstörung zu tun. Da vor 25 Jahren Magersucht als Krankheit nicht so bekannt war wie heute, bin ich nie richtig austherapiert worden. Ich habe immer noch das Problem, dass ich mir das Essen schwer gönnen kann. Ich habe es jetzt objektiv im Griff, aber es ist immer noch ein Kampf, mir was zu gönnen. Das kompensiere ich damit, dass ich ganz viel kaufe. Das ist so eine Form von Essen, also von Haben der Nahrungsmittel, ohne sie in mir zu haben. Ohne einen Gewichtsanstieg befürchten zu müssen.

Mboah. Da haste dir echt 'ne Scheiß-Krankheit eingetreten.

Aber unsere Gäste sind dankbar, dass alles im Überfluss da ist.

Das kann ich bestätigen. Unsere Gäste sind dankbar, und deswegen komme ich direkt zu meiner nächsten Marotte: Gäste. Ich gehe ungern ohne Geschenk irgendwohin. Selbst zu den kleinsten Anlässen schleppe ich Geschenke mit und wenn es nur das Gimmick der Micky Maus der Woche ist. Ich selbst kann aber schlecht Geschenke annehmen. Außer von dir und Dicki, die ihr mir nun in der Tat auch die schönsten Geschenke der Welt macht. Ich bin immer komisch peinlich

berührt, wenn ich selber Geschenke bekomme, meine aber, ich müsste alle zuwerfen mit Geschenken.

Ich bin froh, dass ich einkaufen gehe und nicht du. Du würdest jeder Bäckereifachverkäuferin, bevor du Brötchen kaufst, erst mal irgendeine Kleinigkeit schenken wollen.

Wahrscheinlich. Ich gebe ja auch Trinkgeld beim Metzger.

Na, das machst du doch auch, weil du von der kontaminierten Kohle nix zurückhaben willst …

Stimmt. Mein nächster Fimmel: Sternzeichen. Habe ich von meiner Mutter selig geerbt. Seitdem ich zwölf bin, frage ich jeden: «Was sind Sie denn für ein Sternzeichen?»

Zu meinem Erstaunen sagst du oft fremden Menschen das richtige Sternzeichen auf den Kopf zu.

Jepp. Hab en Karteikästchen in meinem Herzen, wo unter den zwölf Sternzeichen des Zodiak-Kreises Temperamentsmerkmale und Erscheinungsbild einsortiert sind. Und nach dem zehnten Kölsch treffe ich gern mal ins Schwarze. Wenigstens bei den Elementen Wasser, Luft, Erde und Sonne lieg ich selten daneben. Ist ein feines Hobby, aber auch 'ne zwanghafte Angewohnheit.

Ach, ich bin so froh über meinen Aszendenten! Als du mich vor 21 Jahren gefragt hast, was ich für ein Sternzeichen bin, ich munter «Widder» antwortete und dir deine Mimik ekelverzerrt entglitt, konnte ich ja mit Skorpion punkten. Das fandest du toll und sexy. Ich glaube, wenn ich Aszendent «Fische» geheisert hätte, würden wir jetzt nicht hier sitzen.

Ich muss es leider zugeben. Aber das war ein Vorurteil, was ich von meiner Mutter selig übernommen habe. Weil Hannes Mutter, die Hedwig, Widder war. Und sie war eine dominante, herrische Stinkmaus. Das hat sich ja bei dir dann auch bestätigt.

Ich lege ein Veto ein …

… alle Leute denken: «Ah, die von Sinnen, das wird eine Schrappnelle sein, und die arme, süße, schüchterne Prinzessin Hammerschmidt, die muss jeden Tag leiden.» Das Gegenteil ist der Fall, liebe Lesenation! Conny führt ein strenges Regiment, und der hundekuchengute König fügt sich.

Das höre ich jetzt nicht.

Hihi. Weißt du eigentlich, warum du mit dem rechten Fuß zuerst aufstehen musst?

Jepp! Das kann ich dir sagen. Meine Eltern haben sich mal gestritten, da war ich noch sehr klein, und dann hat Mildred dieses Streitgespräch beendet mit den Worten: «Walter, bist du heute Morgen mit dem linken Fuß zuerst aufgestanden?» Und da dachte ich: «Ach, du lieber Himmel – das ist also wichtig, nicht mit dem linken, sondern mit dem rechten Bein zuerst aufzustehen!» Und ich mache das seit meinem fünften Lebensjahr. Schön ist anders. Bin kurz vor 'ner Hüftdysplasie, weil ich bei uns auf der falschen Seite liege.

Ja, aber ich finde das süß, wie du dir jeden Morgen leise befiehlst: «Rechts!» Und das ist nun wirklich mal eine plausible Erklärung. Was ich noch habe, ist dieses dauernde dreimal Holz klopfen. Man darf nix beschreien.

Das mach ich auch. Und sage «Ptü, Ptü, Ptü». Außerdem darf ich auf keinen Fall deine letzte SMS löschen.

Dafür muss ich jede, noch so überflüssige SMS, auch von Fremden, sofort beantworten. Ich muss da immer das letzte Wort simsen. Zwangsjacke!

Mein Haus! Mein Auto! Meine Yacht! Ich kann die Wohnung nicht verlassen, ohne die Betten zu machen. Auch wenn ich nur zum Briefkasten renne ...

... mein Roadrunner-Muckel ...

... ich MUSS die Betten machen! Damit potenzielle Einbrecher keinen schlechten Eindruck von uns bekommen.

Wann kommt der Bus mit der Handvoll Therapeuten, die das interessiert? Ich hab noch meine Weg-weg-weg-Klatsche. Ich habe eine Weg-weg-weg-Klatsche. Wenn ich ein Buch angefangen habe, und es gefällt mir nicht, muss ich es zu Ende lesen. Wenn ich eine Sendung aufgenommen habe, die ich Scheiße finde, ich muss sie zu Ende kucken. Ich muss auf meinen Festplatten alles weg! weg! weg! kucken – auch wenn es der größte Müll ist.

Jetzt habe ich einen Tipp für dich: Feile dir doch dabei deine Nägel! Damit verbindest du stundenlanges, überflüssiges Wegkucken mit stundenlangem, inkompetentem Nägelfeilen.

Ich möchte dich mit dem Geräusch des Nägelfeilens nicht in deinen Träumen behelligen. Und ich will kein Licht machen, um dich nicht zu blenden. Im Dunkeln würd ich mir ins

Fleisch feilen. Sonst wäre es wirklich optimal, dass ich mir nachts die Nägel feile.

Das gleichmäßige Feilgeräusch würde ich schön mit in meine Träume einbauen. Da würde ich mir vorstellen, ich bin in einem Wald, und jemand sägt drei Tage an einem Baum. Das wäre angenehmer als der Krach von den permanent, und ich sage: permanent! runterfallenden Wasserflaschen oder den sieben Fernbedienungen, die sich gegenseitig vom Nachttisch schieben und hart auf dem Boden aufschlagen! Ich denke jedes Mal schlaftrunken «Erdbeben in Köln!».

Sechs Fernbedienungen, die siebte liegt weiter weg, die brauche ich nicht. Prima, lass uns noch mal zum Thema Ekel kommen. Ich ekle mich außerordentlich vor Schimmel. Wenn ich unten in der Tiefgarage aussteige, rieche ich schon: «Upps, in der Wohnung, im Kühlschrank, ist eine Zitrone schimmelig!» Da kannst du drauf wetten, dass dann auch ein grüner Bart an so einer Zitrone sprießt.

Ekelst du dich vor Schimmel, oder hast du Angst vor den gesundheitlichen Auswirkungen, wenn man Kontakt mit Schimmel hat?

Nö. Kleine, grüngraue, pelzige Unebenheiten auf einer eigentlich perfekten gelben Frucht find ich eklig. Außerdem ekle ich mich vor Hahnentritt.

Den kriegst du aber auch seit 20 Jahren mühsam aus'm Ei gefischt. Ich setze die Brille auf, um auch ja! alles zu entfernen. Ich operiere jedes Ei, damit die berühmteste Lesbe Deutschlands nicht den kleinsten Samenstrang zu sehen bekommt.

Oder er als schlabberige Zumutung auf meiner Zunge landet. Danke! Dafür bin ich dir auch von Herzen dankbar.

Ich ekle mich am meisten vor Mundgeruch. Es gibt Menschen, bei denen ist es krankhaft bedingt, das tut mir dann auch leid – aber Mundgeruch geht gar nicht. Merkwürdigerweise haben die Menschen, die schlecht aus dem Mund riechen, die Angewohnheit, einem ganz nahe zu kommen beim Sprechen. Ich bin im Gegensatz zu dir keine Schauspielerin, ich weiß, mein Gegenüber sieht mir an, dass ich mich zu Tode grause. Ich versuche dann, die Luft anzuhalten, das geht kurz, aber diese Menschen tendieren auch dazu, zu monologisieren …

… jaaaa! Denn der häufigste schlechte Mundgeruch ist ja dieser Manager-Mundgeruch! Diese Schlipsträger, die morgens und mittags nichts fressen, sondern sich erst zum Abendessen auf ein Business-Dinner verabreden, die haben ja den Mundgeruch! Und die kommen einem ja auch zu nah, weil die ja dufte psychologisch geschult sind. «Ich muss meinem Gegenüber in die Augen gucken, und ich muss ihm nah kommen und es auch noch anfassen, um Vertrauen zu schüren.» Die beuteln eine ja mit ihrem Höllen! Hunger! Atem!

Deren Mägen wölben sich schon der Speiseröhre entgegen mit sauer aggressiven Säuren …

Ich ekle mich vor Straßenpinklern.

Mooooment! Da gehe ich gerne hin! Bleibe stehen und starre penetrant lange und sehr unverschämt …

… auf das Gemächt?

Ja. Und weißt du, wie oft die ihren Pinkelprozess abbrechen und danach auch nicht mehr abpissen können?

Du bist so frech und mutig. Deswegen liebe ich dich auch. Never! Ever! würde ich mich das trauen!

Ihr Pinkeln ist ja auch frech.

Wo du recht hast, hast du recht! Ich gucke ja gerne Fußballübertragungen, und ich ekle mich intensiv vor dieser Rasenrotzerei.

Du hast es gut. Du siehst die nur im Fernsehen! Mir begegnen die morgens beim Einkaufen, wenn die mir vor die Turnschuhe spucken.

Wo wir bei Männern sind – das vergaß ich eben bei Terrorgeräuschen: Huper! Huper nerven mich auch. Jetzt kommst du und sagt: «Du hast es erfunden.»

Huper. Von Sinnen regt sich über Hupen auf? Das glaube ich jetzt nicht. Du hupst bei jeder kleinen Gelegenheit. Selbst wenn eine Taube die Straße kreuzt, wird die weggehupt. Du bist eine rollende Hupe.

Es lügt! Es lügt! Ich bin in der letzten Zeit schon oft zur Lichthupe übergegangen! Grmpf. Lass uns über Sachen sprechen, die wir lieben. Ich liebe Schreibwaren.

Du liebst mich.

Ich liebe dich. Aber ich liebe auch Schreibwaren. Weil ich früher als Kind immer in Mutters Büro Büro gespielt habe.

Ich liebe frischgespitzte Bleistifte, frische Radiergummis, geile Tintenfüller, geile Kugelschreiber und frisches, gutes, weißes Papier. Ich liebe Petzibären! Ich liebe Kirmes! Ich liebe Softeis! Schade, dass die Angst vor Salmonellen größer ist als die Gier! Ich liebe Donald-Duck-Geschichten! Ich liebe das Kind in mir! Ich liebe immer noch Weihnachten, obwohl Hanne Weihnachten ums Leben gekommen ist. Und ich liebe dich dafür, dass du das Jahr für Jahr immer wieder so schön mit mir zelebrierst. Wir haben die schönste Tanne der Welt. Unsere kleine, weiße Papiertanne, die sich biegt unter kleinen Mäuschen und Disney-Kugeln. Und ich liebe DICH. Das ist das Schönste. Ich möchte noch Minimum 50 Jahre mit dir Weihnachten feiern.

Ich liebe dich dafür, dass du mir diese schönen Weihnachten geschenkt hast. Vorher war es irgendwie steif. Ich liebe dich sowieso für so viele Dinge, die du in mein Leben gebracht hast. Ich liebe dieses Leben. Und ich liebe Nudeln. Warum auch immer. Die sind eigentlich viel zu leise, wenn sie gekocht sind.

Ich persönlich finde Nudeln langweilig. Ich liebe Kartoffeln.

So. Und jetzt will ich dich nach über 20 Jahren mal überraschen!

Au jaaaa! Bitte!

Ich mache doch am Morgen alles sehr ritualisiert ... rechtes Bein ... Kaffee ... Zigarettchen ... drei Seiten Buch ...

Ja. Ja.

Wenn ich aufm Klo sitze, muss ich auf die unmittelbaren Nachfolger von Wim Duisenberg selig einen Blick werfen ...

AH! JAA!

… I-AH darf ausschließlich von TIGGER und WINNIE PUH eingerahmt sein …

Ja. Ja. Ja.

SO! UND JETZT KÜTT ETT! Ich bin jeden Morgen stinksauer, wenn ich beim Zähneputzen ankomme und mir nach all den Ritualen die Zahnpasta-Industrie auch noch vorgibt: Morgens Aronal. Abends Elmex. Das beherzige ich natürlich in der Regel wie eine Hirnamputierte …

Ja! Ja! Ja! Ja!

Aaaber! Wenn ich ab und an mal richtig gut drauf bin, dann stehe ich im Bad und sage : «So! Jetzt lass ich's krachen!» Schnappe mir forsch die Elmex-Tube und sage: «Morgens ELMEX! Abends ARONAL! Was kostet die Welt?»

Bildnachweis

Wir hatten die töfte Idee, unsern «Beuteopfern» eine FOTO-KLICK-KAMERA zu schicken, um sie ihre Macke dokumentieren zu lassen. Das fanden wir schick RETRO. Leider war es so RETRO, dass auf vielen entwickelten Bildern nur Lappland, 17 Uhr drauf war. Deshalb sprangen wir bei einigen Mitwirkenden mit selbst gebastelten Handyfotos ein ... andere waren so klug, direkt mit dem iPhone zu fotografieren ... die hatten natürlich auch 'ne gute Qualität ... Wir sagen nix!
Nur noch einen Hinweis für die Rebus-Tüftler: Einstein war klug.

S. 13 © Hella von Sinnen / Cornelia Scheel
S. 14 © Hella von Sinnen / Cornelia Scheel
S. 31 © Hella von Sinnen / Cornelia Scheel
S. 35 © Katrin Bauerfeind
S. 37 © Hella von Sinnen / Cornelia Scheel
S. 53 © Ralph Morgenstern
S. 62 © Gayle Tufts
S. 75 © Hella von Sinnen / Cornelia Scheel
S. 85 © Rosa von Praunheim / Oliver Sechting
S. 92 © Rosa von Praunheim / Oliver Sechting
S. 98 © Hella von Sinnen / Cornelia Scheel
S. 108 © Hella von Sinnen / Cornelia Scheel
S. 136 © Jens Riewa
S. 140 © Dirk Bach
S. 159 © Mary Roos
S. 177 © bigSmile, Martin Reinl
S. 181 © bigSmile, Martin Reinl
S. 186 © Hella von Sinnen / Cornelia Scheel
S. 193 © Ralf König

S. 199 © Ralf König
S. 226 © Hella von Sinnen / Cornelia Scheel
S. 243 © Hannes Jaenicke
S. 249 © Werner Schneyder
S. 257 © Peter Plate / Ulf Sommer
S. 278 © Hella von Sinnen / Cornelia Scheel
S. 290 © Hella von Sinnen / Cornelia Scheel
S. 298 © Jürgen Domian
S. 314 © Hella von Sinnen / Cornelia Scheel
S. 317 © Gabi Decker
S. 348 © Hella von Sinnen / Cornelia Scheel
S. 360 © David Imper
S. 383 © Herbert Feuerstein
S. 390 © Hella von Sinnen / Cornelia Scheel
S. 393 © Hella von Sinnen / Cornelia Scheel
S. 406 © Tommy Engel
S. 418 © Wigald Boning
S. 433 © Hella von Sinnen / Cornelia Scheel
S. 461 © Hella von Sinnen / Cornelia Scheel
S. 478 © Hella von Sinnen / Cornelia Scheel

**Stephan Serin
Föhn mich nicht zu**
Aus den Niederungen deutscher Klassenzimmer

Die Leiden eines jungen Lehrers! Geschichten von den täglichen Windmühlenkämpfen, Schülern etwas beizubringen, und dem ganz normalen Wahnsinn in deutschen Klassenzimmern – mit viel Sprachwitz und Selbstironie.
rororo 62670

Von Amtsschimmeln und Lehrkörpern

**Dr. Wort
Klappe zu, Affe tot**
Woher unsere Redewendungen kommen

Wissen Sie, warum der Hund in der Pfanne verrückt wird oder was dem Fass den Boden ausschlägt? Dr. Wort schildert ebenso lehrreich wie vergnüglich, woher diese und viele andere unserer Redewendungen kommen.
rororo 62632

**Hinrich Lührssen
Raumübergreifendes Großgrün**
Der kleine Übersetzungshelfer für Beamtendeutsch

«Personenvereinzelungsanlage», «Bedarfsgesteuerte Fußgängerfurt», «Konisch geformter Schüttgutbehälter mit Zentralauslauf» – was wollen uns diese Begriffe sagen? Die absurdesten und ungewöhnlichsten Begriffe aus deutschen Amtsstuben. Mit Erklärungen!
rororo 62555

Alle Titel auch als E-Book erhältlich. Weitere Informationen unter www.rowohlt.de

Lesen, worüber alle noch grübeln!

roroto 62230

Die Fortpflanzung der Aale oder die Wirkungsweise halluzinogener Drogen, weibliche Ejakulationen oder die Entstehung von Hawaii, Dunkle Materie oder der Stern von Bethlehem...
Eine faszinierende Reise durch die Welt der unbeantworteten Fragen.

«Erhellend nebulös.» (Die Welt)

Weitere Informationen in der Rowohlt Revue *oder unter* www.rororo.de

Das für dieses Buch verwendete FSC®-zertifizierte Papier
Lux Cream liefert Stora Enso, Finnland.